2017 敦煌學國際聯絡委員會通訊

2017 Newsletter of International Liaison Committee for Dunhuang Studies

高田時雄 柴劍虹

策 劃

郝春文

主 編

陳大爲

副主編

敦煌學國際聯絡委員會
中國敦煌吐魯番學會
首都師範大學古文獻研究中心
主 辦

上海古籍出版社
2017.7.上海

敦煌學國際聯絡委員會幹事名單：
中　國：樊錦詩　郝春文　柴劍虹　榮新江　張先堂　鄭阿財(臺灣)
　　　　汪　娟(臺灣)
日　本：高田時雄　荒見泰史　岩尾一史
法　國：戴　仁
英　國：吳芳思　高奕睿
俄羅斯：波波娃
美　國：梅維恒　太史文
德　國：茨　木
哈薩克斯坦：克拉拉·哈菲佐娃

敦煌學國際聯絡委員會網頁：
http：//www.zinbun.kyoto-u.ac.jp/~takata/ILCDS/
敦煌學國際聯絡委員會秘書處地址：
日本國　京都市　左京區北白川東小倉町 47
　　　　京都大學人文科學研究所
　　　　高田時雄教授　Tel：075‐753‐6993
INSTITUTE FOR RESEARCH IN HUMANITIES
KYOTO UNIVERSITY KYOTO 606‐8265,JAPAN

2017
敦煌學國際聯絡委員會通訊

目録

論文

2016 年敦煌學研究綜述

宋雪春(華東師範大學)

　　據不完全統計,2016 年度大陸地區出版與敦煌學相關的學術專著 60 餘部,公開發表研究論文 400 多篇。茲分概説、歷史地理、社會文化、宗教、語言文字、文學、藝術、考古與文物保護、少數民族歷史語言、古籍、科技、書評與學術動態等十二個專題擇要介紹如下。

一、概　　説

　　本年度有關莫高窟史話、敦煌文化概説、絲綢之路與敦煌學、敦煌歷史人物考述、敦煌文獻釋録與刊佈等研究成果較爲突出。樊錦詩《莫高窟史話》(江蘇鳳凰美術出版社)講述了絲綢之路是中古時期一條曾經對中外經濟文化交流起過重大作用的國際通道。從中國中心部的都市長安向西,經過無數的山川與城市,穿越沙漠、戈壁與綠洲,一直通向地中海的東岸,絲綢之路沿綫各地區各民族的文化,就因絲綢之路的發達而得到促進。此外,回顧敦煌文化、敦煌遺書的概述性著作十分豐富,如有胡同慶《敦煌文化》(甘肅文化出版社)、雒青之《百年敦煌》(敦煌文藝出版社)、郝春文《敦煌遺書》(灕江出版社)、姜德治《敦煌史話(修訂本)》(甘肅文化出版社)等。齊陳駿《回望絲綢之路與敦煌學的研究》(《社會科學戰綫》3 期)對其敦煌學研究學術歷程的梳理,爲學界提供了敦煌學學術史上的歷史細節。王晶波《中西文化交流視野下的敦煌學》(《敦煌學輯刊》3 期)從中外交流與文化心態的角度,將敦煌學百餘年來的發展歷史歸納爲文化失守、文化保守、文化自信三個階段,聯繫現代學術的發展,分析論述了各個階段的不同文化内涵、表現特點及意義。

　　釋法寶著、王平先譯《敦煌莫高窟——見證佛教的榮光與世界文化遺産》(《敦煌研究》6 期),從佛陀認可的審美創意著手,闡述了佛教藝術形式的發展與演變情況,進而揭示了作爲佛教藝術寶庫和世界文化遺産的敦煌莫高窟的重要價值。柴劍虹《“時”“地”“人”——莫高窟開窟因緣述略》(《敦煌研究》6 期)從“時”(時代背景)、“地”(地理環境)、“人”(求法開窟僧)三個方面,綜合論述了一千六百多年前敦煌莫高窟的開窟因緣,推測樂僔等人最初營造的佛窟形式與内容,一定是既有濃郁的中亞、西域風貌,又融合了中原漢地風格,展現出多民族文化藝術風情,爲一個多元文明、昌盛繁榮的莫高窟的形成與發展,奠定了扎實的基礎。榮新江《敦煌城與莫高窟的歷史概觀》(《敦煌研究》5 期)通過考察敦煌莫高窟有關佛教傳入中國的壁畫以及最早記載敦煌佛教痕跡的一枚東漢漢簡,探討了敦煌佛教的發展過程,闡釋了莫高窟佛教藝術風格的流變及其在中國佛教史上的重要意義。張涌泉《走近敦煌》(《社會科學戰綫》3 期)指出,從敦煌變文的校理到敦煌文獻的系統整理,從敦煌俗字的辨識到《敦煌文獻語言大詞典》的編纂,從敦煌變文寫本特點的探索到敦煌寫本文獻學學術體系的建構以及敦煌殘卷的綴合,作者已在敦煌學的道路上耕耘了 30 多個春秋,他的學術生命已和敦煌融爲一體。

李瑞哲《古代絲綢之路商隊運營面臨的危險以及應對措施》(《敦煌學輯刊》3 期)指出,古代絲綢之路商隊除了在沿途緑洲城市的驛館居住外,有時也會在野外露宿。爲了應對危險,沿途還要雇用當地的嚮導,並且擁有武裝來保護他們的商隊。胡同慶《敦煌文獻"水是人血脈"出處溯源》(《敦煌學輯刊》4 期)指出,"水是人血脈"並非出自普遍認爲的敦煌文獻 S.5894,而是 S.5874,強調這句話具有重要的現實意義。

在敦煌莫高窟開啓百餘年後的今天,敦煌學術史日益受到敦煌學界的重視,對於敦煌歷史人物的考述是其中的重要一環。王冀青《斯坦因第三次中亞考察期間在敦煌獲取漢文寫經之過程研究》(《敦煌研究》6 期)根據斯坦因第三次中亞考察日記、帳簿等檔案資料,探討了斯坦因 1914 年再訪敦煌期間購買漢文寫經的全過程;《斯坦因探訪鎖陽城遺址時間考》(《敦煌學輯刊》1 期)主要依據英藏斯坦因第二次中亞考察日記等材料,對斯坦因在鎖陽城遺址考古的前後過程進行了初步的研究,揭示了斯坦因在鎖陽城遺址考古的時間順序和工作經過。方廣錩《王道士名稱考》(《敦煌研究》4 期)考察了關於王道士名稱的六種原始資料後指出:王道士俗名王福琳,出家爲道士後稱王園禄,逝世後按照道教習俗被稱爲王園籙。至於目前最爲流行的王圓籙,至今並未發現確鑿的文獻依據。按照"名從主人"的原則,應將王道士稱作王園禄。林世田、楊學勇《中國國家圖書館藏〈敦煌學著述考〉略釋》(《敦煌學輯刊》1 期)指出,中國國家圖書館新發現的陸翔《敦煌學著述考》把宣統元年(1909)至民國三十三年(1944)之間的相關敦煌學成果分"紀述""敍録""録文""傳真""考證"五類分別作了考釋,體現出了三方面的學術價值。宋雪春、董大學《百年來英藏敦煌漢文文獻編目成果述評》(《敦煌研究》5 期)指出,自蔣孝琬的最初編目至《英國國家圖書館藏敦煌遺書》之"條記目録",英藏敦煌漢文文獻相關編目成果已達十餘種之多,不斷推進了英藏敦煌漢文文獻研究的進步。考察各種目録的成就與特色、相互間的異同,有益於甄別諸種編目成果的得與失;而比較諸種目録所著録條目之多寡,則有助於明晰編目工作動態的進步之道。周國林、邱亞《張舜徽先生的西北文獻與敦煌學研究》(《敦煌學輯刊》1 期)介紹了張舜徽的敦煌學研究成就:1946 年至 1948年,張舜徽於教學、讀書之餘,憑藉地理之便,積極搜求西北文獻和敦煌學文獻,最終利用敦煌古寫本《説苑·反質》殘卷,撰成《敦煌古寫本〈説苑〉殘卷校勘記》一文,不僅對研究《説苑·反質》有所補益,對後世研究敦煌學文獻、開展文獻學理論探討都有一定的參考價值。劉進寶《向達敦煌考察的身份問題研究平議》(《中華文史論叢》2 期)指出,向達是受中央研究院史語所和中央博物院籌備處之聘參加考察的,由於當時史語所和中央博物院形同一家,而史語所已有勞榦、石璋如參加,向達就代表中央博物院籌備處,在北京大學只是"請假一年"。後來北大的態度從開始的無所謂到積極的參與,向達也從開始以個人的身份"請假一年"到強調代表北大,並爲下次合組西北科學考察團奠定了基礎。伏俊璉、張志傑《蘇瑩輝先生敦煌學研究述要——紀念先生誕辰 100 周年》(《敦煌研究》1 期)評價道:蘇瑩輝先生在敦煌史地、敦煌石窟藝術、敦煌寫本文獻、敦煌文學、石窟考古等領域都取得了卓越成就。同時,蘇先生還十分注重對國際敦煌學研究史的總結和介紹,並且積極撰寫有關敦煌學的普及讀物,對我國敦煌學的發展作出了突出的貢獻。鄭阿財《黃永武先生與敦煌學及其敦煌唐詩研究之成就》(《敦煌研究》3 期)介紹了黃永武先生的學術簡歷,藉以彰顯其學術背景,論述其總體學術成果與特色;説明其對敦煌文獻編纂工作的貢獻,析論其在敦煌唐詩研究的重要成就以及其他有關敦煌文獻叢考的具體呈現;並附錄黃永武先生敦煌學研究論著集目,以供學界完整之參考。柴劍虹《俄羅斯漢學家孟列夫對國際敦煌學的貢獻》(《敦煌學輯刊》3 期)論述了俄羅斯漢學家孟列夫(俄文名緬希科夫,Л. Н. Меньшиков)對國際敦煌學作出的傑出貢獻,指出他從 1957 年至 2005 年近五十年間,積極從事中俄文化交流和俄藏敦煌文獻的編目與寫本研究。

　　敦煌文獻的整理、釋錄與刊佈在本年度取得新的重要成果。郝春文主編《英藏敦煌社會歷史文獻釋錄》(社會科學文獻出版社)第十四卷於 2016 年 10月出版,釋錄了《英藏敦煌文獻》第四卷所收寫本 S.2771—2999 號,並對每一件文書的定名、定性和寫本形態、研究狀況等給予介紹和説明。方廣錩、李際寧、黃霞《中國國家圖書館藏敦煌遺書總目錄·館藏目錄卷》(中國人民大學出版社)以條記目錄的方式,從文物、文獻、文字三個方面,全面採集中國國家圖書館藏敦煌遺書的各種研究信息,對中國國家圖書館藏敦煌遺書作了詳盡的著錄,並在前言中對國圖敦煌遺書入藏、現狀、編目做了較爲詳細的介紹。金雅聲、趙德安、沙木主編《英國國家圖書館藏敦煌西域藏文文獻》(上海古籍出版社)第八册出版,著錄編號至 42 號。另由金雅聲、郭恩主編《法國國家圖書館藏敦煌西域藏文文獻》(上海古籍出版社)於本年度出版第十九和二十兩册,著録編號至 P.T.1425。方廣錩編著《濱田德海蒐藏敦煌遺書》(國家圖書館出版社)共收録濱田藏品 36 件,分析了這批藏品的寫本時代、寫本長度、文獻内容、文獻特點等。郝春文主編《2016 敦煌學國際聯絡委員會通訊》(上海古籍出版社)爲敦煌吐魯番學會 2016 年刊,刊發的學術研究綜述涉及 2015 年度的敦煌學、吐魯番學、敦煌祆教研究、敦煌講經文研究、大陸回鶻文經濟文書研究,並有近期的學術會議介紹,同時刊發了與學術綜述相關的書目、2012 年至 2013 年日本敦煌學研究論著目録、2009 年以來中國大陸敦煌學博碩士學位論文、近六十年河西魏晉十六國壁畫墓研究著述等。

二、歷 史 地 理

敦煌史地的研究成果,主要集中在歸義軍政治史、經濟史、民族交往史等方面,另外涉及敦煌圖經和法律文書。朱雷《敦煌吐魯番文書研究》(浙江大學出版社)爲敦煌吐魯番文書與中古社會經濟研究方面的專題論文集,共由 27 篇論文組成,涉及敦煌吐魯番文書中藴含的經濟制度研究、與經濟相關的唐五代敦煌吐魯番文書的考釋和閲讀劄記、紀念唐長孺與敦煌吐魯番文書研究的散文等幾個方面的内容。劉進寶《敦煌文書與中古社會經濟》(浙江大學出版社)分四章,以敦煌文書爲研究的切入點,論述了唐宋之際的社會變化、敦煌寺院與社會生活、階層與階級、經濟與社會四個專題。官齋勞動是歸義軍時期敦煌百姓承擔的雜役,官員、衙前子弟、色役人等出現於官齋勞動中表明其本身雖免雜役,但不能影庇户内其他丁男。趙大旺《歸義軍政權對徭役影庇的限制——以 P.3231〈平康鄉官齋籍〉爲主》(《敦煌研究》2 期)認爲,這種對徭役影庇的限制與中原地區的政策是一致的,歸義軍時期官員等政府服務人員出現於官齋及其他雜役中,顯示其限制政策得到了較爲充分的落實。楊寶玉《大中五年張議潭入奏相關問題辨析——以杏雨書屋藏羽 032—1〈驛程記〉爲中心》(《敦煌研究》6 期)首先對前賢提出的杏雨書屋藏敦煌文書羽 032—1《驛程記》是大中五年張議潭使團前往京城長安的行程記録的觀點補充了幾點論據;隨後主要據《驛程記》探討了有關該次入奏活動的幾個有爭議的問題,認爲該使團到朝時間和歸義軍正式設立時間可分別確定爲大中五年十月、十一月;同時對近年有學者提出的 P.3750 書狀中的入奏押衙王敬翼屬張議潭使團的説法提出了異議。同作者《〈張淮深碑〉抄件卷背詩文作者考辨》(《敦煌學輯刊》2 期)通過對《張淮深碑》抄件卷背所存詩文的認真研讀,首先分析歸納了詩文中透露出的作者信息,發現詩文作者原本來自江南,至寫這些詩時已在敦煌生活了約三十年,與當時當地人事的交集頗多,結合其他敦煌文書和敦煌史事,集中論證了詩文作者即當爲張球的觀點。王使臻

《張議潮付張淮深"委曲書信考"》(《敦煌學輯刊》4 期)通過對法藏 P.3750 書信中相關人物的考證及書信本身書法特徵的比較研究,認爲它是晚唐大中十二年七月二十日,由歸義軍節度使張議潮寫給其侄子張淮深的書信,這一類書信被當時人稱爲"委曲"體書信。

　　政治史方面。孟憲實《略論折衝府的"承直馬"——以敦煌吐魯番出土文書爲中心》(《西域研究》3 期)從新獲吐魯番出土文獻中發現,前庭府的常備馬匹恰好是八十匹,與文獻記載相吻合。因爲西州屬於邊州,在承直馬的使用上有許多特色,與文獻記載多有不同。該氏《論唐代府兵制下的駄馬之制》(《敦煌吐魯番研究》十六卷)認爲,"十駄馬"與"六駄馬"一樣都屬於唐朝府兵制下的駄馬之制,但"十駄馬"並非與"六駄馬"同時施行,雙方是一種交互使用的關係,而唐朝府兵制時代的駄馬之制其實是一種富有彈性的制度。沈如泉《敦煌伯 3813 唐判與宋代花判》(《敦煌研究》1 期)指出,就文體淵源而言,敦煌伯 3813 唐判中部分判詞雖無"花判"之名,卻基本具備了後世花判的主要特點,實爲宋代花判之濫觴。李軍《敦煌的張淮深時代——以歸義軍與唐中央之關係爲中心》(《敦煌吐魯番研究》十六卷)從微觀的角度觀察歸義軍與唐中央政府關係演變及其對河隴政局的影響。劉子凡《唐代使職借印考——以敦煌吐魯番文書爲中心》(《敦煌吐魯番研究》十六卷)結合出土文書與傳世史料,討論唐代使職差遣臨時借用官印的現象,藉此管窺唐代文書用印制度在實際運行中的狀況。趙貞《歸義軍曹氏時期的鳥形押補遺》(《敦煌吐魯番研究》十六卷)進一步對敦煌文獻中的鳥形簽署和畫押進行補遺,力求對曹氏歸義軍鳥形押的梳理趨於完整。鄭紅翔《唐蕃青海之戰與隴右軍事力量的初創》(《敦煌學輯刊》4 期)考證了青海之戰的時間和戰役細節,並分析了唐政府新置的三軍。梁松濤、田曉霈《西夏"權官"問題初探》(《敦煌學輯刊》4 期)討論了西夏時期權官的類別,主要有"權正""權正統""權小監""權檢校""權都案""權案頭""權正首領""權首領"八種,指出西夏時期的權官有兩個顯著特點:西夏"權官"涉及文武,但以武官體系爲多;西夏"權官"的選派須遵守嚴格的秩序。陳光文《西夏時期敦煌的行政建制與職官設置》(《敦煌研究》5 期)指出,西夏佔據敦煌後,在瓜州、沙州建立了完備的行政體系,並委派豪酋大族實行統治。瓜州和沙州位於西夏邊陲,軍事作用突出,因此西夏在二州分別設立監軍司,負責當地的軍事與行政事務。同時在二州分別設立刺史、轉運司。沙州單獨設立經制司。都統軍、副統軍、監軍使、通判、習判、承旨、都案、案頭等自上而下構成了瓜、沙二州的職官體系。鄭煒《略論宋初以貿易手段遏制夷狄入侵的思想》(《敦煌學輯刊》4 期)認爲,北宋統治階層產生了以貿易手段遏制夷狄入侵的思想,該思想的具體實踐對宋遼之間維繫長久的和平産生了積極影響;由此産生的對夏貿易政策卻成爲西夏屢屢進犯的重要原因。

周尚兵《P.3723 魯地禮物清單所示唐代山東社會生產》(《敦煌研究》4 期)指出,敦煌文書 P.3723 中的魯地禮物清單與唐代山東貢品清單互爲補充,較全面地展示了唐代山東特色物產,可復原出唐代山東地域 18 類社會生產的基本脈絡。郁曉剛《敦煌寺院會計憑證考釋》(《敦煌研究》5 期)對判、施捨疏、取抄署、契據等幾種會計憑證的形制特點及其在會計核算活動中的使用狀況進行了具體辨析,指出敦煌寺院十分重視會計憑證的製作、整理、審核與保管。楊誼時、石乃玉、史志林《考古發現所見河西走廊史前的農業雙向傳播》(《敦煌學輯刊》1 期)通過梳理和對比河西走廊及其鄰近地區考古遺址出土的植物大化石、骨骼碳氮同位素結果和種子碳十四測年結果,探討距今 5000—3000 年粟黍西漸和麥類東傳的時間和路綫,認爲在距今 5000 年前後,隨著馬家窑文化西進至河西走廊,粟黍農業在距今 5000—4400 年傳播至河西走廊並得以發展,在距今 4400—4200 年傳播至歐亞草原中部哈薩克斯坦地區。

圖經方面。李并成《敦煌本唐代圖經再考》(《中國地方志》12 期)指出,敦煌遺書中保存了 8 件唐代圖經,是今天所能見到的僅有的唐代圖經原件。唐代圖經内容翔實、體例嚴整、地方特色突出、注重實用價值,是已經發展到成熟階段的成型方志。

法律方面。顧凌雲《從敦煌吐魯番出土契約看唐代民間土地買賣禁令的實效》(《敦煌研究》3 期)通過對敦煌吐魯番出土契約的考察,發現唐前期民間存在變相買賣和地下買賣兩種隱秘的土地買賣方式,表明官府嚴格執行土地買賣禁令,禁令存在一定的實際效力;中唐以後,民間土地買賣頻繁發生,表明禁令的實效逐漸消失,不過民間仍對禁令心存顧慮,往往在土地買賣契約中設置反恩赦條款加以預防。劉可維《敦煌本〈十王圖〉所見刑具刑罰考——以唐宋〈獄官令〉爲基礎史料》(《文史》3 期)詳細分析唐宋《獄官令》中有關刑具、刑罰制度的令文,並據此考證敦煌本《十王圖》中的若干司法審判場面,通過文獻與圖像史料的對比研究,希望揭示唐宋間刑具、刑罰制度的變遷過程。趙晶《唐代"保辜"再蠡測——〈唐寶應元年六月康失芬行車傷人案卷〉再考》(《敦煌吐魯番研究》十六卷)主要圍繞吐魯番文書中的"康失芬行車傷人案卷",對唐代保辜制度進行再探究。黄樓《吐魯番文書所見北涼解文的復原及相關問題研究》(《敦煌研究》3 期)通過對相關文書殘片的拼合整理,初步復原了北涼解文的基本格式。與啓、牒、關等文書不同,北涼解文以"言"爲標誌。簡牘東漢解文中已見"言"字,北涼解文這一特點表明其與東漢解文具有明顯的歷史傳承關係。吐魯番文書中所謂的"上言"文書多爲當時解文的殘片。

三、社 會 文 化

本年度有關社會文化的成果涉及發病書、習書、家具、占卜、節俗、體育娛樂、生育風俗等多個方面。《發病書》是中古稀見典籍,十多件敦煌寫本《發病書》殘卷的發現,彌補了中古傳世文獻之不足,爲解決《發病書》在歷史上的存在與流行提供了有力證據,有助於保存並豐富唐宋時代的文獻典籍,並爲中古醫療社會史研究提供了新素材。陳于柱《敦煌吐魯番出土發病書整理研究》2016 年 11 月由科學出版社出版發行。其《整理篇》對流散於中外各收藏機構的敦煌寫本《發病書》逐一進行録文、校注,尤其注重對不同收藏單位敦煌術數書殘卷之間的拼接與綴合,並正確釋録敦煌文獻原件上朱書文字和朱筆校改。《研究篇》重點對敦煌寫本《發病書》進行文獻分類、定名與年代學考察,釐清文本之間的文化流傳問題,將敦煌《發病書》納入歷史學的研究視野之中,對唐宋時代及敦煌區域的醫療社會史進行深入研究。朱瑶《敦煌漢文文獻題記整理與研究》(中國社會科學出版社)對題記的結構類型、内容特點及形制特徵進行分析,並將題記按所依附文獻分爲佛教文獻、道教及三夷教文獻、四部文獻三類進行研究,通過對題記中所包含的寫造者身份、所寫經典、祈願對象等信息的分析,探討敦煌民間各種宗教信仰的發展和融合,以及敦煌官私學校教育的發展狀況。田衛衛《敦煌寫本北宋〈重修開元寺行廊功德碑并序〉習書考》(《文史》1 期)重點分析了敦煌寫本北宋《重修開元寺行廊功德碑并序》等各殘片的綴合關係,並以盛行於中原地區的碑拓作品在敦煌被用作習書摹本這一事實,提示了北宋初年中原與敦煌在文化上的密切交流,同時也爲研究同一寫本爲何會寫有佛釋道等教、俗不同性質内容的敦煌文獻提供了一點素材。P.3257《後晉開運二年寡婦阿龍牒》由三件文書組成。其中第一件是寡婦阿龍的狀稿和歸義軍節度使曹元忠的指示,第二件是寡婦阿龍和其兄索懷義關於土地耕種的契約,第三件是歸義軍左馬步都押衙王文通詢問土地佔有者索佛奴、陳狀人阿龍、種地人索懷義的筆録和曹元忠的批示。劉進寶《敦煌文書〈後晉開運二年寡婦阿龍牒〉考釋》(《敦煌研究》3 期)在前人研究的基礎上對文書進行了校釋,並對内容進行了考辨。楊森《敦煌五代交椅家具考》(《敦煌研究》4 期)指出,敦煌壁畫五代交椅家具的圖像可上溯至古埃及交椅家具,由此可探討與胡牀相關的交椅家具在中國從五代發展到清代的歷程及其演變,從而得出華夏區域出現的交椅家具與古埃及及御用交椅的異同。

　　黄正建《大谷占卜文書研究（之一）——兼與敦煌占卜文書比較》（《敦煌研究》6 期）以敦煌占卜文書爲參照，爲《大谷文書集成》的 6 件占卜文書予以定名，認爲大谷占卜文書反映出來的占卜類型和方法與敦煌占卜文書大體相同，不同的只是遣詞方式與程序之繁簡。叢振《敦煌歲時節日中的遊藝文化——以上巳、端午、七夕爲中心》（《敦煌學輯刊》1 期）以上巳日、端午節、七夕節等相關節日爲中心，對記載在其中的娛樂活動進行論述，以期對敦煌地區的遊藝文化研究有所貢獻。林春《元曲中女子蹴鞠的研究》（《敦煌學輯刊》2 期）對元曲展現的貴妍多姿的女子蹴鞠風採進行巡禮闡釋，並從中擷取一些經典的蹴鞠場景，揭示它們深刻的内在淵源，有助於瞭解古代女子蹴鞠的發展脈絡和蘊含的文化，亦可爲體育史的研究提供相關資料和有益的參考。叢振《先秦至唐五代角抵與相撲名實考辨——兼論敦煌壁畫、文獻中的相撲文化》（《敦煌學輯刊》4 期）採用文獻資料法等對先秦至唐五代時期史料中的有關角力、角抵、相撲、弁、卞、手搏等稱謂進行遍檢，並以列表形式輯錄整理。鄭志剛、李重申《絲綢之路古代遊戲、娛樂與競技場地空間分佈考研》（《敦煌學輯刊》4 期）利用考古發現的長安、敦煌、吐魯番等地的遺址以及文獻資料，從歷史遺址學研究視野，採用考察遺址分析和考古資料對絲綢之路古代遊戲、娛樂和競技場地空間分佈的遺址現狀有較爲完整的認識。王澤湘、林春《漢唐樂府中的民俗體育研究》（《敦煌學輯刊》4 期）解析了漢唐樂府中的體育民俗。蔣勤儉《從〈太子成道經〉求子情景探究敦煌求子風俗》（《西北民族大學學報》5 期）從敦煌文學文本解讀角度深度挖掘其中所流露出來的敦煌地區的求子風俗，在求子時間、地點、所祭拜神靈、祭物、預測胎兒性别、重男嗣觀念等方面，敦煌和中原地區存在異同，這既與傳統文化對敦煌地區的影響有關，亦彰顯出敦煌地區本身濃郁的地域文化和佛教色彩。

四、宗　　教

　　本年度宗教研究的相關成果主要涉及佛教、道教和景教。

　　敦煌殘卷的綴合不僅綴接了散失的寫本，更拼接出了撕裂的絲路文明。張涌泉、羅慕君《敦煌佛經殘卷綴合釋例》（《浙江大學學報》3 期）指出，殘卷綴合有 12 個關鍵因素，包括内容相連、碴口相合、字體相同、書風近似、抄手同一、持誦者同一、藏家同一、行款近同、校注相涉、污損類同、版本相同、形制相同等。在具體的綴合實踐中，既要緊緊把握制約殘卷綴合的關鍵點，又要綜合分析各方面的綫索，使殘卷的綴合建立在可靠的基礎之上。張涌泉、朱若溪《敦煌本〈金光明經〉殘卷綴合研究》（《敦煌研究》1 期）以中國國家圖書館藏、英國國家圖書館藏及甘肅省各家館藏爲中心，通過内容、裂痕、行款、書風等方面的比較分析,把其中的 31 號殘卷綴合成 9 組。張小艷《敦煌疑僞經四種殘卷綴合研究》(《敦煌研究》1 期)通過内容接續、殘字拼合、行款相同、字跡書風相近等角度的比較分析,將《無量大慈教經》《要行捨身經》《贊僧功德經》《佛母經》等 4 種疑僞經中的 26 號殘卷(片)綴合爲 12 組(4+4+2+2)。借助於綴接後的寫本顯示的較爲完整的信息,可對其形制、内容與性質作出更客觀、可靠的判斷。同氏《敦煌疑僞經三種殘卷綴合研究》(《浙江大學學報》3 期)將《齋法清淨經》《法王經》《十王經》這三經中的 32 號殘卷(片)綴合爲 10 組。張磊、左麗萍《敦煌佛教文獻〈大乘無量壽經〉綴合研究》(《敦煌研究》1 期)通過對英藏、俄藏、中國國家圖書館藏敦煌本《大乘無量壽經》殘片的内容、斷痕、行款、書風等方面的分析,將其中的 19 號殘片綴合成 9 組。張磊、周小旭《敦煌本〈大方等大集經〉殘卷綴合研究》(《浙江大學學報》3 期)將敦煌本《大方等大集經》中的 38 號殘卷或殘片綴合爲 13 組。通過綴合除使原本身首異處的殘卷或殘片重聚之外,還糾正了《國家圖書館藏敦煌遺書》或《英國國家圖書館藏敦煌遺書》條記目錄對北敦 9793 號、北敦 11119 號、斯 627 號等殘卷著録信息的錯誤,更爲進一步定名、斷代及校理創造了條件。羅慕君、張涌泉《敦煌遺書〈金剛經〉留支譯本考》(《社會科學戰綫》12 期)通過普查現已刊佈的所有敦煌文獻圖版、目錄及相關研究文獻,共搜集到可以基本確定的《金剛經》留支譯本寫卷 145 號,將其中 28 號綴合爲 12 組;《英藏未定名敦煌〈金剛經〉殘片考》(《敦煌吐魯番研究》十六卷)把 34 號《金剛經》殘片綴合爲 16 組。張磊、劉溪《敦煌本〈佛説佛名經〉(十二卷本)綴合研究》(《敦煌吐魯番研究》十六卷)把 21 號十二卷本《佛名經》敦煌殘卷或殘片綴合爲 8 組,對進一步的整理研究具有重要意義。馬振穎、鄭炳林《英藏黑水城文獻〈天地八陽神咒經〉拼接及研究》(《敦煌學輯刊》2 期)首先拼接了英藏黑水城文獻中不少漢文佛經殘片;此外,通過比較西夏本八陽經與敦煌本、中原本的内容,可以大致瞭解西夏境内八陽經的來源,這對進一步研究西夏的佛教或許有所幫助。王曉燕《敦煌寫本〈維摩詰經〉注疏殘卷的綴合》(《敦煌吐魯番研究》十六卷)綴合了 3 組敦煌寫本《維摩詰經》注疏,這 3 組文書均未爲歷代大藏經所收,亦未爲歷代經録所著録。

方廣錩《談〈劉師禮文〉的後代變種》(《華東師範大學學報》1 期)通過收集敦煌遺書乃至現代流傳本《劉師禮文》及其後代變種 16 種,梳理其異本,探討其演化,可以看出由《劉師禮文》體現的與時俱進並演變爲種種形態的特徵、將自己裝飾爲民衆喜聞樂見形式的特徵,以及它所具有的多種文化混雜的特徵,進而成爲我們研究儀軌佛教演化的觀察點。敦研 256 號殘卷是一種佛教譬喻故事的"略要本",乃供佛教司講唱的僧侣講説譬喻故事時所用。陳明《佛教譬喻故事"略要本"在西域和敦煌的流傳——以敦研 256 號寫卷爲例》(《文史》4 期)研究認爲,敦研 256 號的形成既與印度和西域的胡語佛教譬喻故事的傳寫有關,也與敦煌所傳漢語佛教故事綱要本的形式相關,應該是印度佛教文學與中土文化混融的產物,對該類型文本的分析有助於進一步認識印度佛教文學的流傳及其對中土的影響。趙和平《敦煌本武則天御制經序再研究》(《石河子大學學報》6 期)指出,敦煌寫卷武則天御制《金剛般若經序》《妙法蓮華經序》《一切道經序》產生的背景與其爲亡故的父母追福有關,雖以佛、道爲外表,實則體現了儒家的子孝、母慈的底蘊。今年是歐洲學者開始翻譯中國古代西行求法高僧遊記的 200 周年紀念,也是《佛國記》第一個西譯本問世 180 周年紀念。王冀青《近代歐洲法顯研究之起源——中國古代西行求法高僧遊記西譯開筆 200 周年紀念》(《敦煌學輯刊》3 期)簡述了《佛國記》法譯本的翻譯背景及過程,以示紀念。王招國(定源)《敦煌遺書所見道氤〈設齋讚願文〉及其研究價值》(《華東師範大學學報》1 期)以 3 號敦煌遺書道氤述《大唐開元十六年七月三十日敕爲大惠禪師建碑於塔所設齋讚願文》爲例,首先對其内容進行復原,以補正前賢錄文的遺漏;其次對該文獻的屬性進行討論,確定其爲一篇佛教法會儀式中宣讀並表述設齋目的(齋意)的齋文;此外,研究還可揭示該文獻在研究唐僧一行生前事蹟及其與玄宗之關係、道氤生平與著作,以及唐代齋會等方面的價值。何劍平《佛教論義的記錄本及其東傳——以敦煌遺書及日本的維摩會爲中心》(《敦煌吐魯番研究》十六卷)指出,敦煌遺書中保存了一批數量可觀、有即時性和當下性的論義文獻,對於我們重構唐代佛教論義的歷史面貌提供了珍貴的資料。張小艷《漢文〈善惡因果經〉研究》(《敦煌吐魯番研究》十六卷)從經文内容的分析比對入手,通過考察其中語段及特殊詞句在同時期翻譯佛經及中土文獻中使用的情況,推求經本成立的大致時代,並藉此探討《因果經》的真僞問題。景盛軒《敦煌大紙寫〈大般涅槃經〉敍錄》(《敦煌學輯刊》4 期)敍錄了 14 件敦煌本《大般涅槃經》,展示了這批寫經在紙型、紙色、紙長、裝潢、書法以及收藏諸方面的特色。趙陽《西夏佛教靈驗記探微——以黑水城出土〈高王觀世音經〉爲例》(《敦煌學輯刊》3 期)指出,黑水城出土的《高王觀世音經》三種,其序文作爲典型的佛教靈應故事,雖與前代類似傳說有所不同,但也有著傳承自隋唐五代的痕跡,同時也對僞經的傳播起到很大推動作用。

　　石小英《淺析 8 至 10 世紀敦煌尼僧居家生活》(《宗教學研究》2 期)指出,在 8 至 10 世紀的敦煌,尼僧作爲出家人卻存在著與之相反的情況,她們常住在世俗家中,與家人共同生活,過著一種居家的生活。作者依據敦煌文獻記載,對這一現象及其原因作了説明。陳大爲、陳卿《唐宋時期敦煌金光明寺考》(《敦煌學輯刊》2 期)從寺名來源、存廢時限、寺院地址、佛寺建築、經濟狀況、僧人規模以及人事升遷七個方面探討了敦煌金光明寺的建置沿革和僧人情況。通過對敦煌文獻和傳統史料的梳理,進而認爲該寺院名稱來源於佛教經典《金光明經》,起訖年代在公元 769 年至 1019 年左右,寺址位於莫高窟,寺院建築包括寺門、鐘樓、大殿、禪院、禪窟、堂、倉和僧人臨時性住房等,從吐蕃佔領敦煌到曹氏歸義軍時期該寺經濟狀況明顯改善,僧人數量顯著增長,由徒衆推選寺院三綱並經緇流領袖批准,在敦煌地區的影響力也大爲增强。陳雙印、趙世金《歸義軍時期敦煌地區的佛教與軍事關係研究》(《西北民族大學學報》3 期)主要從敦煌地區軍事階層(將領、士卒)與佛教信仰的關係作爲出發點,討論了他們信仰佛教的目的、方式以及信仰的對象。在文章的末尾討論了敦煌地區的佛教文學與邊塞文學中的軍事文學之間的一些關係。沙武田、梁紅《敦煌石窟歸義軍首任都僧統洪辯供養像考——兼論中古佛教僧人生活中的隨侍現象》(《敦煌學輯刊》2 期)經仔細梳理第 156 窟供養像的圖像和歷史信息,發現在第 156 窟洪辯像後跟隨著同爲敦煌名僧的弟子悟真供養像,他們師徒二人一起出現在節度使張議潮的功德窟中。洪辯和其弟子悟真供養像在第 156 窟的發現,從供養像的角度,爲敦煌佛教及歸義軍歷史的研究提供了新資料。日本杏雨書屋藏敦煌寺院經濟文書羽 677 和羽 703 爲同一件文書而可以綴合。王祥偉《日本杏雨書屋藏敦煌寺院經濟文書羽 677+羽 703 研究》(《中國社會經濟史研究》2 期)指出,羽 677+羽 703 是公元 914—918 年間靈圖寺或金光明寺對本寺常住斛斗進行算會的底稿,它的存世不但豐富了敦煌寺院經濟文書的内容,爲瞭解敦煌寺院經濟增添了新的資料,而且還由於其記載了張承奉、曹議金等歷史人物的活動而在認識歸義軍歷史等方面具有重要意義。同氏《敦煌文書 BD15246(2)、P.3364 與 S.5008 綴合研究》(《敦煌學輯刊》1 期)指出,敦煌文書 BD15246(2)、P.3364 與 S.5008 是三件寺院會計文書殘卷,三者本爲同一件文書而可以綴合,綴合後的文書内容是公元 947 年或 948 年報恩寺對本寺諸色斛斗入破情況進行算會後的上報牒文的一部分。

張元林《融通與移植:敦煌〈法華經〉圖像的靈活性選擇》(《敦煌學輯刊》3 期)對這種靈活性處理方式的意圖做了初步探討,認爲這也是《法華經》及其信仰在敦煌本地傳播過程中的進一步豐富和發展。薛艷麗《〈莫高窟六字真言碣〉中四臂觀音像作者試考》(《敦煌學輯刊》3 期)指出,《莫高窟六字真言碣》和《重修皇慶寺記》兩塊碑中都記載有元代沙州路河渠司下的李世榮,而李世榮的身份是畫工,《莫高窟六字真言碣》中央的四臂觀音像就是由其所繪,奢藍令栴所刻;又《重修皇慶寺記》碑所載重修皇慶寺時所繪的壁畫及該碑碑陽首上的二龍戲珠圖也應是李世榮等人所繪。楊波《克孜爾石窟第 38、100 窟"誓願""授記"題材探討》(《敦煌學輯刊》3 期)在前人研究的基礎上,並參考庫木吐喇窟群區第 34 窟龜兹文榜題解讀的成果等,指出其中包含許多表現釋迦往昔供養諸佛的故事,這些故事與彌勒接受"摩頂授記"等場面一起,强調了"誓願""授記"的主題。

三階教方面。楊學勇《三階教〈七階禮〉與佛名禮懺》(《敦煌研究》1 期)指出,大住聖窟所刻《略禮七階禮佛懺悔等文》與三階教《七階禮》有諸多相似之處,從《七階禮》的演變軌跡及大住聖窟對三階教的影響等方面可以確定《略禮七階禮佛懺悔等文》影響了《七階禮》,從中可窺《七階禮》的起始形態,並爲研究信行的廣、略《七階佛名》提供了綫索。同氏《也談〈佛説要行捨身經〉與三階教的關聯》(《敦煌學輯刊》3 期)研究認爲,三階教典籍目録乃至相關資料未曾提及類似《捨身經》的典籍,而且三階教教義中没有對捨身的相關論述,没有任何證據能證明《捨身經》是一部宣傳三階教教義的經典,就目前資料看來其與三階教没有什麼關聯。

道教研究方面,主要包括道經考辨和道教儀式的考論。孫齊《敦煌本〈老子變化經〉新探》(《中國史研究》2 期)不認同將《老子變化經》斷代爲南北朝成書的意見,而認爲此經成書於漢魏時期。《老子變化經》中的"老子曰"部分在漢末就已經以讖書"王方平記"的形式存在。《老子變化經》的撰作目的並不是爲了神化老子,而是爲了神化漢末東海郡方士王方平。郜同麟《敦煌吐魯番道經殘卷拾遺》(《敦煌學輯刊》1 期)收集了前人未發現或未正確定名、綴合的三十餘件敦煌吐魯番道經殘卷,並分別做了定名、綴合和簡要描述,並著重對中國國家博物館所藏的一件吐魯番佚名道經殘片的宗教思想做了考證。劉永明《敦煌本道教〈十戒經〉考論》(《歷史研究》1 期)指出,《十戒經》傳授針對的是在家初級信仰者清信弟子,於是成爲道教通往社會的一座重要橋樑,從而有利於道教的傳播,並對社會基層的宗教信仰乃至道德教化産生一定的影響。王承文《敦煌本〈靈寶經目〉與古靈寶經出世論考(上下篇)——兼對古靈寶經出世時間下限的考定》(《敦煌學輯刊》2、3 期)通過對敦煌本《靈寶經目》形成過程及其内在結構的考察,認爲這部經目與古靈寶經最核心的教義思想具有高度的連貫性。現存《靈寶經目序》和敦煌本《靈寶經目》則屬於兩種具有内在關聯而且相互高度依存的文本。因此,陸修靜《靈寶經目序》所説的《靈寶經目》,其實就是指現存敦煌本《靈寶經目》。而敦煌本《靈寶經目》亦證明,在公元 437 年陸修靜整理古靈寶經之前,所有古靈寶經均已出世。至於陸修靜本人及其"身邊的道士們"則均屬於古靈寶經的尊奉者,並未參與過古靈寶經的創作。張魯君、韓吉紹《四件敦煌道經殘片考辨》

（《敦煌研究》5 期）對英藏敦煌寫本 S.9936、S.11363、S.11363V、S.6030 和俄藏敦煌寫本 Дx.06057 進行了考辨，認爲前三件内容連貫，述石鎮宅法，但非《押衙鄧存慶鎮宅文》的一部分，亦非醫學文獻；Дx.06057 的内容源自《太清金液神氣經》和《神仙金汋經》兩部道藏道經；S.6030 爲《策使鬼神通靈訣》，既非醫學文獻，亦非陵陽子之著作。王興伊、于業禮《敦煌〈黄帝明堂經〉殘卷校釋》（《敦煌研究》4 期）對《黄帝明堂經》殘卷全文進行逐行校釋，並就王杏林《跋敦煌本〈黄帝明堂經〉》文中涉及未深的地方做了一些簡單的探討。

劉永明《古代敦煌地區的東嶽泰山信仰及其與道教和佛教之間的關係》（《敦煌學輯刊》3 期）考察了晚唐五代至宋初敦煌地區流行的東嶽泰山信仰，首先通過《發病書》中泰山信仰及其與道教之間關係的分析，揭示了普通民衆層面的泰山信仰；其次通過對佛教發願文、寫經題記中泰山府君信仰的分析，反映了廣大佛教信仰者層面的泰山信仰，並揭示了其中的佛道融合情狀。張鵬《〈敦煌秘笈〉羽 673R 的綴合及金籙齋儀的再探討》（《敦煌學輯刊》2 期）認爲，敦煌本金籙齋儀是實用齋儀文本，與經典《無上秘要》的記載不同，這種不同反映了金籙齋儀的創制過程，即爲綜合《金籙簡文》《明真科》《三元品戒》等靈寶經而形成。劉屹《度人與度亡：一卷本〈度人經〉的形成及其經教基礎》（《敦煌吐魯番研究》十六卷）從一卷本《度人經》文本結構的探析入手，探討了《度人經》的産生時代和“度人”觀念在當時的確切含義。吴羽《敦煌所出〈十戒經〉盟文中朱筆的宗教意義——兼論晉唐道經的保存與流傳》（《敦煌吐魯番研究》十六卷）以杏雨書屋所藏《十戒經》的書法和筆跡爲綫索，認爲敦煌藏經洞所出《十戒經》等盟文，不僅昭示著敦煌道教的傳承，還證明了低階和文化素養不高的道教信徒的信仰方式未必在於道教義理的習學，更重要的是燒香供養道經。謝明《國圖藏敦煌道經校正三則及相關問題考釋》（《宗教學研究》1 期）以國家圖書館藏敦煌道經爲切入點，結合《道藏》中的相關文獻，梳理了這幾個神仙鬼怪及相關内容的傳承、變化，分析造成這種情況的原因，糾正敦煌寫卷、《道藏》等文獻的訛誤。

景教研究方面。林悟殊《霞浦抄本夷偈〈明使讚〉〈送佛讚〉考釋——兼説霞浦抄本與敦煌吐魯番研究之關係》（《敦煌吐魯番研究》十六卷）對霞浦文書摩本《明使讚》和合本《送佛讚》進行考察，認爲兩首夷偈題名有差，但對音文字多同，應屬同偈異名。王蘭平《唐代敦煌漢文景教寫經研究》（民族出版社）主要對六部敦煌唐代漢文景教寫經進行了綜合研究，爲學界提供了一個盡可能完整的録文本和詳細注釋。對於富岡、高楠文書的真僞判斷，已有林悟殊、榮新江等學者作出重要推斷。王蘭平《日本杏雨書屋藏富岡文書高楠文書真僞再研究》（《敦煌學輯刊》1 期）從字形角度作了進一步分析，認爲

《序聽迷詩所經》《一神論》未顯示出作僞痕跡。

五、語 言 文 字

本年度出版了多部有關敦煌語言文獻研究的論文集和專著。黄征《敦煌語言文獻研究》(浙江大學出版社)爲作者在敦煌文獻語詞研究方面的專題論文集,共收集專題論文 30 篇,涉及敦煌文獻整理通論、敦煌語詞考辨、浙江敦煌學研究概況等方面的內容。另外,敦煌歌辭文獻和法制文獻語言研究取得新成果。劉傳啓《敦煌歌辭文獻語言研究》(中國社會科學出版社)內容包括:初創階段歌辭體式特點和語言風格;敦煌佛曲語言的民間話語形態;敦煌歌辭的分類及內容;敦煌歌辭重點寫卷介紹;敦煌歌辭俗語詞考釋;敦煌歌辭所見特殊句式分析。王啓濤《敦煌西域法制文書語言研究》(人民出版社)對敦煌吐魯番法制文書語言展開了深入系統的研究,是該領域的一部開拓性著作。趙少咸著、趙吕甫整理《敦煌掇瑣本切韻校記》(中華書局)對敦煌掇瑣本《切韻》進行了校勘。

劉瑞明《〈伍子胥變文〉的藥名散文新校釋》(《敦煌研究》4 期)認爲,《伍子胥變文》的藥名散文的校釋難度很大,有大量的各類失誤,或缺失謎底,或謎面與謎底説反了,或句意不暢,或違事理。作者對這些失誤作了畢其功於一役的糾誤。姬慧《敦煌文學〈兒郎偉〉校勘釋例》(《敦煌學輯刊》2 期)以《敦煌願文集》爲底本,從原卷核對、字形辨認、詞語訓釋、平仄押韻等方法出發,對所有《兒郎偉》的闕録識讀、俗字辨認、卷號定名等方面進行校補,以期得到更爲準確的《兒郎偉》詩歌供學界研究利用。趙曜曜、周欣《敦煌寫卷疑難俗字考釋五則》(《現代語文》5 期)對所覽法藏敦煌寫卷上的 5 個難俗、特殊字形,採用傳統文字訓詁的方法進行分析和考辨,旨在正訛補遺。周晟《俄藏敦煌文獻 Дx.10787〈解夢書〉字詞校釋八則》(《敦煌研究》4 期)認爲前賢對 Дx.10787《解夢書》的録釋之中存在一些訛誤,個別字詞的校釋尚有進一步辨析的必要,故試對此卷中若干文意扞格之處稍作考證。趙家棟《敦煌文獻"軟五"考辨》(《敦煌研究》3 期)認爲,"軟五"當讀爲"栭梧":"軟"是"輭"的俗字,"輭"(音 ruǎn)又換讀爲"輀"(音 ěr),而"輀"又是"栭"之音借。"五"爲"梧"音借。"栭""梧"分別指斗拱上的方木和支撐斜柱。徐朝東、全正濤《敦煌世俗文書中舌頭、舌上音問題之討論》(《合肥師範學院學報》1 期)通過調查唐五代敦煌世俗文書中的音切與異文別字材料,發現 7 世紀初以後不管北方方言還是南方方言的語音材料中,端組和知組的分化都已經基本完成了,而泥娘合併則是普遍的語音特徵。敦煌寫本《文選音》《俗務要名林》中存在舌頭音與舌上音混切,是屬於抄寫的緣故,不是古音的殘留。

六、文　　學

本年度有關敦煌文學的研究成果相對少出。由蘇履吉著、姜德治選注的《蘇履吉敦煌詩鈔選注》(甘肅文化出版社)選錄了蘇履吉在甘肅敦煌爲官期間寫的詩作,並作了簡要注釋。詩作多爲近體律詩和絕句,也有一些古體詩,主要記述了作者的所見、所聞、所思、所感,言政事民生。

對敦煌俗文學的探討方面。張鴻勛《敦煌俗文學研究之路》(《社會科學戰綫》3 期)指出,敦煌藏經洞中出土的説唱故事作品,既非文人雅士案頭創作,也不是供人閱讀賞析的奇文異書,而是曾經活躍於宮廷府衙、城鎮鬧市、寺院齋會、宅第歌場等一定語境下,由俗講法師或轉變藝人依照伎藝傳承程式,移時創作,進行演唱的轉述本或口傳記錄本。柴劍虹《雅俗之間——簡論敦煌俗文學在中國文學發展史上的地位》(《敦煌吐魯番研究》十六卷)認爲,藏經洞所出"俗文學"作品和一些著名或佚名文人創作,乃至許多學士郎抄寫的詩歌,都向我們清晰地展示了雅、俗之間的内在聯繫。敦煌文學對於我們,無論是從宏觀上釐清中國文學發展史的脈絡,還是從微觀上把握某些作家作品的創作環境及動因,内容和形式的借鑑,社會傳播與影響,都具有十分重要的意義。鄧文寬《王梵志詩中的活俚語》(《敦煌吐魯番研究》十六卷)剖析了《王梵志詩》中活俚語的意義和用法。曹凌《關於南朝的唱導》(《敦煌吐魯番研究》十六卷)主要討論了狹義唱導的定義,並嘗試釐清其與講經的關係問題。任偉《P.2569 背面兩首儺歌的校補定名及相關問題》(《敦煌研究》4 期)結合圖版再次釋讀,確認該作品是兩首與驅儺有關的詩歌,並從幾個方面釐定爲可能反映敦煌西漢金山國時期宮廷驅儺活動的兒郎偉作品。張新朋《敦煌詩苑之奇葩——敦煌文獻中的〈送遠還通達〉初探》(《敦煌研究》5 期)將敦煌文獻中的《送遠還通達》由各類文獻中輯出,並就這些詩作對於聯邊詩歌的研究、對於敦煌文獻的整理等的意義略加探討。侯成成《敦煌本〈證道歌〉再探討》(《敦煌學輯刊》4 期)探討了敦煌本《證道歌》的作者、題署、抄寫時間等問題,並結合傳世文獻梳理《證道歌》在唐宋時期的流傳情況,同時對敦煌本《證道歌》進行了校補。

七、藝　　術

本年度敦煌藝術研究成果豐碩,涉及佛教圖像、彩塑藝術、繪畫品等。首先出版了多達十部有關敦煌藝術的重要論著。敦煌研究院主編《解讀敦煌》平裝版由華東師範大學出版社於 2016 年 5 月出版。該系列包括發現藏經洞、敦煌裝飾圖案、佛國尊像、禪宗經典故事、法華經故事、報恩父母經典故事、中世紀建築畫、飛翔的精靈、彌勒佛與藥師佛、中世紀服飾、敦煌彩塑等十一個專題。顧淑彥《敦煌十六國至隋石窟藝術》(甘肅教育出版社)盡可能全面地介紹了敦煌十六國北朝至隋時期的石窟藝術,同時進一步展示了敦煌隋代石窟藝術在受到中原和西域兩種風格的影響,不斷吸收這兩種文化營養的情況下,是如何進行探索和創新的。揚之水《曾有西風半點香:敦煌藝術名物叢考》(人民美術出版社)是對佛教藝術名物的考證。作者從探索佛經和佛教文獻中那些孤立枯燥的名稱開始,搜索了大批非常難得的敦煌洞窟以及發掘的古代墓葬的壁畫材料,在排比這些材料的年代和地域時,結合文獻資料作出縝密而有説服力的結論,對佛教史和藝術史均具重大意義。鄭炳林、張景峰合撰《敦煌石窟彩塑藝術概論》(甘肅教育出版社)分七章,就敦煌石窟尤其是莫高窟的洞窟形制與彩塑類型、敦煌石窟彩塑的藝術形象及其所表達的主題思想等諸多問題作了深入研究。袁婷《敦煌藏經洞出土繪畫品研究史》(甘肅教育出版社)不僅對 20 世紀敦煌學進行了系統整理,還重點研究了此階段中外學者的相關成果。同時,對英、法、日、俄及中國等國家散存的敦煌畫進行目錄整理,共編得 1 700 餘號畫品目錄,爲整體呈現敦煌畫的研究史提供了翔實的參照;並具體細緻地比較歸納不同成果的學術相互關係、研究思路,做出客觀評述。楊琪《敦煌藝術入門十講》(生活·讀書·新知三聯書店)分門別類地向讀者介紹了有關敦煌的歷史概況和欣賞塑像、壁畫時會遇到的一些基本知識,例如如何辨識佛國世界的諸佛、弟子、力士、菩薩的形象,如何理解本生、佛傳、經變故事畫的内容,以及關於佛教石窟藝術的理論性認識。葉朗《提昇人生境界》(《敦煌研究》6 期)從人之需求的三個層面入手,揭示出中國傳統哲學和美學關於人生的最高境界爲審美層面,即人的精神生活。審美活動可以引導人們有高遠的精神追求,進而提昇人的人生境界。

對特定洞窟的調查研究成果顯著。第 25 窟是吐蕃統治時期的代表窟,其壁畫反映了濃厚的漢藏藝術融合的特點,是獨特歷史背景下佛教石窟營建過程中漢藏民族藝術互動、文化融合的體現。沙武田《榆林窟第 25 窟:敦煌圖像中的唐蕃關係》(商務印書館)通過對第 25 窟的研究,可以看到吐蕃人與瓜州本地的唐人在處理唐蕃關係、藏漢關係時的成功事例,可爲今天處理漢藏關係提供有益的思考與借鑒。何志國《天門·天宫·兜率天宫——敦煌第 275 窟彌勒天宫圖像的來源》(《敦煌研究》1 期)認爲,中土早期彌勒天宫圖像的形成是犍陀羅佛像與漢地西王母神靈信仰傳統的契合,也是佛教藝術中國本土化的早期例證。范鵬《曹氏歸義軍初期敦煌洞窟營建中折射出的價值觀——以莫高窟第 98 窟爲例》(《敦煌研究》1 期)從發願、示願和現願三個層次看,曹氏歸義軍初期洞窟的營建有一個很重要的功能就是要向政權内外充分展示自己的政治抱負、執政理念、外交方略、治理路徑和安邦之策,發願直白,示願形象,現願篤行。張景峰《敦煌莫高窟第 217 窟主室供養人畫像調查新發現》(《敦煌研究》2 期)發現第 217 窟西壁龕下的供養人畫像行列下方還存有底層壁畫,內容依然是供養人,研究認爲第 217 窟不是傳統意義上的盛唐洞窟,而是開鑿於武則天時期的洞窟,由初唐時期的敦煌大族陰稠家族開鑿。同氏《敦煌莫高窟第 321 窟營建年代初探》(《敦煌學輯刊》4 期)對西壁龕外兩側的白狼塑像、南壁的十輪經變繪入的時間、東壁門北十一面觀音變的造像樣式及敦煌文書 P.2625《敦煌名族志》中的相關信息進行了分析,認爲莫高窟第 321 窟是盛唐時期的陰家窟,由敦煌大族陰守忠、陰修己父子開窟,時間當在開元九年十月至十一年四月間。陳菊霞《榆林窟第 35 窟營建年代與功德主辨析》(《敦煌研究》3 期)依據榆林窟第 35 窟後甬道南壁曹延祿、曹延瑞的供養人題記和後甬道北壁于闐公主和陰氏夫人的排列次序,可將第 35 窟的重修年代推定在端拱元年(988)至咸平五年(1002)之間。石松日奈子著,筱原典生、于春譯《敦煌莫高窟第 285 窟北壁供養人像和供養人題記》(《敦煌研究》1 期)通過對北壁壁畫的圖像、樣式、畫技、材料、色彩、供養人像的構成和服裝、供養人題記等進行詳細分析,認爲第 285 窟可能是原本作爲僧人修行場所的莫高窟對在家信徒開放供奉的初例。趙曉星《敦煌文獻 P.2991〈報恩吉祥之窟記〉寫作年代再考》(《敦煌吐魯番研究》十六卷)通過對 P.2991《報恩吉祥之窟記》內容的分析,認爲該窟記寫於晚唐五代時期,報恩吉祥窟爲晚唐五代僧人、國師氾福高營建的功德窟,莫高窟第 233 窟有可能是文獻記載的報恩吉祥窟。寧晴《大乘佛教思想下的菩薩戒壇窟研究——以莫高窟第 196 窟爲例考察》(《敦煌學輯刊》4 期)認爲,莫高窟第 196 窟前室壁畫中高僧傳授戒律畫,主室窟頂赴會佛及千佛圖像、南北壁下部的菩薩屏風畫與東壁門兩側獨特的文殊變與普賢變等圖像內容是對敦煌大乘佛教菩薩戒自誓得戒、懺悔等思想的生動反映,而第 196 窟即敦煌莫高窟菩薩戒壇窟的一個代表性洞窟。

敦煌壁畫中的佛教故事畫北朝時已逐漸形成了長卷式畫面的表現方法,隋朝時表現更加細膩和豐富。趙聲良《敦煌隋代故事畫藝術》(《敦煌研究》3 期)通過對隋代莫高窟故事畫藝術的分析,來探討佛教繪畫樣式的變化。顧淑彥《敦煌石窟中牢度叉鬥聖變消失與再現原因再探》(《敦煌研究》3 期)運用文獻資料、史實和莫高窟現存的圖像資料進行考證,認爲從盛唐到中唐時期,牢度叉鬥聖變的再現是因爲晚唐五代宋時期說話、變文等俗文學的流行,充滿離奇故事的《賢愚經》再次被關注和流行起來,也包括從《賢愚經》發展而來的牢度叉鬥聖變。河西石窟中多鋪以大梵天、帝釋天爲脅侍的造像,長期以來都著録爲菩薩和天王。張寶璽《河西石窟以大梵天帝釋天爲脇侍的造像》(《敦煌研究》4 期)指出,以大梵天和帝釋天爲脅侍的造像源於犍陀羅藝術。隨著時代的不同、地域的變化,在流傳過程中,其形象摻入了多元文化因素。河西北魏石窟中大梵天均著菩薩裝,帝釋天則爲武士裝,或稱天王裝。任平山《抒海本生及其在吐峪溝壁畫中的呈現》(《敦煌研究》4 期)整理和分析了佛教本生故事大施抒海,並對吐峪溝第 44 窟相關壁畫進行了釋讀,結論認爲吐峪溝壁畫蓮華夫人緣應該更名爲抒海本生。

佛教造像方面。張善慶《馬蹄寺石窟群北朝内修型洞窟儀式空間與寺院儀軌研究》(《敦煌吐魯番研究》十六卷)以馬蹄寺石窟群北朝洞窟爲中心,將佛教三學"戒定慧"融入石窟造像的研究中,進而考察十六國北朝石窟寺内部洞窟功能組合。張銘、魏文斌《甘肅秦安"諸邑子石銘"考析——甘肅館藏佛教造像研究之三》(《敦煌研究》5 期)通過與秦州地區有紀年造像碑的比較,判定其應開鑿於北周保定至建德三年間(561—574)。該碑爲社邑造像碑,反映了這一地區的社邑組織情況,權、吕、仵等姓氏反映出北周時期該地區多民族雜居的特點,"邑頭"一詞爲佛社研究提供了新材料。吳浚《昆明筇竹寺五百羅漢造像藝術的圖像研究》(《敦煌研究》5 期)指出,筇竹寺五百羅漢人物造像,形神兼備、氣韻生動、飛靈神動的藝術性並非偶然,與杭州靈隱寺、四川寶光寺造像在姿勢、形態、服飾、體量等都有明顯的承襲關係,傳承過程中又不斷創新,最終集誇張寫意性、裝飾民俗性、生動敘事性於一體。天水市麥積區石佛鎮石佛寺保存有一尊北魏權氏石造像,後背刻有建造題記。汪明《石佛鎮權氏石造像題記簡考》(《敦煌研究》5 期)根據文獻資料與題記文字考證,此應是西魏恭帝三年(556)天水秦安權氏建造。黄文智《河北中南部北魏晚期至東魏石刻佛像造型分析》(《敦煌學輯刊》1 期)指出,河北中南部北魏晚期至東魏石刻佛像皆著雙領下垂式袈裟,按表現樣式可分爲階梯狀衣褶雙領下垂式袈裟、棱角狀衣褶雙領下垂式袈裟和雙勾陰綫衣褶雙領下垂式袈裟三種類型,三者依次出現,後兩者存在直接的承續關係。同氏《山西中南部北魏晚期至東魏石刻佛像造型分析》(《敦煌研究》4 期)指出,佔主導地位的雙領下垂式袈裟佛像,根據袈裟微觀表現形式的差異可分爲四組,均不同程度受到龍門窟龕佛像造型樣式影響。其他袈裟形式的佛像在主要吸收洛陽造型因素的同時,還部分沿用了大同雲岡石窟的佛像因素。佛像身高延續洛陽實例的比例關係,人體造型均較爲清瘦。白文《陝西富縣博物館藏北魏隋代造像碑研讀》(《敦煌學輯刊》2 期)通過對富縣博物館藏北魏隋代造像碑研讀,初步分析了圖像及發願文與圖像的關係,並探討、比較了其中雷氏家族造像碑圖像的時代風格、特徵,認爲只有將表現形式賦予的主體聯繫起來,結合不同的時代背景和信仰關係纔能合理地重構歷史情境。王懷宥《甘肅華亭縣出土北朝佛教石刻造像供養人族屬考》(《敦煌學輯刊》2 期)根據題記內容和窖藏地理位置分析,認爲甘肅華亭縣出土北朝佛教石刻造像供養人就是文獻記載的北朝時期活動於小隴山的南山屠各與隴東屠各。

圖像研究方面。王惠民《敦煌佛教圖像研究》(浙江大學出版社)收錄了作者關於敦煌佛教造像、壁畫等圖像的研究論文 16 篇。書中關於敦煌佛教圖像的附圖、描述,爲讀者提供了敦煌佛教圖像研究的第一手資料。史志平《莫高窟唐代觀音畫像研究》(中國社會科學出版社)以莫高窟唐代壁畫、絹畫、麻布畫及紙畫中的觀音畫像爲樣本,結合宗教、歷史等學科,從五個方面對其進行全面而深入的研究。張元林《從敦煌圖像看絲路文化交融中的“變”與“不變”》(《遺產與保護》1 期)以敦煌藝術中乘馬日天圖像、乘鵝月天圖像、“執風巾”風神圖像和摩醯首羅天圖像等一些具有多元文化背景的圖像爲例,在對它們的圖像來源和傳播路徑進行分析和梳理的基礎上,初步探討了絲綢之路沿綫區域不同文化之間在漫長的相互影響和交融中存在的“變”與“不變”現象,認爲這種現象反映了“絲綢之路”上不同文化間相互交融時的複雜性、多向性和多層次性。谷東方《山西高平清代十二辰相菩薩圖像辨析》(《敦煌研究》3 期)調查發現山西高平古代壁畫兩處菩薩與十二元辰、生肖結合的圖像,從典籍和圖像兩方面分析了產生該類菩薩樣式的依據,繼而探討其思想內涵。王玲秀《論永靖炳靈寺藏傳佛教藝術“道果法”祖師毗瓦巴圖像——炳靈寺石窟印度成就師圖像研究之一》(《敦煌學輯刊》2 期)以“道果法”祖師毗瓦巴爲例,對石窟中 6 幅毗瓦巴圖像在不同窟龕中的分佈情況、宗師及其“道果法”於元明時期在炳靈寺的傳播背景以及在石窟中的功能特徵做了嘗試性探析。陳明《敦煌莫高窟東壁門上供養像的圖像意義》(《敦煌研究》6 期)結合中晚唐敦煌當地流行“邈真像”的社會現狀,並將其與佛窟、佛寺或家廟(家祠)甚至墓葬等相關的禮儀建築聯繫起來考察,發現這類供養像與當時普遍流行的“邈真像”有極大的相似性,同時又是將佛教的“往生極樂”概念與中國傳統的羽化成仙觀念相結合的產物,表明佛窟功能進一步向具有家廟(家祠)功能的家窟轉化。李金娟《莫高窟第 12 窟“索義辯出行圖”研究》(《敦煌學輯刊》3 期)指出,索義辯出行圖表現的是索義辯在家族盂蘭節前往寺院送盆及獻供的場景,其出現原因與晚唐敦煌的政治、宗教環境、僧官地位以及索氏家族與歸義軍政權的緊密聯繫有關,同時也體現出晚唐時期敦煌僧官與世俗家族之間的緊密聯繫。張小剛、郭俊葉《敦煌所見于闐公主畫像及其相關問題》(《石河子大學學報》4 期)認爲,于闐公主像的身份大多數爲曹延祿的夫人,極少數可能是于闐國王李聖天與曹皇后所生的女兒。敦煌所見于闐公主像的繪製時間都在北宋初期。這些畫像反映了當時敦煌與于闐之間的密切關係。王瑞雷《嬉金剛文殊密圖像的構成及在西藏的傳存》(《敦煌學輯刊》4期)結合早期藏文史料和佛教儀軌,討論了嬉金剛《文書真實名經》具密注疏在西藏的傳入和翻譯狀況;通過聚焦修持文書具密攝部族曼荼羅觀想這一視覺圖像構成和該圖像在西藏的傳存,辨析該傳規在西藏的教派所屬。

王靜芬著、張善慶譯《以東亞玄奘畫像爲中心審視聖僧神化歷程》(《敦煌研究》2 期)認爲,玄奘大師的多重角色反映了中世紀早期佛教與中國傳統文化的互動和融合,佛教傳播到其他文化領域所發生的嬗變,上層精英文化和民間信仰的區別以及視覺與文學藝術形式的交織。劉玉權《玄奘圖像之濫觴及早期玄奘圖像——玄奘圖像學考察(一)》(《敦煌研究》5 期)是作者玄奘圖像考察的開篇,主要討論玄奘圖像之誕生和中國早期玄奘圖像及相關人文歷史背景等問題。于向東《行道僧圖像衰微考》(《敦煌學輯刊》2 期)依據文獻記載及傳世祖師圖像,可以推論行道僧圖像在晚唐、五代期間日益衰微,約南宋時消失蹤跡。唐宋之際,伴隨著佛教祖堂的逐漸盛行及祀祖儀式規範化,坐姿樣式的祖師圖像日益興盛,最終取代行道僧圖像的主流地位,這很可能是導致行道僧圖像衰微的主要原因。叢振《敦煌狩獵圖像考》(《石河子大學學報》2 期)通過對史前岩畫、先秦青銅器、漢畫像磚中類似圖像的考察,可知敦煌狩獵圖像表現出鮮明的世俗特徵,並與佛教思想有密切聯繫。

李靜傑《巴林左旗出土遼代青銅佛板圖像分析》(《敦煌研究》6 期)指出,佛板內容關聯北朝以來數百年造像史,還與印度造像藝術多有牽涉,反映了基層民眾的西方淨土信仰情況,不同於尋常所見具有官方性質的遼代佛教造像,有助於深化認識遼代佛教物質文化和社會生活狀況。王芳《敦煌唐五代曠野鬼夜叉圖像小議》(《敦煌研究》6 期)認爲,敦煌地區的曠野鬼夜叉圖像表明,在當地夜叉已轉變成庇護童子的善神。戴春陽《敦煌佛爺廟灣唐代模印塑像磚墓(二)——陰氏家族墓考》(《敦煌研究》3 期)分析了墓葬年代、墓葬等級及P.2523《敦煌名族志》的編撰年代,認爲兩者均爲開元年間,因而認爲 M123、M124、M125 等墓爲外任歸葬的敦煌望族——陰氏家族墓葬,其中陰稠或陰仁協以及陰仁希可能與 M123 具有對應關係。劉韜《唐與回鶻時期庫木吐喇石窟壁畫年代探索——以窟群區第 12、15 至 17 窟爲中心》(《敦煌研究》6 期)嘗試以樣式論與風格學等方法,綜合石窟形制、圖像內容與題記等因素,試對庫木吐喇唐風洞窟第 15 至 17 窟、回鶻風洞窟第 12 窟壁畫的絕對年代進行探索,並以此爲標型窟探索唐與回鶻時期庫木吐喇部分洞窟壁畫的相對年代。邵軍《宏佛塔出土絹畫題材內容再探》(《敦煌研究》4 期)對西夏古塔宏佛塔天宮出土的數件絹畫的題材內容重新進行了探討,辨認了兩件熾盛光十一曜圖中諸曜的身份,確認了護法力士爲月孛圖,對玄武大帝、千手觀音、大日如來等形象有新認識,並對千佛、護法神的圖像性質與發展情況進行了研究。勒柯克在高昌故城摩尼教寺院遺址發掘出的一份摩尼教絹畫中繪有十字架,與新疆、敦煌等地發現的景教十字架極爲相似。

何卯平、寧强《敦煌與瓜州西夏時期石窟藝術的比較研究》(《敦煌研究》6 期)對敦煌和瓜州兩地西夏時期石窟藝術的壁畫題材、造型風格、供養人構成、藝術功能等進行了比較研究,認爲敦煌與瓜州在西夏時期因政治狀況、經濟發展、軍事形勢等方面的明顯差異而顯示出不同的特點。張小剛、郭俊葉《文殊山石窟西夏〈水月觀音圖〉與〈摩利支天圖〉考釋》(《敦煌研究》2 期)指出,文殊山石窟群後山古佛洞中發現的西夏時期繪製的兩幅《水月觀音圖》和一幅《摩利支天圖》,爲研究西夏佛教藝術提供了重要的新資料。梁燕、張同標《印度阿旃陀生死輪圖與尼泊爾馬頭觀音之間的聯繫》(《敦煌研究》1 期)指出,印度仍然以觀音救度爲主,不斷演進的最終形式表現爲尼泊爾百八觀音之一的馬頭觀音。這種馬頭觀音類似於生死輪圖,以觀音統攝六佛,不同於中印各地的馬首人身或冠部飾有馬像的馬頭觀音,表明觀音超越十方諸佛,上昇爲宇宙至尊神的神格地位,與中國曾經流行的盧舍那佛遥相呼應。張明皓《東亞文化圈鴟尾的類型研究初探》(《敦煌研究》1 期)以東亞文化圈內現存的鴟尾形象爲研究對象,根據鴟尾的整體造型與細部裝飾特徵,結合這些鴟尾所處的時代與地域,將東亞文化圈內的鴟尾分爲整體型鴟尾與截斷型鴟尾。張惠明《公元八至九世紀敦煌壁畫"文殊及侍從圖"中佛教節日主體元素》(《中華文史論叢》3 期)通過文本文獻與相關壁畫中圖像間的對照研究,對公元八至九世紀敦煌的《文殊及侍從》圖中的佛教節日主題元素加以解讀並闡釋其象徵性含義。吕德廷《鹿頭梵志的早期形象及宗教內涵》(《敦煌研究》1 期)認爲,犍陀羅藝術中的鹿頭梵志基本位於佛陀右側。鹿頭梵志的頭頂有一縷頭髮,這與涅槃圖中的須跋陀羅類似。庫木吐喇石窟中的鹿頭梵志是沙門形象。北朝流行鹿頭梵志可能與當時佛教宣傳五戒十善的思想有關。高秀軍、李向東《新發現資中月仙洞兩龕僧伽變相初考》(《敦煌研究》2 期)主要結合其他已刊佈的僧伽變相龕及相關資料,對新發現的資中月仙洞摩崖兩龕僧伽變相時代及內容做了初步探討。

經變畫方面。盧少珊《河西地區唐宋時期洞窟維摩詰經變與其他圖像組合分析》(《敦煌學輯刊》1 期)利用美術史圖像學方法,探討了維摩詰經變與其他圖像的組合關係,指出初唐維摩詰經變與千佛環繞式説法圖組合,並演化爲與西方淨土經變、彌勒下生圖像組合形式,强調了淨土信仰內涵。張景峰《圖像角色的轉換與形成——以敦煌石窟觀音經變爲中心》(《石河子大學學報》5 期)研究認爲,第 217 窟觀音經變的出現,完成了觀音菩薩圖像從法華經變附屬向獨立經變角色的轉變,使敦煌觀音信仰從輔助向獨立信仰功能轉換,具有特殊意義,也對敦煌以後觀音經變的發展產生了重要影響。陳愛峰《柏孜克里克石窟第 17 窟佛説大乘莊嚴寶王經變考釋》(《敦煌研究》6 期)結合柏孜克里克第 17 窟兩側壁壁畫分析,認識到該窟是一個以觀音爲主尊、内涵豐富的洞窟;結合窟内供養人族屬的認定,初步將該窟壁畫的繪製年代界定在北宋初(10 世紀末)至回鶻歸順蒙古之前(13 世紀初)。

服飾圖案研究方面。謝靜《敦煌石窟中的少數民族服飾研究》(甘肅教育出版社)共分爲五編,分别論述了敦煌石窟中的鮮卑、吐蕃、回鶻、党項、蒙古五個少數民族的服飾。每一編中運用大量敦煌石窟中的形象資料及其他相關資料,對該民族帝王、王妃、官吏、貴族婦女、侍從與侍女、平民、兒童等社會各階層人物的服裝、髮型、化妝進行全面、深入的論述。胡同慶《試探敦煌北朝時期裝飾圖案的美學特徵》(《敦煌研究》4 期)對敦煌北朝壁畫中各種裝飾圖案所藴涵的對稱形式、節奏感、多元組合、運動感、立體感等美學特徵進行了比較全面的介紹和分析。謝濤、謝靜《敦煌圖像服飾上的聯珠紋初探》(《敦煌學輯刊》2 期)指出,敦煌圖像中服用聯珠紋的樣式基本可以在織物圖案上找到對照,但樣式有所簡化。陳悦新《大足石窟佛像著衣類型》(《敦煌學輯刊》1 期)選擇北山、寶頂山、石篆山、石門山、妙高山等五處紀年較多、保存較好的石窟寺,運用考古類型學方法,將佛衣與菩薩衣分爲兩期,第一期約晚唐五代時期(892—965),第二期約兩宋時期(1078—1252)。晚唐五代流行中衣搭肘式和通肩式佛衣,承襲中原文化;兩宋時期流行的露胸通肩式佛衣,反映了地方文化盛行的獨特面貌。

壁畫樂舞方面。酈藍嵐《敦煌壁畫樂舞:"中國景觀"在國際語境中的建構、傳播與意義》(社會科學文獻出版社)從傳統美學、表演理論及知覺認知科學的角度,解釋了敦煌壁畫樂舞作爲一種依附於時空與詩性的表演藝術形態,是如何在流動、演繹的表演過程中,以舞者與觀舞者之間的認知、互動展現的兩種元素來體現、建構"中國景觀",從而達到中國傳統美學中所推崇的"象外之象""詩與境偕"的境界。鄭炳林、朱曉峰《壁畫音樂圖像與社會文化變遷——榆林窟和東千佛洞壁畫上的拉弦樂器再研究》(《東北師大學報》1 期)以拉弦樂器作爲研究視角,來探究其所在壁畫的時代和風格,不僅能夠梳理樂器本身的歷史,而且對西夏時期敦煌石窟的營建史以及壁畫所藴含的歷史意義有一個全新的思考。

繪畫與書法方面。魏迎春《敦煌莫高窟第 103 窟維摩詰像與吳道子畫風》(《藝術百家》2 期)通過對該窟年代問題的探討、維摩詰像與吳道子畫風的比較,認爲第 103 窟藝術風格可能早於吳道子時代,該窟藝術成就是當時寺觀藝術處在高峰時期的産物。王啓濤《敦煌文獻"素書"新考》(《西南民族大學學報》4 期)將敦煌文獻與吐魯番文獻相對照,將出土文獻與傳世文獻相對照,運用語言文字學、文獻學和美術學等相關知識,考證"素書"即"塑像和繪畫"。陶小軍《敦煌寫經書法風格略論》(《書法》3 期)以書法的視角審視敦煌寫經,認爲其存在和繁榮的原因至少關涉兩個層面:第一,抄經是保持虔誠心態、積累功德的途徑;第二,寫經書法是某種神秘性的體現。宗教性和藝術性是寫經書法最重要的兩個特徵,敦煌寫本書法在宗教性與藝術性的張力中呈現出特殊的形態。

八、考古與文物保護

本年度,關於石窟考古、石窟内容調查、石窟建築、數字化建設、莫高窟壁畫的病害與防治等的研究成果較爲突出。

石窟考古方面。張景峰《敦煌石窟考古與藝術研究文集》(民族出版社)内容涉及對敦煌吐蕃石窟藝術樣式的研究、社會政治背景探討、造像思想研究、吐蕃密教文獻研究、石窟經變畫與圖像專題研究、密教尊像研究、西藏考古與藝術研究、毗沙門天王像研究、莫高窟第 465 窟研究等多個領域。郭俊葉《敦煌莫高窟第 454 窟研究》(甘肅教育出版社)從結構、重修、供養人、壁畫等方面著手,在詳細地抄録榜題、考證畫面的基礎上,對全窟進行佛教義理、洞窟功能、政治、社會背景等方面的探討。米德昉《敦煌莫高窟第 100 窟研究》(甘肅教育出版社)在梳理前賢研究成果及相關材料的基礎上,認爲第 100 窟始建於曹議金執政晚期的 931—935 年間,完成時間在曹元德任職期(935—939),窟主爲曹議金夫婦。鄒清泉《文殊堂:曹元忠時代佛教文化與視覺形象個案研究》(甘肅教育出版社)以莫高窟第 61 窟爲研究個案,通過對第 61 窟圖像程式、視覺意象與宗教意涵的探索,尤其是第 61 窟經典圖像《五臺山圖》與《維摩變》空間邏輯與視覺意味的研究,就曹元忠統治敦煌時期的佛教文化與視覺形象作了探索。孫曉峰《天水麥積山第 127 窟研究》(甘肅教育出版社)指出,麥積山 127 窟在麥積山西魏窟龕中保存基本完整,對於全面認識和瞭解西魏時期佛教藝術的傳承發展情況具有很高的研究價值和意義。夏生平、盧秀文《敦煌石窟供養人研究述評》(浙江大學出版社)是一部較爲全面系統地對敦煌石窟供養人的内容、價值、意義及供養人題記、供養人與石窟、供養人造像、供養人營建活動、供養人族屬、供養人婚姻、敦煌居民結構、供養人家族、供養人身份、供養人與佛教,以及佛教造像的供養依據與信仰觀念等研究成果的呈現。劉振剛、王玉芳《富縣石泓寺石窟歷代題記識讀與分析》(《敦煌學輯刊》3 期)指出,富縣石泓寺石窟現存十個洞窟,殘存歷代題記四十餘條。石泓寺石窟歷代題記爲研究陝北石窟寺的建造和佛教造像等提供了可靠的文獻資料,尤其是第 2 窟造像可作爲研究金代佛教造像的標本。孫曉峰《麥積山石窟雙窟研究》(《敦煌學輯刊》2 期)指出,麥積山石窟北魏和平至太和年間(460—499)開鑿的幾組具有明顯雙窟特徵的窟龕是特定歷史環境下的產物,其造像題材、圖像內容不僅體現出濃郁的時代特點,而且對於研究麥積山石窟營建與開鑿史具有重要意義和價值。

石窟內容調查取得新的進展。2013 年 7 月,爲配合敦煌西千佛洞崖體搶險加固工程,敦煌研究院考古所對西千佛洞未編號的洞窟進行徹底清理發掘,共清理未編號的洞窟 42 個。敦煌研究院考古研究所(執筆:王建軍、張小剛、劉永增)《敦煌西千佛洞未編號洞窟清理簡報》(《敦煌研究》6 期)通過清理,清楚了石窟數量,弄清了石窟的形制和性質,爲石窟研究提供了新資料。趙曉星、朱生雲《寧夏、內蒙古境內的西夏石窟調查——西夏石窟考古與藝術研究之一》(《敦煌研究》5 期)指出,山嘴溝石窟是西夏中心區最爲重要的石窟遺存,最能代表西夏中心區的石窟藝術;固原作爲長期處於西夏和宋金爭奪的地區,雖然保存了規模巨大的須彌山石窟群,但僅能找到西夏的遊人題記,證明西夏人曾在這一地區活動,找不到西夏時期的作品;鄂托克旗作爲西夏河南區轄地,在歷史上非常重要,但阿爾寨石窟現存洞窟主要爲蒙元時期的作品,也無法確認有西夏的遺跡。張弛《山西省和順縣沙峪摩崖造像調查》(《敦煌研究》4 期)調查了沙峪摩崖造像,指出從現存造像銘文看,此處摩崖造像開始營建的時間上限是北魏永安二年(529),下限是隋開皇十年(590)。丁得天、焦成《甘肅省民樂縣童子寺石窟內容總錄》(《敦煌研究》3 期)調查指出,童子寺石窟分南、北二區,現存石窟九座,大致呈南北走向,坐東朝西,主要洞窟爲三座中心柱窟。童子寺石窟始建於十六國時期,北朝、清代曾有營修,現存有壁畫、題記及部分道教題材造像。員小中、王雁翔《久別重逢的石雕——雲岡石窟窟前出土的幾件石雕找到了位置》(《敦煌研究》2 期)經調查核對,找到了一些石塊在石窟中原來的位置。這些石雕對於瞭解雲岡石窟造像,進行雕像恢復以及開展學術研究具有一定的價值。菩薩灣摩崖造像位於四川省安嶽縣岳陽鎮新村,現存造像 19 龕,題材豐富,有千佛、西方淨土變、千手觀音、五十三佛、十方佛等,而第 5 龕發現一則說明造龕緣由的題記。四川大學考古系、成都文物考古研究所、安嶽縣文物局(執筆:王麗君、張亮、張媛媛等)《四川安嶽岳陽鎮菩薩灣摩崖造像調查簡報》(《敦煌研究》3 期)依據造像題材、風格及題記等指出,造像分屬唐宋、清至現代兩個大的時段,唐宋時期造像數量較多。朱生雲《西夏時期重修莫高窟第 61 窟原因分析》(《敦煌學輯刊》3 期）認爲，對以文殊五臺山信仰爲主題的第 61 窟進行重修，反映出西夏人重視五臺山信仰的特點，而熾盛光佛也是西夏時期流行的造像題材，説明西夏在重修時也引入了自身信仰的新的美術題材，西夏重修第 61 窟體現了西夏在洞窟重修方面新舊兼顧的特色。

石窟建築方面。李江、楊菁《敦煌莫高窟九層樓屋頂結構探析》（《敦煌研究》3 期）通過對九層樓屋頂建造特徵的深入分析，從支撐方式、椽望做法和屋面形式等突出展現了莫高窟九層樓屋頂結構的建造成就。邵強軍《從宮殿到石窟：莫高窟早期平棋藝術的構成形式及其功能變遷》（《敦煌學輯刊》1 期）以莫高窟早期（十六國北朝）的代表性平棋爲研究對象，從平棋物質材料和所處環境切入，探討了莫高窟平棋具有區域性特徵的兩種構成形式；同時也指出莫高窟平棋在選用題材上的固定性特徵，以及方井骨架數量和材質上的特徵；進一步探討了敦煌平棋藝術完成了從"厭火"象徵到"發光、照明"功能意義的轉變，弱化和消解了空間縱向延伸的功能，以及這些變化所表現出中國早期佛教文化與中原傳統文化間的博弈關係。

數字化建設方面。陳振旺、樊錦詩《文化科技融合在文化遺産保護中的運用——以敦煌莫高窟數字化爲例》（《敦煌研究》2 期）從跨學科的視角出發，結合文化科技融合的時代背景，闡述文化科技融合在遺産保護中的重要價值；以敦煌莫高窟數字化保護和展示爲例，探討文化科技融合的具體運用，並從理論和實踐兩個維度，提出文化科技融合在文化遺産保護中的實踐路徑。吳健《多元異構的數字文化——敦煌石窟數字文化呈現與展示》（《敦煌研究》1 期）通過現有大量的敦煌石窟數字化資源轉化爲多元的可視的數字化成果，使不可移動文物突破物理空間和地域局限，走出文物本體環境，面向國內外，以新的展示環境、新的視覺表達、新的文化旅遊模式呈現在公衆的面前。趙蓉《敦煌石窟考古繪圖中的佛龕展開圖畫法芻議——利用三維激光掃描數據的實踐嘗試》（《敦煌研究》1 期）嘗試利用三維激光掃描數據——點雲，實現在電腦輔助製圖下完成佛龕展開示意圖的方法。此方法借鑒並融合手工測繪時對佛龕曲面的展開結構、畫法幾何曲面展開法以及座標控制法等，是考古繪圖在龕壁曲面展開實踐方法上的一個新嘗試。吕文旭、段奇三《利用三維激光掃描測量數據與電腦繪圖軟件繪製敦煌彩塑》（《敦煌研究》2 期）以莫高窟第 275 窟主尊（交腳菩薩）爲例闡述了利用三維激光掃描測量手段，非接觸式測量與三維複製敦煌彩塑，並利用三維點雲數據精確繪製彩塑的圖紙。吳曉慧《手工測繪龕内展開圖的基本方法》（《敦煌研究》2 期）指出，考古繪圖工作必須採用龕内展開這種特殊的測繪方法，將佛龕中的壁畫内容客觀、真實、全面地一一展開在畫面上。梁金星、萬曉霞、劉强等《敦煌彩繪文物數字化保護色卡製作方法研究》(《敦煌研究》2 期)通過對模擬樣本進行色彩控制測試挑選和完善,爲敦煌彩繪藝術品的色彩控制提供了一個參考色卡。測試結果表明,使用自製色卡對敦煌彩繪藝術品的色彩控制能力優於標準色卡。

石窟保護方面。郭青林、王旭東、楊善龍、李最雄《敦煌莫高窟壁畫病害水鹽來源研究》(科學出版社)從壁畫結構和病害調查入手,開展了莫高窟區域地質與洞窟地層工程地質特徵方面的調查與研究,研究了莫高窟地層含水、含鹽及滲透特性,分析了莫高窟水環境特徵和導致窟內壁畫產生病害的水鹽來源關係。尚瑞華、閆增峰、王旭東等《莫高窟窟區微氣候環境研究》(《敦煌研究》3 期)通過實測對比莫高窟六種不同下墊面對窟區微氣候環境的影響,驗證了莫高窟綠化對窟區微氣候環境的緩衝作用,並提出了窟區景觀綠化的合理建議。陳港泉、李艷飛、劉瑞等《莫高窟壁畫疱疹病害調查研究》(《敦煌研究》3 期)通過調查研究,掌握了莫高窟壁畫疱疹病害的分佈面積、分佈特點,認爲進行莫高窟壁畫鹽害機理及鹽分活動規律研究,以及採取對鹽害壁畫的保護措施具有重要意義。徐永明、葉梅、王力丹《庫木吐喇石窟第 56 窟空鼓及起甲壁畫的搶救性保護修復》(《敦煌研究》5 期)通過起甲壁畫加固、空鼓地仗層灌漿加固、風化砂岩支撐體加固等方法對庫木吐喇石窟第 56 窟壁畫進行了搶救性的保護修復,解除了目前威脅壁畫保存的病害,保證目前條件下的安全和穩定,使之能夠長期保存下去。姚雪、孫滿利《基於灰色關聯度分析法的土遺址病害程度量化評價——以陝北明長城單體建築爲例》(《敦煌研究》1 期)通過對陝北榆陽區牛家梁至芹河段長城 29 座單體建築的病害現狀進行現場調查,得出不同病害類型對遺址保存狀況的破壞程度,採用多種病害加權法計算各單體的病害程度並嘗試對其進行量化分級,最終確定各單體建築的危險程度。

陳鵬飛、張景科、諶文武《FLAC3D 在潮濕環境史前考古土遺址直立探方穩定預判中的應用》(《敦煌研究》4 期)基於杭州潮濕地區的岩土參數採用 FLAC3D 數值模擬軟件進行探方開挖前穩定性預判模擬計算。計算結果可以爲現場考古模擬發掘試驗提供參考,爲直立式考古探方穩定性預加固提供依據。張博、王旭東、郭青林等《西夏陵夯補支頂加固工藝質量控制研究》(《敦煌研究》5 期)針對西夏陵遺址本體根部夯築砌補,採用與原遺址相近的當地土,以固定質量夯錘爲夯築工具,並以傳統人工夯實方法進行夯築,分析研究夯土密度隨鋪土厚度和夯築次數的變化規律,探索最佳鋪土厚度和夯築次數。張明泉、郭青林、楊善龍等《潮濕環境黏性土地區考古現場地下水控制試驗研究》(《敦煌研究》2 期)現場模擬試驗證明,構築人工填砂導水排水溝方法不僅能夠排除黏性土中的地下水,而且能夠隔斷毛細水運動,從而有效控制地下水位,防治考古探方滲水,保障考古工作順利進行。阿不都艾尼·阿不都拉《高昌故城城墻保護加固研究》(《敦煌研究》5 期)利用 ANSYS 有限元模擬計算軟件模擬計算加固前後的應力及位移狀態,結合前此保護加固措施,在對其進行效果評估基礎上,對保護措施和施工工藝進行優化,以期對新疆地區的土遺址加固提供參考。趙林毅、李黎、樊再軒等《古代墓室壁畫地仗加固材料的室內研究》(《敦煌研究》2 期)通過對燒料礓石、燒阿嘎土和歐洲水硬石灰 NHL5 礦物成分及這三種膠凝材料分別與石英砂、粉煤灰做填料的漿液結石體物理力學特性的分析對比,發現燒料礓石、燒阿嘎土、水硬石灰 NHL5 三種膠凝材料結石體孔隙率大,既有好的透氣、透水性,又有好的與岩土文物本體結合的相容性,適宜做古代墓室壁畫地仗的修復加固材料。韓向娜、張秉堅、羅宏傑等《薄荷醇在墓葬壁畫搶救性揭取上的應用研究》(《敦煌研究》5 期)提出將薄荷醇作爲新型的墓葬壁畫揭取材料用於考古發掘現場出土的墓葬壁畫搶救性保護。結果表明:薄荷醇能夠滿足壁畫揭取的需求,在高於其熔點 20—40℃的溫度下施工具有最好的揭取效果,多次塗刷能夠達到最佳的加固效果。

九、少數民族歷史語言

藏文文獻的研究成果在本年度少數民族歷史語言研究中依然佔較大的比重,涵蓋佛教文獻、契約文書、軍事文書、文學文獻等,涉及蕃佔敦煌時期的政治和經濟、社會信仰、文學、文字等多個專題。才讓《菩提遺珠:敦煌藏文佛教文獻的整理與解讀》(上海古籍出版社)對於海內外所見藏文文獻中佛教文獻的部分擇要進行分類整理和漢譯、釋文,並對相關的藏文、藏傳佛教、藏族歷史和人物等領域的內容進行深度解讀。張延清《吐蕃敦煌抄經研究》(民族出版社)對吐蕃佔領敦煌期間的抄經做了較細緻的梳理和研究。楊銘《英藏敦煌西域古藏文非佛教文獻的刊佈與研究》(《西域研究》3 期)系統梳理了英國國家圖書館斯坦因藏品中的敦煌西域古藏文非佛教文獻的刊佈與研究情況,討論了這些寫本的編號、數量和主要內容,以及國內外學術界具有代表性的成果。

陳繼宏《蕃佔時期敦煌"上""下"部落考論》(《求索》2 期)指出,吐蕃佔領敦煌後,來自本土的擘三部落曾入駐瓜沙一帶,並將一部分敦煌居民納入麾下,以居住地的左、右區域爲據分上、下二部以造籍納稅,其行政級別爲擘三部落下轄的二級部落,規模小於同期的行人、絲綿等部落。在蕃族管轄之下,此二部落百姓仍以農耕爲業,並可與當地其他部落自由通婚。楊銘、貢保扎西《Or.8210/S.2228 系列古藏文文書及相關問題研究》(《敦煌研究》5 期)討論了該系列文書的出處、編成時間以及相關人物事件,認定該系列文書與吐蕃統治敦煌時期的永壽寺有關,涉及與該寺相關的林地歸屬、民間借貸、租佃等事件,為研究吐蕃統治下敦煌寺院與民間的關係提供了第一手資料。陳國燦《對敦煌吐蕃文契約文書斷代的思考》(《西域研究》4 期)以 P.T.1297 敦煌永壽寺文書為基礎,論證了在公元 832 年吐蕃統治當局有過立契須用吐蕃文書寫的命令,此後的契約都是吐蕃文契,以此為標尺,對已有的定年推斷須作出重新的審訂。陸離《敦煌藏文 P.T.1185 號〈軍需調撥文書〉及相關問題研究》(《西藏研究》2 期)指出,吐蕃統治下河隴、吐谷渾王國地區軍用物資的徵集和作戰陣亡者的撫恤費用發放都由東道節度使衙署官員和安撫論德論等共同負責。吐蕃統治下吐谷渾王國的軍政事務除了由吐谷渾小王管理外,同樣受到吐蕃東道節度使、安撫論等的直接管理,吐蕃統治下河隴等地的党項部族則多被編入吐蕃、孫波、通頰部落。王東《敦煌古藏文文獻 P.T.113 號〈大論致沙州安撫論告牒〉小議》(《文獻》3 期)指出,敦煌古藏文文獻 P.T.113 號《大論致沙州安撫論告牒》與吐蕃王朝對宗教人士授予告身的規定密切相關,有助於學界深化對吐蕃告身制度特別是授予對象的理解,也可以瞭解整個王朝時期對僧侶所授告身的階段性變化,並最終取消對宗教人士授予告身的歷史發展過程。張旭《吐蕃的王族葬禮——兼論松贊干布卒年》(《敦煌學輯刊》4 期)以《吐蕃大事紀年》為基本材料,分析了吐蕃王室成員的葬禮過程,討論了王室成員逝世、停厝、剖殮、發喪、入土等儀軌。

任小波《"權現馬王"儀軌故事與西藏早期觀音信仰——敦煌 P.T.239.2 號藏文寫本探例》(《復旦學報》6 期)對於煌 P.T.239.2 號藏文寫本中的"馬匹回向"一節文字給予重新轉錄和譯釋,探究了其中"權現馬王"故事的意涵和淵源,揭示出其作為喪葬儀軌先例神話的宗教功能及其作為觀音信仰早期例證的文本價值。仁欠卓瑪《敦煌古藏文〈羅摩衍那〉翻譯時間與故事文本探析》(《西藏大學學報》1 期)搜集、整理和評析了國內外學者的相關研究成果,通過對文獻特徵以及同期吐蕃文獻中相關命題記載的考證,進一步論析文獻翻譯的時代特徵和故事文本。黃維忠《英藏敦煌藏文文獻 IOL TIB J 1375 譯釋》(《西藏民族大學學報》2 期)在前人研究的基礎上,對該文獻進行解題、藏文轉寫錄文,並首次進行漢譯和注釋。高定國《敦煌文獻中藏文字形及書寫特點的研究》(《西藏大學學報》3 期)以《法國國家圖書館藏敦煌藏文文獻》影印版中的藏文字形為研究對象,仔細研究了敦煌藏文字形的書寫特點、筆畫特點、結構特點;再把敦煌藏文字與現代藏文字的書寫、文法進行比較,指出了敦煌藏文文獻中字符的書寫、文法等與現代藏文字符的書寫、文法等的高度一致性,説明了一千年前在書寫敦煌藏文字符時,藏文已經很成熟、很發達;敦煌藏文字符和文法與現代藏文也存在細微差别,從中能找到藏文在發展、使用過程中不斷統一、規範的痕跡。

此外,有關回鶻、于闐的研究成果包括:王丹、楊富學《回鶻醫學與東西方醫學關係考》(《敦煌研究》4 期)指出,西域地區有悠久的中醫、印度醫學傳統,對回鶻醫學形成與發展起到了決定性作用。同時,回鶻醫學又與波斯、敍利亞、阿拉伯等地醫學有著密切聯繫。各種因素的交合作用,促進了回鶻醫學在宋元時代的形成與高度發展。朱麗雙《從印度到于闐——漢、藏文獻記載的阿那婆答多龍王》(《敦煌吐魯番研究》十六卷)根據漢藏文獻,探討有關阿那婆答多龍王的傳説,特别是于闐故國對其事蹟的創造和加工。

十、古　　籍

本年度有關古籍的整理與研究,涵蓋《尚書》《文心雕龍》《文選》《鄭氏論語注》《瑞應圖》等多部典籍。許建平《敦煌經學文獻論稿》(浙江大學出版社)爲作者在敦煌經學研究方面的專題論文集,共由 14 篇論文組成,涉及敦煌經部文獻學術價值的探討、整理方法的總結,以及部分敦煌卷子的校議等内容,在敦煌經部文獻整理研究中極有借鑒意義與參考價值。許建平《吐魯番出土〈尚書〉寫本輯考》(《敦煌吐魯番研究》十六卷)以吐魯番所出七件《尚書》寫本爲底卷,以《中華再造善本》影印之北京大學所藏宋刻本《尚書》爲對校本,參校日本古寫本岩崎本、九條本、内野本、足利本、影天正本,八行本等進行釋錄。方廣錩《現存最早的粘葉裝書籍——敦煌遺書斯 05478 號〈文心雕龍〉裝幀研究》(《文獻》3 期),通過考察英國圖書館藏敦煌遺書斯 05478 號《文心雕龍》,指出該遺書的裝幀形式爲現知最早的粘葉裝,抄於 684—690 年間,形態成熟。作者提出中國書籍中的粘葉裝,最遲在公元 7 世紀末已經出現。法國國家圖書館藏 P.5544 册頁殘片,存文 4 頁計 660 字,輯錄 8 人小傳,分别出自《良吏傳》《後漢書》及《春秋後語》等。蔡副全、宋濤《法藏敦煌 P.554 册頁釋考——兼論 P.5544 與 P.4022+P.3636 殘卷之關係》(《敦煌研究》4 期)通過 P.5544 與 P.4022+P.3636 形式、内容、避諱、書法的比較研究,發現三件作品内容相關,並且出自同一作者的手筆,其書寫年代大約在晚唐敦煌歸義軍時期。

金少華《日本永青文庫藏敦煌本〈文選注〉箋證一則》(《敦煌吐魯番研究》十六卷)擇取永青本佚名《文選》的一條詳加考證,可據以釐清李善、五臣二本的傳承演變。何亦凡《敦煌吐魯番出土〈鄭玄論語注〉"束脩"條綴補復原研究》(《敦煌吐魯番研究》十六卷)在對《鄭注》殘卷進行綴接復原的基礎上,認爲應把孔子所云的"束脩"放在當時的文例使用中去理解,應當訓爲乾肉。而對於史傳中將"束脩"指代"開始學習儒家經典"的用法,還是當取顏師古注比較恰當。游自勇《敦煌寫本 P.2683〈瑞應圖〉新探》(《敦煌吐魯番研究》十六卷)通過對 P.2683《瑞應圖》進行重新釋錄和比對,從三個方面對該文書作了新的探討。屈直敏《敦煌寫本〈兔園策府〉敍錄及研究回顧》(《敦煌學輯刊》3 期)在諸家著錄敦煌寫本《兔園策府》寫卷的基礎上,通過比對原卷,對敦煌寫本《兔園策府》的 5 個寫卷進行了較爲詳盡的敍錄,並對有關《兔園策府》近百年來的研究成果進行系統性的梳理和回顧,以期推動本課題研究的深入。

賈小軍《河西出土魏晉十六國文獻紀年信息申論》(《敦煌研究》5 期)考察了河西地區出土的魏晉十六國鎮墓文、墓券、發願文、寫經題記等文獻中的紀年信息,對瞭解魏晉十六國時期河西政局變化和民衆對這種變化的適應過程以及普通民衆對所在王朝的認同意識,具有重要意義。高秀軍《大足石篆山〈嚴遜記〉碑補正及相關問題考略》(《敦煌學輯刊》1 期)通過對大足石篆山和 2003 年新發現的摩崖刻《嚴遜記》的實地調研與文獻甄別,對各類錯訛予以商榷、補正,並對《嚴遜記》碑所涉及的相關問題加以考述。

十一、科　技

科技類論文主要包括對敦煌醫藥文獻的釋錄與考證,對敦煌曆日、印刷技術的考察與研究。

敦煌醫藥文獻的整理取得新的成果。潘文、袁仁智《敦煌醫學文獻研究集成》(中醫古籍出版社)收錄了自敦煌藏經洞發現後近百年來的研究敦煌醫學的論著和部分論文,以目錄概覽和文章輯錄的形式,從文獻研究、臨牀應用、實驗觀察、其他相關研究四個方面多層次地展示敦煌醫學博大精深的内容。僧海霞《唐宋時期"藥中王"訶梨勒醫方探析——基於敦煌醫藥文獻考察》(《敦煌研究》2 期)指出,敦煌醫藥文獻中的相關醫方爲現存訶梨勒醫方的合理性和科學性提供了有力佐證,也爲新醫方的研發提供一定的借鑒。敦煌本《新集備急灸經》有殘片三個,王杏林《敦煌本〈新集備急灸經〉研究》(《敦煌研究》6 期)對殘片進行了整理研究,考證了寫卷中的俞穴,並探討了寫卷作爲目前所發現較早的針灸圖譜著作,所保留的俞穴和人神禁忌等內容具有極其珍貴的價值。任曜新《新疆庫車出土鮑威爾寫本中的印度阿輸吠陀藥物理論》(《敦煌學輯刊》4 期)指出,新疆出土的年代爲 4—6 世紀的鮑威爾寫本醫學文書,作爲印度阿輸吠陀醫學體系形成早期的重要梵語醫方選集,其藥方在藥物的性能分析、選取採集、分類使用等方面均反映出獨特的印度阿輸吠陀藥物理論,是研究印度阿輸吠陀醫學體系的珍貴原典資料。李廷保《敦煌遺書〈輔行訣〉用藥規律數據挖掘研究》(《中古中醫藥信息雜誌》5 期)利用電腦錄入敦煌遺書《輔行訣》治療内科疾病的中醫方劑,採用 Excel 2003 軟件建立相應數據庫,運用數據挖掘方法分析《輔行訣》的用藥規律,可爲臨牀用藥及研發新藥提供參考。

敦煌曆日的考察方面,以趙貞的成績最爲突出。其撰《中古曆日社會文化意義探析——以敦煌所出曆日爲中心》(《史林》3 期)指出,曆日通過五姓修造、八門占雷、九曜行年、十干推病、十二屬相、周公出行等術數元素的滲透,在民間社會中還發揮著"檢吉定凶"和"陰陽雜占"的作用,並對人們的日常生活和各種活動(如公務、醫療、農事、喪葬)施加影響;《敦煌具注曆中的"蜜日"探研》(《石家莊學院學報》4 期)指出,敦煌具注曆中的"蜜日"旨在表達趨吉避凶的擇吉觀念,因而展示更多的是民衆日常社會生活的適宜事項,難以體現宗教"聖日"或"吉祥日"的意義;具注曆中的"蜜"字標注,有可能是二十八宿注曆的一種特殊方式。

雕版印刷方面。景永時、王榮飛《寧夏宏佛塔天宮裝藏西夏文木雕版考述》(《敦煌學輯刊》2 期)指出,寧夏宏佛塔天宮裝藏西夏文木雕版是世界上現存年代最早的木雕版之一,共計 2 000 多殘塊,内容均爲西夏文佛經,包括《釋摩訶衍論》《別集》《續能□》以及其他三種未知名佛經,是研究古代雕版印刷術最直接、最重要的實物資料。戴璐綺《敦煌捺印佛像研究》(《敦煌研究》2 期)通過對敦煌文獻中捺印佛像的分析研究,就如何正確辨別捺印佛像,捺印佛像的用途以及捺印佛像演變爲雕版印刷術的原因作了探討。

十二、書評與學術動態

書評方面。王素《中國經學史上的新里程碑——略談〈敦煌經部文獻合集〉的價值與意義》(《敦煌吐魯番研究》十六卷)認爲《敦煌經部文獻合集》不僅可以使讀者根據該書瞭解隋唐作爲主流文化的古文經傳之原貌,還可藉此訂正明清以來校刻《十三經注疏》的疏誤,可謂中國經學史上的一個新里程碑。趙和平《書評〈中國文化遺產研究院藏西域文獻遺珍〉》(《敦煌吐魯番研究》十六卷)指出這批 235 件第一次公之於衆的西域文獻,既有文獻學上的意義,更有推動學術研究的重要價值。鄧文寬《一種不曾存在的歷史紀年法——〈古突厥社會的歷史紀年〉獻疑》(《敦煌研究》2 期)首先指出路易·巴讚的錯誤根源,其次根據出土回鶻資料中的曆法要素,對回鶻所用紀年方式進行了復原:"行肖法"(代替天干的五行配生肖),"干肖法"(天干配生肖),"干肖納音法"(天干配生肖再配納音)。這三種源自漢族又經改編的六十甲子,在回鶻社會的不同歷史時段曾經被分別使用過。顏廷亮、巨虹《秋風獨倚書齋立,遙想眞暉對暮山——讀汪泛舟〈敦煌詩解讀〉有感》(《敦煌研究》2期)指出,《敦煌詩解讀》是一本既有學術深度又具有普及性的讀物,收詩内容較爲廣泛且自具特點;校注、解讀兼具深度與廣度,多有獨到之處。張善慶《〈敦煌佛教感通畫研究〉介評》(《敦煌學輯刊》4期)指出,張小剛以敦煌佛教感通畫爲研究對象,涵蓋了與古代印度、于闐、漢地三個區域有關的瑞像類、聖跡類、神僧類、傳説類圖像,時間從北朝跨越到宋元,考察視野則以敦煌爲中心,擴展到絲綢之路沿綫各大重要佛教中心。鄭怡楠《〈敦煌莫高窟第100窟研究〉評介》(《敦煌學輯刊》4期)對《敦煌莫高窟第100窟研究》的内容進行介紹,並結合國内外學術史和學術動態對此書做了評價。徐子福《知微見著、窺斑見豹——評〈天水麥積山第127窟研究〉》(《敦煌學輯刊》4期)對《天水麥積山第127窟研究》的内容、意義和不足進行了介紹和評價。楊文博《敦煌石窟藝術研究的新起點——〈敦煌石窟彩塑藝術概論〉讀後》(《敦煌學輯刊》4期)對《敦煌石窟彩塑藝術概論》的内容進行介紹和評議,認爲該書全面系統地講述了敦煌石窟彩塑藝術。

研究綜述方面。曹學文《關於炳靈寺名稱之爭的學術史鈎沉》(《敦煌學輯刊》1期)對一個時期以來學界關於炳靈寺名稱來源的爭論作了闡述。鄭驥、伏俊璉《早期敦煌佛教歌辭研究史》(《西華師範大學學報》4期)指出,敦煌佛教歌辭作品數量約800首,爲敦煌歌辭之最大宗,在唐五代敦煌文學風貌、敦煌佛教世俗化及其發展傳播、古代音樂文學源流嬗遞等研究領域具有重要價值。桑吉東知《敦煌藏文文獻研究綜述——以藏文論文爲中心(1982—2014)》(《中國藏學》3期)以1982年以來30餘年中用藏文發表的有關敦煌藏文文獻研究的論文爲對象,就所涉及的相關領域進行分類梳理,作了簡要的評述,並展望了未來之研究。李國、沙武田《敦煌石窟粟特美術研究學術史》(《敦煌學輯刊》4期)總結和梳理了敦煌石窟粟特美術的研究史,或可爲理解敦煌圖像的意義、當今的絲路研究等問題有所啓示。王清雲《敦煌姓望氏族譜研究綜述》(《敦煌學輯刊》4期)認爲,氏族譜研究應該實現從名到實、從譜到氏族的轉變,從而成爲中古士族研究的重要組成部分。

學術會議方面。2016年3月16—22日,由敦煌研究院和新疆維吾爾自治區文史館聯袂主辦,中國非物質文化遺產保護協會、敦煌研究院民族宗教文化研究所、福建絲綢之路文化傳媒有限公司、福建福壽宮管委會共同承辦的"霞浦摩尼教學術研討會"在福州召開,來自國内外20多個單位的50多位專家學者參加了會議。

2016年5月19日至21日,敦煌莫高窟專題研討會由美國洛杉磯蓋蒂中心及加州大學洛杉磯分校共同承辦,會議議題分爲"敦煌:中世紀絲綢之路上的交通樞紐""敦煌莫高窟:歷史、藝術及其重要性""敦煌:東方與西方"三個部分。研討會期間,敦煌研究院名譽院長樊錦詩發表《簡述敦煌莫高窟保護管理工作的探索和實踐》(《敦煌研究》5 期),闡述了從 20 世紀 60 年代至今,莫高窟在保護、管理、弘揚以及國際合作方面取得的進步與成就。蓋蒂保護所的内維爾·阿根紐著、王平先譯《客觀真實性:莫高窟保護與管理中的文化與合作問題》(《敦煌研究》5 期)介紹了與敦煌研究院近 30 年來在文物保護、遊客承載量研究方面的合作以及成果。敦煌研究院院長王旭東《守望敦煌》(《敦煌研究》5 期)就敦煌研究院以及莫高窟未來的發展與規劃進行了展望。倪密·蓋茨指出,蓋蒂中心成功舉辦的"敦煌莫高窟"展覽和專題研討會再次證明"敦煌在中國,敦煌學在世界"。倪密·蓋茨著、宋羅蘭譯《在"敦煌莫高窟專題研討會"上的發言》(《敦煌研究》5 期)指出:蓋蒂中心的展覽將敦煌的寶藏帶給了美國的廣大觀衆;數字化技術把高品質的敦煌史料帶給全球用戶;敦煌基金會將繼續與敦煌研究院合作培養新一代的跨文化、跨學科的敦煌學者作爲考古學者。羅泰著、王平先譯《在"敦煌莫高窟專題研討會"上的總結發言》(《敦煌研究》5 期)認爲,現有的考古證據表明,莫高窟在結構、功能上與印度及中國新疆石窟有所不同,但是與中原豪强多墓室的墓葬壁畫更爲相似。關於本次會議的議題介紹和觀點總結,集中體現在賀玉蕾《"敦煌莫高窟專題研討會"綜述》(《敦煌研究》5 期)一文中。

2016 年 6 月 15 日至 18 日,由敦煌研究院、中國文化院和木魚基金會聯合主辦,察哈爾學會協辦的"2016 漢傳佛經傳譯國際學術研討會"在敦煌莫高窟隆重舉行。120 多位國内外漢傳佛學專家齊聚敦煌,針對在佛教國際化過程中,漢傳佛典翻譯成以英語爲主的西方語言的現狀、譯經過程中所面臨的問題以及解決的方案、翻譯後佛典的使用和傳播方式,及未來走向等一系列議題展開研討,旨在弘揚中國傳統佛學文化,讓漢傳佛學文化"走出去",讓國際頂尖學者"走進來",促進雙向的學術和文化交流。

2016 年 8 月 20 日,爲了紀念莫高窟創建 1650 周年,加强國内外學者有關敦煌學、絲綢之路歷史文化研究的學術交流,廣泛地宣傳介紹敦煌文化藝術遺產價值以及我國敦煌文化藝術遺產保護、研究和弘揚事業的發展成就,促進對敦煌文化藝術遺產的保護研究和傳承創新,由敦煌研究院攜手中國敦煌吐魯番學會、浙江大學、蘭州大學、西北師範大學聯合主辦的"2016 敦煌論壇:交融與創新——紀念莫高窟創建 1650 年國際學術研討會",在敦煌莫高窟盛大開幕。本次研討會上,150 餘位國内外敦煌文化藝術、絲綢之路研究領域的專家學者,圍繞敦煌石窟考古研究、敦煌石窟藝術研究、敦煌文獻研究、敦煌與絲綢之路歷史文化研究、敦煌藝術及其與當代藝術創作研究五大議題，追溯絲綢之路上不同文化、藝術在莫高窟千餘年來的不斷交融與創新，以及其對現代世界文化、藝術發展的啓示意義和借鑒價值。王旭東《"交融與創新：莫高窟創建 1650 年紀念國際學術研討會"開幕式致辭》（《敦煌研究》2 期）闡述了敦煌文化的多元性、自發性和進取性，並著重強調了保護、研究、傳承與弘揚敦煌文化的緊迫性、科技性、開放性和國際性。中國敦煌吐魯番學會會長郝春文指出，紀念莫高窟創建 1650 周年對於敦煌學界具有重要的現實意義。通過對敦煌學研究現狀進行深刻的反思，他認爲目前的研究有平庸化、瑣碎化的趨勢，缺乏較有分量、理論性的成果。在順應國内外學術思潮的大勢下，作者積極宣導敦煌學研究的宏觀化與理論化。敦煌市市長賈泰斌認爲，這次研討會必將爲推動敦煌在絲綢之路經濟帶上的繁榮復興而産生積極、深遠的影響。張先堂、李國《"紀念莫高窟創建 1650 周年國際學術研討會"綜述》（《敦煌研究》6 期）對此次會議做了總結：這次會議共收到論文 109 篇，與會的 150 多位專家學者圍繞石窟考古、石窟藝術、佛教史、古遺址、古墓葬、文獻整理研究、敦煌與絲綢之路歷史文化研究、敦煌語言文學研究、敦煌藝術及其與當代藝術創作研究、石窟探險照片檔案、敦煌科技史料以及敦煌學術史等衆多學科領域展開了熱烈的討論。這次會議大大促進了交融與創新研究的深入發展。

其他學術前沿信息還體現在簡牘研究方面。王使臻、王使璋、王惠月《敦煌所出唐宋書牘整理與研究》（西南交大出版社）於 2016 年 9 月由西南交通大學出版社出版發行，内容包括：近三十年來敦煌所出唐宋書牘研究概述、敦煌書牘的文體研究、敦煌書牘的押署和封緘研究、敦煌書牘與唐宋社會歷史研究等。本年度在漢簡的語詞釋讀方面獲得新的成果，如聶丹、聶森《〈居延新簡〉中的"行幘"》（《敦煌研究》1 期）研究得出，《居延新簡》中的"行"也稱爲"幘"，也可以合稱爲"行幘"，就是用來裹頭的長條形布帶。孟艷霞《漢簡所及敦煌地區水利建設與管理》（《敦煌研究》2 期）認爲，漢簡中有多枚關於敦煌地區水利的記載，簡文中出現的"主水史""水長""東都水官""東道平水史"等水利職官，爲研究漢代地方水利管理提供了寶貴的史料。馬智全《漢簡反映的漢代敦煌水利芻論》（《敦煌研究》3 期）指出，新刊佈肩水金關漢簡記載的漢宣帝時以詔書穿渠敦煌的事件，以及懸泉漢簡記載的漢代敦煌郡的穿渠文書，反映出漢代敦煌水利建設事業的興盛。張麗萍、張顯成《釋"慈其"及相關稱謂》（《敦煌研究》4 期）從語義、語音上可證明"慈其"就是古籍中所說的"席其"，也就是我們今天所說的茇茇草；作者進一步歸納總結了"席其"的異名及其不同書寫形式。黃艷萍《〈肩水金關漢簡〉所見"燧"及其命名探析》

(《敦煌研究》1 期)根據簡牘出土地點的相對集中性、簡牘内容的提示性和相關性來判斷各燧所屬候官,再依據候官轄燧數量的差别來判斷其規模及戰略地位;同時,在陳夢家燧簡表《第十表》的 260 個燧名和這批金關簡 161 個燧名基礎上,歸納烽燧的命名習慣,揭示漢時龐大烽燧系統中"燧"的命名規則。李碩《漢長城西端新發現城址與敦煌漢簡中的大煎都候障》(《敦煌研究》5 期)結合附近烽燧出土的漢簡,考證其中一座城址可能是西漢宣帝之後的大煎都候障治所,即敦煌漢簡中的大煎都候障,由此可以對漢長城最西端的防禦體系有更深入的瞭解。林獻忠《〈肩水金關漢簡(貳)〉考釋六則》(《敦煌研究》5 期)認爲《肩水金關漢簡(貳)》中有些釋文可進一步討論,對於文字的準確考釋,有助於深入理解簡文内容。《肩水金關漢簡(貳)》的 73EJT21:370 號是一片"削衣",上面共有"□陵丞印"四字,其第一字至今未得釋讀。周艷濤、張顯成《〈肩水金關漢簡(貳)〉"口陵丞印"考》(《敦煌研究》6 期)通過字形的分析對比以及同文獻資料的參證可知,其第一字當釋"菀(菀)"。通過對西北屯戍漢簡中人員籍貫的分析認爲,"(菀)陵丞印"中的"菀(菀)陵"應是河南郡下轄之縣。"莫食"是秦漢簡中比較常見的時稱,過去有不少出土文獻將此時稱讀爲"暮食",作爲下午的時稱看待。李洪財《釋簡牘中的"莫食"》(《敦煌研究》6 期)認爲,莫食應確定爲上午時稱,並表示"不食"之意,其含義和時間範圍大致相當於出土文獻中的廷食、食坐。秦漢出土材料顯示,至少在西漢中期仍然是一日兩餐,並無材料能明確證明此時已經開始出現早中晚一日三餐制。

2016 年吐魯番學研究綜述

賀　鋼　徐瑞瑞（蘭州大學）

本年度中國大陸吐魯番學的研究成果十分豐富，據不完全統計，出版專著、譯著及相關論文集 37 部，公開發表學術論文 200 餘篇。兹分政治、歷史地理、經濟、法制、宗教、民族、社會文化、藝術、文獻古籍、語言文字、考古與文物保護、書評與學術動態等專題概述如下。

一、政　　治

本年度政治方面的研究主要從官文書與唐代制度、中央政府與地方關係、中央政府對地方治理、官職考釋等三個方面進行概述。

官文書與唐代制度的研究成果主要包括：黃正建《唐代“官文書”辨析——以〈唐律疏議〉爲基礎》（《魏晉南北朝隋唐史資料》第三十三輯）認爲站在現代古文書學的角度，或可以將有無“發信者”與“受信者”作爲定義官文書的標準，但是回到唐代的話語情境下，唐人關於官文書的標準只有一個，即是否由官府做成（案成）。制敕在法律上不屬於官文書，而從性質上看，應屬於廣義的官文書。劉後濱、顧成瑞《政務文書的環節性形態與唐代地方官府政務運行——以開元二年西州蒲昌府文書爲中心》（《唐宋歷史評論（第二輯）》）通過對蒲昌府文書的分類排比並參照敦煌吐魯番文書，將唐代地方官府實際處理政務過程中產生的文書分爲案由文書、行判文書和送付文書三種文書流程中的環節性形態，並分析了這些文書所涉及的政務處理程序。郭桂坤《唐代前期的奏事文書與奏事制度》（《唐研究》第二十二卷）一文對唐代六種奏事文書重新進行分類探討，以“皇帝以何種方式進行處理”的思路重新統攝這六種“下之通於上”的文書，並對其所反映的唐代前期奏事制度的變遷給予了説明。牛來穎《大谷馬政文書與〈厩牧令〉研究——以進馬文書爲切入點》（《隋唐遼宋金元史論叢（第六輯）》）認爲在諸牧監，從國家財政角度調度資金所充實的馬匹來源看，分爲市馬、進馬及養馬等，度支每年供送牧監，用於監牧買馬、進馬以及飼養見在馬的經費。再聯繫進馬文書中的腳直等，應該包含進財政支付款項，納入官物支用範疇。孟憲實《略論折衝府的“承直馬”——以敦煌吐魯番出土文書爲中心》（《西域研究》3 期）指出，承直馬是唐代府兵之下的一種用馬制度，從新獲吐魯番出土文獻中發現前庭府的常備馬匹恰好是八十匹，而這與傳世文獻的記載“諸衛每日置承直馬八十匹”相吻合。孟憲實《論唐代府兵制下的馱馬之制》(《敦煌吐魯番研究(第十六卷)》)認爲唐高宗後期到開元之初,國家擁有的畜力不足以滿足戰爭馱運的需要,於是十馱馬成了常見的馱馬之制。吐魯番文獻中的十馱馬和典志記載的六馱馬成爲一種交替使用的制度,從而保證馱馬制度的彈性,適應了國家與社會畜力的狀況。李錫厚《"均田制"與所有制》(《隋唐遼宋金元史論叢(第六輯)》)運用傳世文獻、敦煌吐魯番文書等材料論述了均田制的起源、均田制與三長制的關係、權貴受田和賜田等問題,並探討了均田制與所有制的關係,認爲均田制是以共同體爲基礎的所有制。孫繼民《中古史研究匯纂》(天津古籍出版社)利用敦煌吐魯番文書研究唐代兵制的相關問題,對唐代健兒制、唐宋兵制變化與唐宋社會變化等問題進行了研究。

中央政府與地方關係方面的研究成果主要有:裴成國《論貞觀十四年以降的唐西州形勢》(《西北民族論叢》1 期)一文從高昌人的角度分析了貞觀十四年至貞觀十六年的唐西州形勢。貞觀十四年八月高昌亡國到貞觀十六年正月中間有一年多的時間,高昌遺民對唐朝的態度如何,在什麼樣的背景下接受了唐朝的統治,文章對此作了探討。劉子凡《杏羽書屋藏唐蒲昌府文書研究》(《唐研究》第二十二卷)通過杏羽書屋藏羽 620 - 1 號文書,研究了開元二年的西州局勢及蒲昌府的機構設置問題,探討了文書中提到的統押官,認爲其與都巡官都具有軍事使職的特徵。劉子凡《瀚海天山:唐代伊、西、庭三州軍政體制研究》(中西書局)一書以唐代伊、西、庭三州爲研究對象,充分利用敦煌吐魯番出土文書和傳世史料,詳細勾勒了伊、西、庭三州建立、發展、廢止的歷史,指出了其自安西都護府治下的伊、西、庭軍政體系到北庭節度使節制的伊、西、北庭軍政體系的發展過程及相關歷史背景。

中央政府對地方治理方面的成果主要有:王素《唐康子相和成公崇墓誌中有關高昌與西州的資料——近年新刊墓誌所見隋唐西域史事考釋之三》(《故宮博物院院刊》1 期)一文選取近年新見的康子相、成公崇墓誌,對其中有關高昌與西州的資料進行解讀,爲研究唐王朝討伐高昌、治理西州提供了重要視角。文章進而認爲有唐一代不管是討伐高昌,還是治理西州,對於相關人員的選擇,都是有條件的。陳曉偉《胡廣〈記高昌碑〉與高昌麴氏、唐李元忠事蹟叢考》(《文獻》6 期)介紹了胡廣於明朝永樂十三年所撰《記高昌碑》中提到的四種高昌碑銘,通過對其深層次發掘,對涉及高昌麴氏王統及相關的政治史問題進行研究,同時提出《李元忠神道碑》與中唐伊西庭地區政治軍事社會密切相關。

劉森垚《隋代安西都護蠡測》(《西北民族大學學報》5 期)認爲隋代"安西都護"的出現與隋煬帝、裴矩等人企圖"掩吞秦漢"的西域經略有密切的聯繫。

它的設立可能正是爲了彌補裴矩離開西域之後此區域的高層權力真空,其職能也應當繼承了裴矩時代的接引、招待、互市、涉外,甚至軍事管控等。隋代"安西都護"與此區域内扮演重要角色的粟特人有直接的關聯,這可能也爲其從幕後推動高昌"義和政變"提供了有利條件。石橋《龜兹與漢唐西域都護府》(《絲綢之路》7 期)介紹了從漢至唐,龜兹在西域諸國中始終佔據極其重要的位置,它北通烏孫,南連于闐,東西有絲綢之路中道貫穿,處在西域中心的十字路口上,是漢唐時期著名的軍事重鎮。苗利輝《從龜兹石窟和出土文書看唐朝對龜兹的治理》(《新疆師範大學學報》6 期)認爲龜兹石窟及其出土文書保存了唐代治理龜兹的珍貴信息與資料,本文對唐代治理龜兹的政策與措施及其取得的巨大成果進行論述,探討了安西大都護府的設置等問題。劉勇、張莉《晚清新疆吐魯番廳若干問題探究——以清代新疆吐魯番檔案爲中心》(《西北民族大學學報》3 期)一文從吐魯番檔案中分析出晚清吐魯番城鄉人口規模大小,梳理並分析了城鄉人口性别比例、城市人口的職業類型以及所涉及的人口地域來源等問題。在此研究基礎上對當地家庭社會結構做了復原,從社會層面上對當地人口的經濟(職業)結構、民族結構、家庭結構、地域結構等進行了探討。趙麗《吐魯番監督府職能考述》(《甘肅廣播電視大學學報》4 期)認爲監督府是清政府當時在新疆維吾爾族聚居地設置的臨時性機構,其主政官由同知兼任,吐魯番監督府在設置之初的職掌涉及政治、賦税、教育、財政、軍事、司法、營建等各個方面,主管維吾爾族、回族事務又不局限於維吾爾族、回族事務。在新疆建省後,隨著吐魯番廳昇爲吐魯番直隷廳,以及領隊大臣及新疆各城回官的裁撤,吐魯番廳的職權越來越大,吐魯番監督府的職能越來越小,直到約光緒十七年的時候被吐魯番撫民府取代。王啓明《清末新疆學堂教育制度研究四題》(《西北民族論叢》1 期)一文就清末新疆學堂教育的"鄉土志"教材的編纂、考試、放假與轉學四個問題做了初步的探討,並發現了一份與現行"吐魯番鄉土志"整理本内容不同的檔案版本。

官職考釋方面的成果主要有:劉子凡《唐代使職借印考——以敦煌吐魯番文書爲中心》(《敦煌吐魯番研究(第十六卷)》)一文利用出土文書與傳世史料,討論唐代使職差遣臨時借用官印的現象,研究唐代官文書用印制度在實際運行中的狀況。劉子凡《唐代伊西節度使考辨》(《昌吉學院學報》1 期)認爲伊西節度使與四鎮節度使爲唐朝在西域設立的兩個不同的節度使。伊西節度使的設立,是唐朝爲應對景雲二年東突厥西征後出現的西域動蕩而採取的措施。節度使設立之後,就形成了以節度使爲核心的伊、西、北庭軍事體系。顧成瑞《唐代典吏考》(《齊魯學刊》1 期)認爲唐代行用的"典吏"稱謂有廣義和狹義之分。廣義上,"典吏"與"主典""典"等稱謂意義一致,是對主要從事文書起草、文案檢請等工作而有著各種名目的官府低級職員類屬稱謂。基層官府和新出使職官府相應職位以"典"命名,即"職典",是狹義的"典吏"。劉後濱《唐代選官政務研究》(社會科學文獻出版社)一書從官員選任制度的基本流程、主要原則切入,貫穿門閥社會向官僚制社會轉型以及官職與差遣分離的宏觀視角,具體分析官員選任各個環節及其產生的政務文書的具體形態,以及依托於政務文書的裁決機制,並提出唐宋間官員選任制度變化的基本綫索。張榮强《從"歲盡增年"到"歲初增年"——中國中古官方計齡方式的演變》(《魏晉隋唐史研究:欣賀寧志新教授七十華誕論文集》)一文原刊於《歷史研究》2015 年第 2 期,發表時有删節,此處發表的是未删前的版本。指出中國古代計齡方式存在官方與民間之别。至遲從漢武帝時起,民間便以農曆春節爲年齡增長的節點。官方的計齡方式與户籍制度掛鈎,以官府造籍的時間爲增長節點。姜伯勤《論城主與城人城局》(《廣州文博·玖》)對"城"的性質進行了分類,特別是對唐代西北地區的"城"及與之相關的"城主""城人""城局"的職能、身份、權責作了進一步考察,指出唐代吐魯番文書中的"城主""城局"與軍鎮城防有關,此制可追溯到北齊時代的軍制,也與吐魯番麴氏高昌時期的傳統分不開。張玉興《職役抑或軍職:西域文書所見唐代的"城局"》(《西域研究》1 期)認爲吐魯番出土唐代文書中記載的"城局"不是縣以下行政管理人員,而是軍隊中的僚佐,屬軍職人員。由於軍中"城局"職掌"雜供差料",經常要與地方社會發生聯繫。

二、歷 史 地 理

歷史地理方面的研究成果主要從歷史人文地理、絲路交通、數字化地理三個方面進行概述。

歷史人文地理方面的研究成果主要包括:陳國燦《高昌王國對郡縣的擴建——吐魯番地名研究之三》(《吐魯番學研究》1 期)一文以吐魯番文書爲資料,對高昌王國時期包括闞氏、張氏、馬氏統治,以及隨後麴氏高昌時期的郡縣擴建問題進行詳細梳理。文章揭示出高昌王國時期,吐魯番地區的郡縣地名有了很大的發展。陳國燦《唐西州的四府五縣制——吐魯番地名研究之四》(《吐魯番學研究》2 期)介紹了唐滅高昌王國後,廢除了王國原有的軍政體制,在地方行政體制上,建立了西州,州下設置高昌、交河、蒲昌、柳中、天山五縣,縣下實行鄉里管理制度。在軍事上新建了前庭、岸頭、蒲昌、天山四個軍府及鎮、戌、烽、鋪防衛系統。在交通上建立了以新開道、銀山道、他地道爲主體的東西南北館驛通道系統。任亭亭《闞氏高昌時期吐魯番地名考釋——〈闞氏高昌永康九年、十年送使出人出馬條記文書〉之摩呵演與磨呵演、其養與乾養考釋》(《甘肅廣播電視大學學報》1 期)一文肯定榮新江先生認爲"摩呵演""磨呵演"爲同一地名的不同音譯的觀點,又從不同的角度對這一觀點進行補充説明。對"其養"與"乾養"一組地名,榮新江先生認爲是同一地點,而作者認爲有待商榷。楊榮春《北涼疆域變遷考》(《內蒙古社會科學》(漢文版)4 期)認爲北涼疆域在段業初創時爲兩郡,至沮渠蒙遜時期統一河西,轄高昌,控制西域。河西北涼統治滅亡後,沮渠無諱、安周西遷高昌重建大涼政權,滅車師前國,統一吐魯番盆地,爲高昌國奠定了基礎。460 年,柔然滅大涼,前後共歷五主,計 64 年。北涼疆域的變遷,反映出盧水胡沮渠氏活動範圍之廣,其政治影響之大。古怡青《唐前期西北的交通運輸——以西州爲中心》(《中國中古史集刊(第二輯)》)從馬政與傳驛、監牧制度等面向著手,進一步論述唐代西州成爲維繫西北地區交通運輸與政權運行的關鍵命脈,及其重要的價值地位。魏堅、任冠《樓蘭 LE 古城建置考》(《文物》4 期)一文根據實地考古調查,對樓蘭 LE 古城的建置及諸城址的性質與年代進行考證。

　　絲路交通方面的研究成果主要包括:牛汝極《天山:亞洲文明交匯的軸心》(《西域研究》1 期)一文圍繞天山是亞洲文明交匯的軸心這個命題從六個方面展開討論。第一,揭示了天山的地理特點;第二,闡述了天山的山地—綠洲—荒漠生態系統(MODS);第三,論述了天山是東西亞洲交通的樞紐;第四,論證了天山是南北社會交融的紐帶;第五,闡明天山是邊疆"長城"延伸的走廊;第六,表達了天山位於亞洲文明的十字路口的觀點。榮新江《真實還是傳説:馬可·波羅筆下的于闐》(《西域研究》2 期)一文將《馬可·波羅行記》與有關于闐的傳世文獻記載和出土文書記録相對照,認爲除玉河的位置有些誤記外,他對于闐地區的描述並非無稽之談,而是有關 13 世紀中葉西域歷史地理的寶貴資料。林梅村《怛邏斯城與唐代絲綢之路》(《浙江大學學報》5 期)介紹了公元 5 世紀,粟特人建怛邏斯城,後來成爲西突厥領地。唐朝稱霸中亞後,在七河流域所設最遠的羈縻州就在怛邏斯城,後爲突騎施可汗佔據。8 世紀,突騎施的興起,客觀上爲唐朝在西方建立了一道軍事屏障,對遏止阿拉伯帝國東侵至關重要。然而,唐高宗多次向突騎施汗國發動戰爭,導致安西四鎮不得不直接面對來自黑衣大食的軍事威脅。751 年的怛邏斯之役,四鎮節度使高仙芝兵敗大食。榮新江《出土文獻所見絲綢之路概説》(《北京大學學報》1 期)指出絲綢之路研究主要依據三個方面的資料,東西方的傳世文獻、絲路沿綫發現的文書、各地出土的文物。絲綢之路沿綫的敦煌、吐魯番、樓蘭、尼雅、焉耆、庫車、和田、穆格山等地都發現過不少各種語言文字書寫的文書材料,應當收集絲路沿綫出土的各種語言文字的材料,把其中的零散信息集中到絲綢之路的歷史敍述當中,出土文書在研究絲綢之路中具有重要作用。榮新江《中國多元文化的發展與中印之間的絲綢之路（四〇〇年—七〇〇年）》（《紫禁城》10 期）概述了中國的分裂時期與多元文化中心的構建以及陸海絲綢之路的開拓，揭示出求法僧對這些印度佛教造像的記録甚至模擬，必然影響到中國佛教藝術品的製作，魏晉南北朝時期也是中國佛教造像最爲繁盛的時代，這些造像直接或間接地受到了印度造像的影響。

數字化地理的研究成果主要包括：徐佑成、李輝朝《吐魯番文物遺址地理空間信息化發展的思考》（《吐魯番學研究》2 期）一文就吐魯番文物遺址本體保存現狀，結合國内外地理空間信息化發展，對吐魯番遺址地理空間信息化進行分析，提昇考古挖掘、文物保護及開發利用水平。榮新江《從吐魯番出土文書看古代高昌的地理信息》（《陝西師範大學學報》1 期）提示研究者，今後研究可利用 Google Earth 地圖與考古地圖對照。一方面需要把古代文獻、文書的記録還原到考古遺址當中，這樣可説明這些古代城鎮在絲綢之路上的作用；另一方面需做更詳細的現場調查，使遺址位置與 Google Earth 顯示位置相勘合，以便能更準確地説明這些遺址上的文物、文書的價值。［日］西村陽子、［日］北本朝展《絲綢之路遺址重新定位與遺址數據庫的建立》（《陝西師範大學學報》2 期）利用約 100 年前所繪製的絲綢之路古地圖以及谷歌地球等數據，提出核對絲綢之路探險隊報告與現代考古調查報告中所記録遺迹的方法，並介紹了存儲遺址關係信息的絲綢之路遺址數據庫的設想。

三、經　　濟

本年度經濟方面成果豐碩，分爲貨幣與物價、經濟生活、貿易、經濟政策等幾個方面進行概述。

貨幣物價方面的研究成果主要有：裴成國《麴氏高昌國流通銀錢辨正》（《北京大學學報》1 期）麴氏高昌國時期的經濟與絲綢之路貿易密切相關，且長期使用銀錢作爲日常通貨。文章指出吐魯番文書中的“銀錢”就是指薩珊波斯銀幣，是當時高昌國的流通貨幣。墓葬中所出的重量較輕的銀幣可能是薩珊波斯或粟特地區仿製，因爲數量少，也在高昌國市場上流通。這種銀幣因爲純度低，容易破損，退出流通領域後被埋入墓葬，所以在吐魯番墓葬考古中有集中出土。吕恩國《洋海貨貝的歷程》（《吐魯番學研究》1 期）介紹了位於鄯善縣吐峪溝鄉洋海夏村的洋海墓地，在此墓地共發現 55 枚海貝。作者探究洋海墓地出土的海貝來自我國東南沿海，是隨著彩陶之路進入新疆哈密盆地、吐魯番盆地的。侯明明《于闐自造漢文錢幣與漢佉二體錢的歷史背景》（《絲綢之路》12 期）介紹了于闐爲便於發展自身經濟而自造貨幣，東漢時自鑄漢文錢幣，既能與中原進行兑換，也能與貴霜王國交流。之後自造的漢佉二體錢,將漢文與佉盧文兩種文字製於一幣,更加便利了與東西方的交流。李志鵬《絲路貿易中的實物貨幣流通研究——以"敦煌吐魯番文書、佉盧文文書"爲綫索》(《甘肅金融》10 期)通過追溯敦煌經濟契約文書、吐魯番回鶻文文書、佉盧文簡牘文書中對絲路貿易實務貨幣的清晰描述,從"金"到"絲"這一"等價物"的變遷和影響中總結了絲綢之路實物貨幣流通的借鑒和啓發。吳文强《龜茲五銖小版式初探》(《新疆錢幣》3 期)一文對小版式龜茲五銖進行了簡單的分類,並簡述了龜茲五銖正背面之爭和鑄造年代問題。盧韜、張統亮《對"大夏真興"與"高昌吉利"二錢關係的探析》(《讀天下》16 期)認爲十六國時期赫連氏大夏政權所發行的"大夏真興"與麴氏高昌所鑄"高昌吉利"在鑄造風格上極其相似,後者應該或多或少地受到前者的一定影響。孟憲實《唐西州馬價考》(《新疆師範大學學報》3 期)通過吐魯番出土文書,考證唐前期西州馬價及其演變。再通過對比敦煌、中原的相關資料,考察西州馬價在全國的狀態,從而爲全面理解唐代西州,提供一個新的具體觀察視角。賴瑞和《唐人在多元貨幣下如何估價和結賬》(《中華文史論叢》3 期)論述了唐人善用估價法和湊數的方式進行各種交易買賣和繳税,解決了銅錢長期短缺的問題。並且指出唐代的這種用錢現象,可以在古代世界史上找到許多類似案例。李昀《晚唐貢賜的構造——以甘州回鶻和沙州歸義軍的貢賜比價爲中心》(《唐研究》第二十二卷)考察了唐末五代宋初方鎮以及外蕃與中原王朝的貢賜關係,説明這種朝貢貿易是一種基於互利的商業外交行爲,與唐朝前期的朝貢形態亦有較大區別,對宋代朝貢體制産生重要影響。丁君濤《清末民初吐魯番葡萄地價的變化——以尼牙子家族地契爲中心》(《西域研究》4 期)一文以新疆吐峪溝發現葡萄園買賣契約爲基礎,考察清末至民國時期新疆地區葡萄園價格的變化。

經濟生活方面的研究成果主要包括:鄭學檬《點濤齋史論集:以唐五代經濟史爲中心》(廈門大學出版社)收錄了鄭學檬先生關於對漢唐經濟史重大社會經濟問題見解的多篇論文。其中一些文章中的人文、政治、社會史部分,包含著作者近年寫的一些漢唐史中難點發微。楊際平《楊際平中國社會經濟史論集》(廈門大學出版社)共分三輯。第一輯爲《先秦秦漢魏晉南北朝卷》;第二輯爲《唐宋卷》;第三輯爲《出土文書研究卷》,内容涵蓋了楊際平先生從先秦至宋朝的社會經濟研究,是其目前學術成就的集成。蘇金花《晉唐時期吐魯番綠洲農業的糧食作物結構及其演變》(《歷史教學》12 期)認爲晉唐時期,吐魯番糧食作物以穀、麥爲主。麥類以大麥、青麥、小麥爲主,穀類以粟、床爲主。穀麥種植實行常田輪作和部田單種相結合的耕作制度。穀麥除供人食用外,也用於牲畜飼料,並經常充當貨幣使用。晉唐吐魯番糧食作物的生產和消費,受氣候、土壤等自然環境的制約,也受民族、政治、經濟等社會因素的影響。黄樓《吐魯番所出〈闞氏高昌某郡彩毯等帳〉考釋》(《新疆大學學報》6 期)認爲該文書中向官府輸彩、毯者不是普通百姓,而是官府控制的織造户。《闞氏高昌某郡彩毯等帳》所記爲高昌郡倉曹收納織造户紡織物,償還加工過程中相關雜用後獲得的純收入。文書反映了織造户在官營作坊織造的具體情況,具有重要的研究價值。張婧、張亞軍《佉盧文 209 號文書研究》(《井岡山大學學報》5 期)認爲文書反映出 3—5 世紀的新疆南部地區存在人口買賣。人口買賣契約在公平的基礎上簽訂,有證人爲證,有專門的斷繩儀式。人價的支付形式包括貨幣支付和實物支付兩種。對於違約行爲的懲罰包括物質處罰和肉體處罰兩種形式,這既是對違約行爲的約束,也在一定程度上維護了另一方的合法權益。

貿易方面的研究成果主要包括:孟憲實《唐朝與中亞的絹馬貿易》(《唐研究》第二十二卷)認爲在唐朝與中亞的往來中,馬匹貿易是一個十分重要的内容。在唐朝的馬匹結構中,除了西北群牧飼養以外,接受境外"蕃馬"是一個重要來源。中亞的馬在唐朝的官馬中佔有重要地位。張湛《粟特商人的接班人?——管窺絲路上的伊朗猶太商人》(《粟特人在中國:考古發現與出土文獻的新印證》)對 BH1－19 號波斯語信劄給出了轉寫和譯文,並對信劄中的粟特元素做了考察,呈現出伊朗猶太商人在絲綢之路上的貿易網絡。乜小紅、丁君濤《古絲綢之路上蠶桑絲織業的興衰——對吐魯番出土蠶桑絲織文獻的新研究》(《中國經濟史研究》4 期)揭示出高昌郡及高昌王國前期是蠶桑絲織業的繁榮興旺期,西方對絹帛的需求與晉末中原絹帛供給的中斷,帶給高昌發展蠶桑絲織業的機遇。高昌郡府鼓勵植桑養蠶,管控大部分蠶桑户、織造户的生產,致力於絲絹的聚集和外銷。麴氏高昌建國後,臣屬北魏,絲綢之路重開,中原絲織物的大量西輸衝擊了高昌絲綢絹帛市場,銀幣替代錦絹成爲流通手段,使得高昌絲織業由盛轉衰。唐滅高昌後的西州時期,中原先進技術生產出的絲織品源源西來,導致高昌蠶桑絲織業趨於萎縮,被緤布的生產所取代。歷史背景的變遷,決定了高昌地區絲織業的興衰。趙毅《清末吐魯番蠶桑業》(《西北民族論叢》2 期)論述了光緒六年吐魯番同知於葡萄溝設立蠶桑分局,開局教民蠶桑。隨著吐魯番蠶事的發展,蠶長、蠶桑地保應運而生,絲行、機行亦次第設立。之後,蠶桑分局、絲行由官辦轉爲官督商辦,繭價亦經歷了由官方定價到市場定價,再到官方定價等變化。然而,蠶事改歸商辦之後開始逐漸荒廢。光緒末年蠶事再次受到當局重視,吐魯番廳的蠶桑業似乎再度恢復。張安福《唐代絲綢之路中段西州與龜茲的商貿研究》(《中國農史》3 期)論述了西州成爲龜茲重要的商品供給地和戰略後方,龜茲成爲拱衛包括西州在内的西域局勢安全的戰略中樞,貿易各有特色,互補性强。城市功能決定了城市商業貿易發展的方向,長時期作爲唐朝安西都護府府治的龜兹,其商貿更多體現了服務於國家政治軍事的特點。

經濟政策方面的研究成果主要包括:劉壯壯《績效·技術選擇·政策演變:清統一前新疆屯墾(1644—1759)》(《農業考古》6 期)一文通過對清朝統一新疆之前新疆農業經營的考察,發現清初爲支持新疆軍事行動的需要,開始在哈密、巴里坤、吐魯番、烏魯木齊等地屯田,並取得了一定成效。丁俊《于闐鎮守軍徵稅系統初探》(《西域研究》3 期)運用中國人民大學博物館與中國國家圖書館所藏于闐漢文文書證明,于闐鎮守軍内部存在一個嚴密且完善的徵稅官系統。他們基本上以守捉和鎮兩級爲主,由專徵官、判官、典組成,兼有行官等進入。這樣在管理上逐層對應,而且任務明晰,事務繁複,從而承擔起自主供軍的功能。張新國《唐前期西州地區"計租六斗"新論》(《中國農史》2 期)通過對敦煌吐魯番文書的考察,認爲"租二石"和"租六斗"均與不同的給田基準額有關。正是因爲西州"狹鄉"丁男的給田基準額是 6 畝永業田,所以應輸納的租額是 6 斗。"計租六斗"既是西州賦稅制度特殊性的體現,又與唐《賦役令》的規定具有内在的一致性。趙超《略論清末吐魯番地區以穀付息的土地典當——對吐峪溝所出清光緒十七年"當賣葡萄園契"的探討》(《西域研究》4 期)一文探討了吐峪溝新出光緒十七年"葡萄園當賣契"。對契中"當賣"作了界定並對其與"租籽"的關係作了釐清。趙毅《晚清吐魯番坎兒井買賣》(《新疆大學學報》12 期)指出,晚清吐魯番坎兒井買賣以契約爲憑,格式和内容上繼承了魏晉以來漢文契約的形式,並結合當地習俗,使之具有漢文與察合台文合璧的地方特色。李亞棟《敦煌吐魯番賬目契約類文書中數詞使用的"繁化"現象——對與"薪柴"有關的部分文書數詞的考察》(《新會計》1 期)一文對與"薪柴"有關的部分文書數詞進行了考察,探討了文書中文字"繁化"問題。

四、法 制

本年度法制方面的研究主要包括漢文法制文獻與其他語言法制文獻的研究。

對漢文法制文書的研究既包括對法制文獻的整理,也包括對法制思想的闡釋,成果主要有:李明曉《兩漢魏晉南北朝石刻法律文獻整理與研究》(人民出版社)一書系統收錄了所有已公佈的散見兩漢魏晉出土的法律文獻,並對收錄的法律文獻解題(包括出土時間、資料整理和發表的介紹)、釋文與校注、白話譯文、主要參考文獻、相關問題研究、圖版等,利用了最新古文字研究成果與考古新資料進行文字校補、疑難詞語考釋、法律術語注解。顧凌雲《從敦煌吐魯番出土契約看唐代民間土地買賣禁令的實效》(《敦煌研究》3 期)通過對敦煌吐魯番出土契約的考察,發現唐前期民間存在變相買賣和地下買賣兩種隱秘的土地買賣方式,表明官府嚴格執行土地買賣禁令,禁令存在一定的實際效力;中唐以後,民間土地買賣頻繁發生,表明禁令的實效逐漸消失,不過民間仍對禁令心存顧慮,往往在土地買賣契約中設置反恩赦條款加以預防。官府對土地買賣缺乏有效的監控手段與民間正當的買賣需求難以抑制是禁令實效消失的主要原因。王鵬《略論唐代的免債赦令與抵債條款》(《長江大學學報》6 期)介紹了民間對中央政府通過免債赦令免除民間債負的做法多持抵觸態度。敦煌吐魯番文書中含有抵赦條款的契約文書,是民間意志的彰顯。唐時免債赦令的多次發佈與民間抵赦條款的頻繁出現,是國家意志與民間意志拉鋸博弈的生動表徵。薛艷麗、王祥偉《西域借貸契約中的債務償還方式》(《西域研究》4 期)提出西域借貸契約中的債務償還方式主要有每月付息隨時還本、本息隨時償還、等額本息分期償還、本息到期償還四種,不同的償還方式受到借貸物如錢幣、斛斗、織物等的影響。陳燁軒《新發現旅順博物館藏法制文書考釋——兼論唐律在西州訴訟和斷獄中的運用》(《唐研究》第二十二卷)通過文獻學的方法論證了在西州由唐令所構建、由唐律所維護的一整套訴訟和斷獄的模式,在實際操作中確實得到了貫徹。同時也指出,隨著時間的流轉,某些具體的規定會出現變通。趙晶《唐代"保辜"再蠡測——〈唐寶應元年六月康失芬行車傷人案卷再考〉》(《敦煌吐魯番研究(第十六卷)》)認爲在唐代,保辜在制度層面的内涵與民間的理解產生了一定程度的異化。不過這種異化在精英層面表現得並不明顯。康失芬案件中出現的責保外釋、"將醫藥看待"等情形,也不應被視爲制度之常態。王啓明《晚清吐魯番的保甲建設》(《西北民族論叢》2 期)探討了被以往學者忽視的晚清吐魯番社會中的保甲建設情況,指出其四個建設時期所面臨的各自原因與當時新疆乃至全國的形勢密切相關。至清末,伴隨著巡警制度的建設與運行,原有的保甲制度逐漸被取代。趙毅《清末吐魯番坎兒井民事糾紛之書狀》(《昌吉學院學報》6 期)指出光緒三年(1877),吐魯番收復後,大量的民事糾紛涌入官府,爲了減少訴訟數量,吐魯番廳制定了規則來規範訴訟,即"告狀不准條例"。其成爲國家法的有效補充,減輕了基層政府的壓力,同時也加快了該區民事法與内地一體化的進程。

其他語言法制文獻的研究成果主要包括:乜小紅《試論回鶻文契約的前後期之分》(《西域研究》3 期)介紹了現存的回鶻文契約並不都是公元 13—14 世紀的契約,應有早期與晚期之分,早的可以早到西州回鶻王國興盛期,晚的可以晚到元朝及其以後。文章强調根據内容的不同區别其契約時段的不同，對於研究契約發展的演變過程是十分必要的。［土耳其］麥萊克·約兹特勤，李剛、蘆韜譯《契約文書對絲綢之路法律史的貢獻——回鶻文契約文書中的土地産權和使用情况》（《吐魯番學研究》2 期）闡述了回鶻土地契約文書産權法的獲得、保護、使用情况，認爲回鶻社會存在著固定可操作的法律體系，這種體系在維護個人的權利方面發揮著重要作用。［日］武内紹人，楊銘、楊公衛譯《敦煌西域出土的古藏文契約文書》（新疆人民出版社）彙集了敦煌、新疆出土的古藏文契約文書，並加以細緻轉寫和考釋，此著對於全面認識吐蕃統治絲綢之路，尤其是西域地區各民族的經濟和社會生活狀况具有重要的學術價值。

五、宗　　教

本年度對宗教的研究以佛教居多，包括佛教教團僧尼、佛教思想和信仰、佛教文本整理考釋、佛教石窟及壁畫的研究。其他非佛教的研究主要集中在道教、摩尼教、景教、拜火教等方面。

佛教教團僧尼的研究成果有：彭無情《西域佛教演變研究》（巴蜀書社）充分運用古籍、史地等方面的原始資料，考古發現的實物證據以及國内外的研究成果，結合佛教傳播路綫、佛教教派、佛教文化風格及種族、語言和文化特徵，創新性地從“三點、兩綫、一面”具體探討西域佛教的興衰演變。劉小平《中古佛教寺院經濟變遷研究》（中央編譯出版社）一書以傳世文獻、敦煌吐魯番出土文書和石刻碑銘等史料爲基礎，借助歷史學、宗教學、新制度經濟學等學科的理論和方法，論述中古時期的佛教寺院經濟變遷及其與中古社會的互動。圍繞佛教寺院經濟的發展變遷，從寺院經濟自身經濟活動及其與中古傳統社會國家政權、經濟制度、社會輿論等方面的互動來考察，能使我們較爲清楚地瞭解和認識中古寺院經濟發展變遷的歷程和軌跡。阿依達爾·米爾卡馬力《回鶻佛經翻譯家Čisuin 都統其人》（《西域研究》3 期）通過對各種殘片中零散信息的大致拼接，勾勒出了一位著名回鶻語翻譯家Čisuin 都統的形象。文章研究表明Čisuin 都統是回鶻佛教史上與安藏、勝光、必蘭納識里齊名的重要人物。張重洲《吐魯番地區尼僧初探——以高昌國及唐西州爲例》（《甘肅廣播電視大學學報》5 期）認爲尼僧過著普通的寺院宗教生活，也積極參與世俗生活。尼僧從這兩方面深刻地影響著當地社會並與之緊密結合，在政府的干預和控制下，發揮著自己特殊的社會作用。

佛教思想和信仰的研究成果主要有：許棟、許敏《新樣文殊中的于闐王及其相關問題研究——以敦煌發現的新樣文殊圖像爲中心》（《吐魯番學研究》1

期)一文發現新樣文殊圖像中的于闐王可能就是毗沙門天王,毗沙門天王作爲文殊眷屬出現與當時的社會環境及密教的流行有著密切的關係,二者的結合更加突出了密教中文殊菩薩所具有的護國護王的功能。樂睿《從授記到結構化——佛菩薩信仰的演化——以于闐佛菩薩信仰爲例》(《西域研究》1 期)通過對于闐佛教中佛菩薩崇拜的分析,指出早期的菩薩崇拜未與佛崇拜結合並未經體系化,體現的是佛菩薩對王權的護佑、對國祚的振隆之意義。莫瑩萍《試論唐朝西州地區孝觀念中的佛教思想》(《絲綢之路》14 期)論述了在佛教的影響下,西州地區的孝養觀念中出現了報恩及善報思想、父母轉世昇天的祈願等思想,而在喪葬習俗中亦出現了佛教元素。唐朝西州地區孝養行爲及觀念在與中原文化保持大體一致的基礎上呈現出儒釋相融的特色。李瑞哲《龜茲大像窟與大佛思想在當地的流行》(《西部考古》(第 10 輯))認爲龜茲具有開鑿大像窟和雕塑大立佛的悠久傳統。早期大像窟的開鑿與鳩摩羅什宣揚大乘思想有關。另外,建造大立佛除了與彌勒信仰在龜茲的流行有關以外,另一個重要原因是大佛思想在當地的流行。薛宗正、霍旭初《龜茲歷史與佛教文化》(商務印書館)講述了龜茲是佛教東傳的主要中轉站,龜茲文化是整個中國文化的重要組成部分。佛教經由龜茲東傳以及漢傳佛教反傳西域之後,西域千佛洞中漢風洞窟的開鑿和唐代西域佛寺的興建又爲佛教西弘提供了豐富多彩的物質證據。霍旭初、趙莉、彭傑、苗利輝《龜茲石窟與佛教歷史》(新疆人民出版社)一書共分爲"導論""龜茲石窟舉要""龜茲石窟佛教思想基礎與框架""龜茲石窟的原始佛教思想""龜茲石窟的因果觀""龜茲石窟的菩薩觀""龜茲石窟的解脫觀""經量部對龜茲石窟的影響""大乘佛教在龜茲的初傳及其消長""龜茲石窟的中原大乘佛教"等十四章,並附有非常精美的 200 多幅龜茲石窟壁畫圖錄。

佛教文本的整理與考釋的成果主要有:任曜新《新疆庫車佛塔出土鮑威爾寫本〈孔雀王咒經〉文本擴展研究》(《敦煌學・絲綢之路考古研究——杜斗成教授榮退紀念文集》)通過對文本產生與發展的考察,認識到佛教密教從一開始簡單實用到陀羅尼咒,到將陀羅尼咒與佛教故事相結合形成雜經典,再到相關壇場、畫像、儀軌等體系逐漸完備的純密的歷史過程。鄭阿財《從單注到合注:中古絲綢之路上〈注維摩詰經〉寫本研究》(《唐研究》第二十二卷)一文全面檢索了已公佈的敦煌吐魯番文獻中有關《注維摩詰經》的寫本殘卷,通過對比分析以釐清《注維摩詰經》從單注到合注發展的脈絡,並彰顯中古絲綢之路上的寫本特色與價值。芮柯《柏林吐魯番藏品中的粟特語佛教殘片》(《粟特人在中國:考古發現與出土文獻的新印證》)對柏林吐魯番藏品中粟特語佛教文書字母、裝幀、年代、發現地、內容、"教派屬性"、雙語現象、書寫及與其他收藏地的粟特語佛教文獻的關係方面進行了考察。

佛教石窟與壁畫的研究成果主要有：楊波《克孜爾石窟第 38、100 窟"誓願"、"授記"題材探討》(《敦煌學輯刊》3 期)指出,克孜爾石窟第 38 窟主室券頂因緣故事畫、第 100 窟主室側壁佛傳圖均以表現對佛陀的供養、禮敬爲主。作者在前人對龜窟石窟因緣故事研究的基礎上,並參考庫木吐喇窟群區第 34 窟龜茲文榜題解讀的成果等,指出這兩個窟包含許多表現釋迦往昔供養諸佛的故事,這些故事與彌勒接受"摩頂授記"等場面一起,強調了"誓願""授記"的主題。陳愛峰《柏孜克里克石窟第 17 窟佛說大乘莊嚴寶王經變考釋》(《敦煌研究》6 期)考釋了柏孜克里克石窟第 17 窟券頂的壁畫,確定其中 6 幅壁畫出自《佛說大乘莊嚴寶王經》,推測其餘壁畫大多出自該經。結合該窟兩側壁壁畫分析,認識到該窟是一個以觀音爲主尊、内涵豐富的洞窟。佛說大乘莊嚴寶王經變的考證,揭示了北宋時期中原與西域的文化交流,同時糾正了以往學界對第 17 窟年代的推定,即並非唐西州時期。結合窟内供養人族屬的認定,作者將該窟壁畫的繪製年代界定在北宋初(10 世紀末)至回鶻歸順蒙古之前(13 世紀初)。劉韜《唐與回鶻時期庫木吐喇石窟壁畫年代探索——以窟群區第 12、15 至 17 窟爲中心》(《敦煌研究》6 期)一文以樣式論與風格學等方法,綜合石窟形制、圖像内容與題記等因素,試對庫木吐喇石窟年代進行探索,並以此爲標型窟探索唐與回鶻時期庫木吐喇部分洞窟的相對年代,認爲唐風洞窟第 15 至 17 窟開窟與修造年代很可能是唐武周時期以後的唐中宗至唐玄宗開元年間,即 8 世紀上半葉。陳愛峰《柏孜克里克第 40 窟如意輪觀音經變研究》(《吐魯番學研究》2 期)介紹了柏孜克里克第 40 窟中的如意輪觀音經變,同時融入千手千眼觀音經變中的傳統題材十方佛、婆娑仙與功德天,又增添了若干新題材。楊波《克孜爾石窟"有頭光比丘"圖像探討》(《吐魯番學研究》2 期)指出龜茲石窟壁畫中有的佛旁的比丘畫上了光頭,同時還有突起的肉髻,這類圖像表現的是"彌勒受金衣"以及得到"摩頂受記"的題材。任平山《"王女牟尼"本生及龜茲壁畫》(《西域研究》1 期)指出龜茲石窟壁畫存在一種別致的比丘燃燈供養圖像。通過分析圖像内容,比對佛經文本,確認了其爲王女牟尼本生。任平山《抒海本生及其在吐峪溝壁畫中的呈現》(《敦煌研究》4 期)一文整理和分析了佛教本生故事大施抒海,並對吐峪溝第 44 窟相關壁畫進行了釋讀,認爲吐峪溝第 44 窟本生壁畫蓮華夫人緣應更名爲抒海本生。其圖像的内容與《賢愚經》較爲相符,情節豐富。因此吐峪溝第 44 窟壁畫抒海本生恰好爲新疆壁畫與《賢愚經》的圖文關聯提供了重要實證。

非佛教的研究成果主要有：于洋《消失的摩尼教——走向末路之三部曲》(《齊齊哈爾大學學報》11 期)認爲摩尼教在中國古代歷史上的最終消失,可歸納爲經歷了三次重創,同時也存在著其自身本質與發展的原因。顏福《高昌故城摩尼教絹畫中的十字架與冠式——以勒柯克吐魯番發掘品中的一幅絹畫爲例》(《敦煌學輯刊》3 期)揭出勒柯克在高昌故城摩尼教寺院遺址發掘出的一幅摩尼教絹畫中繪有十字架,它與新疆、敦煌等地發現的景教十字架極爲相似。通過對這幅摩尼教絹畫中十字架與冠式的解讀,可以發現這一時期摩尼教兼容並蓄的特點。李肖、馬麗平《拜火教與火崇拜》(《粟特人在中國:考古發現與出土文獻的新印證》)認爲生活在歐亞草原地區的原始印歐人普遍存在拜火的習俗,只是部分文化發達地區演化成了宗教——拜火教,而其他地區由於社會生產方式等原因,仍然停留在拜火階段,一直到了歷史時期這種古老習俗纔被宗教習俗所取代。張鵬《唐寫本〈五土解〉性質再探》(《首都師範大學學報》1 期)通過對《五土解》中詞彙的内涵與來源、文書的格式與發願内容進行考察,認爲此件文書並非簡單的安宅、安墓醮儀,而是屬疾病上章後的章醮儀。馬曉林《元代景教人名學初探——以遷居濟寧的阿力麻里景教家族爲中心》(《北京大學學報》1 期)認爲北京發現的清内閣檔案庫藏元代敍利亞文贊美詩,與吐魯番出土同類抄本存在直接的關係。對按檀不花家族景教的身份進行辨識。作者認爲元代景教人名學(Anthroponymy)研究需要在漢文史料的基礎上進行並提出以新出按檀不花家族史料爲中心,結合出土敍利亞文、回鶻文材料,可以逐一考察人名的詞源及形態演變。

六、民　　族

關於民族的研究主要集中在民族關係與民族内部的相關問題上。

民族關係相關的研究成果主要有:王小甫《邊塞内外》(東方出版社)收錄了王小甫先生關於中國古代族群史、古代中外文化交流史、中國古代史等方面的論文。苗普生《匈奴統治西域述論》(《西域研究》2 期)認爲公元前 2 世紀至公元 2 世紀,匈奴在西域的活動使那些孤立的民族和地區開始互相接近,改變了西域乃至中亞居民遷徙的方向,爲漢朝統一西域創造了條件。李元輝《"約"與西漢的民族政策》(《西域研究》2 期)一文對"約"在西漢民族政策中的應用做了系統探討,認爲"約"貫穿於西漢王朝民族政策的始終,應用於民族政策所施用的對象都是勢力强大且對西漢及其邊疆地區穩定和發展產生重要影響的民族政權。高啓安《傅介子刺樓蘭事蹟綜理》(《石河子大學學報》2 期)一文分析刺殺樓蘭王前的歷史背景、決策過程、實施情節以及善後工作,結合傅介子本人的籍貫及成長經歷,勾勒出這次事件之所以以極小代價獲得極大成功的必然。瞿萍《西域歷史中的龜茲》(《絲綢之路》7 期)介紹了龜兹自古就是絲綢之路上的重鎮、西域三十六國之一。從龜兹境内發掘的古人類遺址可以看出,龜兹有著悠久的史前文明,文中介紹了龜兹由漢至清的發展歷程。裴成國《論5—8世紀吐魯番與焉耆的關係》(《新疆師範大學學報》3期)一文對5—8世紀吐魯番與焉耆的關係進行了研究,認爲兩地的關係以唐貞觀年間爲界可以分爲兩個階段。第一個階段,兩地以西域小國的形態存在,無力主導自己的外交,只能臣服於先後崛起的各大遊牧政權,同時也有衝突。第二個階段,兩地在貞觀年間被唐朝平定之後成爲唐朝在西域的兩個重鎮,因爲人種、文化、歷史等方面的差異,兩地在唐朝經營西域的過程中發揮的作用也不盡相同。楊富學《843年——唐與回鶻關係的轉折點》(《甘肅民族研究》1期)認爲漠北回鶻的敗亡,使得唐朝對回鶻的國策進行了根本性調整。首先對西域回鶻,由徹底的肅清改爲剿撫並用;同時在中原地區,對回鶻之摩尼教則由撫改爲剿,盡行鏟除。剿撫並用的政策,方式不同,都是建立在回鶻不復對唐朝構成威脅這一基礎上。張宜婷《從安西四鎮之焉耆鎮看唐朝對絲綢之路的控制和經營》(《昆明學院學報》5期)認爲唐朝對焉耆的征討與管理,更是集中體現了其對焉耆在西域地區的地位與作用的認識——立足焉耆是唐朝進一步拓展其在西域的勢力範圍、控制與經營絲綢之路的前提。吳玉貴《〈唐故突騎施王子誌銘〉再探討——兼論突騎施黑姓及其與唐朝的關係》(《魏晉南北朝隋唐史資料》第三十三輯)以突騎施黑姓與唐朝的關係爲主綫,系統梳理蘇禄可汗以後即突騎施汗國分裂時期的歷史綫索,並在此基礎上,將《墓誌》放在光緒入質長安或與入質長安較近的時代背景中加以考察,爲讀者提供了新的觀察角度。白玉冬、楊富學《新疆和田出土突厥盧尼文木牘初探——突厥語部族聯手于闐對抗喀喇汗朝的新證據》(《西域研究》4期)一文從新疆和田策勒縣達瑪溝北部某遺址出土的4片突厥盧尼文木牘出發,認爲木牘文中提到的qan"汗"可能爲于闐國王或某部族首領,發信人應是塔里木盆地一帶處於半獨立狀態的操突厥語部落首領。木牘文書所言侵犯於術的敵人,有可能來自喀喇汗朝。陳海濤《商業移民與部落遷徙——敦煌、吐魯番著籍粟特人的主要來源》(《敦煌學‧絲綢之路考古研究——杜斗成教授榮退紀念文集》)認爲部落遷徙與商業移民,是漢唐時期中亞粟特人入華、定居、著籍以致形成聚落的兩個主要原因。隋唐以前,粟特人入華基本都是商業活動的結果。彭建英《漠北回鶻汗國境内的粟特人——以粟特人與回鶻互動關係爲中心》(《中國邊疆史地研究》4期)介紹了漠北回鶻汗國境内的粟特人與回鶻在政治、經濟、宗教等領域呈現頻繁互動乃至深度融合,推動了回鶻族群的熔鑄和成型,北方草原文明也推進到以尊奉摩尼教爲突出特點的回鶻文明時代。但是,粟特在與回鶻的互動、融合過程中,亦時有不諧與矛盾,回鶻内政的動蕩和對外唐關係的緊張以及漠北回鶻汗國的敗亡,其轄内的粟特人也難辭其咎。

民族内部官職、族源等内容的研究成果主要有: 荒川正晴《西突厥汗國的 Tarqan 達官與粟特人》(《粟特人在中國: 考古發現與出土文獻的新印證》)認爲在突厥國家内,tarqan 構成侍奉可汗、公主與强勢王族的親信官員。粟特人在遊牧國家的政治、外交、經濟、文化諸方面,是一個重要的存在,他們通過 tarqan 這一角色,與可汗等牧國家的首腦或首腦層,保持著相互提携的關係。陳浩《登利可汗考》(《西域研究》4 期)指出古突厥文《毗伽可汗碑》中有兩串相似的可汗名號,他們分別對應的是漢文史料中的伊然可汗和登利可汗。考證出突厥汗國實際上有兩位登利可汗。開元廿二年唐廷派李佺册封的是第一位登利可汗(即伊然可汗),開元廿八年李質册封的是第二位登利可汗。馬秀英《北涼沮渠氏族源考辨》(《西夏研究》3 期)認爲盧水胡居地爲河西走廊,再結合其他民族史資料記載,分析沮渠氏祖先是屬匈奴之部下,身居高官"且渠"之位,後就以此官位稱呼其氏族。李浩《西安新見兩方回紇貴族墓誌的初步考察》(《唐研究》第二十二卷)一文對新見《回紇會寧郡王移建勿墓誌》和《回紇贈天水郡王李秉義墓誌》進行了録文與釋讀,並與已出其他回紇人墓誌進行了對讀比較,就幾位旅居長安回紇人的壽數、回紇人在長安的葬地等八個問題進行了研究。黄彩春《吐魯番的早期主人——吐魯番早期人車師人研究》(《文物鑒定與鑒賞》3 期)認爲吐魯番的早期居民車師人是一個多人種的大群體。這種多人種的構成非車師人的最初狀態,而是在漫長的歲月中逐漸形成的。屈廣燕、王頲《關於元人桑哥所屬"噶瑪洛"部的兩點考證》(《青海民族研究》1 期)推測"噶瑪洛"人應出現在唐德宗時期,他們最初因吐蕃與回鶻的北庭之爭而被贊普派去駐守於北庭,之後部分人可能逐步遷移至古"蒲類海"、今新疆巴里坤一帶,蒙元史料中的"波黎吐蕃"、"不里吐蕃"、"波斯離"可能正是這批人因居住在"蒲類海"附近而獲得的另一名稱。周軒《〈皇清職貢圖〉中的西域史實》(《伊犁師範學院學報》2 期)一文對《皇清職貢圖》中涉及的伊犁、哈薩克頭目、布魯特頭人、烏什庫車阿克蘇等處回目、拔達克山回目、安集延回目、安西廳哈密回民、肅州金塔寺魯古慶等族回民、愛烏罕回人、霍罕回人、哈薩克别部、土爾扈特台吉等西域史實,進行了補充和論述。

七、社 會 文 化

社會與文化方面的研究成果豐富,涵蓋範圍廣泛,分爲文化與文化交流、社會與社會風俗兩個方面進行概述。

　　文化與文化交流方面的研究成果有：冉萬里《絲路豹斑：不起眼的交流，不經意的發現》（科學出版社）以“絲綢之路”爲綫索串聯本書的九章内容，分別爲：瓶花盛開——德瓶紋飾的源流；象以齒焚——象牙與象的輸入與使用；犀以角亡——犀牛與犀角的輸入；龜甲延壽——龜甲紋反映的東西方文化交流；毬路飛鴻——毬路紋反映的東西方文化交流：童子、花繩與龍馬；相映生輝——東西方之間工藝與造型的影響；花馬世界；吐魯番北朝至唐代的太陽與月亮圖像——中原與西域文化的交匯點等。程彤主編《絲綢之路上的照世杯——“中國與伊朗：絲綢之路上的文化交流”國際研討會論文集》（中西書局）主要内容包括：13 至 14 世紀和田地區在絲綢之路中段的經濟角色、蒙古人在波斯文化藝術和科學技術傳播中的作用、古代波斯與中國馬球運動文獻、文物之比較、木球之喻、觀察視角與立論方式等。王菲《維吾爾古代文獻中的文化觀》（國家圖書館出版社）一書從語言和文獻的角度挖掘和展示維吾爾文化本質和深層的内容，包括：從文獻到文化研究的途徑；從維吾爾文獻看文化發展模式、文化架構和文化内涵；維吾爾文獻中的“四素”觀——對文化架構的探尋等五章内容。[美]薛愛華著、吳玉貴譯《撒馬爾罕的金桃》（社會科學文獻出版社）以唐代爲研究對象，詳細研究了當時世界的文化交流，内容涉及唐朝生活的各個方面，如家畜、野獸、飛禽、植物、木材、食物、香料、藥品、紡織品、顏料、礦石、金屬製品、世俗器物、宗教器物、書籍等，對於瞭解和研究我國古代與邊疆地區乃至九譯絶域的物質文化交流史有積極的借鑒作用。盧向前《金鑰匙漂流記：古代中西交通猜想》（商務印書館）一書是對古代中西文化交通史上的一些主題進行歷史故事性講述的學術普及作品，講述了有關城門鑰匙即城市控制問題，中西文化在制度層面上對話碰撞的有趣猜想；有關葡萄種植、葡萄酒釀造等自中亞到吐魯番再流傳至中原的有趣猜想；以及有關物質交流、商業關係在中西民族關係上的突出反映。[俄]馬爾夏克著、毛銘譯《突厥人、粟特人與娜娜女神》（灕江出版社）是馬爾夏克在 2003 年夏到 2006 年夏帶領聯合國中亞考古隊分別在撒馬爾罕和片治肯特場地進行挖掘的考察結果，全書分爲三卷——《壁畫與娜娜女神》《突厥人與粟特人》和《粟特與北朝》，闡釋了中亞粟特古國文明的異彩紛呈以及粟特商旅在絲路歷史上的重要角色。施新榮《絲綢之路上的漢文化》（《絲路文明》第一輯）介紹了漢文化在西域的傳播、漢文化在西域的影響，認爲漢文化促進了絲綢之路沿綫的經濟發展，同時漢文化對絲綢之路的影響主要集中在政治、經濟、軍事等物質文化層面，在精神文化領域的影響有限。衛霞《漢文化在絲路明珠莎車的傳播述論》（《北方民族大學學報》1 期）論述了漢文化對莎車地區的生活、生產、宗教和語言在内的地域文化產生了很大的影響，同時絲綢之路的商貿活動對漢文化的傳播起到很大的促進作用。

張碧波《新疆小河墓地的文化人類學解說》(《石河子大學學報》1 期)介紹了發現於新疆羅布沙漠中的小河墓地,文章認爲:從文化人類學的角度看,小河墓地表現出來的文化現象既有世界性的文化因素,也與中華傳統文化因素密切相關,展現了古代西域地區作爲中西民族文化發展大融合的舞臺所獨有的魅力。張乃翥《新疆出土漢文印信的文化生態考察》(《石河子大學學報》1 期)介紹了在新疆瀚海綠洲的古代遺址中,近代陸續出土了若干古人遺留在當地的漢文印信。這類漢唐時代的歷史遺存,與同一地區出土的衆多漢籍文獻、内地遺物一樣,從文物視域折射了當年中原王朝對西域地區的政治經略與文化浸淫。而相關古代史料的文化學考察,則讓人們認識到中原王朝的西域經營,實際上伴隨著一個曠日持久的與當地民族相互融合的文化過程。肖小勇《新疆早期喪葬中的用火現象》(《西域研究》1 期)一文對新疆早期喪葬用火的考古材料進行了全面收集和整理,對各種用火痕跡和現象進行了具體分析和總結,發現其隱含著更爲複雜的行爲背景。馬曉玖《新疆昌吉二六工拱北文化符號隱喻探析》(《西域研究》2 期)一文通過對新疆昌吉市二六工拱北的深入調查,以拱北的文化符號特徵爲切入點,探析回族拱北符號的隱喻意義。鄒淑琴《唐詩中的胡姬形象及其文化意義》(國家圖書館出版社)通過對唐詩中胡姬的人種、來源、服飾妝容、身份職業、樂舞技藝以及人性情感等多角度的分析,闡釋了胡姬在唐代中原地區所承載的獨特的西域文化意義。韓香《中古胡人馴獅現象與唐五方獅子舞——以圖像學的視角爲中心》(《唐研究》第二十二卷)認爲胡人馴獅及獅子舞和五方獅子舞的流行,反映了中古時期中西文化的交流與融合情況,也反映出絲綢之路的發展影響。獅子舞的創立和發展符合中國人的文化傳統與審美取向,也逐漸代替真正的胡人馴獅活動,成爲百姓喜聞樂見的娛樂項目。求芝蓉、馬曉琳《安藏家族人名考——兼論 13 世紀回鶻佛教徒的漢文化修養》(《西域研究》2 期)一文對以往學界未能完全分清的元代畏兀兒人安藏、扎牙答思二人加以分析,根據回鶻文、藏文、漢文諸文獻進行了區分,探討了安藏家族人名的語源,認爲安藏家族三代人名都有顯著的漢語佛教文化因素。由此判斷,蒙元時期西域回鶻與中原的聯繫持續存在。張曉燕、李中耀《從"玉門關"意象看清代文人的西域情懷》(《西域研究》1 期)認爲"玉門關"本是漢代設立的關隘,漢唐以來,卻携帶著班超"生入玉門關"之個人淒苦感與王之涣"春風不度"之地理荒蠻感而成爲歷代文人吟咏不息的文學意象。清代以來,在國家統一的時代命題中,清代文人以遠邁前人的豪氣,以親履西域的現實體驗感賦予"玉門關"意象全新而豐富的内涵。王啓濤《絲綢之路上的飲食文化研究之一:餅——以吐魯番出土文書爲中心》(《四川旅遊學院學報》4 期)研究了餅、羹、麨爲代表的主食及其食料來源、加工方式和製作形態,同時澄清了一些聚訟紛紜的學術疑雲。王啓濤《絲綢之路上的飲食文化研究之二:肉——以吐魯番出土文書爲中心》(《四川旅遊學院學報》5 期)深入考察了古代絲綢之路的飲食文化,研究了古代絲綢之路上的肉食品,主要有羊肉、馬肉、牛肉、驢肉、駝肉、豬肉、狗肉、鷄肉、兔肉九類。其中,羊肉是古絲綢之路上最重要的肉食品,澄清了"市宍(肉)"和"死宍(肉)"的區别。王啓濤《絲綢之路上的飲食文化研究之三:酒——以吐魯番出土文書爲中心》(《四川旅遊學院學報》6 期)研究了以"酒"爲代表的飲品種類、用途和管理。郝二旭《唐代肥料淺探》(《農業考古》4 期)一文利用傳世文獻結合敦煌吐魯番文書中的相關內容,對唐代施肥理論與實踐、肥料種類、積肥方法以及施肥技術的發展等方面進行了必要的探討。任曜新《新疆庫車出土鮑威爾寫本中的印度阿輸吠陀藥物理論》(《敦煌學輯刊》4 期)介紹了新疆出土的年代爲 4—6 世紀的鮑威爾寫本醫學文書,認爲其藥方在藥物的性能分析、選取採集、分類使用等方面均反映出獨特的印度阿輸吠陀藥物理論,是研究印度阿輸吠陀醫學體系的珍貴原典資料。王丹、楊富學《回鶻醫學與東西方醫學關係考》(《敦煌研究》4 期)一文提出回鶻醫學在宋元時期取得高度發展,其原因與回鶻於 19 世紀中葉西遷至絲綢之路沿綫息息相關。西域地區悠久的中醫、印度醫學傳統,對回鶻醫學的形成與發展起到決定性作用。同時,回鶻醫學又與波斯、敍利亞、阿拉伯等地醫學有著密切聯繫。各種因素的交合作用,促進回鶻醫學在宋元時期的形成與高度發展。

社會與社會風俗方面的研究成果有:鄭志剛、李重申《絲綢之路古代遊戲、娛樂與競技場地空間分佈考研》(《敦煌學輯刊》4 期)一文利用考古發現的長安、敦煌、吐魯番等地的遺址以及文獻資料,從歷史遺址學研究視野,採用考察遺址分析和考古資料,對絲綢之路古代遊戲、娛樂與競技場地空間分佈的遺址現狀有較爲完整的認識。李忠洋《唐代西州"興儒"原因探》(《宜賓學院學報》5 期)認爲西州儒學的興盛源於唐代"崇儒"國策的實施,唐代書籍傳播的傳統繼承和唐中央政府重視儒學教育、興科舉制。西州儒學的興盛從一個側面反映了唐代對西北邊陲的重視和管理的加强。裴成國《論高昌國的騎射之風》(《西域研究》1 期)一文注意到高昌國中晚期的男性衣物疏中隨附弓箭的現象非常突出,結合墓葬壁畫、出土文書及墓誌資料反映的信息,提出騎射是當時男子的必備技能,高昌國形成了騎射之風的觀點。吳羽《唐宋葬事擇吉避忌的若干變化》(《中國史研究》2 期)認爲葬事避忌常識的形成與傳播很可能與國家對意識形態和方術的整頓及當時的政局緊密相關,又與中央政權對地方的控制力緊密相關。

徐黎麗、唐淑嫻《論陸上絲綢之路對中國西北地區發展的影響》(《北方民族大學學報》1 期)論述了中國古代從漢到唐絲綢之路對以新疆爲代表的西北邊疆產生重要影響,由此提出"絲路通、西北興,絲路阻、西北亂"的觀點。王啓濤《古代絲綢之路的災害治理及其對"一帶一路"戰略的啓示》(《西南民族大學學報》9 期)從傳世文獻和出土文獻入手,深入分析一千餘年來絲綢之路遭遇的各種自然災害和安全危害(特別是風災、蟲災、雪災、旱災、水災、暑災、寒災、匪災八類),以及絲綢沿綫人民在當時條件下有效的減災防災措施,以期對今天的"一帶一路"戰略的全面推進有寶貴的啓示。段晴《薩迦牟雲的家園——以尼雅 29 號遺址出土佉盧文書觀鄯善王國的家族與社會》(《西域研究》3 期)一文以尼雅出土的佉盧文書爲依據對古代鄯善王國社會進行個案研究。斯坦因在尼雅第 29 號遺址找到的 16 件文書已經入藏中國國家圖書館,和田地區博物館的佉盧文書中至少有 6 件亦應出自同一遺址。本文重點解讀了這批新文書,同時以薩迦牟雲的經歷爲綫索,牽縐起已知出自第 29 號遺址的佉盧文書,從中管窺蠡測鄯善王國的社會生活。黄樓《吐魯番文書所見"麴郎某某"試釋》(《吐魯番學研究》2 期)通過對"麴郎某某"等詞語的考釋,認爲其中的"郎"是"侍郎"一官的省稱。並認爲侍郎之職主要由世家大族子弟充任,但是麴氏居於絕對多數,這與麴氏高昌的門閥大族統治特色基本一致。雷聞《隋唐的鄉官與老人——從大谷文書 4026〈唐西州老人、鄉官名簿〉説起》(《唐研究》第二十二卷)一文從大谷 4026 號文書入手,結合其他敦煌吐魯番文書及石刻材料,討論文書中的"鄉官"與"老人"的含義及職能,促進對隋唐基層社會的運作形態的理解。文章認爲二者的共同之處在於他們都不直接參與造籍、徵税等實際行政事務,但對於鄉里的日常生活卻有深刻影響。裴成國《唐朝初年西州人與洛州親屬間的幾通家書》(《唐研究》第二十二卷)探討了唐滅高昌國後被遷往洛州的高昌人的境遇以及他們與高昌故地的家人之間保持聯繫的情況,介紹了絲綢之路上家書傳遞的方式。張重洲《德國探險隊與清末吐魯番社會——以第二次、第三次考察爲中心》(《絲綢之路》16 期)介紹了近代以來,德國吐魯番探險隊一共在新疆地區進行了四次"科學考察"活動,其中曾三次到達吐魯番地區,圍繞著高昌故城、交河故城、哈拉和卓墓地、吐峪溝等進行了一系列的盜掘活動,獲得了大量的文物。除此之外,探險隊成員還與吐魯番當地社會的各階層都有廣泛的聯繫和接觸,也正是在他們的"幫助"下,盜掘活動纔得以順利進行。同時也從另一個側面反映了清末吐魯番社會狀況。

八、藝　術

　　藝術方面的研究成果主要有：〔意〕康馬泰著、毛銘譯《唐風吹拂撒馬爾罕：粟特藝術與中國、波斯、印度、拜占庭》（灕江出版社）一書分爲四卷——《粟特藝術與中國》《粟特藝術與波斯》《粟特藝術與印度》《粟特藝術與拜占庭》，論述了關於撒馬爾罕大使廳壁畫上的唐代端午節，中國北朝墓葬中的粟特藝術，粟特信仰與佛教、印度教神祇的關係等。王啓濤《敦煌文獻"素書"新考》（《西南民族大學學報》4 期）一文將敦煌文獻與吐魯番文獻相對照，將出土文獻與傳世文獻相對照，運用語言文字學、文獻學和美術學等相關知識，考證"素書"即"塑像和繪畫"，論證了祆教藝術在傳播的過程中與佛教藝術的密切關係。魏久志《試論"唐汪式陶器"旋渦紋的來源——淺析旋渦紋由新疆地區向甘青地區傳播的可能性》（《創意設計源》2 期）認爲新疆彩陶上的旋渦紋是由三角紋演變而來，相互勾連的旋渦紋在洋海墓地早期就演化成了虛實相生、背景與圖案相互襯托的"雙關紋飾"，這種"雙關紋飾"到了甘青地區則變得更爲生動多樣。由於"唐汪式陶器"上的旋渦紋在年代上相當於或略晚於新疆地區的旋渦紋，所以可以肯定"唐汪式陶器"上的旋渦紋是由新疆地區傳播而來的。馬蘭《論北涼石塔造像中的南方因素》（《中國美術研究》2 期）介紹了克孜爾石窟至今沒有發現比北涼石塔更早的年代明確的石窟造像；另外，克孜爾石窟的典型特徵在北涼石塔中並不十分突出，反而是南方造像特徵十分明顯。王羿衡《古代隋唐屏障畫與傳統中國畫六法圖式研究——以新疆阿斯塔那墓室壁畫 217 號花鳥屏爲分析》（《鴨綠江》6 期）一文從繪畫實踐者的角度分析對比傳統中國畫審美理論與阿斯塔那六扇屏花鳥畫的圖式特點，以便研究花鳥畫在唐代獨立成科所蘊含的文化史和藝術史價值。李雲、李笑笑《新疆石窟壁畫中的僧侶供養人圖像初探》（《新疆藝術學院學報》1 期）認爲新疆石窟壁畫中的僧侶供養人圖像，以藝術的形式再現了宗教與世俗社會的關係，從這些供養圖像中可看到西域佛教的興盛和發展，以及僧人們的歷史地位和風貌。李雲、李笑笑《佛教地神圖像發展與流變中的地域文化元素淺析》（《新疆藝術學院學報》4 期）一文結合相關的經典、史料，對印度到中國新疆龜茲、于闐等地區以及中原地區的佛教地神造像進行梳理，分析了其文化內涵和功能意義。李楠、潘魯生《傳播與回授：公元 5—8 世紀地區服飾織錦遺存中的幾種動物紋樣》（《南京藝術學院學報（美術與設計）》5 期）認爲中國化的聯珠紋飾，剔除了原有的隱藏於其中的宗教意味，向我們呈現出不同的文化旨趣。薩珊聯珠紋飾在東漸的傳播中，對中原及西域的服飾紋樣產生了極大的影響，回授至吐魯番地區的聯珠動物紋亦對當地的服飾紋樣影響深遠,成爲此後諸多西域紋樣的本源。朱冀州《淺析克孜爾石窟壁畫中的人體造型藝術》(《教育界》12 期)認爲克孜爾石窟本生故事中的人物注重形體結構的表現,並將東西方文化融會貫通,形成了具有鮮明個性的造型觀念。李喆《克孜爾石窟壁畫乾闥婆形象中印度元素的本土淺究》(《中國民族博覽》3 期)認爲在早期克孜爾石窟中我們可以看到頗有印度風情成對出現的乾闥婆和天女形象,在克孜爾第 38 窟中乾闥婆也是呈兩人一組演奏樂器,然而到了克孜爾晚期的時候則出現了群體性奏樂的乾闥婆伎樂形象。古龜兹人愛樂喜舞,因此,不難推斷這種形式也極有可能是龜兹石窟繼承印度元素後本土化的一大發展。張旭《龜兹壁畫綫描藝術在動畫角色設計中的應用研究》(《新疆藝術學院學報》2 期)認爲龜兹壁畫通過形式多樣、靈活多變的綫條,塑造了無數鮮活的形象,其綫條造型語言給動畫角色設定很好的啓示。夏凡《絲綢之路宗教藝術視野下的新疆有品樂器研究》(《世界宗教文化》3 期)一文以絲綢之路宗教藝術爲視野,研究新疆有品樂器的淵源、發展及其與宗教藝術的關聯。賈小軍《西涼遷都與酒泉十六國壁畫的紀念碑性》(《吐魯番學研究》2 期)認爲西涼將國都遷至酒泉,其"紀念碑性"建築的傳統也傳至酒泉,從而使丁家閘五號墓、小土山墓爲代表的壁畫墓,在祥瑞圖、"湯王縱鳥"圖、社樹圖及墓主身份的表達等方面表現出典型的"紀念碑性"。

九、文 獻 古 籍

對文獻古籍收藏、刊佈情況進行介紹的研究成果有:榮新江《日本散藏吐魯番文獻知見録》(《浙江大學學報》4 期)一文指出,日本散藏吐魯番文獻是指日本所藏比較集中且經過系統整理刊佈的收集品之外的藏品,包括東京國立博物館、東京台東區立書道博物館、靜嘉堂文庫、京都藤井氏有鄰館、日本國立國會圖書館、日本國立歷史民俗博物館、東京大學附屬圖書館、大阪武田科學振興財團杏雨書屋、上野淳一氏私藏等散藏的文獻。這些文獻具有一定的價值。包曉悦《日本書道博物館藏吐魯番文獻目録(中篇)》(《吐魯番學研究》1 期)一文對日本書道博物館藏的 SH.174‐4 北涼寫經殘字册進行標目,總記 281 件。郜同麟《敦煌吐魯番道經殘卷拾遺》(《敦煌學輯刊》1 期)一文收集了前人未發現或未正確定名、綴合的三十餘件敦煌吐魯番道經殘卷,主要是中村不折和日本杏雨書屋所藏。分別對這些道經殘卷做了定名、綴合和簡要分析,文中還著重對中國國家博物館所藏的一件吐魯番佚道經殘片,即"北朝'有言寧生天竺'寫經殘卷"體現的宗教思想做了考證。王興伊《新疆出土隋唐梵文醫學寫本述要》(《吐魯番學研究》2 期)系統梳理了 20 世紀初從新疆出土的隋唐梵文醫學寫本文書共計 76 葉,概述了其主要內容。張新朋

《敦煌吐魯番出土〈開蒙要訓〉寫卷敍録》（《在浙之濱：浙江大學古籍研究所建所三十周年紀念文集》）將敦煌吐魯番出土的《開蒙要訓》寫卷加以匯總，以便於學者參看。文章指出目前《開蒙要訓》寫卷敦煌出土82件，吐魯番出土17件。張存良、巨虹《英國國家圖書館藏斯坦因所獲漢文簡牘未刊部分》（《文物》6期）一文根據"國際敦煌項目"網站上的圖版，對《英國國家圖書館藏斯坦因所獲未刊漢文簡牘》中的一批簡文重新校讀，認爲仍有100多枚木簡削柿未經刊佈，遂將其檢出，略作釋讀。王臣邑《和田博物館藏源於龜茲國的一件佉盧文木牘》（《西域研究》3期）指出，新疆維吾爾自治區和田博物館所藏的一件佉盧文/犍陀羅語的木牘來自龜茲古國。木牘由三塊木板組成。儘管本件木牘的内容未能徹底破解，但它的重要性依然無可爭議，這是迄今爲止來自龜茲地區最早的世俗文獻，涉及龜茲古國的國王Pitrr·bhakta，特別是爲鄯善國的佉盧文稱謂Nuava提供了原始證據。關迪《古鄯善國佉盧文簡牘的形制、功用與辨僞》（《西域研究》3期）一文考察了新疆古代鄯善國使用的佉盧文簡牘的形制與功用，提出其形制深受漢地影響，有楔形簡、矩形簡與不規則形簡牘三種類型。在此基礎上，針對一件徵集來的佉盧文簡牘進行了研究，從形制、字迹與語義三方面證明該簡牘是一件以真跡爲基礎的僞造文書。馮雅頌《〈彌勒會見記〉：龜茲文化孕育的藝術之花》（《絲綢之路》7期）介紹了20世紀初，勒柯克率領的德國考古隊在吐魯番木頭溝、勝金口等地發現《彌勒會見記》回鶻文寫本殘葉，分藏於梅因茨科學院和柏林科學院，共六個抄本，600餘件殘片，稱"吐魯番本"，對研究龜茲學有重要意義。張麗娜《樓蘭出土文書的整理及其意義》（《絲綢之路》8期）整理了20世紀初以來中外在樓蘭地區遺址中發現大量簡牘、紙質文書，並對其進行了簡單研究。司艷華《〈西域考古録〉的史料來源與運用》（《吐魯番學研究》2期）一文將俞浩《西域考古録》涉及的一百四十餘種史料分類列表，並對這些史料來源及其應用方式進行分析，從而可見到俞浩的治學態度。張榮强、張慧芬《新疆吐魯番新出唐代貌閱文書》（《文物》6期）介紹了2010年中央民族大學博物館入藏十餘件吐魯番地區出土的唐代文書，其中一件的内容是交河縣要求鹽城民衆在指定日期接受縣令貌閱的帖文。文書紙製，高28.5、寬67.5釐米，保存基本完整，正面鈐四方朱印。全文25行，共380字。年代爲唐開元時期。根據吐魯番文書定名原則，該文書可定名爲《唐開元年間西州交河縣帖鹽城爲令入鄉巡貌事》。這是目前所見唯一一件有關唐代貌閱的官方文書，具有重要的史料價值。王小蘋《吐魯番文書流失海外的實證研究》（《大衆文藝》2期）對近3萬件文書進行信息研究，進一步深入瞭解吐魯番文書的海外收藏、語種分佈、學科領域、文獻類型、古籍文書、研究現狀等方面所存在的規律性。

對文獻古籍進行整理、綴合、校勘、考釋的研究成果有：白石將人《西陲出土日藏〈左傳〉昭公殘卷兩種》(《國際漢學研究通訊》第 12 期)探討了日本書道博物館所藏《左傳》服虔注殘卷及其歷史背景,指出日本杏羽書屋所藏《左傳》昭公五、六、七年殘卷與俄藏敦煌文件之間的綴合關係。徐維焱《旅順博物館藏〈劉子〉殘片的新發現及〈劉子〉在西域的流傳》(《唐研究》第二十二卷)介紹了旅順博物館藏新疆出土漢文文書中有一枚《劉子》殘片,並對此殘片進行了錄文和整理,研究了該殘片與其他已知的出土殘卷、殘片的關係,探討了《劉子》一書在西域地區的存在形式以及傳播和使用情況。許建平《吐魯番出土〈尚書〉寫本輯考》(《敦煌吐魯番研究(第十六卷)》)對吐魯番所出的 7 件《尚書》寫本以《中華再造善本》影印北京大學所藏宋刻本《尚書》爲對校本,以顧頡剛、顧廷龍輯《尚書文字合編》中所收之日本古寫本爲參校本進行了錄文,並考察了中原文化西傳的狀況。何亦凡《敦煌吐魯番出土〈鄭玄論語注〉"束脩"條綴補復原研究》(《敦煌吐魯番研究(第十六卷)》)利用敦煌吐魯番文書和傳世文獻對《鄭注》"束修"條進行綴補復原,並對這一條進行了疏證,進而認爲《後漢書》李賢注有關於此的引文有斷章取義之嫌。徐俊《鳴沙習學集:敦煌吐魯番文學文獻叢考》(中華書局)一書收錄徐俊先生論文、劄記、書評三十餘篇,其主體都與敦煌吐魯番文學相關,涉及對敦煌吐魯番文學文書的校錄、考補等。黃樓《吐魯番文書所見北涼解文的復原及相關問題研究》(《敦煌研究》3 期)對吐魯番地區哈拉和卓和阿斯塔那墓葬出土的幾件相關北涼解文文書殘片進行考究並拼合整理,初步復原了北涼解文的基本格式,進一步研究得出北涼解文與東漢解文有著直接的淵源關係;解文是一種上行官文書;北涼解文對於探討當時中央與地方關係具有重要的價值。

朱雷《敦煌吐魯番文書研究》(浙江大學出版社)收錄了朱雷先生關於吐魯番文書的多篇論文,包括對吐魯番出土文書、敦煌變文等內容的研究。馬振穎《〈中村不折舊藏禹域墨書集成〉下冊題跋研究》(《重慶第二師範學院學報》4 期)對下冊中除王樹楠題跋以外的 8 件寫本的 10 則題跋進行全文錄釋,並對朱玉麒、周慧的釋錄部分進行訂正,同時也爲研究中村不折藏品的學者提供較爲準確的題跋校錄文本。顏世明、高健《裴矩〈西域圖記〉研究拾零——兼與余太山、李錦繡二先生商榷》(《敦煌研究》3 期)一文掇拾了余太山、李錦繡先生研究成果中一些有待商榷及補正之處,並輯出了《西域圖記》的佚文七則,認爲《隋書·西域傳》西域二十國傳記前半部分自然、人文地理史料或來自《西域圖記》殘本。

王瑟《〈大唐西域記〉最早寫本殘卷新解——"唐僧"玄奘和高昌王室關係密切》(《光明日報》2016 年 1 月 26 日)一文介紹了武漢大學陳國燦先生的

研究成果。陳先生認爲,《大唐西域記》最早的寫本在新疆吐魯番地區吐峪溝石窟寺發現,與玄奘和高昌王室麴氏家族的關係有關。玄奘完成《大唐西域記》期間,麴文泰的後代麴智湛正被安置在洛陽居住,並即將上任西域最高統治者。玄奘向他贈送寫本,既了卻了麴文泰的心願,又盡到了弘揚佛法的職責,這就有了最早寫本藏於吐峪溝石窟寺的現實可能。黃正建《大谷占卜文書研究(之一)——兼與敦煌占卜文書比較》(《敦煌研究》6 期)一文以敦煌占卜文書爲參照,爲《大谷文書集成》中的 6 件占卜文書予以定名,認爲大谷占卜文書反映出來的占卜類型和方法與敦煌占卜文書大體相同,不同的只是用詞與繁簡。大谷占卜文書中的某些用詞不同於敦煌占卜文書,卻與中原典籍相同,或許反映了唐前期吐魯番地區保存的典籍更多地來自中原。張新朋《大谷文書中的〈急就篇〉殘片考》(《西南民族大學學報》11 期)一文新認定了前人未能準確定名的《急就篇》殘片 6 號(7 片),並就它們之間的相互關係作了梳理。游自勇《唐西州"張無價文書"新考》(《唐研究》第二十二卷)一文從牒文書寫的角度,考證認爲法慈並非張無價之女,張氏女晚年孤身一人寄居馬寺,不久去世。同時也對文書中"田第人夫"進行了解析。文章並對該文書的定名提出了新的看法。王興伊、段逸山《新疆出土涉醫文書輯校》(上海科學技術出版社)對 300 餘件新疆出土的涉醫文書整理分類,進行釋文校勘、注釋,内容包括提要、釋文、校注、按語等條目。陳于柱《敦煌吐魯番出土發病書整理研究》(科學出版社)一書分爲文獻整理篇和研究篇兩部分。整理篇對流散於中外各收藏機構的敦煌寫本《發病書》逐一進行全面錄文、校注,尤其正確釋錄了敦煌文獻原件上的朱書文字和朱筆校改。研究篇對敦煌寫本《發病書》進行文獻分類、定名與年代學考察,釐清文本之間的文化流傳問題,將敦煌《發病書》納入歷史學的研究視野之中,對唐宋時代及敦煌區域的醫療社會史進行深入研究。楊紹固《〈全元文〉佚文二十八篇輯考——元代高昌籍偰氏、廉氏家族相關佚文輯考》(《古籍整理研究學刊》2 期)一文介紹了失收高昌籍廉氏、偰氏家族相關作品 28 篇,這些佚文除補《全元文》之缺,還對研究元代高昌籍廉氏、偰氏家族具有參考價值。王紅梅《回鶻文藏密經典〈觀世音本尊修法〉殘卷研究》(《河西學院學報》1 期)一文揭出吐魯番出土的回鶻文《觀世音本尊修法》殘卷有六個編號,其中五件爲木刻本,一件爲手抄本,對研究元代畏兀兒印刷術、噶瑪噶舉派的傳播及其與畏兀兒的關係,具有極高的學術價值。李大偉《丹丹烏里克猶太-波斯文信件考釋》(《敦煌研究》1 期)一文對現存大英博物館的一封"猶太-波斯文"信件進行考釋。此信是丹丹烏里克猶太商人寫給塔巴里斯坦的雇主,也是迄今所知猶太人入華貿易最早的歷史記載。作者對其進行了詳細的考釋,由此可知,至少在 717 年之前,已經有猶太人入華貿易,且在傑謝、媲麼等地形成了猶太人貿易聚集區。于闐應是較早作爲猶太人入華貿易中心之地。作者認爲此封猶太-波斯文信件應是唐代于闐"傑謝"鎮猶太人遺留之物。[德]茨默《突厥語的體動占卜書》(《中山大學學報》5 期)一文以吐魯番出土文獻爲基礎,釋讀三件古突厥語體動占卜書,以補充 1907 / 1908 年古典學家第爾斯關於東西方體動占卜術比較研究在古代突厥回鶻文獻上的缺失。通過釋讀拓展了古代突厥語在人體解剖學方面的語彙,附帶考釋了兩件吐魯番民俗信仰寫本,以揭示中原漢文化的術法體系爲中亞回鶻人所承用的事實。

十、語 言 文 字

西域地區語言文字具有多樣性,多民族在此交融,所以多種民族語言在這個地區都有體現。以下主要分漢語言文字和其他民族語言文字兩類進行概述。

對漢語言文字的研究成果有:王啓濤《語言文字學與吐魯番文獻的整理》(《新疆大學學報》12 期)從十個方面,論述語言文字學在吐魯番文獻整理中的重要作用,這十個方面是:明術語、明俗體、明通假、明符號、明古語、明名物、明方言、明語法、明修辭、明古義。鄭阿財《唐代漢字文化在絲綢之路的傳播》(《浙江大學學報》4 期)分析了唐代漢字在高昌、龜茲、于闐、朝鮮、日本、越南等地的傳播情況。唐代漢字、漢籍在絲路傳佈的情形在不同時期、不同地區,由於商貿經濟、政治、宗教與生活文化等環境,呈現出不同的接受與發展的歷程,明顯與其現實環境對漢字、漢籍需求的程度成正比。葉愛國《古漢語常用名詞的省字用例》(《吐魯番學研究》1 期)通過對吐魯番出土文獻、碑刻等原始資料搜集,按照時間、地名、物名、稱謂、人名、官名等條列古漢語常用名詞的省略方法。常萍《武周新字的來源及在吐魯番墓誌中的變異》(《蘭州大學學報》3 期)認爲,武周新字大多來源於古文或古文的省形、變形,武則天頒佈新字除政治目的外,也希望回歸淳樸的文字之風,傳承先賢典籍。此外,文章還以吐魯番墓誌爲例探討武周新字在邊遠地區的流傳情況。吐魯番雖地處邊陲,但仍在嚴格執行朝廷政令,積極使用武周新字,只是在筆畫和結構部件上有些變異。聶志軍《吐魯番出土文書〈張海隆夏田契〉錄文再釋》(《敦煌研究》4 期)介紹,《張海隆夏田契》是吐魯番文書中"夏田契"保存最完整的一件,釋讀該契對瞭解其他夏田契的形式和内容有一定的幫助。作者通過對此契中"夏""庭分""玖圍""捉"等詞重新注釋,以釋讀此契,補充以往研究存在不足之處,可爲瞭解當時的社會經濟狀況提供幫助。王啓濤《再說表謙敬語氣的句首詞"但"——對朱懷〈"但"的語法功能演變及産生機制〉一文的補充》(《中國語文》6 期)一文認爲,表謙敬的"但",其前身是"其"。到了唐高宗龍朔以後,表謙敬的"但"出現,逐步實現了對"其"的歷時替換。文章也與朱懷先生的觀點進行了商榷。王啓濤《敦煌西域法制文書語言研究》(人民出版社)一書對敦煌吐魯番法制文書語言展開了深入系統的研究。首先,對敦煌吐魯番法制文書作出概述和分類。其次,突破語言研究以語音、詞彙、語法爲對象的傳統做法,從語言交際的角度,把敦煌吐魯番法制文書法制語言分爲法典語言、執法語言、控辯語言,進而從這三方面展開了翔實的研究。最後,基於傳統的法學研究注重成文法規的條文,而忽視判例、習慣以及各種民間契約、規範等"活的法律"的做法,單獨對敦煌吐魯番社條契約展開了深入研究。

對其他民族語言文字的研究成果有:段賀磊、鄭文凱《高昌回鶻文獻語言時期維吾爾語 tur-的用法》(《語言與翻譯》3 期)介紹了 tur-的來源及其在高昌回鶻文獻時期的演變過程,並説明演變過程中有些意義在歷史的長河中消失,同時新的意義也不斷產生,這是詞義演變的結果,同時也給 tur-的語法化現象提供了依據。張巧雲《回鶻文〈金光明經〉偈頌的體例程式和文體翻譯》(《吐魯番學研究》2 期)一文對回鶻文《金光明經》中現存的偈頌句數和句式構成進行了全面的整理、統計和分析。白玉冬《有關回鶻改宗摩尼教的 U72－U73、U206 文書再釋讀》(《粟特人在中國:考古發現與出土文獻的新印證》)一文在前人研究基礎上,給出了 U72－U73、U206 文書的轉寫、中譯文及所需最小限度的詞注。作者認爲這幾件文書與牟羽可汗改宗摩尼教相關,且 U72－U73 與 U206 文書似不應是同人所做,也不屬於同一文書。白玉冬《回鶻語文獻中的 Il Ötükän Qutï》(《唐研究》第二十二卷)對回鶻語相關文獻中的 Il Ötükän Qutï 的含義進行了分析確認,作者認爲 Il Ötükän Qutï 意爲"於都斤國之守護靈",而且反映出在高昌回鶻王國摩尼教徒心目中 Il Ötükän Qutï"於都斤之守護靈"已昇華爲護佑摩尼教在回鶻國內得到保護傳播的守護靈。劉戈《回鶻文契約斷代研究——昆山識玉》(中華書局)一書分爲回鶻文 q 形態研究、蒙元時代回鶻文契約中的晚期文字現象套語的文書(以有 uluɣ suu[(蒙古)皇帝]套語的文書爲例)兩大部分。針對有些學者以回鶻文契約中的字母"q"形態及以文書的書體來判斷年份的欠妥觀點,作者提出了糾正,並對前人在 q 轉寫中的漏與誤提出了看法。[德]茨默著,楊富學、熊一瑋譯《三件古突厥語〈五臺山贊〉殘片》(《吐魯番學研究》1 期)介紹吐魯番出土有三件回鶻文《五臺山贊》寫本殘卷,編號依次爲 Ch/U6956(TIII 62－1004)、U 5684a－c 和 U5335。回鶻文譯本與敦煌漢文本《五臺山贊》契合度極高,只是偶有因理解錯誤而導致的誤譯。回鶻文本《五臺山贊》的底本當來自敦煌的漢文本,進一步證明吐魯番與敦煌間存在的密切關係。李剛《試析古代突厥碑銘分詞符省略現象》(《語言與翻譯》2 期)一文以《闕特勤碑》《暾欲谷碑》爲例,對古代突厥碑銘中省略的分詞符進行統計、歸納、分類,認爲省略的分詞符大多有規律可循,分詞符的省略無疑對增進突厥部族間理解和交流,尤其是對於突厥書面語的發展起到了一定的促進作用,對突厥語詞法的相關研究有所裨益。馬克·狄更斯、茨默著,唐莉芸譯《出自吐魯番的回鶻文敍利亞語讚美詩集》(《河西學院學報》6 期)一文介紹了吐魯番葡萄溝出土的 7 件回鶻文敍利亞語詩集殘片寫本的發現,表明直到元代,吐魯番操回鶻語的景教信徒,尤其是葡萄溝的景教教會,仍然非常珍視《聖咏集》和《聖神論》。這一文獻對西域景教,尤其是回鶻景教的研究具有重要價值。[加] 馬克·狄更斯著、劉慧譯《吐魯番基督教文本的書寫實踐》(《西域研究》2 期)列舉了吐魯番高昌地區發現的基督教殘片,主要使用敍利亞、粟特語或雙語合璧,對殘片的格式與規格、抄本畫綫與修復、斷代等方面進行討論,認爲吐魯番基督教寫本殘片研究有助於瞭解基督教在一個遠離中東敍利亞語中心區的東方教會基地的發展狀況。段晴《粟特商隊到于闐——BH4－135 之于闐文書的解讀》(《粟特人在中國:考古發現與出土文獻的新印證》)介紹了 BH4－135 文書的外觀以及文書的内容,對該件文書進行了斷代研究,認爲 BH4－136 號文書要封住的正是 BH4－135 號文書。吉田豐《于闐的粟特人——對和田出土的兩件猶太波斯語信劄的一些新見解》(《粟特人在中國:考古發現與出土文獻的新印證》)對文書中的(p)nb'sy 及其他漢語因素、bgydy 及粟特語因素還有 dihgān 的身份等問題進行了考察,並做出了一些推測。吳贇培《和田博物館藏佉盧文尺牘放妻書再釋譯》(《西域研究》3 期)介紹了和田博物館收藏的一件佉盧文尺牘是古代的離婚協議書,發生在尼雅王國晚期疏梨闍(Sulica)治時,其時缺水和沙漠化已嚴重影響文明存亡,此木牘即家庭分崩離析的例證之一。李樹輝《"克孜爾尕哈"語源、語義考——兼論新疆的相關維吾爾語地名》(《敦煌學輯刊》3 期)對"克孜爾尕哈烽火臺"的意思進行解釋,該烽火臺最初的維吾爾語稱名意思是"紅色哨所,紅色烽火臺",16 世紀時,由於居民遷徙更迭導致當地土語發生變化,語義最終演變爲"紅烏鴉烽火臺"。

十一、考古與文物保護

本年度在考古與文物保護方面的研究上成果豐碩,包括考古發現、文物研究、文物修復與保護、考古史回顧等内容。概述如下:

考古發現的成果有:新疆維吾爾自治區文物考古研究所編著《新疆莫呼查汗墓地》(科學出版社)是關於新疆和靜莫呼查汗墓地的考古報告。該地區發掘出土了青銅時代和漢代的墓葬近 250 座,出土了陶器、青銅器及部分木器、骨角器、石器、金器、貝殼器等衆多隨葬品。對於瞭解和静地區漢晉以前的文化情況提供了豐富的資料。新疆文物考古研究所《新疆吐魯番勝金口石窟發掘報告》(《考古學報》3 期)指出,2009 年和 2012 年新疆文物考古研究所先後兩次對石窟進行發掘,發掘面積約 2 000 平方米,共發掘寺院兩組、生活區一組、洞窟十三座、居址二十七間。此外還清理出灶、炕、踏步、門道等遺址,出土壁畫殘片約七百件,殘紙文書百餘片,還有木器、陶器、絹畫、織物等大批珍貴遺物。此次發掘有利於進一步深化對勝金口石窟的認識,對推動勝金口石窟的形制佈局、主體年代、繪畫風格演變等方面的研究具有重要意義。西北大學文化遺産學院、新疆文物考古研究所、哈密地區文物局《2008 年新疆伊吾峽溝墓地發掘簡報》(《考古與文物》1 期)介紹了在 2008 年考古隊搶救性發掘了伊吾縣吐葫蘆鄉峽溝的一處古代墓地,共清理墓葬 7 座、房址 3 座。根據墓葬和出土遺物形制特徵初步分析,該墓地屬早期鐵器時代。該墓地的發現尤其是積石墓的發掘,爲認識東天山北麓古代遊牧民族考古文化面貌及其分佈等問題的研究提供了資料。新疆維吾爾自治區博物館考古部、吐魯番地區文物局阿斯塔那文物管理所《新疆吐魯番阿斯塔那古墓群西區考古發掘報告》(《考古與文物》5 期)介紹了 2006 年 4 月,新疆維吾爾自治區博物館考古部在吐魯番地區文物局的配合下,對阿斯塔那古墓群進行了考古發掘,共計清理墓葬 5 座,出土有木器、陶器、銅器、鐵器、服飾和文書等遺物,墓葬年代屬東晉至唐西州時期。新疆維吾爾自治區文物考古研究所《新疆昌吉州阜康市西溝墓地、遺址發掘簡報》(《考古與文物》5 期)介紹了 2010 年 9—10 月,新疆文物考古研究所對西溝墓地、遺址進行了搶救性發掘,共清理墓葬 23 座,遺址 2 處。出土銅、陶、骨、鐵等文物近 200 件。遺址爲青銅時代遺存。出土文物反映出多樣化的文化因素,彌補了天山北麓地區唐以後考古材料的空白,爲該地區歷史時期考古研究提供了重要資料。王永強、阮秋榮《2015 年新疆尼勒克縣吉仁臺溝口考古工作的新收穫》(《西域研究》1 期)介紹了 2015 年 6—9 月,新疆文物考古研究所對尼勒克縣吉仁臺溝口遺址和墓地實施了考古工作,發掘墓葬 76 座,遺址 1 000 餘平方米,出土文物 300 餘件(組),考古工作取得了重要收穫。吐魯番學研究院、新疆文物考古研究所《拜什塔木遺址調查簡報》(《吐魯番學研究》1 期)介紹了 2015 年 8 月,考古工作者在吐魯番市鄯善縣達浪坎鄉拜什塔木村西南,發現了一個新的遺址點——拜什塔木遺址。該遺址共有三個區域,均爲土坯建築。遺址中採集陶片 12 件、石器 9 件、鐵器 1 件、瓷片 2 件。根據採集的遺物判斷,該遺址爲一處距今約 2 500 年的蘇貝希文化遺址。中國社會科學院考古所新疆隊《新疆于田縣流水青銅時代墓地發掘簡報》(《考古》12 期)介紹了 2003—2005 年,考古人員對新疆于田縣阿羌鎮流水村流水墓地進行了發掘。墓葬分石圍墓與石堆墓兩類,部分墓葬内有殉祭動物,隨葬品有銅器、陶器、骨角蚌器、石器、金器、鐵器等。對流水墓地的發掘,首次在新疆發現以單純刻劃紋陶器爲主要特點的青銅時代文化遺存。馬健、程曉偉等《新疆哈密巴里坤西溝遺址 1 號墓發掘簡報》(《文物》5 期)介紹了在 2012 年,西北大學文化遺産學院會同哈密地區文物局等,搶救性發掘了新疆哈密巴里坤西溝遺址一座戰國晚期至西漢早期大型墓葬。殉馬坑、人牲、二次擾亂葬以及墓葬椁室北側殉葬的完整馬匹,反映了當地古代遊牧民族獨特的喪葬習俗。墓葬出土的彩陶豆、大量動物紋黄金飾品和玻璃串珠爲探索東天山地區與周鄰區域技術、文化交流等方面的問題提供了重要綫索。張傑、白雪懷《新疆沙灣縣大鹿角灣墓群的考古收穫》(《西域研究》3 期)介紹,爲配合沙灣縣大鹿角灣景區服務區的項目建設,新疆文物考古研究所對景區施工範圍内急需發掘、清理的古墓葬進行了搶救性發掘。2014 年 9—10 月、2015 年 6—7 月發掘古墓葬 69 座。仵婷、李亞棟《1975 年之前阿斯塔那古墓群的十三次發掘及編號系統》(《絲綢之路》18 期)介紹了阿斯塔那古墓群在 20 世紀初期即有外國探險家對其進行了一定規模的發掘活動。1959—1975 年,由新疆維吾爾自治區博物館主持,先後進行了十三次發掘。這篇文章對這十三次發掘的具體情況、編號系統及歷史意義進行了論述。吐魯番學研究院、新疆文物考古研究所《吐魯番市鄯善縣東湖烽火臺發掘簡報》(《吐魯番學研究》2 期)介紹了鄯善縣東湖烽火臺坍塌土的發掘和清理情況,初步瞭解了東湖烽火臺的形制和補築情況,以及烽火臺廢棄後的利用狀況。報告根據出土器物判斷,得出了東湖烽火臺主要使用於清代的結論。新疆文物考古研究所《新疆庫車縣庫俄鐵路沿綫考古發掘簡報》(《西部考古(第 10 輯)》)介紹了考古工作者對庫俄鐵路沿綫部分遺址和墓地進行考古發掘,出土了一批陶、銅和石製品,爲研究古代新疆冶鐵工藝提供了寶貴資料。西北大學絲綢之路文化遺産與考古學研究中心、烏兹别克斯坦共和國科學院考古研究所《2015 年度撒馬爾罕薩扎干遺址發掘報告》(《西部考古(第 12 輯)》)介紹了 2015 年考古工作者對薩扎干遺址進行發掘,確認了當地公元前 2 世紀至公元前後遊牧人群的埋葬習俗和居住方式,爲西天山地區早期遊牧文化研究提供了新材料。李裕群《吐魯番吐峪溝石窟考古新發現——試論五世紀高昌佛教圖像》(《藝術史中的漢晉與唐宋之變》)介紹了吐峪溝石窟新的考古發現成果,認爲吐峪溝石窟帶有于闐、河西、龜兹石窟色彩的現象,説明高昌是西域與中原佛教文化和藝術的交匯之地,在絲綢之路早期石窟寺藝術傳播途徑中佔有相當重要的地位。

　　文物研究的成果有：姚敏《吐魯番阿斯塔那出土彩繪泥塑文物材料的檢測分析初探》（《吐魯番學研究》1 期）一文以吐魯番阿斯塔那出土的彩繪泥塑文物爲研究對象，對彩繪泥塑文物的顏料、泥中纖維、土壤和木材進行定性分析，準確反映了製作彩繪泥塑所使用材料的種類和内含成分。此項工作的開展對進一步做好泥塑文物的保護具有很好的指導和借鑒作用。李雪欣、鍾燕麗《新疆巴里坤東黑溝遺址石築高臺、石圍建築與墓葬關係研究》（《西域研究》1 期）通過梳理東黑溝遺址Ⅲ、Ⅳ區内石築高臺、石圍建築和墓葬等遺迹的形制結構和出土器物，結合碳十四數據、周邊的考古學文化的對比，對各類遺迹的年代和文化性質進行了分析，認爲Ⅳ區石築高臺、石圍建築屬南灣類型，Ⅲ區石圍建築以及東黑溝墓葬與黑溝梁墓地聯繫緊密，二者不僅在時代上有所差異，在文化屬性上也不相同。畢波《焉耆七個星出土納骨器研究》（《粟特人在中國：考古發現與出土文獻的新印證》）將焉耆發現的納骨器與庫車、吐魯番及吉木薩爾等地發現的納骨器進行對比，認爲在 7—8 世紀在從塔里木盆地到吐魯番盆地、天山以北地區廣大範圍内，有不少粟特胡人是信仰祆教的。楊軍昌、于志勇、党小娟《新疆庫車魏晉十六國墓（M15）出土金綫的科學分析》（《文物》9 期）一文對庫車魏晉十六國墓（M15）出土金綫的原始形態、結構進行觀察和檢測分析，提出這是目前考古發現中最早的無芯無襯拈金綫，應該是墓主人身體上衣物表面的一種裝飾材料。吳勇、田小紅、穆桂金《樓蘭地區新發現漢印考釋》（《西域研究》2 期）介紹了樓蘭地區首次發現一枚印章，紅銅質，印面方形，獸鈕，印文釋讀爲“張匝千人丞印”。作者根據質地、鈕式、名稱、尺寸及印文内容等分析，推斷該印爲一枚魏晉時期的官印，屬千石以下官吏使用。此印與中原傳統官印的規制存在一定差異，它糅合了中原傳統印章制度和中央政府賜給西域諸屬國官印某些元素製作而成。魯禮鵬《新疆吐魯番阿斯塔那墓地出土鎮墓神獸研究》（《四川文物》5 期）介紹了新疆吐魯番阿斯塔那墓地出土的鎮墓神獸分爲木、泥鎮墓神獸兩種。晉至南北朝時期的墓葬中出現的木鎮墓神獸及隨葬習俗應是由河西地區直接或間接傳入的。而泥鎮墓神獸及其隨葬習俗則主要是在唐滅高昌置西州後，由唐代中原兩京地區逐漸傳入的，均承襲於祖國内地的中原文化。陳靚、馬健、景雅琴《新疆巴里坤縣石人子溝遺址人骨的種系研究》（《西部考古（第 12 輯）》）研究了石人子溝遺址出土的 11 例頭骨的種系特徵，認爲他們多數屬於短顱正顱擴顱型的蒙古人種和更具“現代”特徵的原始歐洲人種的“古歐洲人類型”的過渡類型。尤悦、王建新等《新疆石人子溝遺址出土雙峰駝的動物考古學研究》（《切偲集——首都師範大學歷史學院歷史學沙龍論文集（第一輯）》）一文對新疆石人子溝遺址出土的比較完整的駱駝骨骼開展動物考古學研究，内容涉及種屬和部位鑒定、骨骼數量統計、年齡和性別判斷、骨骼形態測量、表面痕跡觀察、碳 14 測年、碳氮穩定同位素分析和古 DNA 分析等,這是研究中國家養駱駝的首個成功案例。結合古代文獻和動物考古學研究結果,文本證實古代人類開發利用家養駱駝的多種方式,主要包括馱運、作爲隨葬的殉牲和肉食來源等。魯禮鵬《吐魯番阿斯塔那墓地 M336 年代及相關問題探析》(《西部考古(第 12 輯)》)一文從阿斯塔那墓地 M336 墓葬形制入手,認爲墓葬的年代當在武周時期至開元前後,並對墓主人的身份地位問題提出了一些看法。尤悦、吕鵬等《新疆地區家養綿羊的出現及早期利用》(《考古》12 期)一文確認了新疆青銅時代晚期已經出現家養綿羊,多種利用方式説明家養綿羊的飼養和開發技術已經處於成熟階段,這一發現爲研究家養綿羊在中國的出現和傳播路綫提供了重要的綫索,爲探討新疆青銅時代和早期鐵器時代人類與家養綿羊的關係提供了新的資料。趙麗婭《克孜爾石窟耳飾初探》(《吐魯番學研究》1 期)一文對克孜爾石窟中不同身份人物佩戴的耳飾進行調查、分類和研究,並對其源流進行探討,試圖證明隨著佛教文化的東漸中亞文化對克孜爾石窟的影響。趙志强、温睿等《新疆絲綢之路沿綫出土料珠初探》(《西部考古》(第 10 輯))一文通過對近年來新疆絲綢之路沿綫出土料珠的研究現狀進行概述,總結目前學界對天山以南綠洲絲綢之路出土料珠的研究成果,提出對天山以北草原絲綢之路出土料珠研究的重要性。陳春曉《宋元明時期波斯綠松石入華考》(《北京大學學報》1 期)一文以漢文文獻和波斯阿拉伯文獻爲基礎,結合現代考古發現和礦物學研究,對宋元明時期的綠松石稱謂及産地給予考證,並對進口綠松石輸入中國的路綫提出了新的看法。凌雪、蘭棟《新疆巴里坤東黑溝遺址出土動物骨骼的碳氮同位素分析》(《西部考古》(第 11 輯))介紹了考古人員運用科技手段測定了東黑溝遺址發掘出土的馬、牛、羊、狗、駱駝、鹿等動物骨骼中的碳氮同位素。結果表明該遺址馬、牛、羊可能以放養和固定喂養相結合的方式,狗主要是家庭喂養的方式被先民利用,人們還進行狩獵和進行一定的農業生産活動。

文物修復與保護的成果有: 阿布都艾尼・阿不都拉《高昌故城城墻保護加固研究》(《敦煌研究》5 期)根據高昌故城的佈局及結構特點、墻體土的基本性質,提出了保護加固的對策及創新優化,對於高昌故城的保護以及新疆境内土遺址的加固提供了很重要的借鑒作用。徐永明、葉梅、王力丹《庫木吐喇石窟第 56 窟空鼓及起甲壁畫的搶救性保護修復》(《敦煌研究》5 期)針對庫木吐喇石窟第 56 窟的壁畫顔料層起甲、地仗空鼓嚴重等問題,提出通過起甲壁畫加固、空鼓地仗層灌漿加固、風化砂岩支撐體加固等方法對第 56 窟壁畫進行搶救性保護修復,解除了目前威脅壁畫保存的危害,對石窟的長期保存提出相對完善的建議。周智波、余黎星《館藏石窟寺壁畫保護探索——以庫木吐喇石窟已揭取壁畫修復爲例》(《中原文物》6 期)以新疆龜兹研究院所藏庫木吐喇石窟已揭取壁畫的具體保護修復方案爲例,探討石窟寺壁畫保護技術。鄭海玲、徐東良等《新疆吐魯番阿斯塔那出土唐代米色絹襪保護修復》(《文物保護與考古科學》3 期)一文以新疆阿斯塔那出土的唐代米色絹的保存現狀爲依據,選擇合適的保護方法對其進行保護修復。不僅復原了絹襪的形制,也使絹襪得到了很好的保護。徐東良、鄧永紅《一雙唐代皮鞋的修復與保護》(《文物修復研究 2015—2016》)介紹了吐魯番學研究院與德國考古研究院歐亞所合作,共同修復一雙從阿斯塔那古墓出土的唐代皮鞋的過程與技術。對這雙皮鞋的修復,讓中國的修復師瞭解了德國先進的修復理念與修復技術,爲吐魯番皮質品修復與保護開啓了一扇門,對將來皮質品的修復工作具有重要的指導意義。王亞紅、周雙林《吐峪溝攔砂壩的影響及石窟保護對應措施分析》(《絲綢之路》20 期)通過對吐峪溝攔砂壩周圍和石窟寺内外的温濕度、土體含水率等的監測和評估,發現吐峪溝攔砂壩的修建導致石窟崖體不穩,發生整體坍塌,石窟内濕度加大,壁畫破損加速。本文針對目前存在的問題,結合監測結果,對吐峪溝攔砂壩的改建工作提出了切實可行的建議。周文輝《新疆五堡墓地出土乾燥皮革文物的劣變與保護》(《文物保護與考古科學》1 期)一文研究探討了出土乾燥皮革文物發掘前和發掘後的劣變因素,並以新疆五堡墓地出土皮革文物的保護修復過程作爲實例,對出土乾燥皮革的保護方法和過程進行了闡述。整個保護修復過程做到了對文物的最小干預,保存了其歷史與藝術價值,達到了預期目標,爲出土乾燥皮革文物的保護研究提供了參考。李春香、周慧《小河墓地出土人類遺骸的母系遺傳多樣性研究》(《西域研究》1 期)一文對新疆小河墓地出土的古代人類遺骸進行了綫粒體 DNA 分析,以期從分子遺傳學角度來探討新疆小河墓地人群的母系起源。同時也爲追蹤新疆古代各民族的形成過程以及史前歐亞大陸上的人群遷徙運動和文化傳播提供了分子生物學證據。陳艷、劉虎《柏孜克里克千佛洞壁畫預防性保護探索》(《石窟寺研究(第 6 輯)》)一文結合吐魯番柏孜克里克千佛洞壁畫搶救性保護工程的實踐過程,探討了柏孜克里克千佛洞現有的遊客管理措施、保護策略,使今後的管理措施、保護策略得到不斷完善。萬潔、楊華《考古現場文物保護方法試析》(《吐魯番學研究》2 期)一文對考古發掘現場文物保護的準備工作和取樣方法進行了初步探索,對考古發掘現場文物保護的材料、方法進行初步探討。宣海峰《克孜爾石窟數字化應用初探》(《藝術科技》12 期)一文認爲克孜爾石窟的數字化應用,不僅可以對石窟類文化遺産的本體保護起到作用,對文化的傳播也可以起到重要的作用。侯愛萍《新疆維吾爾族傳統聚落景觀及其保護研究——以吐魯番麻扎村爲例》(《貴州民族研究》1 期)一文以吐魯番地區麻扎村爲研究對象,從宏觀、中觀及微觀三個層面研究麻扎村的傳統聚落風貌、佈局形態、景觀特點、建築形式、符號景觀等,提出了以景觀基因信息圖譜的理論爲基礎,編制維吾爾聚落景觀信息圖譜系統,爲維吾爾族傳統聚落的保護、可持續發展以及地理區位特徵的傳承性提供借鑒和參考依據。

對考古史回顧方面有:黃珊《八千里路雲和月——北京大學絲綢之路考古研究》(《北京大學學報》1 期)對北京大學絲綢之路考古研究的發展過程進行梳理:第一代人以黃文弼、向達爲代表將考古引入絲綢之路研究,在新疆考察期間,足跡踏遍南北疆,論證西域古國及古城地理位置和歷史演變,爲北大考古教學與科研奠定了堅實的基礎;第二代以宿白爲代表,開創北大中外文化交流考古教學;第三代以林梅村爲代表,引入中亞死文字碑銘寫卷研究。劉子凡《黃文弼與顧頡剛——民國時期新疆考古與邊疆研究的交匯》(《西域研究》2 期)介紹了黃文弼與顧頡剛是北京大學哲學系同學。黃文弼參加西北科學考察團,從事新疆考古。黃文弼的工作促使顧頡剛開始關注並介紹中國的西北考察成果。顧頡剛之後創辦《禹貢》半月刊、禹貢學會,以推動邊疆研究。他們數十年的交誼,是中國早期邊疆研究的歷史見證。王冀青《斯坦因探訪鎖陽城遺址時間考》(《敦煌學輯刊》1 期)一文依據英藏斯坦因第二次中亞考察日記等材料,對斯坦因在鎖陽城遺址考古的前後過程進行了初步的研究,揭示了斯坦因鎖陽城遺址考古的時間順序和工作經過。袁延勝、時軍軍《斯坦因考察活動與中國學術的拓展》(《中原文化研究》5 期)介紹了斯坦因將考察所得文物交由大英博物館等機構善加保護、整理,使這些文物成爲後人研究中亞地區歷史,尤其是新疆歷史的珍貴資料,激發了時人對中亞地區研究的熱情。

十二、書評與學術動態

書評方面,李宗俊《榮新江先生〈絲綢之路與東西文化交流〉評介》(《西域研究》2 期)介紹了榮新江《絲綢之路與東西文化交流》的主要內容,總結出這部書旁徵博引、資料新穎;高屋建瓴、視野開闊;引領前沿、推陳出新的幾個特點。吳羽《資料與問題——劉安志〈新資料與中古文史論稿〉讀後》(《西域研究》2 期)一文從資料與問題兩方面對劉安志先生的作品進行介評。強調本書從資料上來講,均以敦煌、吐魯番出土文書或新出衣物疏、買地券、碑刻及其他傳統中古典籍之外的資料爲出發點和關鍵資料,有些篇章還利用了日本的古籍,體現出利用新資料研究新問題的敏銳意識。張重洲《唐代邊疆史研究力作——評〈唐代前期(618—755)對安西四鎮的經營〉》(《長江叢刊》21期)介紹了曾賢熙《唐代前期(618—755)對安西四鎮的經營》一書,從本書的優點和不足之處兩方面對其進行了評介。閆瑞佳《被風沙掩埋的輝煌——〈十至十四世紀回鶻王國的經濟和社會制度〉解讀》(《新西部(理論版)》10期)一文介紹了《十至十四世紀回鶻王國的經濟和社會制度》一書,指出了該書在材料解讀中出現的一些問題。馮培紅《粟特研究又一春——榮新江〈中古中國與粟特文明〉介評》(《敦煌吐魯番研究》第十六卷)介紹了榮新江《中古中國與粟特文明》一書,對收入本書的文章基本上都做了評價,並指出該書注重新資料,特別是及時追蹤新出土或刊佈的粟特首領墓葬,兼重文獻與圖像,綜合運用傳世史籍、出土文書、墓誌、壁畫及其他文物等多元資料,從粟特人的角度進行解讀研究,得出了許多全新的見解,對學術史爛熟於胸。徐文堪《耿世民〈西域文史論稿〉讀後》(《絲瓷之路 V:古代中外關係史研究》)對《西域文史論稿》一書所收論文逐篇進行了評述,指出了書中的一些訛誤和亮點之處。趙大旺《敦煌社邑研究的新視野——孟憲實〈敦煌民間結社研究〉述評》(《絲路文明》第一輯)介紹了孟憲實《敦煌民間結社研究》一書,認爲書中所提供的社邑研究新視角、新觀點,社邑文書資料的整合梳理等都有較大的學術價值。張蓓蓓《讀〈敦煌文學文獻叢稿〉(增訂本)》(《吐魯番學研究》2期)介紹了伏俊璉先生《敦煌文學文獻叢稿》一書,對這部書開闊的學術視野、精細的校勘工作給予了高度評價。

會議綜述方面,乜小紅《"絲綢之路出土民族契約研究國際學術論壇"綜述》(《西域研究》1期)介紹了"絲綢之路出土民族契約研究國際學術論壇"的情況:學者們就絲綢之路沿綫新發現的民族契約作了交流和釋讀;對契約的社會功能及其理論進行探討;圍繞古絲綢之路上各民族契約研究對推進"一帶一路"建設的作用和價值等問題展開了討論。周珊、劉星《李白與絲綢之路國際學術研討會綜述》(《西域研究》2期)介紹了"李白與絲綢之路國際學術研討會"的情況:會議圍繞李白的家世、詩歌研究;碎葉——絲路重鎮研究;唐詩與中亞文化研究;絲綢之路考古研究;唐代中亞絲綢之路上的文化交流與貿易往來等論題展開,提交的文章大量應用吐魯番出土文書等材料。孫文傑《李白與絲綢之路國際學術研討會綜述》(《國際漢學研究通訊》12期)同樣也對"李白與絲綢之路國際學術研討會"的情況作了詳細介紹,並從李白家世與形象、李白詩歌與唐詩、碎葉與安西、絲路貿易與考古、絲路宗教與習俗幾個方面進行了綜述。周倩倩《"敦煌與絲綢之路"國際學術研討會綜述》(《敦煌學輯刊》3期)介紹了由蘭州大學敦煌學研究所和韓國外國語大學絲綢之路研究中心聯合舉辦的"敦煌與絲綢之路"國際學術研討會。這次會議收到的論文包括對絲綢之路文明的宏觀闡釋,也有對絲路沿途具體的問題進行分析。範圍涉及絲綢之路與文明交流、敦煌學、藝術、文學、文化諸方面。馬林《"絲綢之路與玉文化研討會"綜述》(《故宮博物院院刊》1 期)介紹了"中國文物學會玉器專業委員會絲綢之路與玉文化研討會"的情況。在此次會議上,代表提交論文 27 篇。學者從"絲綢之路"與"玉石之路"涵義的界定,"絲綢之路"古玉礦相關問題探討,有關"絲綢之路"玉器相關問題探討等展開。段真子《"西域出土文獻與絲綢之路歷史文化研討會"綜述》(《西域研究》4 期)介紹了 2016 年 8 月 25—28 日,由中國人民大學國學院、江蘇省無錫市惠山區人民政府主辦的"國學與絲綢之路歷史文化研究國際學術討論會"會議下設的"西域出土文獻與絲綢之路歷史文化研究"分會議情況。叢德新、劉彬彬等《"跨越歐亞:從天山到阿爾泰山及其周邊地區的青銅時代"國際學術研討會綜述》(《西域研究》4 期)介紹了"跨越歐亞:從天山到阿爾泰山及其周邊地區的青銅時代"國際學術研討會情況,會議主要從考古新發現、區域專題研究、環境及科技考古三個部分展開討論。彭曉靜《2015 敦煌論壇:敦煌與中外關係國際學術研討會綜述》(《2016 敦煌學國際聯絡委員會通訊》)介紹了在敦煌召開的"敦煌與中外關係國際學術研討會"。文章從三夷教研究、絲路文化交流與石窟藝術研究、敦煌吐魯番文獻與史地研究三個專題對提交討論和交流的論文作了介紹。袁苑《西域與東瀛——中古時代經典寫本國際學術研討會綜述》(《2016 敦煌學國際聯絡委員會通訊》)一文對上海師範大學"西域與東瀛——中古時代經典寫本國際學術研討會"作了介紹,會議圍繞敦煌吐魯番出土寫本經典研究、日本傳存古寫本經典研究、西域與日本古寫本比較研究等議題進行探討。

研究綜述方面,尚永亮《唐碎葉與安西四鎮百年研究述論》(《浙江大學學報》1 期)考察、梳理了唐碎葉與安西四鎮的相關問題的百年研究史和考古發現,對安西四鎮的棄置年代提出了看法。曹利華、王啓濤《百年來吐魯番出土漢文文獻語言研究述論》(《西北民族大學學報》3 期)對吐魯番出土的漢文文獻語言研究作了詳細的介紹,並提出了未來這方面研究的建議及展望,提出尤其在語法研究、比較研究、語言接觸研究、體裁研究等方面亟待加強。王繼青、楊紹固《新疆綠洲文化變遷述論》(《學術界》2 期)一文以維吾爾族源爲綫索,梳理不同時期的綠洲文化及其特點。在空間上,以"西域"區域内的古代諸民族文化到回紇時期的草原文化以及蒙古草原文化的注入爲論述重點,探討不同時期的文化對新疆綠洲文化的影響。木沙江·艾力《古代維吾爾語曆法和占卜文獻及其研究現狀》(《喀什大學學報》1 期)介紹了古代維吾爾語曆法和占卜文獻,全面而詳細地闡述了國内外對古代維吾爾語曆法和占卜文獻的研究情況,在此基礎上指出了對古代維吾爾語曆法和占卜文獻的研究推向深入的方向。霍旭初《龜茲佛教與石窟研究的新收穫》(《新疆師範大學學報》6 期)一文從"北傳部派佛教的思想寶庫""中國毗曇學的探視窗口""犍陀羅佛教與藝術的東方基地""龜茲古文字的破解"四個方面對龜茲佛教對龜茲佛教與石窟的歷史地位與價值進行了評價論述。臧存艷《中國大陸回鶻文社會經濟文書及回鶻經濟史研究綜述》(《2016 敦煌學國際聯絡委員會通訊》)梳理了回鶻文社會經濟文書研究及漠北回鶻汗國時期至蒙元統治時期的回鶻經濟史。李鳳艷《2015 年隋唐五代史研究綜述》(《中國史研究動態》5 期)一文介紹了 2015 年隋唐五代史方面的學科進步,預示了未來發展趨勢的成果,值得一提的是其中列出了"敦煌、吐魯番"一類單獨介紹。殷盼盼、李曉明《2015 年吐魯番學研究綜述》(《2016 敦煌學國際聯絡委員會通訊》)分政治法律、經濟、歷史地理、社會文化、民族與宗教、語言與文字、文獻與古籍、文學、藝術、考古與文物保護、醫學、書評與學術動態幾類概述了 2015 年大陸吐魯番學研究的主要成果,並附有《2015 年吐魯番學論著目錄》(《2016 敦煌學國際聯絡委員會通訊》)。湯士華《守護與傳承——吐魯番學研究院十周年成果綜述》(《吐魯番學研究》2 期)介紹了吐魯番學研究院成立十周年以來所取得的成果,介紹了吐魯番學研究院從成立到發展壯大的艱難歷程。楊巨平《希臘化文明與絲綢之路關係研究的回顧與展望》(《北京師範大學學報》6 期)一文介紹,19 世紀末 20 世紀初,歐洲漢學家開絲路研究之先河,中國西域(新疆)文明的研究成果尤爲豐富、全面,新的考古材料不斷刷新人們對絲路文明的認識。希臘化文明的研究同樣始於 19 世紀,但真正涉及與絲綢之路的交叉時段與地理範圍,則是在 20 世紀 30 年代以後。作者對希臘化文明與絲綢之路關係研究進行了回顧與展望。張艷璐《沙俄的中國西北邊疆史地研究》(《西域研究》2 期)介紹了沙俄是最早對中國西北邊疆地區開展研究的歐洲國家,在文獻研究與中國西北邊疆考察方面,取得了較爲豐碩的成果。沙俄以俄國地理學會爲中心,對包括陝西、甘肅、青海、新疆等在內的幾乎全部中國西北地區開展了較爲深入的考察,留下了大量的數據資料。

學術會議方面,2016 年 10 月 28 日在山東師範大學召開了 2016 敦煌學學術研討會暨中國敦煌吐魯番學會理事會,會議中多篇論文涉及吐魯番學相關內容。

此外,張遠華《〈吐魯番出土文書〉圖文本與釋文本對照(三)》(《吐魯番學研究》2 期)編撰了《吐魯番出土文書》圖文本與釋文本對照表,便利了學者利用《吐魯番出土文書》。王霄飛主編《吐魯番與絲綢之路經濟帶高峰論壇暨第五届吐魯番學國際學術研討會論文集》(上海古籍出版社)收錄了吐魯番與絲綢之路經濟帶高峰論壇暨第五届吐魯番學國際學術研討會上,與會的國内外學者提交研究論文 28 篇,内容涉及三個方面:一是絲綢之路經濟與文化,二是絲綢之路歷史與語言,三是絲綢之路考古與文物。

敦煌詩歌研究百年綜述

侯成成(首都師範大學)

自 1900 年 6 月莫高窟藏經洞(現編號 17 窟)剛爲世人所知之時,敦煌文獻即開始流散海内外。正因爲如此,敦煌文獻研究在開始之初,就超越了狹隘的民族主義傾向。經過一百餘年的進步與發展,由日本學者石濱純太郎首倡的"敦煌學"現已成爲一門國際顯學。敦煌文獻研究也已進入需要繼承與創新的新時期。對於如何拓展敦煌文獻未來的研究空間,朱鳳玉教授就曾提出:"學術研究發展的生命力在於新材料、新方法和新觀點。因此,只要我們能持續地發掘新材料,系統地吸取前輩學者的精辟研究成果與研究方法,熔鑄到新的整理與研究中;取用新材料,使用新方法,思考新問題,放寬眼界,重視跨學科的整合研究,敦煌文學研究仍可焕發出新的活力,開拓出學術的新天地。"[1]

未經後世改編的敦煌詩歌寫本,不僅有傳統意義上的總集、別集,而且還有許多具有"別集"特徵的詩歌叢抄,以及大量抄寫在僧俗雜寫、各類文書中的零散詩歌[2]。它們是在無意中被保留下來的,既反映了詩歌以手寫紙本形態在敦煌産生、傳播與接受的過程,也是唐五代時期中原地區漢文化向西傳播的實證。由於具有先天的語言理解與文化認同優勢,中國學者始終是敦煌詩歌寫本研究的主體,且相關研究始終走在世界前列。百餘年的敦煌詩歌寫本研究歷程,大致可以分爲四個階段:發軔初興期(1909—1924)、繼續展開期(1925—1949)、深入發展期(1949—1978)、全面繁榮期(1979 年至今)。本文按時間順序對百餘年來敦煌詩歌寫本研究史進行梳理,並對如何拓展敦煌詩歌未來研究空間略作討論。

一、發軔初興期(1909—1924)

1909 年 8 月,法國漢學家伯希和第二次來到北京時,將隨身攜帶的少量劫掠自莫高窟的敦煌文獻進行展示。王仁俊、蔣斧、羅振玉、葉恭綽、董康、王國維等學者陸續前往伯希和寓所參觀、抄錄、拍攝敦煌寫本。敦煌詩歌寫本

---

① 朱鳳玉《百年來敦煌文學研究之考察》,北京:民族出版社,2012 年,第 2 頁。
② "敦煌詩歌"概念的界定,有著廣義和狹義的區分。由於《五更讚》《十二辰詩》《雲謡集》等敦煌寫本自有其演唱曲調,屬於"曲子辭"研究範疇,因此本篇論文末將其納入討論範圍。參看項楚《敦煌詩歌導論》,項楚《敦煌詩歌導論》,臺北:新文豐出版公司,1993 年;成都:巴蜀書社,2001 年。

也由此進入中國學者視野，並促成了敦煌詩歌研究的最初成果。

羅振玉於 1909 年發表的《敦煌石室書目及發見之原始》，最早著錄了集部文獻中的《文選李善注》《故陳子昂集》《秦婦吟》和《敦煌廿詠》①。此後不久，羅振玉續又接連發表《莫高窟石室秘錄》和《鳴沙山石室秘錄》，進一步校錄、考證了《五臺山聖境贊》和《敦煌石室書目及發見之原始》著錄的詩歌作品②。同年，王仁俊也在《敦煌石室真蹟錄》一書中，對《五臺山聖境贊》的内容、時代諸問題作了考證③；蔣黼在與羅振玉合編的《敦煌石室遺書》中，結合《舊唐書·吐蕃傳》進一步推斷，《五臺山聖境贊》即爲"長慶四年九月遣使求五臺山圖"④。

伯希和返回法國後，陸續將部分敦煌寫本照片郵寄給中國學者。受惠於這些敦煌寫本照片，劉師培在《敦煌新出唐寫本提要》一書中，刊行了《詩經》《文選》等五種詩歌寫本影件，爲後世影印敦煌文獻張本⑤；羅振玉也在《鳴沙石室佚書》《鳴沙石室古籍叢殘》兩書中，對伯希和所寄詩歌寫本照片做了校勘研究。其中，羅振玉《鳴沙石室佚書》將 P.2567 唐詩寫本定名爲"敦煌本唐人選唐詩"，並在提要中考證了詩歌的作者、篇數、寫本與今本之間的異同⑥；《鳴沙石室古籍叢殘》首開敦煌文書分類輯錄的先河，分爲"群經叢殘""群書叢殘"兩部分，其中有《毛詩傳箋》和《玉臺新詠》的影本⑦。

在這一階段，敦煌本《秦婦吟》研究取得了突出成就。1920 年，王國維發表了題爲《敦煌發見唐朝之通俗詩及通俗小説》的著名論文。該文據日本狩野直喜從英國抄錄的敦煌寫本，斷定其中一篇載有"内庫燒有錦繡灰，天街踏盡公卿骨"的文獻殘卷爲韋莊《秦婦吟》，並將《秦婦吟》寫本錄文呈現給中國學界。此後的 1923 年，伯希和將 P.3381、S.692 兩個寫卷所見《秦婦吟》錄文寄給了王國維、羅振玉。王國維將其與狩野直喜抄錄本進行對校，於 1924 年發表了《韋莊的〈秦婦吟〉》一文⑧；羅振玉也在同年撰寫了《〈秦婦吟〉校本及跋》，並在《敦煌零拾》一書中予以刊佈⑨。

---

① 《東方雜志》1909 年第 6 卷第 10 期，第 42—46 頁。
② 羅振玉《敦煌石室秘錄》，《東方雜志》1909 年第 11 期，第 65 頁。《鳴沙山石室秘錄》於 1909 年底或 1910 年初發表在《國粹學報》第 59 期。
③ 宣統元年(1909)國粹堂石印本。
④ 宣統元年(1909)涌芬室排印本。
⑤ 《國粹學報》1909 年第 7 卷第 1—8 期陸續刊出。
⑥ 1913 年羅氏宸翰樓影印本。
⑦ 1917 年上虞羅氏影印刊行。
⑧ 王國維《韋莊的〈秦婦吟〉》，《國學季刊》1924 年第 4 號，第 5—7 頁。
⑨ 1924 年上虞羅氏影印刊行。

二、繼續展開期(1925—1949)

20 世紀 20 年代,劉復、向達、王重民、于道泉、姜亮夫、王慶菽等學者遠渡重洋,開始著手調查、抄録流散海外的敦煌文獻。由於受到當時學術風氣轉變的影響,這一時期的敦煌詩歌研究不僅超越了以往辨別考訂寫本内容、比較版本異同的研究階段,而且將學術視野逐漸擴展到敦煌民間詩歌。

1925 年,劉復《敦煌掇瑣》將眼界擴展到了包括"王梵志詩"在内的民間詩歌,輯録了 P.3418、P.3211、P.2718、P.2129、P.2748 等 5 件法藏敦煌詩歌寫本[①]。1929 年,鄭振鐸《敦煌的俗文學》將曲子詞、變文等俗文學作品也納入"詩歌"範圍,將當時所見敦煌詩歌分爲"民間雜曲""敍事詩""雜曲子"三類[②]。雖然鄭振鐸對"詩歌"範疇的界定有失寬泛,卻也充分正視了《秦婦吟》、王梵志詩等民間詩歌的研究價值。鄭振鐸《敦煌的俗文學》首倡"敦煌俗文學"概念,並對"敦煌俗文學"的範圍和内涵做了大致界定。自此以後,"敦煌俗文學"這一概念,開始爲學界普遍接受。

1937 年,向達《記倫敦所藏的敦煌俗文學》對倫敦所見王梵志詩、《百歲詩》等白話詩在内的 40 餘件敦煌俗文學寫卷進行敍録[③]。1938 年,鄭振鐸在《中國俗文學史》第五章"唐代民間歌賦"中,結合敦煌本《王梵志詩》等俗文學作品,對唐代民間歌賦的産生、發展、演變做了系統研究[④]。1941 年,傅芸子《敦煌俗文學之發現及其展開》在《敦煌的俗文學》分類基礎上,將敦煌詩歌細分爲"佛教民間雜曲""通俗詩""雜曲子""民間之賦"四類[⑤]。

這一時期的研究主要集中在王梵志詩、《秦婦吟》,重要的成果有:1927 年,胡適《白話詩人王梵志》對傳世文獻所見王梵志詩進行輯録,並對王梵志的生平、籍貫進行考證。該文認爲王梵志爲隋末唐初人,大約出生於 6 世紀末,衛州黎陽(今河南浚縣)人,且《太平廣記》《桂苑叢談》記載王梵志的材料來源相同[⑥]。1928 年,胡適《白話文學史》第十一章"唐代的白話詩",結合敦煌文獻保存的"王梵志詩"寫本,對唐代白話詩及白話詩人進行考論,認爲"民歌""打油詩""歌妓""宗教與哲理"是一切白話詩的來源,且在"瘋狂和尚與譎詭詩賦的風氣之下",7 世紀的時候出現了王梵志、王績、寒山、拾得等白話大詩人[⑦]。同年,劉大傑在《中國文學發展史》第十三章"初唐的詩壇"第二節

---

① 《敦煌叢刊初集》第十五册《敦煌掇瑣》,臺北:新文豐出版公司,1985 年,第 165—202 頁。
② 鄭振鐸《敦煌的俗文學》,《小説月報》1929 年第 20 卷第 3 號,第 476 頁。
③ 向達《記倫敦所藏的敦煌俗文學》,《新中華雜志》1937 年第 5 卷第 13 號,第 123—128 頁。
④ 鄭振鐸《中國俗文學史》,北京:中央編譯出版社,2013 年,第 90—128 頁。
⑤ 傅芸子《敦煌俗文學之發現及其展開》,《中央亞細亞》第 1 卷第 2 期。
⑥ 胡適《白話詩人王梵志》,《現代評論》第 6 卷第 156 期。
⑦ 胡適《白話文學史》,新月書店,1928 年,第 217—252 頁。

“王績與王梵志”中,以王梵志及其詩歌爲例,對初唐時期民間詩進行個案研究①。1935 年,鄭振鐸在《〈王梵志詩〉跋》中認爲,王梵志詩不僅在唐代民間盛傳,而且對王維、羅隱、杜荀鶴等詩人的詩歌創作産生影響②。

1931 年,郝立權《韋莊〈秦婦吟〉箋》逐句釋讀了敦煌本《秦婦吟》文本内容③。1933 年,黃仲琴《〈秦婦吟〉補注》在補注史實的基礎上解釋了“吟”字的含義④。1934 年,周雲青《〈秦婦吟〉箋注》又對《秦婦吟》全文作了詳盡箋注⑤。1936 年,陳寅恪《讀〈秦婦吟〉》對韋莊晚年諱言此詩的緣由進行分析,認爲根源或在於該詩觸及新朝宮闈隱情⑥。1941 年,馮友蘭《讀〈秦婦吟〉校箋》對韋莊自禁此詩的原因提出了新的解説,認爲韋莊後來共事的新朝同僚中,有些來自原楊復光軍,而《秦婦吟》恰有指斥楊復光軍的嫌疑,韋莊爲求免禍而自禁此詩⑦。同年,周千蕊《評〈秦婦吟〉》逐句點評《秦婦吟》文本内容,並將韋莊視爲中國的“荷馬”⑧。1942 年,菊影《初唐的民間詩人王梵志》在前人研究基礎上,對王梵志及其詩歌進行了專門討論⑨。1944 年,徐嘉瑞《〈秦婦吟〉本事》在研究黃巢史實的同時,考證了韋莊生平⑩。1947 年,劉修業《〈秦婦吟〉校勘續記》以 P.2700、P.3381、P.3780、P.3953 爲參校本,對英國翟理斯所作校勘記進行復校⑪。

三、深入發展期(1949—1978)

北京圖書館於 1957 年通過交換獲得了英藏敦煌漢文文獻 S.6980 以前部分的縮微膠片,臺灣史語所也於 1958 年獲得内容相同的縮微膠片縮印成册之縮印本。至此,中國學者不出國門就能查閲英藏敦煌漢文文獻的主體部分。1962 年,王重民、劉銘恕《敦煌遺書總目索引》由商務印書館出版⑫。該目録著録了英藏、法藏、北圖藏以及散藏的共計 2 萬多件敦煌文獻,敦煌文獻的利

---

① 劉大傑《中國文學發展史》,上海:上海古籍出版社,1982 年,第 413—417 頁。
② 鄭振鐸《〈王梵志詩〉跋》,《世界文庫》1935 年第 5 册。
③ 郝立權《韋莊〈秦婦吟〉箋》,《齊大月刊》1931 年第 3 期,第 225—241 頁。
④ 黃仲琴《〈秦婦吟〉補注》,《國立中山大學文史學研究所月刊》1933 年第 5 期,第 75—79 頁。
⑤ 周雲青《〈秦婦吟〉箋注》,北京:商務印書館,1934 年。
⑥ 陳寅恪先生先後發表了三篇《秦婦吟》校箋文章:1936 年昆明自印本《秦婦吟校箋》,同年發表在《清華學報》第 11 卷第 4 期;1950 年增補訂正後發表在《嶺南學報》第 12 卷第 2 期;1980 年又經補正後收入上海古籍出版社《寒柳堂集》。陳寅恪《讀〈秦婦吟〉》,《清華學報》1936 年第 11 卷第 4 期。
⑦ 馮友蘭《讀〈秦婦吟〉校箋》,《國文月刊》1941 年第 8 期,第 2 頁。
⑧ 周千蕊《中日文化月刊》1941 年第 1 卷第 5 期。
⑨ 菊影《初唐的民間詩人王梵志》,《西北公論》1942 年第 2 卷第 6 期。
⑩ 徐嘉瑞《〈秦婦吟〉本事》,《國文月刊》1944 年第 27 期,第 15—23 頁。
⑪ 劉修業《〈秦婦吟〉校勘續記》,《學原》1947 年第 1 卷第 7 期;後收入王重民《敦煌遺書論文集》,北京:中華書局,1984 年,第 139—155 頁。
⑫ 王重民、劉銘恕《敦煌遺書總目索引》,北京:商務印書館,1962 年;後經施萍婷補充修訂出版《敦煌遺書總目索引新編》,北京:中華書局,2000 年。

用條件得到進一步改善。在這一時期的敦煌詩歌研究中,大陸學者在敦煌唐詩寫本輯錄、王梵志詩考釋等方面取得了一些成果,海外華裔學者也逐漸成爲一股重要的學術力量①。王重民先生於 1935 年即開始敦煌唐詩寫本輯錄工作,是最早有計劃地從事敦煌詩歌整理的學者。他在《補全唐詩·序言》中曾提及自己擬訂的研究計劃是:"凡見《全唐詩》者校其異文,凡不見《全唐詩》者另輯爲一集,以補《全唐詩》之逸。"②經過此後二十餘年的努力,逸詩大致已經完成,這就是後來陸續發表的《補全唐詩》《〈補全唐詩〉拾遺》。王重民《補全唐詩》共計增補詩歌 104 首、作者 50 人,其中見於《全唐詩》者 31 人、未見《全唐詩》者 19 人③。《補全唐詩》將作者姓名據《全唐詩》依次排列,並於姓名下注明在《全唐詩》某卷,未載姓名者則列於後;寫卷中所載作者歷官爵裏有可以補充《全唐詩小傳》的地方,也對作者事蹟進行增補;次載所得佚詩,詩題下注明所據寫卷編號;詩歌有異文者,略作校勘;所作校記,附於各詩之後。《補全唐詩》只是王重民先生研究計劃中的一部分。其他的研究成果,在王重民先生逝世後纔予刊佈。王重民輯錄的馬雲奇《陷蕃詩》等敦煌詩歌,經過王堯、白化文兩位先生校閲整理後,以《敦煌唐人詩集殘卷》爲題於 1977 年發表在《文物資料叢刊》第一期④。1983 年,王重民遺孀劉修業女士在整理王重民遺稿時,又發現《補全唐詩》漏編的李翔《涉道詩》等其他有作者姓氏的詩歌,以及一些原本計劃編入《補全唐詩》的"殘詩篇""單篇"詩和"敦煌人作品"。於是,劉修業根據王重民擬定的計劃予以重新整理,經陰法魯先生校閲後,於 1981 年編成《〈補全唐詩〉拾遺》三卷⑤。《補全唐詩》和《〈補全唐詩〉拾遺》從三十多個寫卷輯錄出唐人佚詩二百餘首,是敦煌詩歌輯佚的典範之作。

由於受到馬克思主義唯物史觀的影響,1962 年,楊公驥《唐代民歌考釋及變文考論》從《敦煌掇瑣》中選取 P.3411、P.3418 兩個王梵志詩寫本,將其分爲"府兵,戰爭""地主,雇農,逃户,貧農""官與吏""和尚,道士""商人,工匠""其他"六類,分別作了極爲精彩的考證和注釋,揭示出唐代"夫役法""丁年法""府兵制""租庸調制""御史秋巡制""和市法"的施行情況,勾勒了"府兵""鄉長""和尚""女道士""工匠"等唐代社會底層人士的生活形象。同時,

---

① 董康早在 1926 年至 1927 年間客居日本時,就已經明確提出了匯輯敦煌唐詩寫本的研究設想,但其匯輯敦煌本《唐人選唐集》的研究計劃並未付諸實施。參見董康著、傅傑校點《書舶庸譚》,沈陽:遼寧教育出版社,1998 年,第 91 頁。

② 王重民《敦煌遺書論文集》,北京:中華書局,1984 年,第 22—24 頁。

③ 王重民《補全唐詩》,《中華文史論叢》1963 年第 3 輯;後收入王重民《全唐詩外編》,北京:中華書局,1982 年,第 1—46 頁;又收入陳尚君《全唐詩補編》,北京:中華書局,1992 年,第 1—50 頁。

④ 王重民《全唐詩外編》,北京:中華書局,1982 年,第 47—68 頁。

⑤ 王重民輯錄、劉修業整理《〈補全唐詩〉拾遺》,《中華文史論叢》1981 年第 4 輯,第 153—182 頁;後收入陳尚君《全唐詩補編》,北京:中華書局,1992 年,第 51—88 頁。

該書在《唐民歌二十八篇考釋後記》中探討了王梵志詩的詩歌屬性、創作年代、史料價值諸問題，並認爲這些詩"乃是民間口頭創作，都是當時傳唱的民歌""大多是作於玄宗朝（開元、天寶時代），個別的可能是高宗、武后朝的詩篇"，具有"正史書之不當、補文獻之不及"的史料價值①。楊公驥先生運用唯物史觀研究 P.3411、P.3418 兩個王梵志詩寫卷，不僅深入探討了王梵志詩的"民歌"屬性，而且從中揭示出唐代典章制度和底層社會生活，是 20 世紀 60 年代敦煌詩歌研究的重要成果。

海外華裔學者巴宙在僧俗詩歌輯佚方面取得了突出成果。1965 年，巴宙《敦煌韻文集》從英藏敦煌文獻中輯録出 120 餘篇僧俗詩詞、贊頌等韻文作品。其中，多數韻文作品爲首次整理刊佈。全書分爲甲、乙、丙三篇及附録，輯録 127 題，每題包含的詩詞或贊頌數量不等。就所輯作品性質而言，甲篇"詩詞集"收各體詩四十二題，内容包括時令、贈答、詠物、遊宴、宮闈雜詩以及佛偈俚詞等。其中著録了數量較多的通俗詩歌，如《趙蝦讀史編年詩》《敦煌廿詠》《贈李峰上人詩》《詠廿四氣詩》《詠貳師泉》等；乙篇"贊頌集"收詩體作品四十三題，除了第 77、第 78 以外，其餘均爲佛教韻文。其中前十幾題贊揚釋迦牟尼的出家、修道、降魔和涅槃，其餘題目贊頌佛教經典、名山古刹、高僧大德、禪師行持及西方淨土等；丙篇"警訓集"收三十五題，除了少數作品爲非佛教訓世詩，其餘均爲寶志、神秀、洞山等高僧大德的訓世詩；附録收七題，均非韻文作品。巴宙先生在輯録詩歌時，已經留意到他們的民間性特徵。他說："在詩的部分，我們是雅、俗兼收，例如《四季詩》（筆者按：即 S.3880《詠廿四氣詩》）及《贈李峯上人》，它們是構思清新、對仗工整、聲韻和諧，説得上典雅莊嚴。"這些詩歌"雖然説在最初，文人學士們是根本看不起它們的。唯其如此，個人在這方面頗爲留意"②。

四、全面繁榮期（1978 年至今）

20 世紀 70 年代末，巴黎國立圖書館將所藏敦煌文獻製成縮微膠卷予以發行，北京圖書館也將所藏敦煌文獻主體部分製成縮微膠卷在國内公開發行。1981 至 1986 年間，黃永武《敦煌寶藏》將英、法、北圖發行的縮微膠卷，影印成方便閲讀的插架圖書。90 年代至今，以《英藏敦煌文獻》《法藏敦煌西域文獻》《俄藏敦煌文獻》《國家圖書館藏敦煌遺書》爲代表的敦煌文獻集成陸續影印出版，國内外各家藏卷均大部分有清晰圖版。新世紀以來，以"國際敦

---

① 楊公驥《唐代民歌考釋及變文考論》，長春：吉林人民出版社，1962 年，第 199—218 頁。
② 《敦煌韻文集》輯録的韻文作品，是由巴宙先生於 1961 年在英國倫敦不列顛博物館親自選擇、繕寫、校輯。參見巴宙《敦煌韻文集》，臺北：佛教文化服務處，1965 年，第 2 頁。

煌項目（IDP）"爲代表的敦煌文獻數字化，也取得較大進展。國內外學者可以便利地使用敦煌文獻，敦煌詩歌研究也迎來了全面繁榮時期。爲便於梳理本時期學術史，筆者據敦煌詩歌寫本的形態特徵，將其分爲"詩集詩抄"與"零散詩歌"兩類。

（一）敦煌詩歌的整理校錄

由於敦煌寫本的複雜性和研究條件的局限性，王重民《補全唐詩》《〈補全唐詩〉拾遺》所作校勘還存在一些缺失，絕大多數詩集詩抄及僧俗雜寫中的零篇斷句還未涉及。這一時期敦煌文獻利用條件的改善，極大地推動了敦煌詩歌的整理校釋。潘重規《〈補全唐詩〉新校》、項楚《〈補全唐詩〉二種續校》、蔣禮鴻《〈補全唐詩〉校記》、張涌泉《〈補全唐詩〉二種補校》、徐俊《王重民〈補全唐詩〉二種校補》等，先後對《補全唐詩》《〈補全唐詩〉拾遺》二文中校錄未精之處加以校訂[1]。其中，潘重規先生據原卷校訂《補全唐詩》時，又發現"殷濟"等不見於《全唐詩》的作者，"詩凡三十四首，增補約三分之一"[2]。除去《〈補全唐詩〉拾遺》已經輯補的馬雲奇詩 13 首外，實則增補唐代佚詩 21 首。此外，對於 P.2555 寫卷的整理校釋，王重民《敦煌唐人詩集殘卷》僅涉及其中的"佚名詩"五十九首、"馬雲奇詩"十三首。柴劍虹《研究唐代文學的珍貴資料——敦煌伯 2555 號唐人寫卷分析》與《敦煌唐人詩集殘卷（伯 2555）補錄》、黃永武《敦煌本唐詩校勘舉例——試校敦煌伯二五五五號卷子中的二十七首唐詩》、陳祚龍《新校重訂敦煌古鈔李唐詞人陷蕃詩歌初集》、熊飛《〈敦煌唐人詩集殘卷（伯 2555）補錄〉》、張先堂《敦煌唐人詩集殘卷（伯 2555）新校》等，對敦煌 P.2555 號寫卷作了整理與校錄，補錄唐代佚詩 102 首[3]。

黃永武《敦煌的唐詩》《敦煌的唐詩續編》兩部專著，取諸家詩集多種版本，對 P.2567、P.2555、P.3619、S.555 所見非佚詩以及李白、王昌齡、孟浩然、白

---

① 潘重規《〈補全唐詩〉新校》，《華岡文科學報》1981 年第 13 期，第 171—227 頁。項楚《〈補全唐詩〉二種續校》，《四川大學學報》1983 年第 3 期，第 44—56 頁。蔣禮鴻《〈補全唐詩〉校記》，甘肅省社會科學院文學研究所編《敦煌學論集》，蘭州：甘肅人民出版社，1985 年，第 73—80 頁。張涌泉《〈補全唐詩〉二種補校》，《敦煌學輯刊》1991 年第 2 期，第 13—25 頁。徐俊《王重民〈補全唐詩〉二種校補》，《北京圖書館館刊》1993 年第 2 期，第 119—197 頁。

② 潘重規《〈補全唐詩〉新校》，《華岡文科學報》1981 年第 13 期，第 171—210 頁。

③ 柴劍虹《研究唐代文學的珍貴資料——敦煌伯 2555 號唐人寫卷分析》，《1983 年全國敦煌學術討論會文集》，1983 年，第 79—98 頁；後收入柴劍虹《西域文史論稿》，臺北：國文天地雜志社，1991 年，第 241—268 頁；又收入柴劍虹《敦煌吐魯番學論稿》，杭州：浙江教育出版社，2000 年，第 15—33 頁。柴劍虹《敦煌唐人詩集殘卷（伯 2555）初探》，《新疆師範大學學報》1982 年第 2 期，第 71—77 頁；收入甘肅社會科學院文學研究所編《敦煌學論集》，蘭州：甘肅人民出版社，1985 年，第 171—184 頁；又收入柴氏《敦煌吐魯番學論稿》，杭州：浙江教育出版社，2000 年，第 1—14 頁。柴劍虹《敦煌唐人詩集殘卷（伯 2555）補錄》，《文學遺產》1983 年第 4 期，第 146—154 頁；收入柴氏《敦煌吐魯番學論稿》，第 34—58 頁。黃永武《敦煌本唐詩校勘舉例——試校敦煌伯二五五五號卷子中的二十七首唐詩》，《國文天地》1986 年第 18 期，第 68—76 頁；後收入《唐代文學研討會論文集》，臺北：文史哲出版社，1988 年，第 89—108 頁。潘重規《敦煌唐人陷蕃詩集殘卷校錄》，《幼獅學志》1979 年第 4 期，第 1—22 頁。陳祚龍《新校重訂敦煌古鈔李唐詞人陷蕃詩歌初集》，《中國文化月刊》1983 年第 44 期，第 78—107 頁；收入《敦煌學園零拾》下冊，臺北：商務印書館，1986 年，第 414—467 頁。熊飛《〈敦煌唐人詩集殘卷（伯 2555）補錄〉》，《敦煌研究》1991 年第 2 期，第 93—94 頁。張先堂《敦煌唐人詩集殘卷（伯 2555）新校》，《敦煌研究》1995 年第 3 期，第 155—168 頁。

居易、劉希夷、李嶠、高適等詩人作品進行比勘,並利用修辭學的觀點詳細説明文字異同對詩意的影響①。任半塘《敦煌歌辭總編》對敦煌歌辭作了全面收錄,但對敦煌詩歌的界定過於寬泛②。陳尚君《全唐詩補編》在校正《補全唐詩》《〈補全唐詩〉拾遺》之疏失的同時,又輯錄了大量唐人佚詩,是敦煌詩歌補遺的里程碑式著作③。李正宇《敦煌遺書宋人詩輯校》對敦煌文獻保存的宋詩進行了校輯,輯錄宋詩 45 首、作者 13 家④。汪泛舟《敦煌僧詩校輯》《敦煌石窟僧詩校釋》與《敦煌詩解讀》,對敦煌文獻所見僧詩進行了詳盡的輯錄與校釋⑤。胡大浚、王志鵬合著的《敦煌邊塞詩歌校注》,對 300 餘首反映邊塞生活的詩歌作品進行輯錄與校注⑥。徐俊《敦煌詩集殘卷輯考》在全面普查當時已經公佈的敦煌文獻基礎上,對四百多個敦煌詩歌寫本進行了整理、綴接和匯校,共計輯錄王梵志詩以外的絶大多數詩歌 1925 首(句)⑦。其中,上編《敦煌詩集殘卷輯考》共釐定詩集詩抄 63 種、詩 1 401 首(包括重出互見詩 71 首),下編《敦煌遺書詩歌散錄》輯錄詩歌 524 首(句)。該書作者在分類考察敦煌詩歌、整理詩歌寫本的同時,探討敦煌詩歌寫本的主要内容、性質特徵、整理方式,強調敦煌詩歌研究應"準確把握詩歌寫本文本特徵""廣泛與其他敦煌寫本相結合""廣泛與傳世文獻相合",在研究方法上超越了過去從版本、輯佚、校勘、辨偽等傳統文獻學入手的研究路徑。張錫厚《全敦煌詩》收錄幾乎所有可被歸入"敦煌詩歌"的作品,不僅在校記中對詩歌的諸家校勘成果做了細緻考辨,而且詳細記述了詩歌的抄寫存佚狀況和詩歌寫卷的寫本形態,是目前輯錄規模最大、最爲齊備的敦煌詩歌總集⑧。

　　敦煌文獻保存的王梵志詩寫本,是唐代白話詩的"活化石"。1980 年,趙和平、鄧文寬在《敦煌寫本王梵志詩校注》《敦煌寫本王梵志詩校注(續)》二文中,據縮微膠卷對 P.3211、P.3418、P.3724、S.5441、S.5641、S.6032 六個王梵志詩寫本分別予以校錄,並與《敦煌掇瑣》中 P.3418、P.3211 寫卷錄文進行對校,糾正劉復錄文的漏校、誤校處⑨。1982 年,法國戴密微《王梵志詩附太公家

---

　　① 黃永武《敦煌的唐詩》,臺北:洪範書店有限公司,1987 年;《敦煌的唐詩續編》,臺北:文史哲出版社,1989 年。
　　② 任半塘《敦煌歌辭總編》,上海:上海古籍出版社,1987 年。
　　③ 陳尚君《全唐詩補編》,北京:中華書局,1992 年。
　　④ 李正宇《敦煌遺書宋人詩輯校》,《敦煌研究》1992 年第 2 期,第 38—122 頁。
　　⑤ 汪泛舟《敦煌僧詩校輯》,蘭州:甘肅人民出版社,1994 年;《敦煌石窟僧詩校釋》,香港:和平圖書有限公司,2002 年;《敦煌詩解讀》,北京:世界圖書北京出版公司,2015 年。
　　⑥ 胡大浚、王志鵬《敦煌邊塞詩歌校注》,蘭州:甘肅人民出版社,1999 年。
　　⑦ 徐俊《敦煌詩集殘卷輯考》,北京:中華書局,2000 年。
　　⑧ 張錫厚《全敦煌詩》,北京:作家出版社,2006 年。
　　⑨ 趙和平、鄧文寬《敦煌寫本王梵志詩校注》,《北京大學學報》1980 年第 5 期,第 64—81 頁;《敦煌寫本王梵志詩校注(續)》,《北京大學學報》1980 年第 6 期,第 32—37 頁。

教》從二十五種敦煌文獻及其他史籍中輯錄王梵志詩,並將王梵志詩翻譯成法文①。同年,何廣文《王梵志詩拾遺》據《詩式》《庚溪詩話》《江村銷夏錄》,搜集得鄭振鐸未及輯的 19 首王梵志詩②。1983 年,張錫厚《王梵志詩校輯》據當時所見 28 種王梵志詩寫本以及散見於唐宋詩話、筆記小説内的王梵志佚詩,在點校、考釋後編成國内第一本王梵志詩全輯本③。全書共計收錄王梵志詩 348 首,卷末附載 S.4277 保存的 12 首"梵志體"詩。但由於《王梵志詩校輯》在校勘、注釋、音韻、標點等方面還存在一些整理失當的地方,潘重規《簡論〈王梵志詩校輯〉》、周一良《王梵志詩的幾條補注》、項楚《〈王梵志詩校輯〉匡補》、蔣紹愚《〈王梵志詩校輯〉商榷》、袁賓《〈王梵志詩校輯〉校釋補正》、吕朋林《王梵志詩點校拾遺》、劉瑞明《王梵志詩三首原貌探求——兼評詩注的一個傾向》與《王梵志詩"自言鸞性鼠"句解》、黄靈庚《王梵志詩校勘零拾》、都興宙《王梵志詩音校》、段觀宋《王梵志詩校議》、黄征《〈王梵志詩校輯〉商補》及《王梵志詩校釋商補》、曹翔《王梵志詩"不善廣平王"校注商兑》、李小榮《王梵志詩佛教典故補注》等文章先後進行匡補④。1986 年,朱鳳玉在其博士論文的基礎上,修訂出版《王梵志詩研究》一書。該書"緒論篇"對當時知見的英、法、日、俄藏三十三件王梵志詩寫本,逐一介紹,撰寫敍録;"研究篇"詳細考察了王梵志的時代及生平、王梵志詩集寫卷的系統,以及王梵志詩的思想内容、特色、與後世文學的關係等問題;"校注篇"對所輯録的 401 首王梵志詩進行校注,據原卷逐一核校和注釋⑤。1987 年,陳慶浩《法忍抄本殘卷王梵志詩初校》首次公佈了俄藏 Φ1456 王梵志詩寫卷全部内容⑥。張錫厚《整理〈王梵志詩集〉的新收穫——敦煌寫本 L1456 與 S4277 重新綴合》對S.4277、

---

①　戴密微《王梵志詩附太公家教》,法蘭西學院高等中國學研究所,1982 年。1985 年,廖伯源、朱鳳玉合譯《王梵志詩附太公家教引言》,載《敦煌學》第 9 期,第 109—118 頁。

②　何文廣《王梵志詩拾遺》,《文獻》1982 年第 2 期,第 254—256 頁。

③　張錫厚《王梵志詩校輯》,北京:中華書局,1983 年。

④　潘重規《簡論〈王梵志詩校輯〉》,《"中央"日報》(臺)"文藝評論版"第 21 期,1984 年 8 月 16 日;《明報》第 19 卷第 9 期,1984 年 9 月,第 34—36 頁。周一良《王梵志詩的幾條補注》,《北京大學學報》1984 年第 4 期,第 13—16 頁。項楚《〈王梵志詩校輯〉匡補》,《敦煌研究》1985 年第 2 期,第 29—70 頁。蔣紹愚《〈王梵志詩校輯〉商榷》,《北京大學學報》1985 年第 5 期,第 18—30 頁。袁賓《〈王梵志詩校輯〉校釋補正》,《社會科學》1985 年第 6 期,第 89—95 頁。吕朋林《王梵志詩點校拾遺》,《古籍整理研究學刊》1985 年第 4 期,第 51—54 頁。劉瑞明《王梵志詩三首原貌探求——兼評詩注的一個傾向》,《敦煌研究》1986 年第 2 期,第 60—67 頁;《王梵志詩"自言鸞性鼠"句解》,《敦煌研究》1986 年第 3 期,第 103 頁。黄靈庚《王梵志詩校勘零拾》,《敦煌研究》1987 年第 4 期,第 76—77 頁。黄征《〈王梵志詩校輯〉商補》,《敦煌研究》1988 年第 4 期,第 78—84 頁。黄征《王梵志詩校釋商補》,《杭州大學學報》1988 年第 2 期,第 90—98 頁。都興宙《王梵志詩音校》,《敦煌學輯刊》1990 年第 2 期,第 60—69 頁。段觀宋《王梵志詩校議》,《中國韻文學刊》1995 年第 2 期,第 15—18 頁。曹翔《王梵志詩"不善廣平王"校注商兑》,《湖北大學成人教育學院學報》2011 年第 2 期,第 47—50 頁。李小榮《王梵志詩佛教典故補注》,《敦煌研究》2012 年第 1 期,第 65—70 頁。

⑤　朱鳳玉《王梵志詩研究》,臺北:學生書局,1986 年。

⑥　陳慶浩在《法忍抄本殘卷王梵志詩初校》,《敦煌學》1987 年第 12 輯,第 83—97 頁。

Ф1456 兩個寫卷進行綴合，證實兩個寫卷即爲同一寫本斷裂的兩部分①。同年，由於獲睹俄藏 Ф1456 王梵志詩寫本，朱鳳玉《敦煌寫卷斯 4277 號殘卷校釋》在據原件影件對 S.4277 保存的 23 首王梵志詩進行校釋的同時，也指出 S.4277、Ф1456 兩個殘卷原本是同一個法忍抄本王梵志詩寫本②。1988 年，項楚《王梵志的一組佛教哲理詩（校釋與評論）》對 P.3233 號王梵志詩寫卷中的佛教哲理詩進行再校釋，主張應該從不同斷層剖析王梵志詩③。1990 年，張錫厚《王梵志詩研究匯録》收録 18 篇王梵志詩研究論文，並影印了二十多種王梵志詩寫本④。該書雖然爲研究王梵志詩及唐代白話詩提供便利，但未能全面收録整理、校勘王梵志詩方面取得的成果。1991 年，項楚《王梵志詩校注》在全面輯録王梵志詩的同時，對其進行重新校勘與注釋⑤。然而，白璧微瑕，智者有失。對於《王梵志詩校注》的疏漏之處，劉瑞明《〈王梵志詩校注〉置辯》、項楚《〈王梵志詩校注〉商兑和補遺》、張涌泉《〈王梵志詩校注〉獻遺》、朱迴遠《〈王梵志詩校注〉商補》、張漢生《〈王梵志詩校注〉拾遺》、武建宇《〈王梵志詩校注〉斠補》、郜同麟《〈王梵志詩校注〉商兑》、曹翔《敦煌寫卷王梵志詩校釋劄記》等論文先後進行了探討、補充⑥。1993 年，王繼如《王梵志詩語詞劄記》一文，參校《王梵志詩輯校》《王梵志詩校注》，對王梵志詩中"轉燭""角眼""合藥""聞""直""毛衣""隱"七個語詞進行再校釋⑦。2005 年，齊文榜《王梵志詩集敍録》爲王梵志詩寫本撰寫敍録，詳細考察了王梵志詩寫本以及諸家整理本的内容與特點⑧。同年，李永寧《整理王重民敦煌遺書手稿所得（二）——王梵志詩輯録》對王重民敦煌遺書手稿中王梵志詩輯録卡片的整理情況作了詳細介紹⑨。2009 年，張新朋《敦煌本〈王梵志詩〉殘片考辨五則》又

---

① 張錫厚《整理〈王梵志詩集〉的新收穫——敦煌寫本 L1456 與 S4277 重新綴合》，《敦煌學輯刊》1987 年第 2 期，第 31—44 頁。該文在稍作修改後，再次發表於《文學遺産》1988 年第 6 期，第 125—134 頁。

② 朱鳳玉《敦煌寫卷斯 4277 號殘卷校釋》，《敦煌學》1987 年第 12 輯，第 127—136 頁。

③ 項楚《王梵志的一組佛教哲理詩（校釋與評論）》，《敦煌研究》1988 年第 1 期，第 22—31 頁。

④ 張錫厚《王梵志詩研究匯録》，上海：上海古籍出版社，1990 年。

⑤ 項楚《王梵志詩校注》，上海：上海古籍出版社，1991 年、2009 年；《王梵志詩校注（增訂本）》，上海：上海古籍出版社，2010 年。該書在初次出版以後，又歷經增訂完善，鈎沉發微、創穫實多，堪稱王梵志詩校理工作的一座高峰。

⑥ 劉瑞明《〈王梵志詩校注〉置辯》，《敦煌研究》1987 年第 4 期，第 71—75 頁；項楚《〈王梵志詩校注〉商兑和補遺》，《敦煌學輯刊》1991 年第 1 期，第 1—16 頁；項楚《〈王梵志詩校注〉商兑和補遺（續）》，《敦煌學輯刊》1992 年第 1 期，第 60—69 頁；項楚《〈王梵志詩校注〉商兑和補遺（續）》，《敦煌學輯刊》1993 年第 2 期，第 32—40 頁。張涌泉《〈王梵志詩校注〉獻遺》，《敦煌研究》1990 年第 2 期，第 74—81 頁。朱迴遠《〈王梵志詩校注〉商補》，《華東師範大學學報》1997 年第 3 期，第 93—96 頁；《〈王梵志詩校注〉商補（續）》，《上海大學學報》1999 年第 5 期，第 27—31 頁。張漢生《〈王梵志詩校注〉拾遺》，《河南大學學報》1998 年第 5 期，第 1—3 頁。吳建宇《〈王梵志詩校注〉斠補》，《中國俗文化研究》2008 年第 1 期，第 144—146 頁。郜同麟《〈王梵志詩校注〉商兑》，《敦煌研究》2014 年第 6 期，第 102—105 頁。曹翔《敦煌寫卷王梵志詩校釋劄記》，《圖書館理論與實踐》2013 年第 3 期，第 95—97 頁。

⑦ 王繼如《王梵志詩語詞劄記》，《南京師大學報》1993 年第 3 期，第 102—108 頁。

⑧ 齊文榜《王梵志詩集敍録》，《河南大學學報》2005 年第 4 期，第 44—47 頁。

⑨ 李永寧《整理王重民敦煌遺書手稿所得（二）——王梵志詩輯録》，《敦煌研究》2005 年第 1 期，第 9—10 頁。

從俄藏敦煌文獻中釐定出五個王梵志詩寫本殘片,並按照編號順序逐一敍錄①。2011 年,李樹亮《王梵志詩"法忍抄本"再認識》對 S.4277、Ф1456 綴合後的王梵志詩寫本進行再探討,認爲其與其他"平民體系"的王梵志詩寫卷不同,屬於不同的抄寫體系,是用來開示僧衆的禪詩②。

　　唐代第一長詩《秦婦吟》的整理校釋方面,也取得了諸多成果。1983 年,柴劍虹《〈秦婦吟〉敦煌寫卷的新發現》在對新發現 S.5834 號《秦婦吟》寫本進行校勘的基礎上,將其與 P.2700 號《秦婦吟》寫本成功綴合③。1984 年,潘重規《敦煌寫本〈秦婦吟〉新書》對 P.2700、P.3381、P.3780、P.3910、P.3953、S.5476、S.5477、S.5834、Дx.4568 等九個《秦婦吟》寫卷進行箋注④。2002 年,徐俊《敦煌寫本詩歌續考》成功將 Дx.4568(右)殘片與 Дx.10740 寫卷中五個《秦婦吟》殘片比定綴接⑤。次年,徐俊《隋魏澹〈鷹賦〉校訂——敦煌文學文獻零劄之一》在 Дx.6176 折頁裝册子中探尋到第十一個《秦婦吟》寫本,並指出其文字内容與 P.3910 卷基本相同⑥。2006 年,柴劍虹《王國維對敦煌寫本的早期研究》爲敦煌本《秦婦吟》撰寫跋文時,再次揭示了 Дx.6176 新發現的《秦婦吟》殘片的研究價值⑦。2011 年,張新朋《敦煌詩賦殘片拾遺》對 Дx.10740《秦婦吟》殘片進行重新排序,並將其與 Дx.4758 成功綴合⑧。同年,張涌泉《張涌泉敦煌文獻論叢》對先前發表的《敦煌寫本〈秦婦吟〉匯校》作了修訂,並將S.692、杏雨書屋藏羽 57R 進行綴合⑨。2013,陳麗萍《杏雨書屋藏〈秦婦吟〉殘卷綴合及研究》不僅對杏雨書屋藏《秦婦吟》殘卷與 S.692 號進行綴合、校録,而且對敦煌本《秦婦吟》抄本諸問題予以探討⑩。同年,張涌泉《敦煌寫本〈秦婦吟〉匯校》又對 P.2700、P.3381、P.3780、P.3910、P.3953、S.5476、S.5477、S.5834、Дx.4568 等九個《秦婦吟》寫卷進行匯校⑪。

---

　　① 張新朋《敦煌本〈王梵志詩〉殘片考辨五則》,《敦煌學輯刊》2009 年第 4 期,第 61—64 頁。
　　② 李樹亮《王梵志詩"法忍抄本"再認識》,《第三届中國俗文化國際學術研討會暨項楚教授七十華誕學術討論會論文集》,2009 年;修改後發表於《求索》2011 年第 3 期,第 185—187 頁。
　　③ 柴劍虹《〈秦婦吟〉敦煌寫卷的新發現》,《光明日報》1983 年 6 月 7 日;後收入柴氏《西域文史論稿》,臺北:國文天地雜志社,1991 年,第 307—310 頁;又收入柴氏《敦煌吐魯番學論稿》,杭州:浙江教育出版社,2000 年,第 59—61 頁。
　　④ 潘重規《敦煌寫本〈秦婦吟〉新書》,《敦煌學》1984 年第 8 輯,第 1—73 頁。
　　⑤ 徐俊《敦煌寫本詩歌續考》,《敦煌研究》2002 年第 5 期,第 65—72 頁。
　　⑥ 徐俊《隋魏澹〈鷹賦〉校訂——敦煌文學文獻零劄之一》,《文獻》2003 年第 2 期,第 36—44 頁。
　　⑦ 柴劍虹《王國維對敦煌寫本的早期研究》,《敦煌研究》2006 年第 6 期,第 130—135 頁。
　　⑧ 張新朋《敦煌詩賦殘片拾遺》,《敦煌研究》2011 年第 5 期,第 77—81 頁。
　　⑨ 張涌泉《張涌泉敦煌文獻論叢》,上海:上海古籍出版社,2011 年,第 185—217 頁。
　　⑩ 陳麗萍《杏雨書屋藏〈秦婦吟〉殘卷綴合及研究》,《隋唐遼宋金元史論叢》第三輯,上海:上海古籍出版社,2013 年,第 139—147 頁。
　　⑪ 張涌泉《敦煌寫本〈秦婦吟〉匯校》,《中國典籍與文化論叢》第 8 輯,北京:中華書局,2013 年,第 311—341 頁。

（二）敦煌詩集詩抄研究

本篇論文所指的"敦煌詩集詩抄"，指的是那些以抄録詩歌作品爲主體的敦煌寫本，與傳統意義上的"詩集"概念有著較大差異。由於寫本時代詩歌流傳的複雜性，敦煌文獻保存有《玉臺新詠》《珠英學士集》《瑤池新詠》《白香山詩集》《王梵志詩集》《李嶠雜詠注》《心海集》《（李翔）涉道詩》《唐人選唐詩》等少量傳統意義上的集部寫本，更多的是《高適詩集》《岑參詩集》《張祜詩集》《吳均詩集》等具有集部特徵的詩歌抄本，以及 P.2555+Дx.3871、P.2552+P.2567 等規模大小不一、缺乏編者與編例的詩歌雜抄。在諸多敦煌詩集詩抄寫本中，尤以《王梵志詩集》、P.2555+Дx.3871 寫卷"陷蕃詩"最受學界關注。

敦煌文獻發現的四百餘首王梵志詩，通俗上口、富含哲理，用白話語言反映下層人民的思想情緒與困苦生活，自發現以來一直是學界關注的熱點。以下僅從作者生平與創作年代、思想内容與藝術特色、語料價值、詩歌比較等方面，對《王梵志詩集》研究取得的主要成果加以評述。

在以往的研究中，胡適《白話詩人王梵志》、楊公驥《唐代民歌考釋及變文考論》等已對王梵志生平及其詩歌創作年代進行探討。前者據唐宋筆記《桂苑叢談》中關於王梵志傳説的記載，對王梵志的籍貫與生平作出推論，認爲王梵志生卒年約在 600—670 年間；後者採用從詩歌内容判定年代的考證方法，據王梵志詩中"府兵制""中男""開元通寶"等歷史信息，斷定王梵志詩創作於武德四年至天寶間（621—741）。1980 年，鄧文寬、趙和平《敦煌寫本王梵志詩校注（續）》又據 P.3418、P.3211 王梵志詩中"西征吐蕃"的記載，以及 P.4977《王道祭楊筠文》、皎然《詩式》卷一"駭俗"條、王維《與胡居士皆病寄此詩兼示學人二首》小注中有關王梵志的材料，認定王梵志活動的上限是初唐武德年間，下限在開元二十六年（739）①。其中，P.4977《王道祭楊筠文》中有"維大唐開元二七年，歲在癸丑二月，東朔方黎陽故通玄學士王梵志直下孫王直　謹請酌白醪之奠，敬祭逗留風狂子朱砂染□兒弘農楊筠之靈"句，爲王梵志籍貫及活動時代的判定提供了直接證據。但戴密微《王梵志詩附太公家教》、陳允吉《論敦煌寫本〈王道祭楊筠文〉爲一擬體俳諧文》、黄永年《釋王道祭楊筠文——兼論有關王梵志的考證》等文章，認爲《王道祭楊筠文》實則是一篇遊戲文學作品，因此該條材料的可信度還有待商榷。同年，張錫厚先後發表《唐初白話詩人王梵志考略》《敦煌寫本王梵志詩淺論》兩篇文章②。前者據宗密《禪源諸詮都序》等傳世文獻，大致勾勒出王梵志由富貴到貧寒的人

---

① 鄧文寬、趙和平《敦煌寫本王梵志詩校注（續）》，第 32—37 頁。
② 張錫厚《唐初白話詩人王梵志考略》，《中華文史論叢》1980 年第 4 期，第 61—75 頁；《敦煌寫本王梵志詩淺論》，《文學評論》1980 年第 5 期，第 124—134 頁。

生軌跡,並認定王梵志爲先誦詩書、後奉佛法,約 80 歲時去世的初唐人士;後者沿襲據王梵志詩歌考據其創作年代的方法,認爲王梵志詩的創作年代主要在初唐,王梵志生年的上限是隋末唐初。1986 年,黃家全《談談王梵志詩的寫作年代》對張錫厚的觀點提出異議,將王梵志詩寫作年代下限推遲到唐德宗建中元年(780)①。劉瑞明《評戴密微關於王梵志年代的擬議》從討論法國學者戴密微的論證方法入手,質疑其在《王梵志詩附太公家教》中所提關於王梵志詩"創作於八世紀"的觀點②。1989 年,張錫厚據俄藏 Φ1456 王梵志詩中出現的初唐曲名"回波樂",以及《歷代法寶記》中關於唐代成都保唐寺僧人無住引用王梵志詩的記載,提出王梵志詩在 8 世紀中期已經在四川地區流傳③。同年,項楚《王梵志詩論》在綜考敦煌寫本與傳世文獻中有關王梵志的研究材料後,基本認同《敦煌寫本王梵志詩校注(續)》對王梵志詩創作時間的判斷,並進一步闡述了"王梵志詩並非一時一人所作"的觀點④。1997 年,顧浙秦發表了《王梵志生地生年考辨》對王梵志出生地地望與生年的内在關係作了考辨,推斷王梵志的生活年代約在 583—597 年間⑤。2001 年,徐俊波《王梵志生活年代考》在分析王梵志詩内容的基礎上,將王梵志的生活年代限定在公元617—697 年間⑥。陳伯昂、黃家全等學者也曾參與到這一問題的討論中來,可惜未有新的發明。

較多學者投入到王梵志詩思想内容與藝術特點的探討中來。劉瑞明、高國藩、文山月、馬建東等學者先後發表專文,對王梵志及其詩歌所表現出的底層生活特徵進行探討,認爲王梵志是代民請命且卓有成績的民間詩人,王梵志詩充滿對現實的關注、對人民苦難的同情⑦。王梵志詩中有著明顯雜糅儒釋及民間信仰的思想特徵。陳允吉《關於王梵志傳説的探源與分析》通過探明《太平廣記》王梵志傳説的來源,梳理出王梵志詩在創作和傳播中的一些情况,進而認爲"梵志"這一名字是對佛教原型中人物稱謂的襲取⑧;邱瑞祥《王梵志詩訓世化傾向的文化解析》揭示王梵志詩中佛教與中土文化相融相合的文化意向⑨。姜玉芳《在文人詩和民歌之外——淺説王梵志詩的邊緣性》闡釋

---

① 黃家全《談談王梵志詩的寫作年代》,《河南師範大學學報》1986 年第 2 期,第 93—97 頁。
② 劉瑞明《評戴密微關於王梵志年代的擬議》,《敦煌研究》1986 年第 4 期,第 72—74 頁。
③ 張錫厚《敦煌文學》,蘭州:甘肅人民出版社,1989 年,第 151—182 頁。
④ 項楚《王梵志詩論》,《文史》1989 年第 31 輯,第 209—231 頁。
⑤ 顧浙秦《王梵志生地生年考辨》,《西藏民族學院學報》1997 年第 4 期,第 64—67 頁。
⑥ 徐俊波《王梵志生活年代考》,《敦煌研究》2001 年第 4 期,第 145—183 頁。
⑦ 劉瑞明《王梵志詩歌宗旨探求——王梵志詩論之一》,《敦煌學輯刊》1987 年第 1 期,第 78—82 頁。高國藩《論王梵志及其詩的思想》,《固原師專學報》1991 年第 4 期,第 1—6 頁;稍作修改後又發表於《東南大學學報》1999 年第 3 期,第 74—79 頁。文山月《王梵志筆下貪官譜》,《社會科學》1986 年第 6 期,第 100—103 頁。馬建東《王梵志詩的底層生活經驗》,《敦煌研究》2008 年第 2 期,第 97—101 頁。
⑧ 陳允吉《關於王梵志傳説的探源與分析》,《復旦學報》1994 年第 6 期,第 97—103 頁。
⑨ 邱瑞祥《王梵志詩訓世化傾向的文化解析》,《貴州師範大學學報》2003 年第 5 期,第 77—81 頁。

出佛教文化催生了王梵志詩不同於文人詩和民歌的文化個性①。馬曉妮《佛教背景下的王梵志詩歌》從詩歌内容和藝術形式上,對王梵志詩歌所受佛教影響進行分析②。敖依昌《論王梵志勸世詩中的"實虛"矛盾》發現王梵志勸世詩在抒發内心、宣傳佛教上具有矛盾性,在世人心理處"實"、在佛家理念處"虛",交錯徘徊在"俗界"與"佛界"之間③。王梵志詩體現的唐代民間信仰也引起了許多學者關注。錢光勝《從王梵志詩看初盛唐民間的地獄觀》對詩中的地獄觀進行探析,認爲其不僅反映了佛教地獄觀念與儒家孝道文化在民間的初步融合,而且表明佛教地獄思想已經開始了"中土化"和"世俗化"進程④。楊萬里《從王梵志詩看唐初的民間信仰文化》對王梵志詩表現的唐初民間社會地獄觀、宗教觀、人生觀和拜金思想進行簡要論述⑤。其他比較重要的研究成果還有:楊青《詩僧王梵志的通俗詩》從詩歌内容的現實性和詩歌語言的通俗化兩個角度,對王梵志詩在唐五代時期廣泛流傳的原因進行了分析⑥。高國藩《論王梵志詩的藝術性》對王梵志詩的總體特點、俗世意象和藝術技巧進行探討,深入發掘王梵志詩文學上的藝術性⑦。李振中《論王梵志詩富含理趣的説理方法》從"比喻説理""對比説理""類比説理"三個層面對其説理方法進行解析⑧。王志鵬《王梵志及其詩歌的性質獻疑》主張王梵志詩不應被稱爲"禪詩","諷世詩"的定名更能反映其藝術特點和思想内容⑨。王金娥《敦煌一卷本〈王梵志詩〉儒釋相諧的教化特點論析》對詩中"儒釋相諧"的教化特點進行論析,認爲其中一些詩體現了傳統儒學影響下的俗世治家教育,另外一些則反映了佛教善惡觀指導下的佛教思想勸誡⑩。巨虹《王梵志詩的生命意識及哲學思考》對王梵志詩中的生命意識進行了著重探討⑪。

王梵志詩口語色彩濃厚、語料價值豐富,是音韻史研究的重要資料。都興宙《王梵志詩用韻考》歸納、整理王梵志詩押韻字,理清王梵志詩的韻部系統,並與之與《廣韻》韻部進行比較。經過對《王梵志詩校輯》中輯録的三百餘首王梵志詩全部押韻字的歸納排比,共計得出二十五個韻部,其中陰聲韻支微、魚模、尤侯、蕭豪、歌戈、皆來、家麻七部,陽聲韻真文、侵尋、寒山、陽唐、庚

① 姜玉芳《在文人詩和民歌之外——淺説王梵志詩的邊緣性》,《西南民族大學學報》2005 年第 3 期,第 329—331 頁。
② 馬曉妮《佛教背景下的王梵志詩歌》,《社會科學論壇》2010 年第 1 期,第 47—51 頁。
③ 敖依昌《論王梵志勸世詩中的"實虛"矛盾》,《東嶽論叢》2011 年第 3 期,第 129—132 頁。
④ 錢光勝《從王梵志詩看初盛唐民間的地獄觀》,《西南交通大學學報》2008 年第 3 期,第 42—47 頁。
⑤ 楊萬里《從王梵志詩看唐初的民間信仰文化》,《文化學刊》2014 年第 1 期,第 129—135 頁。
⑥ 楊青《詩僧王梵志的通俗詩》,《敦煌研究》1994 年第 3 期,第 148—152 頁。
⑦ 高國藩《論王梵志詩的藝術性》,《江蘇社會科學》1995 年第 5 期,第 129—134 頁。
⑧ 李振中《論王梵志詩富含理趣的説理方法》,《宗教學研究》2008 年第 2 期,第 80—83 頁。
⑨ 王志鵬《王梵志及其詩歌的性質獻疑》,《敦煌研究》2011 年第 5 期,第 61—66 頁。
⑩ 王金娥《敦煌一卷本〈王梵志詩〉儒釋相諧的教化特點論析》,《甘肅社會科學》2013 年第 2 期,第 88—91 頁。
⑪ 巨虹《王梵志詩的生命意識及哲學思考》,《甘肅理論學刊》2015 年第 1 期,第 114—116 頁。

青、東鐘、江講、蒸登、覃添九部，入聲韻月薛、昔錫、屋燭、覺鐸、質物、合葉、職德、陌麥、緝拾九部①。苗昱在其碩士論文《王梵志詩、寒山詩（附拾得詩）用韻比較研究》中對王梵志詩、寒山詩的用韻情況進行了全面整理，並通過對比分析發現王梵志詩中出現了效攝和流攝、效攝和蟹攝、止攝和假攝通押等情況②。妥佳寧、何宗英《從王梵志詩韻看唐初中原方音》進一步挖掘王梵志詩的音韻學價值，對王梵志詩不同卷本進行了單獨繫聯、歸韻③。

王梵志詩語法、訓詁、詞彙等研究上，也取得較多成果。曹小雲先後發表了《王梵志詩語法成分初探》《〈王梵志詩〉詞法特點初探》兩篇文章。前者在描述王梵志詩中所見的語法成分基礎上，揭示出唐初口語中連詞、助詞、介詞、人稱代詞、副詞以及動補結構、是字句、被動式的使用情況④；後者對王梵志詩中連詞、助詞、代詞、量詞、介詞、副詞等一些新興詞法現象進行了探討⑤。顏麗《王梵志詩中"得"語法化程度的層次研究》結合歷史的其他語料對王梵志詩中"得"語法化程度的層次進行研究，認爲王梵志詩中"得"還沒有成爲連接述語和補語標記的結構助詞⑥。黃家全《〈王梵志詩一卷〉中的否定副詞》從否定副詞的角度，對 S.4277 號王梵志詩寫本中"莫""不""無""勿""未""非"六個否定副詞作爲基本詞彙的詞法、用例等方面進行比較研究，爲全面探討漢語發展史作了嘗試性探討⑦。錢學烈《從王梵志詩和寒山詩看助詞"了"、"著"、"得"的虛化》通過對王梵志詩、寒山詩等唐代白話詩的語言分析，探討了"了""著""得"三個現代漢語助詞的虛化過程⑧。曹翔在其博士論文《王梵志詩合成詞專題研究》中，將王梵志詩作爲一個封閉的研究系統，篩選出近百個由語素"阿、子、兒、頭、家"構成的合成詞，系統地描寫了王梵志詩專題詞彙的產生與發展演變面貌，並勾勒出新、舊語言之間的興替⑨。不久，曹翔又接連發表《王梵志詩"阿你"釋義商兌——兼論王梵志詩異文整理之不足》《敦煌寫卷王梵志在漢語詞彙史上的研究價值》兩篇文章。前者從語體性質和別本異文上斷定，王梵志詩"阿你"之"阿"實爲動詞，並不是第二人稱代

---

① 都興宙《王梵志詩用韻考》，《蘭州大學學報》1986 年第 1 期，第 121—126 頁。
② 苗昱《王梵志詩、寒山詩（附拾得詩）用韻比較研究》，蘇州大學碩士論文，2002 年；該文在精簡修訂後發表於《語言研究》2004 年第 4 期，第 42—46 頁。
③ 妥佳寧、何宗英《從王梵志詩韻看唐初中原方音》，《古籍研究》2008 年第 2 期，第 105—110 頁。
④ 曹小雲《王梵志詩語法成分初探》，《安徽師大學報》1994 年第 3 期，第 325—332 頁。
⑤ 曹小雲《〈王梵志詩〉詞法特點初探》，《社會科學陣線》1999 年第 6 期，第 126—132 頁。
⑥ 顏麗《王梵志詩中"得"語法化程度的層次研究》，《南京林業大學學報》2007 年第 1 期，第 61—69 頁。
⑦ 黃家全《〈王梵志詩一卷〉中的否定副詞》，《敦煌研究》1985 年第 2 期，第 130—139 頁。
⑧ 錢學烈《從王梵志詩和寒山詩看助詞"了"、"著"、"得"的虛化》，《深圳大學學報》1993 年第 2 期，第 93—98 頁。
⑨ 曹翔《王梵志詩合成詞專題研究》，華東師範大學博士論文，2013 年。

詞的前綴。同時以此爲例,在整理王梵志詩異文時切忌擅改,應以出校爲常①;後者對王梵志詩的口語表達、語言系統等語料價值進行研究後發現,不僅王梵志詩的詞彙可補大型辭書和斷代詞典在收詞、釋義、例證晚出等方面的不足,而且新詞的構成方式與現代漢語基本一致②。朱慶之、曾良、葉愛國、景盛軒等學者,對王梵志詩中"脆風壞"一語作了集中探討。朱慶之《王梵志詩"脆風壞"考》列舉了大量語例,論證王梵志詩《危身不自在》中的"脆風壞"應當釋作"脆風坯","壞"實即"坯"的本字③。曾良、葉愛國《王梵志詩"脆風壞"討論二則》、景盛軒《王梵志詩〈危身不自在〉之"脆風壞"應爲"脆瓦壞"》二文,則認爲"風壞"實作佛教喻指身形不可久住人間的"瓦坯"一語④。

　　詩歌比較研究方面的成果,多集中在王梵志詩與寒山詩比較研究上。陸永峰《王梵志詩、寒山詩比較研究》通過對王梵志詩、寒山詩進行的比較研究,重新審視兩者之間的異同⑤。金英鎮《試論王梵志詩與寒山詩之異同》從王梵志詩、寒山詩的世俗性與宗教性詩歌的内容以及藝術形式等方面,對兩者之間的異同進行了再討論⑥。朱迴遠《王梵志、寒山佛理勸善詩的異同》從内容和藝術上對王梵志、寒山佛教勸善詩的異同進行評析,認爲王梵志佛理勸善詩主要具有平民化傾向、寒山佛理勸善詩更多具有文人化傾向⑦。此外,盧巧琴、方梅二氏先後發表了《不同來源出處"王梵志"詩語言比較研究》《"王梵志"詩作的歸屬分類及其語言學分類》兩篇文章,對不同來源的王梵志詩進行對比研究⑧。前者對不同來源出處的王梵志詩的語言進行了對比研究,闡述其語言學差異和王梵志詩的歸屬分類;後者從整體風格、思想傾向、文化習俗、適用對象、語言結構層次、詞彙等方面,對不同來源的王梵志詩進行了更爲具體的對比研究。張娜《敦煌本王梵志詩異文研究》對王梵志詩寫本異文以及它們之間的關係也做了系統研究⑨。

　　也有學者從傳播學、民俗學的視角審視王梵志詩。金英鎮《王梵志詩和寒山詩在日本的影響》通過梳理寒山詩和王梵志詩在日本的傳抄情況,考察

---

① 曹翔《王梵志詩"阿你"釋義商兑——兼論王梵志詩異文整理之不足》,《中華文化論壇》2010 年第 1 期,第 148—150 頁。
② 曹翔《敦煌寫卷王梵志在漢語詞彙史上的研究價值》,《新疆大學學報》2016 年第 1 期,第 142—149 頁。
③ 朱慶之《王梵志詩"脆風壞"考》,《中國語文》2001 年第 6 期,第 565—566 頁。
④ 曾良、葉愛國《王梵志詩"脆風壞"討論二則》,《中國語文》2003 年第 6 期,第 547—548 頁。景盛軒《王梵志詩〈危身不自在〉之"脆風壞"應爲"脆瓦壞"》,《文獻》2006 年第 4 期,第 36 頁。
⑤ 陸永峰《王梵志詩、寒山詩比較研究》,《四川大學學報》1999 年第 1 期,第 110—111 頁。
⑥ 金英鎮《試論王梵志詩與寒山詩之異同》,《宗教研究》2000 年第 3 期,第 98—107 頁。
⑦ 朱迴遠《王梵志、寒山佛理勸善詩的異同》,《上海大學學報》2005 年第 1 期,第 42—45 頁。
⑧ 盧巧琴、方梅《不同來源出處"王梵志"詩語言比較研究》,《東北師大學報》2013 年第 3 期,第 157—160 頁;《"王梵志"詩作的歸屬分類及其語言學分類》,《蘭州學刊》2013 年第 3 期,第 204—206 頁。
⑨ 張娜《敦煌本王梵志詩異文研究》,哈爾濱師範大學碩士論文,2015 年。

了兩者在日本的流傳與影響①。崔丹《從支遁詩到王梵志詩：僧詩雅俗之變研究》以支遁詩、王梵志詩爲中心，對東晉至隋唐僧詩的演變過程進行了梳理②。朱迴遠《拿起另一把鑰匙——王梵志詩巧解》提出不能只用文字學和訓詁學的方法去研讀王梵志詩，還應該用民俗資料這把鑰匙去印證其詩③。梁德林《論王梵志“翻著襪法”》對王梵志詩中所體現的“翻著襪”寫作方式進行論述④。

P.2555+Дx.3871 寫卷保存的敦煌“陷蕃詩”，雖然既無編者也無編例，卻是有著“別集”特徵的詩歌叢抄。由於最早抄録“陷蕃詩”的王重民、向達二位先生將作者視爲敦煌陷蕃後被俘的敦煌漢人，學界因此將其稱爲“陷蕃詩”並給予較多關注。高嵩先生親自前往青海湖東側考察，不僅在《敦煌唐人詩集殘卷考釋》一書中對幾乎每首詩都作了繫年，而且其《〈敦煌唐人詩集殘卷〉的文學價值》對陷蕃詩的文學價值也予以探討⑤。柴劍虹《敦煌唐人詩集殘卷（伯 2555）初探》《敦煌 P.2555 卷“馬雲奇詩”辨》，對 P.2555 詩集詩抄寫卷的寫作背景、時代特色，以及寫卷與唐代内地文人詩作之間的關係等問題進行了探討，並認爲所謂 50 首佚名詩與另外 12 首“馬雲奇詩”的作者，均應是卷中胡笳第十九拍的作者毛押牙⑥。潘重規《敦煌唐人陷蕃詩集殘卷作者的新探測》與《續論敦煌唐人陷蕃詩集殘卷作者的新探測》、柴劍虹《研究唐代文學的珍貴資料：敦煌 P.2555 號唐人寫卷分析》、洪藝芳《敦煌陷蕃詩内容析論》也認爲陷蕃詩的真正作者是落蕃人毛押牙，且其生活年代當在敦煌陷蕃前後⑦。趙宗福《唐代敦煌佚名氏詩散論——〈敦煌唐人詩集殘卷〉研究之一》對寫卷中 59 首佚名詩的文學價值及反映的作者身世、思想感情、社會現實與地理風物進行討論⑧。陳國燦《敦煌五十九首佚名氏詩歷史背景新探》更爲細

① 金英鎮《王梵志詩和寒山詩在日本的影響》，《中國俗文化研究國際學術研討會論文集》，2002 年。
② 崔丹《從支遁詩到王梵志詩：僧詩雅俗之變研究》，河南師範大學碩士論文，2011 年。
③ 朱迴遠《拿起另一把鑰匙——王梵志詩巧解》，《遼寧大學學報》1995 年第 2 期，第 99—100 頁。
④ 梁德林《論王梵志“翻著襪法”》，《廣西師範學院學報》2007 年第 1 期，第 62—65 頁。
⑤ 高嵩《敦煌唐人詩集殘卷考釋》，銀川：寧夏人民出版社，1982 年。高嵩《〈敦煌唐人詩集殘卷〉的文學價值》，《社會科學》1980 年第 3 期，第 81—85 頁。
⑥ 柴劍虹《〈敦煌唐人詩集卷殘（伯 2555）〉初探》，《新疆師範大學學報》1982 年第 2 期，第 71—77 頁；後收入柴劍虹《西域文史論稿》，臺北：國文天地雜志社，1991 年，第 221—240 頁；又收入柴劍虹《敦煌吐魯番學論稿》，杭州：浙江教育出版社，2000 年，第 1—14 頁。《敦煌 P.2555 卷“馬雲奇詩”辨》，《中華文史論叢》1984 年第 2 輯，第 53—58 頁；後收入柴劍虹《西域文史論稿》，臺北：國文天地雜志社，1991 年，第 311—318 頁；又收入柴劍虹《敦煌吐魯番學論稿》，杭州：浙江教育出版社，2000 年，第 62—67 頁。
⑦ 柴劍虹《敦煌 P.2555 卷“馬雲奇詩”辨》，《漢學研究》1985 年第 1 期，第 41—54 頁；收入中國唐代學會編《唐代研究論集》，臺北：新文豐出版公司，1992 年，第 1—20 頁。柴劍虹《研究唐代文學的珍貴資料：敦煌 P.2555 號唐人寫卷分析》，《1983 年全國敦煌討論會文集 文史·遺書篇（下）》，蘭州：甘肅人民出版社，1987 年，第 79—98 頁；收入《敦煌吐魯番學論稿》，第 15—34 頁。洪藝芳《敦煌陷蕃詩内容析論》，項楚主編《敦煌文學論集》，成都：四川人民出版社，1997 年，第 181—182 頁。
⑧ 趙宗福《唐代敦煌佚名氏詩散論——〈敦煌唐人詩集殘卷〉研究之一》，《青海社會科學》1983 年第 6 期，第 71—78 頁。

緻地探討了作者籍貫身份、詩歌歷史背景、詩人南行任務等問題，認爲詩人爲求援兵於 910 年冬出使吐蕃，這 59 首紀行詩不僅反映了詩人途中見聞、感受，而且反映了吐蕃、西漢金山國與甘州回鶻之間的政治關係①。

　　《王梵志詩集》、P.2555+Дx.3871 寫卷“陷蕃詩”以外的敦煌詩集詩抄研究上，也有許多學者付出心血。比如，傅璇琮、賈晉華、盧新燕、王素對敦煌本《珠英學士集》進行了討論，孫欽善、吳肅森、張錫厚、邵文實、施淑婷對敦煌本《高適詩集》進行深入研究，馬德、李鼎文對《敦煌廿詠》寫本年代與思想內容加以探析，吳其昱、荒川正晴對《涉道詩》寫本年代、作者題署進行探討等②。其中，分量較重的成果有：王重民《敦煌古籍敍錄》、黃永武《敦煌古籍敍錄新編》對敦煌文獻中保存的先唐及唐人詩集詩抄考鏡源流並撰寫敍錄③。張錫厚《敦煌本唐集研究》對敦煌本《王績集》《故陳子昂集》《高適詩集》《李白詩集》等詩集詩抄的版本、源流、著錄情況與研究價值進行了專門探討④。徐俊《敦煌詩集殘卷輯考》結合傳世文獻辨析寫本特徵，對王梵志詩以外的六十三種詩集詩抄作了極爲精彩的輯考⑤。

（三）敦煌零散詩歌研究

　　零散抄寫的各類敦煌文書中的詩歌作品，在抄寫行款、題署方式等方面，與敦煌詩集詩抄有著明顯區別。既有格律嚴謹的律詩、內容完整的禪詩，也有抄寫隨意、內容殘缺的學郎詩。敦煌零散詩歌方面的研究，也有衆多學者付出大量心血。比如，陳祚龍在《敦煌學海探珠》《中華佛教文化史散策》《敦煌學林劄記》《敦煌學園零拾》等著作中，對敦煌文獻所見釋氏歌偈進行了輯錄、考論⑥。顏廷亮先生《敦煌文學》《敦煌文學概論》《敦煌文學千年史》以及

---

　　① 陳國燦《敦煌五十九首佚名氏詩歷史背景新探》，《敦煌吐魯番研究》第二卷，北京：北京大學出版社，1996 年，第 87—100 頁；修訂後收入陳氏《敦煌學史事新證》，蘭州：甘肅教育出版社，2002 年，第 497—515 頁。

　　② 傅璇琮《唐人選唐詩新編》，臺北：文史哲出版社，1999 年。賈晉華《唐代集會總集與詩人群研究》，北京：北京大學出版社，2001 年。盧燕新《論崔融〈珠英學士集〉及其“官班爲次”的編輯體例》，《山西大學學報》2014 年第 4 期，第 30—34 頁。王素《敦煌本〈珠英集‧帝京篇〉作者考實》，《敦煌研究》2017 年第 1 期，第 87—90 頁。孫欽善《〈高適集〉校敦煌殘卷記》，《文獻》1983 年第 3 期，第 35—55 頁。吳肅森《敦煌殘卷高適佚詩初探》，《敦煌研究》1985 年第 3 期，第 85—91 頁。張錫厚《敦煌本〈高適詩集〉考述》，《文獻》1995 年第 4 期，第 21—46 頁；修改完善後又發表於《敦煌研究》1996 年第 1 期，第 83—97 頁。邵文實《敦煌遺書 P.3812 中所見高適詩考辨》，《文獻》1997 年第 1 期，第 148—155 頁。施淑婷《敦煌寫本高適詩研究》，收入《敦煌的唐詩續編》，臺北：文史哲出版社，1989 年。馬德《〈敦煌廿詠〉寫本年代初探》，《敦煌研究》1983 年第 1 期，第 179—186 頁。李鼎文《讀〈敦煌廿詠〉》，《西北師大學報》1983 年第 4 期，第 39—43 頁。吳其昱《李翔及其涉道詩》，古岡義豐編《道教研究》第 1 編，昭森社，1985 年，第 271—299 頁。荒川正晴《復旦學報》2001 年第 3 期，第 127—131 頁。

　　③ 王重民《敦煌古籍敍錄》，北京：中華書局，1979 年。王重民、黃永武《敦煌古籍敍錄新編》，臺北：新文豐出版公司，1986 年。

　　④ 張錫厚《敦煌本唐集研究》，臺北：新文豐出版公司，1995 年。

　　⑤ 徐俊《敦煌詩集殘卷輯考》，北京：中華書局，2000 年。

　　⑥ 陳祚龍《敦煌學海探珠》，臺北：商務印書館，1979 年；《中華佛教文化史散策》，臺北：新文豐出版公司，1979—1981 年；《敦煌學園零拾》，臺北：商務印書館，1986 年；《敦煌學林劄記》，臺北：商務印書館，1987 年。

伏俊璉《敦煌文學總論》對敦煌詩歌進行了超越前人的綜合介紹①。項楚先生《敦煌詩歌導論》第一次對敦煌詩歌作了全面而精闢的闡述②。孫其芳《大漠遺歌：敦煌詩歌選評》對部分敦煌詩歌作品進行了注釋與評析③。洪帥《敦煌詩歌詞彙研究》對敦煌詩歌詞彙的特點、新詞、新義進行了系統研究④。張子開《敦煌文獻中的白話禪師》《敦煌佛教文獻中的白話詩》二文，較爲全面地介紹和分析了敦煌文獻中的白話詩偈，主張將佛教白話詩偈納入中國俗文學尤其是佛教俗文學研究範圍内⑤。王卡《唐代道教女冠詩歌的瑰寶——敦煌本〈瑶池新詠〉校讀記》、賈晉華《〈瑶池新詠集〉與三位唐代女道士詩人：中國古代女性詩歌發展的新階段》、榮新江《新見俄藏敦煌唐詩寫本三種考證及校録》與《唐蔡興風編〈瑶池新詠〉重研》等，對敦煌本女冠詩歌進行校録並研究⑥。徐俊《敦煌學郎詩作者問題考略》、鄭阿財《敦煌寫本中有趣的學童打油詩》、楊秀清《淺談唐、宋時期敦煌地區的學生生活——以學郎詩和學郎題記爲中心》、郭麗《唐代中原兒童詩與敦煌學郎詩的異同及教育成因論析》等，對敦煌學郎詩作了較爲全面的探討⑦。楊寶玉《〈張淮深碑〉抄件卷背詩文作者考辨》結合敦煌史實與其他敦煌文書，對《張淮深碑》抄件卷背所存詩歌作者信息進行分析歸納，認爲卷背所抄詩歌作者當爲歸義軍時期的敦煌名士張球⑧。侯成成《敦煌本〈證道歌〉再探討》結合傳世文獻與石刻資料，對《證道歌》寫本的題署、作者、抄寫時間與文本内容進行探討⑨。

這一時期的零散詩歌研究中，尤以敦煌本《秦婦吟》取得成果最多。俞平伯《讀陳寅恪〈秦婦吟〉校箋》就秦婦離開長安的具體時間、韋莊諱言《秦婦吟》的真實緣由等問題，提出了幾點與陳寅恪先生論説不同的意見⑩。馬茂

① 顔廷亮《敦煌文學》，蘭州：甘肅人民出版社，1989 年；《敦煌文學概論》，1993 年；《敦煌文學千年史》，北京：人民文學出版社，2013 年。伏俊璉《敦煌文學總論》，蘭州：甘肅教育出版社，2013 年。

② 項楚《敦煌詩歌導論》，臺北：新文豐出版公司，1993 年；成都：巴蜀書社，2001 年。

③ 孫其芳《大漠遺歌：敦煌詩歌選評》，蘭州：甘肅人民出版社，2000 年。

④ 洪帥《敦煌詩歌詞彙研究》，北京：光明日報出版社，2013 年。

⑤ 張子開《敦煌文獻中的白話禪詩》，《敦煌學輯刊》2003 年第 1 期，第 81—91 頁；《敦煌佛教文獻中的白話詩》，《宗教學研究》2003 年第 4 期，第 44—53 頁。

⑥ 王卡《唐代道教女冠詩歌的瑰寶——敦煌本〈瑶池新詠〉校讀記》，《中國道教》2002 年第 4 期，第 10—13 頁。賈晉華《〈瑶池新詠集〉與三位唐代女道士詩人：中國古代女性詩歌發展的新階段》，《華文文學》2014 年第 4 期，第 25—37 頁。榮新江、徐俊《新見俄藏敦煌唐詩寫本三種考證及校録》，《唐研究》第五卷，北京：北京大學出版社，1999 年，第 59—80 頁。徐俊《唐蔡興風編〈瑶池新詠〉重研》，《唐研究》第七卷，北京：北京大學出版社，2001 年，第 125—144 頁。

⑦ 徐俊《敦煌學郎詩作者問題考略》，《文獻》1994 年第 2 期，第 14—23 頁。鄭阿財《敦煌寫本中有趣的學童打油詩》，《嘉義青年》1998 年第 11 期，第 13—15 頁。楊秀清《淺談唐、宋時期敦煌地區的學生生活——以學郎詩和學郎題記爲中心》，《敦煌研究》1999 年第 4 期，第 137—146 頁。郭麗《唐代中原兒童詩與敦煌學郎詩的異同及教育成因論析》，《古籍整理研究學刊》2016 年第 1 期，第 61—67 頁。

⑧ 楊寶玉《〈張淮深碑〉抄件卷背詩文作者考辨》，《敦煌學輯刊》2016 年第 2 期，第 31—38 頁。

⑨ 侯成成《敦煌本〈證道歌〉再探討》，《敦煌學輯刊》2016 年第 4 期，第 29—38 頁。

⑩ 俞平伯《讀陳寅恪〈秦婦吟〉校箋》，《文史》第 13 輯，北京：中華書局，1982 年，第 237 頁。

元、劉初棠《〈秦婦吟〉注》在簡要敍述韋莊生平的同時,探討了《秦婦吟》的歷史地位和歷史意義,對《秦婦吟》的内容做了詳細注解①。黄廣生《韋莊自禁〈秦婦吟〉原因再析》認爲韋莊自禁《秦婦吟》的真正原因在於,蜀主王建曾是楊復光統領下的八都大將之一,而《秦婦吟》恰有毀傷楊復光軍的嫌隙②。這種觀點雖然前人已有提出,但黄廣生在文章中給予了比前人詳細的解説。而張天健《〈秦婦吟〉諱因考》則認爲孫光憲《北夢瑣言》的説法可信,即韋莊是針對"公卿垂訝""謗議横生"而自禁該詩③。秦方瑜《堪與〈長恨歌〉媲美的史詩——〈秦婦吟〉》、周嘯天《評韋莊〈秦婦吟〉》、韓雲波《韋莊〈秦婦吟〉失傳之謎新探》三篇文章,對《秦婦吟》的思想内容和藝術手法給予很高評價,認爲該詩能夠繼承杜甫、白居易現實主義創作手法,全面反映當時社會矛盾與現實狀況④。牖人《論〈秦婦吟〉的藝術真實》在梳理《秦婦吟》研究史的同時,對《秦婦吟》的歷史真實性作了考述⑤。高國藩《敦煌本〈秦婦吟〉新論》在分析該詩思想内涵的同時,通過梳理寫本題記來説明歸義軍時期《秦婦吟》傳播之盛⑥。周容良《〈秦婦吟〉的起落與再認識》對《秦婦吟》的多舛命運與藝術價值進行評價⑦。張學松《〈秦婦吟〉主旨新論》認爲《秦婦吟》的主旨,是對戰爭的批判和和平的向往,表現了人類追求平等的本性⑧。劉波《韋莊〈秦婦吟〉之女性主義解析》以陳寅恪《讀〈秦婦吟〉》爲研究底本,從女性主義的研究視角,揭示了《秦婦吟》所藴含之女性在危難中的忍辱抗爭精神⑨。曹麗芳《韋莊在廣明元年至中和三年的行跡》詳細考證了韋莊自廣明元年(880)至中和三年(883)這段時間的行蹤⑩。張學松《小説化的詩——〈秦婦吟〉藝術探微》《論中國古代第一篇小説化長詩〈秦婦吟〉》兩文闡述了《秦婦吟》虛構性的處理手法,對其與唐傳奇創作手法上的相似性進行探討,稱其爲"中國古代第一篇小説化長詩"⑪。吳淑玲《論敦煌唐寫本〈秦婦吟〉的傳播學價值》從唐詩傳

---

① 馬茂元、劉初棠《〈秦婦吟〉注》,《中華活頁文選》,上海:上海古籍出版社,1983 年,第 155 頁。
② 黄廣生《韋莊自禁〈秦婦吟〉原因再析》,《吉林大學學報》1979 年第 4 期,第 57—60 頁。
③ 張天健《〈秦婦吟〉諱因考》,《河南大學學報》1985 年第 2 期,第 61—64 頁。
④ 秦方瑜《堪與〈長恨歌〉媲美的史詩——〈秦婦吟〉》,《西南民族學院學報》1985 年第 3 期,第 65—68 頁。周嘯天《評韋莊〈秦婦吟〉》,《天府新論》1987 年第 6 期,第 85—87 頁。韓雲波《韋莊〈秦婦吟〉失傳之謎新探》,《唐都學刊》1993 年第 2 期,第 33—36 頁。
⑤ 牖人《論〈秦婦吟〉的藝術真實》,《文學評論》1987 年第 2 期,第 138—147 頁。
⑥ 高國藩《敦煌本〈秦婦吟〉新論》,《許昌學院學報》1987 年第 3 期,第 60—64 頁。
⑦ 周容良《〈秦婦吟〉的起落與再認識》,《青海民族學院學報》1996 年第 3 期,第 72—77 頁。
⑧ 張學松《〈秦婦吟〉主旨新論》,《河南師範大學學報》2001 年第 6 期,第 94—96 頁。
⑨ 劉波《韋莊〈秦婦吟〉之女性主義解析》,《蘭州學刊》2006 年第 4 期,第 56—58 頁。
⑩ 曹麗芳《韋莊在廣明元年至中和三年的行跡》,《古典文學知識》2009 年第 4 期,第 136—140 頁。
⑪ 張學松《小説化的詩——〈秦婦吟〉藝術探微》,《唐代文學研究》第 11 輯,南寧:廣西師範大學出版社,2006 年,第 752—756 頁。《論中國古代第一篇小説化長詩〈秦婦吟〉》,《中州學刊》2006 年第 6 期,第 178—181 頁。

播的角度初步論述了《秦婦吟》的研究價值①。張美麗《韋莊〈秦婦吟〉研究述評》從藝術、思想和諱言原因三個方面,對百年來《秦婦吟》的研究進行了概況和總結②。近年來,田衛衛從研究綜述、寫本文獻與詩歌傳播的角度,接連發表了《〈秦婦吟〉敦煌寫本研究綜述》《〈秦婦吟〉之敦煌傳播新探——學仕郎、學校與詩學教育》和《〈秦婦吟〉敦煌寫本新探——文本概觀與分析》等三篇較有分量的論文,超越了以往傾向於寫本校箋、藝術思想及諱言原因的研究範式。其中,《〈秦婦吟〉敦煌寫本研究綜述》在整體回顧《秦婦吟》研究史的基礎上,著意總結了近二十年來《秦婦吟》的研究進展,並進一步分析了《秦婦吟》寫本研究的發展趨勢③。田衛衛《〈秦婦吟〉之敦煌傳播新探——學仕郎、學校與詩學教育》根據《秦婦吟》寫本題記梳理了《秦婦吟》在敦煌地區的傳播情況,並分析其作爲教育內容進行傳播的範圍和內容④;《〈秦婦吟〉敦煌寫本新探——文本概觀與分析》對目前已知的《秦婦吟》寫本按照裝幀方式進行了敍述與分析,同時梳理《秦婦吟》寫本的題記、雜字、正背文字所屬文獻等情況⑤。

五、結　　語

中國是詩歌的國度,藝術高超,士庶传播。自第一部詩歌總集《詩經》迄今,佳句名篇迭出,詩人燦若星河。詩歌始終是我國重要的文學創作樣式。根據介質與方法的不同,詩歌發展歷程大致可劃分爲如下四個階段:口傳時代、寫本時代、刻本時代和數字時代。其中,寫本時代又經歷了簡帛時期與手寫紙本時期。簡帛時期以簡牘帛書爲主要載體。肇端於先秦時期,直到東晉纔被紙本逐漸取代;手寫紙本時期以紙本爲主要載體,以傳抄爲主要傳播方式。始自東晉,經唐五代而盛,至北宋初年印刷術得到普及應用後逐漸衰弱。古典文獻學對詩歌進行研究,是建立在刻本詩集基礎上。因此,刻本時代詩集的版本源流與詩歌的傳播過程已然明晰。但由於過去研究材料的匱乏,寫本時代的詩歌傳播情形還不清楚。20 世紀初莫高窟藏經洞發現的唐五代詩

---

①　吳淑玲《論敦煌唐寫本〈秦婦吟〉的傳播學價值》,《唐代文學研究》第 12 輯,南寧:廣西師範大學出版社,第 772—783 頁。

②　張美麗《韋莊〈秦婦吟〉研究述評》,《文化月刊》2008 年第 4 期,第 44—48 頁。

③　田衛衛《〈秦婦吟〉敦煌寫本研究綜述》,《敦煌學輯刊》2014 年第 4 期,第 153—161 頁。

④　田衛衛《〈秦婦吟〉之敦煌傳播新探——學仕郎、學校與詩學教育》,《敦煌研究》2015 年第 5 期,第 81—92 頁。

⑤　田衛衛《〈秦婦吟〉敦煌寫本新探——文本概觀與分析》,《敦煌研究》2015 年第 5 期,第 81—92 頁。

歌寫本,爲探討該問題提供了寶貴第一手資料①。

敦煌文獻保存的詩歌作品,均是以手寫紙本形態呈現在世人面前。唐代以前的敦煌詩歌,主要是《詩經》《楚辭》《文選》《玉臺新詠》等經典文獻及其注疏本,以及《類林》《兔園册府》等敦煌類書徵引的先唐詩歌、散見於其他文學寫本中的先唐詩歌;唐五代時期的敦煌詩歌,内容多彩、數量豐富,既是敦煌文獻保存詩歌的主體部分,也更能反映唐五代社會的詩歌盛況。由於敦煌歷史發展的特殊性,唐五代時期的敦煌歷史,大致可以分爲唐前期、吐蕃管轄時期、歸義軍時期三個階段。而歸義軍時期又經歷了張氏歸義軍、西漢金山國、曹氏歸義軍三個時期。莫高窟保存的敦煌文獻中,不僅有世所不存的文學寫本,而且還有大量内容豐富的世俗文書與宗教經典。其中,尤以歸義軍時期的詩歌寫本與世俗文書最爲豐富。這就爲瞭解寫本時代敦煌地區詩歌傳播的過程與現場提供了珍貴材料。同時,它的意義還體現爲多元文化背景下陸上絲綢之路漢文化的延續,以及詩歌傳播在中國古代文化史上的通性。伴隨目前"寫本學"研究的熱潮,敦煌詩歌文獻的手寫紙本形態及其民間傳播功能,應成爲未來學界關注熱點。

基金項目: 2016 年國家社科基金重大項目"5—11 世紀中國文學寫本整理、編年與綜合研究"(批准號: 16ZDA175)階段性成果。

---

① 敦煌文獻的寫本特徵已成爲學界關注熱點,潘重規、金榮華、林聰明、榮新江、張涌泉、黄征、郝春文、鄭阿財、伏俊璉等學者對此均有探討。潘重規《敦煌俗字譜》、金榮華《敦煌俗字索引》、張涌泉《漢語俗字研究》與《敦煌俗字研究》、黄征《敦煌俗字典》等論著,相繼揭示出敦煌寫本的文字特徵。林聰明《敦煌文書學》、榮新江《敦煌學十八講》、張涌泉《敦煌寫本文獻學》分別提出了"敦煌文書學""敦煌寫本學""寫本文獻學"概念,對敦煌文獻的寫本特徵進行系統探討。郝春文師在《敦煌寫本學與中國古代寫本學》一文中認爲,榮新江先生倡導的"敦煌寫本學"名稱更能涵括敦煌寫本研究各方面的内容。鄭阿財《論敦煌俗字與寫本學之關係》充分論證了敦煌俗字與寫本時代、寫本真偽之間的關係。近期,伏俊璉師中標的國家社科基金重大項目"5—11 世紀中國古代文學寫本整理、編年與綜合研究",也將敦煌文學寫本作爲項目子課題進行專題研究。期待早日看到該項目的研究成果。

劉薩訶研究綜述

紀應昕（蘭州大學）

劉薩訶，東晉末到南北朝初期有名的高僧，其事蹟在佛教典籍、碑記、石窟壁畫、文學作品、民間信仰和傳説中多有記載。對劉薩訶的研究，國内外學術界已經持續了上百年，不斷有新的成果問世。本文擬對百年來學界關於劉薩訶的相關研究進行回顧並提出自己的思考。

一、劉薩訶相關文獻的記載

劉薩訶的籍貫、名號、事蹟、傳説等在佛典和正史中均有收録，材料較爲豐富，如南朝王琰的《冥祥記》；梁釋慧皎《高僧傳》，姚思廉《梁書》；唐釋慧宣《續高僧傳》《廣弘明集》《集神州三寶感通録》《釋迦方志》《道宣律師感通録》，唐釋道世《法苑珠林》；宋釋志磬《佛祖統紀》，宋樂史《太平寰宇記》以及敦煌遺書 P.3570、P.2680、P.3727《劉薩訶和尚因緣記》等。"薩訶"這個名字在不同的記載中有不同的寫法，如《冥祥記》中爲"薩荷""屑荷"；《高僧傳》中爲"薩河"；《梁書》《南史》中爲"薩何"；敦煌本《劉薩訶因緣記》中爲"薩訶"；《續高僧傳》中爲"窣荷"等。僅《集神州三寶感通録》一書就有"薩荷""薩何""薩訶""蘇和"四種寫法。追其本源，應是稽胡語"薲繭"的不同音譯①。劉薩訶是稽胡族，這一點在各種典籍中的記載是較一致的。稽胡族是包括匈奴、胡人以及當地人的"雜胡"②，在魏晉南北朝時期生活在今陝西、山西交界的山谷中，以遊牧、狩獵爲業，後來逐漸與漢族融合。現將有關劉薩訶的文獻資料擇録於下：

（一）《法苑珠林》卷八十六《冥祥記》載：晉沙門慧達，姓劉名薩荷，西河離石人也。未出家時，長於軍旅。不聞佛法，尚氣武，好畋獵。年三十一，暴病而死。體尚温柔。家未殮，至七日而蘇。説云將盡之時，見有兩人執縛將去。有人執筆，北面而立，謂荷曰："在襄陽時，何故殺鹿？"跪答曰："他人射鹿，我加創耳。又不啖肉，何緣受報？"奉法精勤，遂即出家。字曰慧達。太元末（396），尚在京師。後往許昌，不知所終。

（二）梁慧皎《高僧傳》卷十三"興福第八"《釋慧達一》：釋慧達，姓劉，本名薩河，并州西河離石人。少好田獵。年三十一，忽如暫死，經日還蘇，備見

---

① 尚麗新《高僧劉薩訶的傳説》，《文史知識》2006 年第 5 期，第 102—108 頁。
② 林幹《稽胡（山胡）略考》，《社會科學戰綫》1984 年第 1 期，第 148—156 頁。

地獄苦報，見一道人云是其前世師，爲其説法訓誨，令出家，往丹陽、會稽、吳郡覓阿育王塔像，禮拜悔過，以懺先罪。既醒，即出家學道，改名慧達。精勤福業，唯以禮懺爲先。晉寧康中（373—375），至京師。先是簡文皇帝於長幹寺造三層塔。晉太元十六年（391），孝武更加爲三層。達東西觀禮，屢表徵驗，精勤篤屬，終年無改。後不知所之。

（三）《續高僧傳》卷二十五"感通篇"《魏文成沙門釋慧達傳》載：釋慧達，姓劉，名窣和，本咸陽東北三城定陽稽胡也。先不事佛，目不識字，爲人凶頑，勇健多力，樂行獵射，爲梁城突騎，守於襄陽。父母兄弟三人並存。居家大富，豪侈鄉閭，縱橫不理。後因酒會遇疾，命終備睹地獄衆苦之相。廣有別傳，具詳聖跡。達後出家，住於文成郡，今慈州東南高平原，即其生地矣，見有廟像，戎夏禮敬，處於治下安民寺中。曾往吳越，備如前傳。元魏太武太延元年（435）。（達）流化將訖，便事西返。行及涼州番禾郡東北望禦谷而遥禮之。人莫有曉者，乃問其故。達云："此崖當有像現。若靈相圓備，則世樂時康；如其有闕，則世亂民苦。"達行至肅州酒泉縣城西七里石澗中死。其骨並碎，如葵子大，可穿之。爾後八十七至正光（520）初。忽大風雨，雷震山裂，挺出石像。舉身丈八，形相端嚴，惟無有首。登即選石命工，雕鑴別頭。安訖還落，因遂任之。逮（北）周元年（557）。治涼州城東七澗，忽有光現，徹照幽顯，觀者異之，乃像首也。便奉至山岩安之，宛然符會。儀容雕缺四十餘年，身首異所二百餘里，相好還備，太平斯在。（周）保定元年（561），置爲瑞像寺焉。建德初（572—578），像首頻落。大塚宰及齊王，躬往看之，乃令安處，夜落如故，乃經數十。後周滅佛法，僅得四年（575），鄰國殄喪。識者察之方知先鑒。雖遭廢除，像猶特立。開皇（581—600）之始，經像大弘，裝飾尊儀，更崇寺宇。大業五年（609），（隋）煬帝躬往禮敬厚施，重增榮麗。因改舊額爲感通寺焉。故令模寫傳形，量不可測。約指丈八，臨度終異。致令發信，彌增日新。余以貞觀初歷遊關表，故謁訶之本廟。圖像儼肅，日有隆敬。自石、隰、慈、丹、延、綏、威、嵐等州，並圖寫其形所在供養，號爲劉師佛焉。因之懲革胡性，奉行戒二十五約者殷矣。見姚道安製像碑。

（四）P.3570v《劉薩訶和尚因緣記》載：和尚俗姓劉氏，字薩訶，丹州楊人也。性好遊獵，多曾煞鹿。後忽卒亡，乃被鬼使擒捉，領至閻羅王所。問薩訶："汝曾煞鹿以否？"薩訶因即詆毀。須臾乃見怨家競來相證。即便招承。聞空中唱聲："薩訶爲鹿。"當即身變成鹿，隨被箭射，□下迷悶，無所覺知。即時又複人身，唯見諸地獄中罪人無數，受諸苦毒。和尚遍歷諸獄。忽見友人王叔談在兹受罪，乃囑和尚曰："若欲至人間，請達音耗，謂我妻男設齋造像，以濟幽冥。"更有無數罪人皆來相囑。又見亡過伯父在王左右，逍遥無事。和尚問伯父:"何得免其罪苦?"伯父報云:"我平生之日曾與衆人臘月八日共相浴佛,兼許施粟六碩。承此福力,雖處三途,且免諸苦。然吾當發心,舍粟六碩,三石已還,三石未付。忽悠之間,吾身已逝。今若施粟福盡,即受不還粟三石妄語之罪。汝可令家人速爲填納,即得生處,免歷幽冥也。"又見觀世音菩薩處處救諸罪人,語薩訶言:"汝今欲活,可能便作沙門以否?"和尚依然,已有廣利群品之心。言訖而墮高山,割(豁)然醒悟。即便出家,廣尋聖跡,但是如來之行菩薩行處,悉已到之,皆起塔供養,乃獲聖瑞,所到之處,無不欽迎。於是驢耳王焚香敬禮千拜,和尚以水灑之,遂複人耳。王乃報恩,造和尚形象欲送定陽,驚(擎)舉之人若有信心之士,一二人可勝;若無信心,雖百數終不能舉。又道安法師碑記云:"魏時劉薩訶仗錫西遊至番禾,望禦容山遙禮。弟子怪而問之,和尚受(授)記:'後此有瑞像現。'果如其言。"和尚西至五天,曾感佛鉢出現。以政(正)始九年十月廿六日,欲至秦州敷化。返西,遊至酒泉遷化,於今塔現在。焚身之所有舍利,至心求者皆得,形色數般。莫高窟亦和尚受(授)記,因成千龕者也。

二、劉薩訶的研究

從 20 世紀 70 年代開始,圍繞劉薩訶生平事蹟、番禾瑞像文獻和文物資料的解讀、《劉薩訶和尚因緣記》的校讀等問題,學術界展開了熱烈的討論,並發表了大量相關研究論著。主要研究成果有:

(一) 初探期(20 世紀 70 年代)

這一時期發表的文章論著不多,主要有陳祚龍先生《劉薩訶研究——敦煌佛教文獻解析之一》[①]。此文可稱之爲開山之作,爲今後的研究提供了一個高水準的起點。

陳祚龍利用敦煌資料和其他相關史料對劉薩訶的生平、事蹟作了深入的研究,認爲劉薩訶是東晉元魏時期人,生於東晉穆帝永和元年(345),行跡於東晉寧康年間(374),到過吳郡、貿縣,後返河西,北魏延和三年(434)抵番禾,太延元年(435)在秦州、涼州活動,公元 436 年卒於酒泉,享年 92 歲。他從凡夫俗子成爲高僧,深受人們崇拜。此文的發表引起了專家學者們的關注,並使劉薩訶的研究成爲學術界的熱點。

(二) 推進時期(20 世紀 80—90 年代)

這一時期,對劉薩訶的研究主要集中在其生平、事蹟的考訂和相關文獻、文物的彙集、考釋和解讀方面。

---

① 陳祚龍《劉薩訶研究——敦煌佛教文獻解析之一》,《華岡佛學學報》1973 年第 3 期,第 33—56 頁。

　　史葦湘《劉薩訶與敦煌莫高窟》①對莫高窟壁畫、塑像、絹畫加以解讀,爲劉薩訶的生平事蹟提出了一些有價值的觀點。史葦湘認爲劉薩訶出生於并州西河離石,出家後行跡於東南丹陽、會稽、吳郡、建業等地,還遊歷過天竺。孫修身對劉薩訶的研究較爲詳細,其中《莫高窟佛教史跡畫介紹(三)》②《莫高窟佛教史跡畫介紹(四)》③《莫高窟佛教史跡故事畫考釋(五)》④《斯坦因〈千佛圖録〉圖版十三的内容考釋》⑤是對莫高窟佛教史跡畫的考釋;《劉薩訶和尚事蹟考》⑥《劉薩訶和尚因緣故事》⑦《從凡夫俗子到一代名僧的劉薩訶》⑧是當時對劉薩訶平生事蹟研究最爲詳細的文章;《古涼州番禾縣調查記》⑨《〈涼州禦山石佛瑞像因緣記〉考釋》⑩這兩篇文章是孫修身在番禾故地進行實地調查時發現一尊與莫高窟所見形象相同的番禾瑞像,經考證,推測其爲文獻中所記載番禾瑞像的原物,結合這一發現,又對武威出土的擬名“涼州禦山石佛瑞像因緣記”的石碑進行解讀而寫成的。孫修身的一系列發現引起了學術界對劉薩訶其人的廣泛關注。饒宗頤《劉薩河事蹟與瑞像圖》⑪一文,把史傳上有關慧達的資料分類,並將劉薩訶故事的演變分爲三個階段:第一,側重他在吳越的活動與佛教感應的事情;第二,側重他在西域地區的涼州番禾郡禦谷禮佛,預言當有像現,詳述其出生地與稽胡的關係;第三,把敦煌流傳的劉薩訶傳説分類加以説明,認爲有關劉薩訶的史料中道宣的記載可信。霍熙亮《莫高窟第72窟及其南壁劉薩訶與涼州聖容瑞像史跡變》⑫是在極其艱苦的環境下完成的一篇非常重要的文章,因爲第72窟自晚唐、五代開鑿之後就遭水浸,後來又被風沙掩埋,下部壁畫幾乎完全消失,霍先生借助燭光經過幾個月的艱苦努力完成了一幅綫描圖,爲學術界研究第72窟南壁壁畫提供了最爲全面細緻的材料。魏普賢《敦煌寫本和石窟中的劉薩訶傳説》《劉薩訶和莫高窟》⑬兩篇文章利用《大藏經》和敦煌文獻文物對劉薩訶的傳説作了細緻

　　① 史葦湘《劉薩訶與敦煌莫高窟》,《文物》1983年第6期,第5—13頁。
　　② 孫修身《莫高窟佛教史跡畫介紹(三)》,《敦煌研究》1983年第2期,第101—107頁。
　　③ 孫修身《莫高窟佛教史跡畫介紹(四)》,《敦煌研究》1983年(創刊號),第41—46頁。
　　④ 孫修身《莫高窟佛教史跡故事畫考釋(五)》,《敦煌研究》1985年第3期,第63—70頁。
　　⑤ 孫修身《斯坦因千佛圖録圖版十三的内容考釋》,《西北史地》1984年第3期,第87—94頁。
　　⑥ 孫修身《劉薩訶和尚事蹟考》,敦煌文物研究所編《1983年全國敦煌學術研討會論文·石窟藝術論(上)》,蘭州:甘肅人民出版社,1985年,第272—310頁。
　　⑦ 孫修身《劉薩訶和尚因緣故事》,《陽關》1983年第1期。
　　⑧ 孫修身《從凡夫俗子到一代名僧的劉薩訶》,《文史知識》1988年第8期,第81—84頁。
　　⑨ 孫修身《古涼州番禾縣調查記》,《西北民族文叢》1983年第3期,第147—154頁。
　　⑩ 孫修身、党壽山《涼州禦山石佛瑞像因緣記考釋》,《敦煌研究》1983(創刊號),第102—107頁。
　　⑪ 饒宗頤《劉薩河事蹟與瑞像圖》,段文傑主編《1987年敦煌石窟研究國際討論會論文集》,瀋陽:遼寧美術出版社,1990年,第336—349頁。
　　⑫ 霍熙亮《莫高窟第72窟及其南壁劉薩訶與涼州聖容瑞像史跡變》,《文物》1993年第2期,第32—47頁。
　　⑬ 謝和耐著,耿昇譯《法國學者敦煌學論文選萃》,北京:中華書局,1993年,第430—436、464—475頁。

的考訂。張寶璽《聖容寺與“涼州山開瑞像現”》①、杜斗城《劉薩訶與涼州番禾望禦山“瑞像”》②都是在孫修身的相關研究基礎上展開進一步研究的。馬德《敦煌文書題記資料零拾》③公佈了《宋乾德六年修涼州感通寺記》,該遺址中現仍保留有五代、宋之際(相當於敦煌的曹氏歸義軍時代前期)營修的痕跡,爲研究五代、宋代番禾瑞像的情況提供了一條資料。張瑞芬《從〈冥報記〉到〈劉薩訶和尚因緣記〉看唐代釋氏輔教書的幾個特色》④、鄭阿財《敦煌佛教靈應故事綜論》⑤等從敍事、小説的角度來探討劉薩訶的冥遊故事。周紹良《唐代的變文及其它》⑥、伏俊璉《論變文與講經文的關係》⑦等是從文體的角度來探討“因緣記”與變文的關係。還有張先堂《S.4654〈薩訶上人寄錫雁閣留題並序〉校與初探》⑧、汪泛舟《〈薩訶上人寄錫雁閣留題並序呈獻〉再校與新論》⑨、劉銘恕《劉薩訶與敦煌》⑩等文章都是對《因緣記》之外的敦煌文獻的發現和解讀。

(三) 深化期(21 世紀至今)

這一時期,隨著研究視野的拓展、研究水準的提高,新資料、新認識的出現,在前輩學者研究的基礎上,一批年輕學者對劉薩訶的研究有了新的認識與發展,研究領域相對擴大,進一步延伸到了宗教、藝術、文學等方面,對一些問題觸及的深度也有所增强。

(1) 文獻新考與文學

王國良《〈劉薩訶和尚因緣記〉探究》⑪對《劉薩訶和尚因緣記》進行了重新校録,所做箋釋比較全面,對相關問題的考證緊緊圍繞文本,校注品質頗高。吳浩軍的《酒泉劉薩訶資料輯釋》⑫匯輯並考釋了《肅鎮華夷志》《重修肅州新志》《西峰寶刹碑記》中與劉薩訶相關的資料,從而探討了劉薩訶在遷化於酒泉時所留下的一些遺跡。尚麗新《敦煌本〈劉薩訶因緣記〉解讀》⑬論述

---

① 張寶璽《聖容寺與涼州山開瑞像現》,《甘肅日報》1984 年 10 月 7 日。
② 杜斗城《劉薩訶與涼州番禾望禦山瑞像》,《敦煌研究院編段文傑敦煌研究五十年紀念文集》,北京: 世界圖書出版公司北京公司,1996 年,第 162—166 頁。
③ 馬德《敦煌文書題記資料零拾》,《敦煌研究》1994 年第 3 期,第 111 頁。
④ 張瑞芬《從冥報記到劉薩訶和尚因緣記看唐代釋氏輔教書的幾特色》,臺灣中興大學中國文學系編《通俗文學與雅正文學第二屆全國學術研討會論文集》,臺北: 新文豐出版公司,1998 年,第 121—152 頁。
⑤ 鄭阿財《敦煌佛教靈應故事綜論》,法鼓山中華佛學研究所編《佛學與文學——佛教文學與藝術學術研討會論文集 · 文學部分》,臺北: 法鼓文化事業股份有限公司,1998 年,第 121—152 頁。
⑥ 周紹良《唐代的變文及其它》,《文史知識》1985 年第 12 期、1986 年第 1 期。
⑦ 伏俊璉《論變文與講經文的關係》,《敦煌研究》1999 年第 3 期,第 101—108 頁。
⑧ 敦煌研究院文獻研究所《敦煌佛教文獻研究》,蘭州: 蘭州大學出版社,1995 年,第 32—46 頁。
⑨ 汪泛舟《〈薩訶上人寄錫雁閣留題並序呈獻〉再校與新論》,《敦煌研究》1997 年第 1 期,第 134—140 頁。
⑩ 劉銘恕《敦煌遺書考》,《文史》1988 年第 29 輯,第 286 頁。
⑪ 王國良《劉薩訶和尚因緣記探究》,《新世紀敦煌學論集》,成都: 巴蜀書社,2003 年,第 582—597 頁。
⑫ 吳浩軍《酒泉劉薩訶資料輯釋》,《敦煌學輯刊》2008 年第 2 期,第 99—103 頁。
⑬ 尚麗新《敦煌本劉薩訶因緣記解讀》,《文獻》2007 年第 1 期,第 65—74 頁。

了敦煌本《劉薩訶因緣記》是講唱因緣文的藍本,極有可能是爲了講唱搜集整理素材。王志鵬《敦煌 P.3619 卷一首有關涼州瑞像詩歌的考釋》①通過對敦煌 P.3619 卷中五言詩《謁聖容》的詩歌內容和作者渾維明的考釋,認爲該詩是歌詠涼州瑞像的一首詩歌,並根據敦煌寫卷的相關記載和敦煌石窟的圖像資料,說明當時佛教瑞像的崇拜風氣在廣袤的西北大地十分盛行。

（2）藝術

曾德仁在《四川安嶽石窟的年代與分期》②一文中指出在安嶽石窟中亦存有一尊盛唐時期的番禾瑞像的造像。這是首次在河西走廊和敦煌之外的地方發現的以番禾瑞像爲題材的造像。肥田路美《涼州番禾縣瑞像故事及造型》③也是一篇重要的文章,文章就番禾瑞像的由來、發展及其不同時期的表現形式進行了分類探討並就瑞像的定義提出了新的看法。肥田路美認爲從唐至宋、西夏時期表現番禾瑞像的圖例有五十例左右,這是迄今爲止對番禾瑞像相關文物最全面的一個統計。巫鴻先生《再論劉薩訶——聖僧的創造與瑞像的發生》④從藝術角度對其進行了研究。這篇文章對第 323 窟南北兩壁的壁畫、第 203 窟的主尊佛像、第 61 窟中心佛壇背屏後五代壁畫、第 72 窟南壁的壁畫作了詳細的圖像學的闡釋。張善慶《甘肅張掖市馬蹄寺千佛洞涼州瑞像再考》⑤一文是對張掖馬蹄寺千佛洞隋唐洞窟第 6 窟主尊佛像爲涼州瑞像的詳細考訂。張小剛在《關於涼州瑞像的一些新資料——兼談黑水城出土涼州瑞像》⑥主要論述了近年來新公佈的唐代和唐代以前的涼州瑞像的資料,同時認爲黑水城出土的戴冠立佛絹畫與彩塑可能爲變異的涼州瑞像。祝巍山《永昌聖容瑞像與敦煌莫高窟因緣》⑦則論證了聖容石佛瑞像就是高僧劉薩訶成佛後的化身。

（3）宗教信仰

方廣錩《〈劉師禮文〉及其後代變種》⑧一文指出禮拜法根植於中國傳統文化,且劉薩訶是中國早期佛教信仰的領袖人物。尚麗新《劉薩訶信仰解讀——關於中古民間佛教信仰的一點探索》⑨《"敦煌高僧"劉薩訶的史實與

① 王志鵬《敦煌 P.3619 卷一首有關涼州瑞像詩歌的考釋》,《石河子大學學報》2015 年第 3 期,第 25—31 頁。
② 曾德仁《四川安嶽石窟的年代與分期》,《四川文物》2001 年第 2 期,第 54 頁。
③ ［日］肥田路美著、牛源譯《涼州番禾縣瑞像故事及造型》,《敦煌學輯刊》2006 年第 2 期,第 165—180 頁。
④ 巫鴻《禮儀中的美術——巫鴻中國古代美術史文編(下卷)》,北京:生活・讀書・新知三聯書店,2005 年,第 431—454 頁。
⑤ 張善慶《甘肅張掖市馬蹄寺千佛洞涼州瑞像再考》,《四川文物》2009 年第 3 期,第 80—84 頁。
⑥ 張小剛《關於涼州瑞像的一些新資料——兼談黑水城出土涼州瑞像》,《西夏研究》2012 年第 4 期,第 29—36 頁。
⑦ 祝巍山《永昌聖容瑞像與敦煌莫高窟因緣》,《河西學院學報》2005 年第 4 期,第 64—67、77 頁。
⑧ 方廣錩《〈劉師禮文〉及其後代變種》,2006 年 11 月 1 日中國人民大學"第二屆中日佛學會議"會議論文。
⑨ 尚麗新《劉薩訶信仰解讀——關於中古民間佛教信仰的一點探索》,《東方叢刊》2006 年第 3 期,第 6—23 頁。

傳説》①等文章是她在充分吸納前輩學者研究成果的基礎上,重新考察有關劉薩訶事蹟和傳説及其所貫穿的民間佛教信仰的專題研究成果。張善慶、沙武田在《劉薩訶與涼州瑞像信仰的末法觀》②中認爲劉薩訶與涼州瑞像的信仰包含强烈的末法思想,而且這種思想和釋道安、釋道宣之間存在密不可分的關係。張善慶《涼州建德大地震番禾瑞像信仰的形成》③一文經過考察發現,番禾瑞像佛首跌落事件實際上和建德年間涼州大地震有著密切的關係,但釋道安和釋道宣卻直接將此與政權衰落存亡和佛教興衰聯繫起來,反映了這兩位高僧大德的末法思想。張小剛《涼州瑞像在敦煌——體現地方性的一種瑞像實例》④探討了涼州瑞像及劉薩訶信仰在敦煌不同時期的發展變化,並揭示了其在當地宗教、政治生活中的地位。

劉薩訶的研究是多學科視野下的研究,不管是前輩學者還是年輕學者都對其相關問題作了深入的探索,體現出專家學者們獨到的見識和開闊的視野。

三、劉薩訶研究的思考

20 世紀劉薩訶研究的中心内容是對《因緣記》的校讀、番禾瑞像文獻和文物的解讀,以及劉薩訶生平的考訂。正因如此,研究者們陷入了史實與傳説所構建的迷宮中,而所有的材料決定了劉薩訶的研究不可能僅停留在其生平事蹟的考訂上。

正如巫鴻所説:"文獻和藝術中的劉薩訶更多的是一個傳奇式的虛構,而非真實的歷史人物。爲什麽他如此頻繁地出現在文獻和藝術作品中? 對於從 5 世紀到 10 世紀精心編制劉薩訶故事的作家和藝術家來説,他的身世和靈跡意味著什麽?"⑤史葦湘也提出"劉薩訶的故事給佛教史、美術史和民族文化史提供了豐富的資料","劉薩訶由一個胡人出家'成聖',在大西北地區受到漢胡各族民衆的崇敬,這件事在地域與民族關係史上具有重要的意義"⑥。雖然,目前所發現的劉薩訶的相關材料都與佛教有關,但學術界早已發現不能簡單地把劉薩訶定義爲一位具有特殊意義的"聖僧",而是要定義爲一個以宗教信仰爲中心,同時涉及多方面領域的複雜人物。

---

① 尚麗新《敦煌高僧劉薩訶的史實與傳説》,《西南民族大學學報》2007 年第 4 期,第 6—82 頁。
② 張善慶、沙武田《劉薩訶與涼州瑞像信仰的末法觀》,《敦煌研究》2008 年第 5 期,第 9—13 頁。
③ 張善慶《涼州建德大地震與番禾瑞像信仰的形成》,《敦煌學輯刊》2011 年第 3 期,第 84—91 頁。
④ 張小剛《涼州瑞像在敦煌——體現地方性的一種瑞像實例》,《魏晉南北朝隋唐史資料》第 26 輯,第 259—268 頁。
⑤ 巫鴻《禮儀中的美術——巫鴻中國古代美術史文編(下卷)》,北京:生活·讀書·新知三聯書店,2005 年,第 431 頁。
⑥ 史葦湘《劉薩訶與敦煌莫高窟》,《文物》1983 年第 6 期,第 9 頁。

巫先生在《敦煌323窟與道宣》一文中指出，涼州瑞像的象徵性可以概括為兩個方面：一方面，這是一尊具有極強烈政治意義的佛像，它的形象的完整和受尊崇就意味著國家的統一與人民的安居樂業，因此與三代時期的"九鼎"很有相同之處，成爲統一國家中央政權的象徵。另一方面，與吳淞江上的石佛和楊都水中出現的金像不同，涼州瑞像不是外來的，而是一尊"北方"本地的瑞像，預言它將出現的劉薩訶也是北方人，這尊瑞像的出現也因此象徵了一個强大政治力量在中國北方的崛起。基於這兩方面的意義，我們完全可以理解爲什麼這尊像在隋和初唐時期受到如此崇奉，因爲它所代表的正是隋、唐的中央政權和統一國家。① 張小剛在《涼州瑞像在敦煌——體現地方性的一種瑞像實例》也認爲，張氏歸義軍初期繪制的莫高窟第72窟《劉薩訶與涼州瑞像變》可能含有光復漢族文化，回歸唐朝的政治寓意。歸義軍時期涼州瑞像的政治性在於它承襲了漢唐文化血脈，象徵政治、文化的正統，亦即象徵了歸義軍政權的合法性與穩定性。它具有"懲革胡性"的教化功能和造福兹方的作用，表明在各族合圍的瓜沙地區，歸義軍政權當仁不讓地成爲保存和向外輻射漢唐文化的旗幟。同時它又是河西本土的瑞像，迎合了歸義軍政權加强地方性以便提高自身地位的需求②。

上述兩個方面只體現了劉薩訶在民族和政治統治中所表現的作用。但筆者認爲，劉薩訶研究是一個以宗教信仰爲中心，並牽涉到政治、民族、文學、藝術等各個領域的複雜問題。不管文獻和藝術中的劉薩訶是一個傳奇的虛構還是非真實的歷史人物，除了作爲統治階級的政治工具，劉薩訶更多的是作爲一個宗教偶像被人們崇拜和信仰。在一個國家，不管統治者多麼强大，他都需要人民的擁護。而只有人民生活幸福，纔能保證國家的安定與强盛。因此在一個需要國家統一和人民安居樂業的環境中，劉薩訶作爲被世俗信衆崇拜的偶像，起到了祈福、發願和護佑的作用。人們希望能在他的庇佑下免於戰亂、家人平安、生活幸福。

在佛教看來，佛陀造像並非爲了藝術，而是佛陀化身的意義，在佛主離世時代替佛主教化開導世人。涼州瑞像同樣如此，首先它是世人膜拜體系的一部分，然後纔有其他的作用。石窟中的壁畫、雕塑一方面是爲了展現佛國世界的美好；另一方面也作爲一種世人對佛陀的供養與讚嘆。人們在其供養行爲中，希望佛陀能聽到自己的祈福與發願，從而使自己和家人得到護佑。這

<hr>

① 巫鴻《禮儀中的美術——巫鴻中國古代美術史文編（下卷）》，北京：生活・讀書・新知三聯書店，2005年，第418—430頁。

② 張小剛《涼州瑞像在敦煌——體現地方性的一種瑞像實例》，《魏晉南北朝隋唐史資料》第26輯，第266—267頁。

也是筆者認爲劉薩訶信仰在世俗信衆中一直廣爲流傳的原因。

　　總之，劉薩訶研究無論是在資料的收集、考訂和闡釋方面，還是在宗教、民族、民俗、文學、藝術、信仰、政治等相關研究領域，皆具有進一步深入探討的空間。

2016 中國敦煌吐魯番學會理事會暨敦煌學
學術研討會綜述

葉如清（上海師範大學）

　　2016 年 10 月 29 日至 30 日，由中國敦煌吐魯番學會與山東師範大學歷史與社會發展學院主辦的"2016 中國敦煌吐魯番學會理事會暨敦煌學學術研討會"在山東師範大學隆重召開。國内相關領域數十名專家學者參加了此次會議。本次學術研討會共收到論文 30 篇，其中會議上宣讀論文 26 篇。與會學者圍繞著敦煌學研究的相關主題展開深入探討，結論富有啓發性。

　　以下根據會議的議程安排，按照大會主題報告與學者分組發言的先後次序，對提交討論和交流的論文略作介紹。

一、大會主題報告

　　李并成《古絲綢路上一批豐厚的歷史遺珍——河西走廊遺存的古城遺址及其歷史價值》對河西走廊上各個歷史時期不同等第、規格、形制的大量古城遺址進行整理，並對選址佈局、功能設定、規模大小進行研究，證明它們的存在不僅是古絲綢之路上的一筆豐厚遺珍，同時也具有重要的學術研究意義。李方《漢唐少數民族與絲綢之路和邊疆社會建設》論證了漢唐時期少數民族參與中央王朝主導的屯田、水利、交通、賦役等活動，同時發揮其翻譯溝通等特長，肯定了少數民族對絲綢之路和邊疆社會的穩定發展作出的巨大貢獻。孫繼民《公文紙背文獻整理研究最新動態》對中國國家圖書館等地收藏的公文紙本古籍紙背文獻研究歷史以及最新研究動態進行了介紹，以期爲古文書學整理工作建立國家標準。敖特根《黑城出土回鶻蒙古文道教文書》對吉田順一和齊木德道爾吉合編《黑城出土蒙古文文獻研究》中所刊編號 HF125a－HF125d 文書進行了研究，證明此文書雖然不是蒙古文原創作品，而是翻譯本，但卻是迄今所發現的唯一一件漢文道教作品的早期蒙古文譯本殘留，仍具有重要學術價值。劉波《趙萬里先生與敦煌學》對趙萬里在利用敦煌古寫本校勘古籍、勾稽古佚詩詞，利用敦煌文獻考史，探討中國古代書籍史，以及尋訪流散敦煌遺書、補充北圖館藏等方面的學術貢獻進行了表彰。郝春文《全面揭示唐代發生的歷史變革——〈世界性的帝國——唐朝〉評介》對《哈佛中國史》叢書之《世界性的帝國——唐朝》進行評介，指出本書與國内同類書籍相比具有結構不同、寫作重點不同等鮮明的特色，同時也存在一些缺憾、不足和錯誤。

二、第一場：敦煌歷史文獻與古籍整理

李軍《再論常何與玄武門之變的關係》對以陳寅恪爲代表的學者認爲"常何在玄武門之變中起到了重要作用，是政變中關鍵人物"的觀點提出質疑。作者通過對 P.2640《常何墓碑》和相關正史文獻的重新解讀，認爲李世民之所以能在玄武門設伏與常何等禁軍將領並没有直接關係。劉再聰、王鵬《唐五代宋初敦煌礦產資源種類及工匠稱謂初步統計》對敦煌文書所見礦產資源的種類、產地以及與礦產資源加工利用有關的工匠或者人員稱謂進行了初步統計，這對於瞭解歸義軍政權的生產能力無疑是有益的。楊寶玉《敦煌佚名詩研究舉隅》對《張淮深碑》背面抄存的 19 首無作者署名的詩重新進行了校録，考證出詩歌作者爲晚唐敦煌著名文士張球，並探討了敦煌佚名詩的主要内容、研究現狀及學術價值等問題。張新朋《敦煌吐魯番出土〈詩經〉殘片考辨四則》於日本龍谷大學所藏吐魯番出土文書——"大谷文書"中認定《詩經》殘片 5 片，就它們之間以及它們與此前已認定的《詩經》寫卷之間的關係略加梳理，同時對中國文化遺產研究院所藏西域出土文書中的 3 片《詩經》殘片内容進行探討。游自勇《敦煌寫本 S.2506V 等唐代〈失名史書〉再探》以《英藏敦煌社會歷史文獻釋録》的最新録文爲基礎，先考訂敦煌寫本 S.2506V、P.2810V、P.4073、P.2380V 所載的一些史事，再對寫本的成書背景、成書年代進行探討。宋雪春《英藏敦煌寫本斯三三三〇號背諸文獻綜合研究》通過對 S.3330V 所抄的第二件、第三件、第五件文書進行研究，認爲 S.3330 正面的《毛詩》應該是敦煌學校或學生們的遺留物，背面則應同屬於某學士郎所抄。竇懷永《敦煌寫卷避諱字形遞變現象初論》以敦煌寫卷"牒"字爲切入點，初步論述了避諱字形自身所包含的時間性痕跡與階段性特點。杜立暉《國圖藏〈魏書〉紙背元代孤老文書淺識》對公文紙本《魏書》紙背元代孤老文書的數量構成、類型以及價值等問題進行分析，爲元代孤老制度和元代地方行政制度研究提供了新材料。

三、第二場：敦煌宗教與民族文獻研究

陳大爲《佛教在西域的傳播研究》按時間順序探討了佛教在大月氏、安息、康居、于闐、疏勒、龜兹、高昌等地的傳播情況，並對西域各地區佛教的特點進行了研究。駱慧瑛《敦煌莫高窟"觀音經變"對觀世音菩薩人間度化的演繹》展示了敦煌壁畫中的幾幅具有代表性的觀音壁畫圖像，探討了觀世音菩薩救度衆生的因緣和方法。董大學《敦煌寫本伯 2165 號背〈金剛經疏〉研究》

對此件經疏的性質、内容等方面的問題進行論述,指出學界以往關於此號寫卷正背面關係的認識是錯誤的。張小貴、毛寶艷《米羅:貴霜錢幣所見的密特拉》以貴霜錢幣所見密特拉爲考察對象,研究他與伊朗密特拉的差異,以此説明絲路上宗教文化交流的現象。陸離《關於吐蕃告身和大蟲皮制度再探討——英藏新疆米蘭出土古藏文文書 Or.15000/268 號研究》重新對此件文書進行釋録轉寫並加以漢譯,並對告身制度與大蟲皮制度的關係進行研究,認爲吐蕃官員的等級排列順序與所授告身等級和虎皮製品等級高低有關。

四、第三場:敦煌社會文化研究

趙和平《奠雁——兩千年婚禮儀式的變與不變》認爲奠雁這一婚禮環節自先秦後歷經兩千餘年至民國而大體不變,在流傳過程中,雁可以用鵝代替,甚至可以以雞代替,這説明奠雁雖然長期存在但是已經逐漸演變爲一種文化符號。高啓安《漢魏時期的"燔炙"——以酒泉下河清東漢墓出土烤爐爲據》依據 1956 年酒泉下河清農場的東漢墓葬出土的"銅爐",證明這種用金屬烤算的烤炙方式是古代的"燔炙"。董永強《糧油加工工具與唐代西州人的主食》利用吐魯番出土文書中的記載,結合考古發現的資料對唐代西州人使用的粟臼、水磨、石壓油盤、簸箕、羅等糧油加工工具進行了研究,並指出工具的使用也逐漸改變了當地飲食結構。李旭東《敦煌地區"夯土版築"建築營造方式論析》對敦煌壁畫中形態各異的"夯土版築"建築圖案以及鎖陽城、沙州故城等"夯土版築"實物的殘垣進行了深入的研究,進而對古代敦煌地區"夯土版築"建築施工技法進行了較好的還原。何劍平《宋元講唱文學中的民間信仰——以〈韓擒虎話本〉爲考察中心》以敦煌寫卷 S.2144 的《韓擒虎話本》爲切入點,探討了敦煌宋元講唱文學中的八大海龍王、五道將軍等民間信仰。趙貞《敦煌具注曆日中的漏刻標注探研》對敦煌具注曆日所見的漏刻數據進行整理,重點對"二分二至"的漏刻標注和漏刻增減日數的問題予以討論。陳于柱、張福慧《敦煌古藏文寫本 P.T.1055+IOL Tib J744〈十二錢卜法〉綴合研究》認爲敦煌古藏文寫本 P.T.1055 與 IOL Tib J744 不僅性質相同,而且兩件寫卷的紙張、行款、書跡完全一致,實係一卷之裂,兩者可以直接綴合,從而爲敦煌古藏文《十二錢卜法》寫卷的全面整理與整合研究提供了新的校勘文本。

總括而言,本次學術會議成果豐碩,尤其是在敦煌民族宗教、古籍整理、社會文化等相關領域的探討上不乏佳作。會議的召開爲相關學者提供了交流的平臺,同時對敦煌學的發展也具有重要的促進意義。

交融與創新的盛會
——"紀念莫高窟創建 1650 周年國際學術研討會"綜述
張先堂　李　國(敦煌研究院)

爲紀念莫高窟創建 1650 周年,配合"首屆絲綢之路(敦煌)國際文化博覽會",敦煌研究院攜手中國敦煌吐魯番學會、浙江大學、蘭州大學、西北師範大學於 2016 年 8 月 20 日至 22 日在敦煌莫高窟聯合舉辦了"2016 敦煌論壇:交融與創新——紀念莫高窟創建 1650 年國際學術研討會"。來自美國、英國、法國、德國、奧地利、比利時、日本、韓國、伊朗、印度以及中國大陸、香港、臺灣等地區的 150 餘位學者與會。

本次國際學術研討會收到中外學者提交的論文 109 篇,堪稱收穫豐碩。這些論文內容涵蓋了石窟考古、石窟藝術、佛教史、古遺址、古墓葬、文獻整理研究、敦煌與絲綢之路歷史文化研究、敦煌語言文學研究、敦煌藝術及其與當代藝術創作研究、石窟探險照片檔案、敦煌科技史料以及敦煌學術史等眾多學科領域。本文就本次會議提交的論文做一扼要的綜述。

一、宗教、考古與藝術研究

有關絲綢之路、敦煌以及中國其他地區的宗教、考古與藝術研究是本次會議論文討論最爲熱烈的一個方面。

今年是莫高窟創建 1650 周年,有多篇論文探討莫高窟的歷史及其價值。中華書局柴劍虹先生《"時"、"地"、"人"——莫高開窟因緣述略》認爲莫高窟創建於前秦建元二年(366),必有其因緣。對敦煌而言,時、地、人最集中之體現,莫過於絲綢之路開通後敦煌成爲其"咽喉之地"。樂僔等人最初營造的佛窟,其形式與內容,一定是既有濃郁的中亞、西域風貌,又融合了中原漢地風格,並展現了多民族文化藝術風情,體現出儒、釋、道開始兼收並蓄的發展趨勢,爲一個多元文明、昌盛繁榮的莫高窟的形成發展,奠定了扎實的基礎。敦煌研究院馬德研究員《莫高窟前史新探——宕泉河流域漢晉遺跡的歷史意義》認爲西晉時代在莫高窟創建的仙岩寺,爲敦煌最古老的佛教建築,它見證了佛教從印度和中亞傳入中國的歷史;並推測,歷史上"敦煌菩薩"竺法護曾在此地從事大乘佛教經典翻譯,可稱得上是中國大乘佛教的發祥地;同時又作爲中國最早的習禪場所,是敦煌高僧曇猷"依教修心,終成勝業"的歷史見證。聯合國和平大使、教科文佛教常駐使團團長、法國索邦大學法寶

(T. Dhammaratana)博士《敦煌莫高窟：見證佛教的榮光與世界文化遺產》認爲敦煌是多種文化、傳統和絲綢、黄金、鑽石等多種商品、語言交流之地，莫高窟也是和平、和諧、寬容和尊重佛教教義的一個典範，以莫高窟爲代表的中國佛教藝術的貢獻，充實了佛教的榮耀和世界文化遺産的價值。

　　宗教文化、藝術的發展、傳播與交流是很多學者關注的選題。奧地利維也納大學史瀚文（David Neil Schmid）教授《可移植性與跨文化交流：莫高窟及周邊地區基督教禮儀器具中的佛教文化》對莫高窟及周邊地區基督教禮儀器具中的佛教文化進行了研究。伊朗藝術研究院納思霖（Zahra Dastan）博士《摩尼教繪畫及其對中國藝術傳統的影響》認爲，在幾千年的歷史長河中，中、伊兩國之間通過絲綢之路的相互作用，享有廣泛的文化交流。中國傳統的道教、儒家思想與外來的明教、佛教、基督教在中國廣泛傳播、交流。中國畫家採用摩尼教的波斯風格繪畫創造藝術品，波斯繪畫風格在一定程度上影響了敦煌壁畫的藝術風格。北京大學李淞教授《雷電風雨圖像：一種“全民圖像”的伸展》將敦煌這個“文化特區”嵌入中國藝術史之中，檢索不同信仰的産生、傳播、延展、衝突、接納、轉換與互融的現象，以“雷電風雨”這個特定圖像體系的成立，來描述文化演變的軌跡——零碎圖像（觀念）如何被逐步系統化整合的趨勢。

　　更多學者關注佛教文化、藝術的發展、傳播與交流。美國芝加哥大學蔣人和（Katherine R. Tsiang）教授《“阿育王”式窣堵波所具有的多重意義》認爲從印度到中國，乃至整個信仰佛教的國家和地區建造如此衆多的佛塔，這與大乘佛教思想的傳播有著密切的聯繫。哈佛大學莉蓮·漢德林（Lilian Handlin）研究員《蒲甘遺址喬達摩佛傳因緣故事詮釋》對蒲甘和敦煌佛傳及因緣故事内容壁畫做了比較研究，認爲緬甸蒲甘佛教的本質不是宗教，而是一種特殊的社會意識形態和文化歷史現象。新疆和田專科學校史曉明教授《于田小帽式樣源流初探》以新疆、印度境内佛教壁畫圖式爲參照，對新疆于田地區奇異而神秘的首服文化作了初步的比較與試探，認爲其來源與印度有關。復旦大學嚴耀中教授《“阿修羅”圖像及所處場景之考察》認爲源於印度的“阿修羅（Asura）”圖像在現存的中國古代藝術品中數量比較少，因其形象與其在佛教文獻中的身份場景息息相關，無論是作爲護法神的阿修羅，還是處於六道輪回之中的阿修羅，它在佛經或圖像裏都被置於很次要的角色。牡丹江師範學院高晏卿女士《絲路沿綫石窟三聯珠式刹塔流變考》考察了絲路沿綫龜茲、敦煌、平城、鄴都石窟中三聯珠式刹塔圖像，認爲文化背景差異造成不同地域各有特色的佛塔形體和思想内涵。龜茲地區三聯寶珠式刹塔形體與犍陀羅存在著千絲萬縷的聯繫，敦煌地區北魏佛塔則是漢式塔身與西域式塔刹的結合體，北魏平成地區及其影響下的佛塔以及北齊鄴都和青州地區佛塔形體,依然保留著濃厚西域遺風。法國阿爾多瓦大學金絲燕教授、敦煌研究院李國副研究員《文化轉場:敦煌普賢變與佛經漢譯》結合佛經典籍漢譯史中普賢的出現,對敦煌石窟 151 幅普賢圖像作了調查梳理。普賢菩薩的早期形象,帶有撲朔迷離的色彩。普賢經典與圖像孰先孰後,究竟是佛典受到圖像的影響,還是圖像受到了佛典的影響? 仍有待於進一步釐清;作者認爲"乘象入胎"須具備王后臥姿、大象、象鼻上端的蓮花、天空的雲氣四個基本要素,莫高窟第 431、397、278、375 窟等 11 幅"乘象入胎"壁畫定名是否能夠完全成立? 顯然還有研究的空間。敦煌研究院孫毅華副研究員《道俗交得 殿闕塔寺——基於莫高窟第 254、257 窟的西北地區北魏小佛寺的復原研究》根據莫高窟北魏第 254、257 窟中心塔柱窟的形制,結合壁畫中描繪的殿闕式塔院,認爲這是建築藝術中漢文化與外來佛教文化的完美融合。日本早稻田大學下野玲子博士《佛教藝術中的"白馬朱鬣"》認爲"白馬朱鬣"的藝術表現形式可追溯到中國古時的祥瑞思想,漢代以來的瑞馬"白馬朱鬣"的概念,可以理解爲是對佛教藝術表現元素的汲取與融合。敦煌研究院胡同慶副研究員《漫談佛教藝術中的哺乳圖》,結合宗教藝術史上的諸多藝術表現及其背後的審美觀念,對當代社會關於公共場所哺乳問題的爭論,作了比較全面的分析和研究。麥積山石窟藝術研究所屈濤先生《故國與他鄉:天水石馬坪新出入華粟特人石榻圍屏圖像中的"中國元素"》根據甘肅天水新發現入華粟特人石榻圍屏的新材料探討了北朝入華粟特人葬具圖像系統"中國元素"的源流。韓國群山大學金德洙教授、北京大學金相國博士《敦煌莫高窟〈五臺山圖〉對韓中佛教交流的淵源關係考》認爲唐代五臺山在中、韓佛教文化交流史上佔有不容忽視的特殊地位,莫高窟第 61 窟《五臺山圖》中"新羅王塔"及榜題記錄是中韓佛教文化交流史上的重要史料。麥積山石窟藝術研究所孫曉峰研究員《甘肅省鎮原縣境內石窟寺群的初步調查》認爲分佈在甘肅省鎮原縣境內的十餘處中小石窟寺開鑿於宋金到明清時期,這些石窟寺中的造像題材、藝術風格和特點受到了同時期隴東、陝北佛教造像藝術的影響,是唐宋以來慶陽北石窟寺佛教藝術的繼續和發展,也是 10~16 世紀隴東石窟佛教藝術的重要組成部分之一。大足石刻研究院米德昉研究員《大足南宋兩例涅槃造像及其相關問題探討》認爲,現存大足石窟寺北山多寶塔、寶頂大佛灣的兩例南宋涅槃造像雖處於同一區域,時間相差數十年,但在內容、形式、作風方面區別較大,與同一時期或早期各地同類題材造像比較,顯現出濃郁的世俗化與地方化特色。如果説多寶塔的案例表達更多的是傳統佛教中的"義理"思想,那麼寶頂的造像則更多反映的是民間佛教中的"信仰"意涵。

　　印度孟買 KJ 索麥亞佛教研究中心 Supriya Rai 女士《絲綢之路上的翻譯

家》認爲絲綢之路不僅僅是貿易和經濟活動的媒介,更是中印文化交流的一個重要通道,古代著名的西域高僧、佛經翻譯家鳩摩羅什就是佛教傳播高僧大德的代表之一。武漢大學朱雷教授《美國耶魯大學所藏〈隋大業三年智果繪淨聲佛像〉爲僞作》通過對收藏於美國耶魯大學博物館隋大業三年智果繪淨身佛像繪畫榜題分析研究,認爲該畫爲僞作。原法國國立博物館館長、索邦大學吉爾斯(GIÈS)教授《中國敦煌莫高窟和佛教的文化整合(5—10 世紀)》對法國近 40 年來西域佛教研究的專家學者以及著述做了梳理和簡述。

各地石窟特別是敦煌石窟的斷代、圖像考釋及其功能研究成爲許多學者關注的焦點。敦煌研究院王惠民研究員《敦煌莫高窟第 390 窟繪塑題材初探》認爲開鑿於 7 世紀初葉的莫高窟第 390 窟四壁上層所繪 53 鋪説法圖,應該表示佛教的五十三佛;中層和下層所繪 60 鋪説法圖,可能表示三十五佛和二十五佛;東壁門上繪七佛。結合三階教六時禮懺所念五十三佛、三十五佛、二十五佛、七佛,由此推測第 390 窟的主題可能是禮懺,很可能與當時流行的三階教信仰有關。張元林研究員《敦煌法華經變中的"涅槃"場景及相關問題》系統地整理和解析了法華經變中的"涅槃"場景,結合壁畫榜題對它們在經變中所代表的經文品目重新界定,認爲敦煌法華經變中的"涅槃"場景既是法華經變畫面的基本構成元素,也是敦煌"涅槃"圖像不可分割的組成部分,其畫面表現形式進一步豐富了敦煌"涅槃"圖像藝術。張景峰副研究員《祥瑞塑像白狼與莫高窟第 321 窟》通過對南壁十輪經變入繪敦煌的時間、東壁門北十一面觀音變的造像樣式,敦煌文書 P.2625《敦煌名族志》中的"陰守忠""陰修己""河西節度使"及"節度使差專知本州軍兵馬"等相關信息分析,認爲莫高窟第 321 窟是盛唐時期的陰家窟,由敦煌大族陰守忠、陰修己父子開鑿,時間當在陰修己任"節度使差專知本州軍兵馬"之職時,即開元九年十月至十一年(721—723)四月間王君㚟代河西節度使時。日本大妻女子大學菊地淑子女士《圍繞敦煌莫高窟第 217 窟的開鑿與重修之歷史——漢語史料中的供養人》對莫高窟盛唐第 217 窟供養人題記做了詳盡考察分析,認爲此窟是否爲陰氏營造,仍有待今後進一步深入地研究。寧夏文史館岳鍵副研究員、敦煌研究院陳瑾館員《吐蕃四代贊普撼人心魄的弘法史畫——莫高窟第 465 窟壁畫內容試解讀》辨識考證第 465 窟窟頂説法圖的尊像,認爲莫高窟第 465 窟是開鑿於吐蕃佛教前弘期的石窟,是以宣揚吐蕃王室弘法、護法和修行爲一體的紀念性功德窟。敦煌研究院顧淑彥副研究員《莫高窟第 146 窟窟主疏證》認爲第 146 窟爲敦煌廣平宋氏家族族窟的説法是可信的,第 146 窟是在曹議金征回鶻取得勝利後開鑿,開窟時間大致爲公元 925 年到 936 年。陳菊霞研究員《莫高窟第 246 窟研究》指出第 246 窟西夏重修後的繪塑內容與

S.1780《菩薩戒牒》所請的"三師七證"有高度的一致性,推斷此窟很可能是菩薩戒傳戒會場,依據分卷式《賢劫千佛名經》而繪製的千佛圖像還具有禮佛懺悔之功效。張小剛副研究員《敦煌佛教木雕像研究》對散藏於國內外博物館等收藏機構的北魏至晚清時期現存 50 件多件佛、菩薩、天王、金剛力士、夜叉、飛天等佛教造像做了較爲全面的調查。文章認爲佛教中歷來有雕造木佛像的傳統,這些出自敦煌藏經洞或其他洞窟,或可能是寺院大殿上供奉的佛教木雕像以及屬於僧人或信徒的便攜式佛教造像,與莫高窟洞窟內現存的泥製彩塑具有統一的時代和藝術風格。

此外,敦煌研究院王建軍、張小剛副研究員、劉永增研究員參與執筆的《西千佛洞考古工作新收穫》介紹了 2013 年由敦煌研究院考古研究所組織,爲配合西千佛洞崖體加固工程,對西千佛洞未編號的洞窟分佈的崖面區域和崖頂進行清理發掘,共清理了未編號的洞窟 42 個。特別是在崖面頂部發現疑似塔基的建築遺跡 179 個,通過對比西藏阿里地區札達縣托林寺的塔群和寧夏青銅峽市 108 塔,初步斷定這些方形建築遺跡很可能也是塔群被毀後留下的遺跡,是石窟寺輔助的宗教活動場所。清理發掘的新收穫爲學術界考察敦煌石窟寺構成及其功能提供了新的值得思考的材料。陝西師範大學沙武田、梁紅教授《敦煌石窟個案研究之省思與檢討》回顧了敦煌石窟個案研究史,認爲更需要強調的是洞窟研究過程中對歷史文獻、對歷史文本、對歷史中人的關懷,而不要囿於洞窟壁畫本身畫面的內容,一定要時刻把握洞窟的"整體性"和"歷史性",同時不要忘記洞窟研究的終極目的是"見窟見人",其中"見人"更爲重要。

石窟佛教藝術的淵源流變是本次會議論文又一個關注的焦點。清華大學李靜傑教授《炳靈寺 169 窟西秦圖像反映的犍陀羅文化因素東傳情況》認爲炳靈寺 169 窟北壁 12 號壁畫説法圖爲梵天勸請內容,北壁 3 號龕泥塑二脅侍應分別爲菩薩、執金剛力士像,它們與犍陀羅和西域文化有淵源;並指出本窟西秦壁畫鮮花、花鬘供養圖像及花樹莊嚴圖像,與犍陀羅和西域文化因素有關聯,具體、真切地反映了犍陀羅文化因素東傳和新發展的情況。重慶大學胡文成教授、四川省社科院胡文和研究員《從圖像學角度探討河西石窟"涼州模式"佛像與犍陀羅、秣菟羅佛像的關係》將河西石窟造像與前期犍陀羅佛像石雕,後期犍陀羅藝術,即印度-阿富汗流派白灰膏塑像,貴霜及初期笈多秣菟羅的佛教雕刻,就其形制、圖像結構、形象造型等進行比對研究,認爲它們之間存在著密切的源流傳承關係。蘭州大學魏文斌教授等《從雲岡到敦煌——兩例對稱圖像的傳播》梳理北朝以來佛教石窟石刻藝術中"乘象入胎、逾城出家"隔主尊對坐式圖像及"兩半跏思惟"隔主尊對坐式圖像的源流、分佈及發展特點,認爲其圖像粉本均源自犍陀羅地區。日本龍谷大學檜山智美博士《寺廟佛座裝飾——對敦煌早期洞窟內裝飾佛座的紡織品表現的比較分析》探討了莫高窟第 275、285 窟梯形靠背所描繪的具有豐富多彩的幾何圖案,試圖從中解釋這種幾何圖案與犍陀羅藝術寶座的淵源關係。美國西北大學胡儁先生《瑞光,華蓋與故事畫:試論敦煌隋代窟的窟頂設計》從石窟建築、佛教故事畫的譜系,以及宗教學等角度討論了隋代窟頂設計的意義。敦煌研究院王友奎館員《雲岡石窟第 11—13 窟圖像構成分析》將一體設計與非一體設計圖像區別開來,逐一分析了各窟圖像組合及內涵,認爲雲岡二期洞窟中釋迦多寶造像成爲主體圖像組成部分,表明法華經在圖像組織方面開始起到重要作用。馬兆民館員《敦煌莫高窟 285 窟"天福之面"(kritimukha)考》認爲莫高窟第 285 窟天井四披分界處壁繪以往稱之爲"饕餮紋"(也稱爲獸面紋)的怪獸垂飾紋畫面,實爲源於印度佛教藝術的天福之面("kritimukha"),並對巴米揚石窟、阿旃陀石窟、桑奇大塔、山西大同雲岡石窟第 7、8、12、30 窟、河南龍門石窟古陽洞、甘肅天水麥積山石窟第 133 窟、甘肅慶陽北石窟樓底村 1 窟、東千佛洞第 2 窟、榆林窟第 4 窟中出現的天福之面做出了圖像學的解釋。趙聲良研究員《莫高窟隋朝菩薩樣式研究》結合敦煌彩塑與壁畫考察了隋朝菩薩的頭冠樣式,認爲敦煌處於絲綢之路上一個交通要道,可以接受來自各方面的影響,但同時也應看到敦煌本地經過魏晉南北朝數百年佛教文化的發展,已形成了具有自身特色的一個傳統,並不是很輕易地可以被外來影響所改變。雕塑繪畫在很多方面依然維持著已有的傳統,即使到了隋朝這樣強有力的統一王朝,敦煌仍然在某些方面堅持其自身的特色。臺南藝術大學潘亮文副教授《盧舍那佛像研究——以七世紀以前的中原地區發展爲中心》著重於考察盧舍那佛佛像發展的歷史脈絡,認爲華嚴信仰流傳普及的契機是 5 世紀末 6 世紀初期北魏孝文帝與繼位的宣武帝皆崇尚《華嚴經》,6 世紀前半的華嚴信仰,北地較南地興盛,其鼎盛時期大致在 6 世紀中葉,是以東魏北齊的鄴都爲中心的河北邯鄲和河南安陽地區。隨著隋王朝統一全國,河南、河北、陝西、山西與山東呈現較一致的發展。日本築波大學八木春生教授《680 年代至 710 年代中國各地佛教造像諸相》考察則天武后期及此之前的中國各地的佛教造像,特別是陝西西安造像及與其密切相關的敦煌莫高窟造像,指出在 670 年中期的西安周圍仍被採用的坐佛像和懸裳座,以及阿難像的著衣形式,最初應該出現於 630 年後半期的西安,630 年末期或 640 年代初傳至敦煌莫高窟。故宮博物院孟嗣徽研究員《晚唐藥師經變燃燈供養儀式圖像研究——以敦煌莫高窟 156 窟爲例》以莫高窟第 156 窟西龕內屏風畫中藥師經變"九橫死"的供養儀式圖像爲切入點,通過對藥師供養儀式圖像進行圖像學分析,以及與東晉至唐代的五個版本的漢譯《藥師經》中所記載的藥師供養儀式經文做對比，認爲藥師供養儀式的基本內容在初譯本中即已擬定，到玄奘本《藥師經》藥師供養儀軌已經完成，通過該譯本的傳播，藥師信仰以及藥師供養儀軌得以在中古中國迅速流行。韓國圓光大學蘇鉉淑副教授《中唐時期莫高窟瑞像圖菩薩像的通式與其淵源》對中唐時期瑞像圖中的菩薩像的圖式進行分析，認爲中唐瑞像圖菩薩像的通式很有可能是從于闐新進來的畫本爲樣本製作的。臺灣中國文化大學陳清香研究員《莫高窟76窟八塔變佛傳圖像源流探討》認爲莫高窟76窟4幅八塔變圖像中2幅是繼承漢式佛傳的傳統，2幅是引進印度傳統的題材，後者對莫高窟佛傳圖像史而言是一創新的選題；就圖像繪畫風格而言，76窟八塔變呈現的是東印度波羅王朝的式樣；追溯其圖像架構、人物姿勢服飾造型，以及綫條用筆等的源流，可接續至印度的笈多式樣、西藏風格，以及唐代漢式繪畫的若干傳承，小小的4幅八塔變佛傳圖，涵容著恒河下游、東印度、中亞、西藏、中原等各地的成分，可謂既傳統又創新。敦煌研究院郭俊葉副研究員《敦煌執扇彌勒菩薩考》考察了敦煌和河西石窟中屬於西夏時期的執扇彌勒菩薩圖像，認爲敦煌的執扇彌勒像及其組合文殊、普賢菩薩像，其粉本應都是來源於北宋畫家高文進的創作。臺灣南華大學簡佩琦助理教授《敦煌壁畫"取經圖"與〈大唐三藏取經詩話〉》認爲敦煌"取經圖"至少應有7鋪，敦煌"取經圖"與《大唐三藏取經詩話》文本間有互涉關係，兩者關係密切。

二、文化、歷史與文獻研究

有關絲綢之路的歷史、文化和敦煌文獻的研究，是本次會議論文熱烈討論的又一重要方面。學者們從多種不同的角度展開論題。

絲綢之路歷史文化研究。西北師範大學李并成教授《敦煌文化——絲綢之路文化最具代表性的傑出範例》認爲敦煌不僅是絲路上中西文化傳播交流的樞紐重鎮，而且還是中西方文化交融整合、孵化衍生的創新高地。敦煌文化呈現出"你中有我、我中有你、各美其美、美美與共"的融合發展底色與格局。敦煌文化最突出的特徵是開放性、多元性、渾融性、創新性。劉再聰教授《華夏先民"西遊"之舉與漢唐引領"絲綢之路"文化交流》認爲從文明傳播的角度來看，華夏先民走向世界的願望是絲綢之路最終形成的大前提，漢唐等中原王朝對西域各國的經營與招引是"絲綢之路"持續運行的原動力。比利時伽利略高等學校鐵力·馬海思（Thierry Marres）教授《假如論"樂"的〈莊子〉與斯賓諾莎之〈倫理學〉在敦煌對話》以一個外國哲學學者的獨特視角和表達方式，討論了沙漠綠洲敦煌多元文化的存在及其意義。

宗教史文獻研究。日本広島大學荒見泰史教授《敦煌三危山考》認爲敦煌信仰具有重層型，即在原有的信仰與陸續進來的新宗教的結合或調和中，很牢固地保留著對三危山或西王母信仰，在佛教盛行的時代，這些信仰不在主流，但是一旦有某種機會時，從内部保存下來的信仰也有突然爆發出來的情況。河西學院吳浩軍教授《河西墓葬雜文叢考——敦煌墓葬文獻研究系列之六》將河西走廊出土的西漢至後唐諸如明旌、招魂幡、解除文、冥間過所、磚銘、墓表、題記等難以歸類的墓葬文書歸爲"墓葬雜文"，認爲這些墓葬雜文同樣是考察河西走廊歷史地理、喪葬風俗、民間信仰的重要資料。臺灣南華大學、四川大學鄭阿財教授《敦煌寫本〈隋淨影寺沙門惠遠和尚因緣記〉研究》認爲敦煌高僧因緣記寫本提供了考察有關高僧"因緣記"在佛教弘傳時運用的視窗，透過此一視窗可見當時僧人於各種法會間選擇《高僧傳》中適當的高僧神異事蹟，臠括其内容以備宣講參考之用，此即所謂"因緣傳""因緣記"。北京大學湛如教授《居家律範——從 P.2984V 看敦煌的檀越戒儀形態》認爲以敦煌出土的戒牒、受戒文等材料爲基礎，有助於重現敦煌當時的居家律範，還原中古佛教的民衆生活。香港大學崔中慧博士《北涼書吏樊海書〈佛說菩薩藏經〉初考》認爲俄藏敦煌文獻 Ф066 號佛經殘片《佛說菩薩藏經》的書法風格與日本中村不折氏所藏北涼高昌一件有紀年並題款"書吏臣樊海"的《佛說菩薩藏經第一》相同，此兩段殘卷應是可綴合的同一佛經寫卷，二者爲同一寫經生書寫。從署名可知樊海是沮渠安周政府的官方書吏與寫經生，反映北涼官方已經開始抄寫並收録不同佛經譯場所出的佛經。山西師範大學楊學勇副教授《三階教與地藏菩薩——兼論三階教與淨土教圍繞地藏菩薩展開的爭論》認爲三階教非常重視《十輪經》，非常重視地藏菩薩，其原因可能是因爲三階教是建立在末法根機上，而《十輪經》正是宣揚末法的經典，與三階教強調的第三階正好相符，所以可用《十輪經》來論證三階教的某些教義。敦煌研究院勘措吉副研究員《從哲蚌寺藏〈蝲蚌經〉看敦煌藏文〈般若經〉謄抄年代》認爲西藏山南隆子縣卓卡寺保存的吐蕃時期專供贊普御用的"喇蚌經"和西藏哲蚌寺所藏"喇蚌經"，與敦煌藏經洞所出藏文寫經《十萬般若頌》内容和形式完全一致，部分抄經生與校經師的姓名也相吻合，據此可知敦煌藏文《十萬頌般若經》謄寫年代至少從赤德松贊時期開始。蘭州大學魏迎春副教授《敦煌寫本〈敦煌諸寺僧尼問想記録〉研究》認爲日本杏雨書屋藏羽 699 號文書是當時敦煌佛教教團面試僧尼的試卷，有助於搞清晚唐五代敦煌佛教教團僧尼剃度出家的過程以及僧尼身份如何取得等問題。上海師範大學陳大爲副教授、王秀波講師《敦煌三界寺再研究》從建置沿革、寺院建築、僧人狀況、寺學教育、宗教活動以及授戒牒六個方面研究敦煌三界寺，認爲以三界寺爲代表的佛教寺院成爲敦煌地區各類社會活動的中心,深刻影響著敦煌社會民衆生活的方方面面。天水師範學院陳于柱教授、張福慧副研究員《敦煌寫本發病書〈天牢鬼鏡圖並推得病日法〉整理研究》對多件敦煌文獻綴合而成的俄藏敦煌寫本《天牢鬼鏡圖並推得病日法》進行了重新銜接綴合,認爲《俄藏敦煌文獻》第八册與學界此前對相關書葉的排佈均有錯亂,忽視了各書葉彼此的寫本學關係以及卜辭文例的銜接性,這些文獻應係唐後期五代宋初歸義軍時期的作品。國家文物局戴曉雲副研究員《敦煌文書中的水陸文獻略考(一)》認爲敦煌文獻中有許多文獻是水陸儀文或水陸齋文(宋元後世稱爲雜文,是供水陸法會舉辦時在齋會上宣讀的),這些儀文或齋文,由於明確出現了水陸、無遮、水陸會、無遮會等字樣,可以明確其性質就是水陸文獻。

敦煌歷史文獻研究。甘肅省文物考古研究所張俊民研究員《對漢代之時敦煌水利工程的蠡測》將敦煌寫卷與懸泉漢簡記載的内容相結合,探討了漢代敦煌的水利工程及其能效。武漢大學陳國燦教授《試論吐蕃佔領敦煌時期的鼠年變革——敦煌"永壽寺文書"研究》認爲敦煌自唐貞元二年(786)被吐蕃佔領後,在其統治的六十餘年間,爲鞏固在敦煌地區的統治,逐步實現其吐蕃化,進行了三次較大的改革。公元790年政治上廢鄉里、建部落制,經濟上建突田、突課制是第一次變革;820年建沙州漢人二軍部落體制,是第二次變革;而832年推行的變革,則人所未知。作者通過敦煌永壽寺系列文書,鈎沉出此年吐蕃統治當局曾下令民間契約一律用吐蕃文書寫的命令,同時下令收回佛教信衆供養給佛寺的所有農田草地林苑,重新分配給百姓爲自耕地,這是其統治晚期鼠年的又一次變革。蘭州大學鄭炳林教授、甘肅省文聯俄玉楠博士《瓜沙地區疏勒河原名黑水考》認爲直到唐宋時期疏勒河仍然稱之爲黑河,其原始名稱很可能從《禹貢》記載而來,經考證黑水就是今之疏勒河。中國社會科學院楊寶玉研究員《〈張淮深墓誌銘〉與張淮深被害事件再探》根據P.2913v《張淮深墓誌銘》及《張淮深碑》抄件卷背詩文的相關記述,對這些文書及其折射的歸義軍史諸問題進行了辨析考證,探討了兩件文書本身及其所反映的張淮深遇害事件的一些具體問題。陝西師範大學李宗俊教授《晚唐張議潮入朝事暨歸義軍與嗢末的涼州之爭再探——以新出李行素墓誌及敦煌文書張議潮奏表爲中心》利用最新出土的李行素墓誌及有關敦煌文書,探討了歸義軍首任節度使張議潮入朝事與晚唐歸義軍與嗢末的涼州之爭及河西政局等問題。浙江大學劉進寶教授《敦煌歸義軍政權的商業貿易》從稅收、貿易、借貸等方面探討了當時敦煌的商品貿易情況,認爲歸義軍時期的敦煌缺乏商業經濟。蘭州財經大學王祥偉教授《歸義軍時期敦煌絹帛借貸契約析論》對敦煌織物借貸契約的借貸原因、借貸期限、借貸數量和借貸利息等方面做了討論。浙江大學趙大旺博士《敦煌寫本 P.5032〈渠人轉帖〉研究》對 P.5032 中一組八件《渠人轉帖》進行了校錄，認爲敦煌出土的渠人轉帖文書是研究中古社邑與渠河勞役的重要資料，通過考察渠人勞役參與情況和渠社局席參與情況，討論了渠人與渠社的關係。廣元皇澤寺梁詠濤館長等《莫高窟第 98 窟反映的五代歸義軍節度使職官變化》認爲敦煌莫高窟第 98 窟反映的五代歸義軍節度使府職官，爲曹議金時期按後唐同光二年宣敕，對歸義軍使府內部職官進行的改置，其題記又具有節度使府“本局公事”内容之職官的性質。由於曹議金對節度使職官的改置，使歸義軍職官體系在承襲了晚唐藩鎮職官體系的同時，爲鞏固五代到北宋時期的曹氏歸義軍政權的發展起到了重要作用。敦煌研究院楊秀清研究員《敦煌歷史文化的思想史意義》在研究敦煌文獻及考察敦煌石窟圖像的基礎上，從大衆思想史視角及唐宋時期敦煌大衆思想内涵，探討了敦煌歷史文化的思想意義。

　　古代民族文獻研究。德國柏林吐魯番文獻研究中心茨默（Peter Zieme）教授《對一首回鶻文詩歌，即 B464∶67 號敦煌文獻的解讀》對敦煌莫高窟北區出土 B464∶67（背）原定名爲“回鶻文佛經殘片”進行了全面解讀，認爲該殘片非佛經内容，而是一首回鶻文詩歌。中央民族大學張鐵山教授、敦煌研究院彭金章研究員《敦煌莫高窟北區 B465 窟題記調研報告》輯錄了莫高窟北區第 465 窟内的多種民族文字題記，認爲僅從題記來看，該窟至遲應建於唐 839 年，被稱作“獨煞神堂”；至元代 1309 年之前廢棄不用，被稱作“秘密寺”。日本大阪大學松井太教授《英國圖書館藏蕃漢語詞對譯 Or.12380/3948 文書殘片再考》對現藏於倫敦英國圖書館 Or.12380/3948 文書殘片歷史背景做了考察，並對已出版的《英國國家圖書館藏黑水城文獻》公佈的該殘片進行了論證、考釋，認爲 Or.12380/3948 文書殘片並非黑水城出土資料，而屬於今新疆和田市東北約 180 公里的麻紮塔格出土資料，是 8 世紀古突厥語、漢語對譯詞彙集，是可與突厥鄂爾渾碑文相提並論的最早期的古突厥語資料。遼寧師範大學白玉冬教授、敦煌研究院楊富學研究員《和田新出突厥盧尼文木牘所見突厥語部族聯手于闐抗擊喀喇汗王朝新證據》考述了新疆和田策勒縣達瑪溝北部某佛教遺址出土的 4 片突厥盧尼文木牘，認爲和田出土突厥盧尼文木牘文書是記錄突厥語弱小部落與于闐王國攜手抵抗喀喇汗王朝的真實寫照，足以彌補相關史料空缺。西南民族大學楊銘教授《敦煌西域文獻中所見的蘇毗末氏（vbal）考》結合敦煌、新疆出土古藏文文書與相關漢文文獻，探討了蘇毗王族末氏（vbal）在吐蕃和敦煌西域等地的活動，揭示了隋唐及五代時期，末氏在蘇毗被征服以後，逐步融入吐蕃的歷史軌跡。白玉冬教授《五代宋初跨越戈壁的交流——漠北九姓達靼與沙州西州的絲路互動》指出 10 世紀時期，九姓達軺與沙州歸義軍政權間保持互通使者關係,並與回鶻商人及其故國西州回鶻王國保持有密切關係。

敦煌文學文獻研究。故宮博物院王素研究員《敦煌本〈珠英集‧帝京篇〉作者考實》考證 S.2717 第一首《帝京篇》作者爲李義仲。敦煌研究院王志鵬研究員《我國傳統論贊文體的源流及其與敦煌佛贊之異同述論》探討了敦煌佛贊與我國傳統論贊的異同及其在形式上的繼承與發展,指出敦煌佛贊形式中包含有印度古代重視讚歎傳統的因素。黃京館員《文人干謁:敦煌悟真出使長安之酬詩》認爲悟真出使長安與當地各位高僧大德、朝官互相酬和的詩歌,似可歸類爲唐代文人的干謁詩文。西華師範大學伏俊璉教授《敦煌本傷蛇曲子與施恩必報的民間信仰》認爲傷蛇故事在敦煌寫本中以唱詞的形式出現,反映出世教和"報應"觀念融合的民間信仰。和傷蛇故事源頭的秦漢時代相比,唐代各個社會階層普遍接受了"報""應"的觀念,原本一則跟寶物相關的傳說典故,被賦予了"求善""施恩"和"報德"的温和勸諫。臺灣中興大學林仁昱副教授《敦煌觀音歌曲的應用與表現意義探究》對敦煌文獻中以"觀世音菩薩"爲歌詠主題的歌曲(讚歌及曲子)進行分析探究,期望藉此明瞭敦煌"觀音歌曲"具體表現方式與應用意義。四川大學張勇教授《中古民衆的靈魂觀念——以敦煌變文爲研究中心》梳理了變文中有關靈魂的內容,並參照其他敦煌文物文獻,以期勾勒出中古民衆心目中的真實的靈魂觀,深化古代民間信仰研究。

敦煌語言文字研究。首都師範大學郝春文教授《敦煌寫本中形近字同形手書舉例(二)》列舉了"兔""兔","弟""第","服""眼","壞""懷","君""居","損""捐","形""刑","素""索","苦""若","禾""木""示"同形十組容易混淆的敦煌寫本字例,指出對這些不易區分的文字,應主要依據文義來確定這類字的歸屬。南京師範大學黃徵教授《漫談古籍整理的規範問題——以敦煌文獻爲中心》論述了敦煌文獻校錄整理中有關古今字、俗字、借音字、形誤字、避諱字和武周新字、隸書和草書、選擇底本 8 個方面的規範問題。中國社會科學院黃正建研究員《敦煌文書與中國古文書學》認爲有意識地從古文書學的視角,使用古文書學的方法,去研究敦煌文書中那些典籍之外特別是具有"書式"的文書,是今後研究應該努力的方向之一,以期使敦煌文書的意義和價值更加昇華,反過來促進中國古文書學的進步。

敦煌文獻收藏流傳研究。臺灣嘉義大學朱鳳玉教授《陳閬舊藏敦煌文獻題跋輯錄與研究》介紹了民國初年任職甘肅的陳閬收藏敦煌寫卷情況,整理了散藏於多家博物館寫卷中存有陳閬題跋者 14 件,並逐一輯錄、析論。韓國高麗大學鄭廣薰教授《韓國藏敦煌寫本及其所藏過程》介紹了韓國嶺南大學圖書館藏《大般涅槃經卷第三》和首爾大學奎章閣藏《大般若波羅蜜多經卷第五十》兩件敦煌寫卷；並倡議韓國的收藏單位應公開敦煌資料，認爲這些資料是人類共同的文化遺産。

三、敦煌藝術的傳承研究

有關敦煌藝術及其在當代的傳承、弘揚研究，也是本次會議討論較多的話題。

福州畫院謝振甌教授《敦煌莫高窟——斷崖上的丹青文脈》認爲敦煌莫高窟藝術的經典性、包容性、豐富性，應成爲當代繪畫藝術創新的敬畏與珍惜的歷史典範。日本東京藝術大學卓民先生《再論敦煌壁畫中的“色面造型”和“綫描造型”——從維摩詰經變看圖像風格及藝術語言形態的演變》從“維摩詰經變”這一題材入手，通過對各個不同時期，同一內容題材不同圖像風格的考證研究，描述敦煌壁畫藝術語言形態的演變。指出“色面造型”是在佛教傳入之前，以漢畫像磚石爲資源的、中國本土繪畫造型基本語言形態的傳承和發展；“色面造型”和“圖底同構”是中國原創期繪畫造型形態樣式的兩個新的語義表述概念。敦煌研究院侯黎明研究員《敦煌美術研究七十年》回顧了敦煌研究院美術研究發展 72 年來不斷探索美術臨摹、研究、創作的歷程。馬强研究員、吳榮鑒副研究員《臨摹是一項藝術研究工程——以莫高窟第 320 窟、285 窟整窟臨摹爲例》介紹近年來敦煌研究院美術臨摹工作在繼承前輩傳統臨摹研究技法的基礎上，全面使用礦物顏料，進一步採用數字化高密度點雲資料技術介入壁畫修稿、洞窟模型設計製作，完成莫高窟第 320 窟、285 窟兩座原大洞窟模型臨摹工作；認爲臨摹是研究工作，整窟臨摹是一項藝術研究工程。中國藝術研究院湯珂研究員《試談建立“敦煌美術學”的意義》認爲敦煌美術學的建立，是對中國美術史（漢唐段）最重要的支持。天津美術學院趙栗暉教授《從敦煌石窟藝術現狀看與中國繪畫材料與技法研究相關聯的幾個問題》認爲敦煌石窟藝術的價值在於提供給美術界一個完整的中國繪畫體系，可給研究者獲得指導未來藝術發展的力量和啓迪。廣州美術學院陳舒舒教授《論壁畫藝術專業的學科性——對高校壁畫專業教學和實踐的思考》認爲壁畫藝術作爲有著深厚歷史積淀和擁有廣泛現代社會需求的藝術門類，在當代理應獲得足夠的重視和長足的發展。

中國美術史上著名的張、曹、吳、周四家樣，爲百工所範，影響極大。周家樣的代表即創水月觀音，曹、吳兩家之代表爲“曹衣出水”與“吳帶當風”，張家樣特點在“得肉”之造型。中國社會科學院張總研究員《風格與樣式——中國佛教美術中四家樣説簡析》對影響較爲廣大的四家樣之説進行了辨析，認爲對其不能一概而論,應從造型、樣式、風格、技法等方面來析解,以種種探考來透解中外文化的區別與聯繫。安徽大學傅强教授、南京師範大學傅曼妮女士《敦煌飛天藝術之美》討論了飛天這種古老的宗教藝術,在敦煌石窟中與静止肅穆的佛像形成動静的鮮明對比,體現出運動和速度構成的動態之美,表現出迷人而靈動優美的藝術魅力。上海大學王文傑教授《從青銅雲雷到彩雲飛天》通過圖形比對的方法,認爲雲氣紋飾與飛天是一體化的圖像,其中潛藏著中華初始文化的信息,雲氣是飛天形體構成的重要機制,飛天亦是雲氣形式變化的主導主題。

四、其　他

除上述一些大的研究領域外,本次會議還涉及一些其他方面的研究話題。如敦煌科技研究。英國倫敦大學羅維前(Lo. Vivienne)教授《傳播的醫學: 艾灸來自印度王土?》以研究大量敦煌醫學文獻爲基礎,認爲艾灸並非來自印度,而是吐蕃統治敦煌時期,喜馬拉雅一帶使用的藏醫藥與中醫融合發展而來,是起源於中國本土的醫學。日本北海道大學石塚晴通教授《從紙張材質及造紙技法看敦煌漢文文獻的地位》從敦煌文獻全貌考察出發,説明了在科學分析紙張材料的基礎上探索敦煌文獻特徵的研究方法,從手稿學(Codicology)的觀點來闡述敦煌漢字文獻。敦煌研究院王進玉副研究員等《絲綢之路上胡粉的應用——以中國甘肅、新疆石窟考察爲例》通過古代文獻、出土文物記載,以及新疆、甘肅石窟漢代以來"胡粉"作爲化妝品和顔料的應用事實,對絲綢之路上"胡粉"的來源進行新的解讀。

再如敦煌學史研究。臺灣財團法人中正文教基金會車守同博士《由〈吳忠信日記〉再探國立敦煌藝術研究所的時代背景》依據臺北國史館藏"教育部檔案"、臺北"中央"研究院"歷史語言研究所檔案"、南京中國第二歷史檔案館"中央研究院院史資料"等大量史料,較完整地説明了 1941—1949 年國立敦煌研究所的史實。澳門理工學院、山東大學譚世寶教授《開源引流與預流——陳寅恪〈陳垣燉煌劫餘録序〉新論》對中國敦煌學研究的成果與問題作一些回顧與前瞻。西安美術學院張寶洲教授《張大千、謝稚柳莫高窟編號與考察成果述評——莫高窟考察歷史文獻解讀(七)》運用考古學理論與校勘學方法,對張大千、謝稚柳兩人莫高窟記録的文獻資料進行分析,得出謝氏著作爲"底本",張氏著作爲"抄本"的結論,繼而分析了莫高窟"C"編號產生影響力的原因及學術價值,認爲"C"編號緣起於張大千個人行爲,但成果的最終完善則是諸多敦煌學者們歷經努力的結果。敦煌研究院王慧慧館員等《敦煌研究院新入藏李浴敦煌遺稿的内容及其價值》介紹了李浴先生《莫高窟藝術志》

《敦煌石窟内容之考察》《安西榆林窟》《天水麥積山石窟》等多份調查手稿，認爲手稿忠實地記錄了 20 世紀 40 年代莫高窟、榆林窟及周邊遺址的狀況。

石窟照片檔案研究。美國普林斯頓大學經崇儀（Dora C. Y. Ching）教授《照片檔案遺産：敦煌、探險照片與羅氏檔案》介紹了存放在普林斯頓大學的羅寄梅先生 1943—1944 年拍攝的部分敦煌石窟照片檔案情況，指出其作爲歷史、文化資源，在敦煌藝術研究中具有重要的史料價值。敦煌研究院孫志軍副研究員《1907—1949 年的莫高窟攝影史》以編年史的方式，對 1907—1949 年的莫高窟攝影史進行梳理。認爲 1907—1949 年莫高窟攝影的價值體現了對於具有中國民族特徵的莫高窟藝術的國際認同與國際化傳播，對於莫高窟的營建史、石窟文物的流失、石窟保護、敦煌研究院院史研究具有重要的檔案史料價值。

五、總　　結

總括而言，本次國際學術研討會取得了多方面的成果，我們認爲至少體現在以下三個方面：

首先，本次國際學術會集中展示了近期國内外學者有關敦煌宗教、考古與藝術研究、敦煌文化、歷史與文獻研究的大量新成果，大家交流了學術，互通了信息，增進了友誼。

本次研討會參會學者共有 150 餘人，收到國内外專家學者提交的學術論文 109 篇，有 68 篇論文在會議上報告、討論。這些論文内容很豐富，涉及衆多的學科領域。有多篇論文探討了莫高窟創建之前的歷史、莫高窟開鑿的因緣，使我們對莫高窟創建 1 650 周年獲得了更加多樣而深入的歷史思索和感悟；有多篇論文探討了不同歷史時期多元文化的傳播、交流與相互影響，使我們對絲綢之路促進文化交融與創新加深了瞭解；有一批論文考察探討了敦煌、于闐、雲岡、大足等地佛教石窟的造像題材内容及其功能；有些論文在以往注重考釋單個石窟、單個造像題材的基礎上，開始注重考察這些造像題材與整窟内容的關係，與不同時代佛學思潮的有機聯繫，努力樹立一種整體的還原歷史的觀念。這些新的研究方法的嘗試，或有不夠全面、妥帖之處，但給我們的研究思路以新的啓發和拓展。

其次，本次會議顯示出國内外學者在宗教史、考古、美術史、敦煌文獻研究等學科領域努力尋求新角度、新視野，在探索新的研究方法上取得了一些新的進展。

有多篇宗教史、宗教美術研究論文嘗試運用跨文化的視野，探討佛教與基督教文化之間的關聯，佛教與道教的聯繫，中外相近或相關藝術元素的交互作用和影響；有多篇美術史論文運用比較研究的方法，通過敦煌藝術及其在當代的傳承、弘揚研究，分析敦煌藝術造型技法、藝術語言形態，探討了"敦煌美術學"的新命題，與此同時，還深入探討不同地區文化藝術元素之間的淵源流變。有一批論文校錄整理敦煌民族文獻、經濟文獻、文學文獻、科技文獻，考證相關的歷史問題。有多篇論文從敦煌學史的角度對 20 世紀初期敦煌學研究狀況進行了評析，探討了早期敦煌學的學術背景與學術關聯；還有一些論文考察了中外攝影師有關敦煌石窟攝影檔案照片的價值和意義。

再次，本次會議顯示了敦煌學研究隊伍老中青結合、薪火相傳、後繼有人的良好態勢。

一次絲路文化研究的學術盛會
——"考古與藝術,文本與歷史"絲綢之路研究
新視野國際學術研討會會議綜述

楊冰華(陝西師範大學)

2016 年 7 月 20—23 日,由陝西師範大學歷史文化學院主辦,陝西歷史博物館協辦,陝西師範大學絲綢之路歷史文化研究中心承辦的"'考古與藝術,文本與歷史'絲綢之路研究新視野國際學術研討會"順利召開。會議共邀請到來自日本早稻田大學、京都佛教大學、韓國弘益大學、香港大學、北京大學、中國人民大學、暨南大學、蘭州大學、西北大學、西北民族大學、西北師範大學、河西學院、陝西師範大學等高校及俄羅斯科學院、法國法蘭西學院、中國社會科學院、中國文化遺産研究院、敦煌研究院、陝西歷史博物館、新疆社會科學院、吐魯番學研究院、龜兹學研究院、新疆維吾爾自治區博物館、麥積山石窟藝術研究所、乾陵博物館、昭陵博物館、西安文物保護考古研究院等絲路沿綫科研及文博單位的近七十餘位專家學者,就絲路文化交流、物質交流、墓葬與石窟藝術、絲路歷史與文獻等幾個專題做了深入討論。

一、絲綢之路文化交流

絲綢之路是一條文化交流之路,不同宗教、文化隨著商隊、使臣、遊歷僧侶等人群不斷地互動與融合,形成了豐富多樣的絲路文化。胡人是活躍在絲綢之路上的重要人群,以善於經商而聞名於世,其在絲路文化交流中扮演了重要角色,因而是中古時期絲路研究的重要内容。

中國文化遺産研究院葛承雍教授《中古時代胡人的財富觀》利用出土文物圖像回歸歷史現場,站在胡人自者的角度考量其經商活動,指出其渴望暴富的欲望、炫富顯擺的原因、盡情享樂的性格、獨佔商路的心態和不屈從漢儒士大夫的倫理道德。陝西師範大學絲綢之路歷史文化研究中心沙武田教授《絲綢之路交通貿易圖像——以敦煌畫商人遇盜圖爲中心》從敦煌石窟圖像出發,對中古時期絲綢之路上頻繁活動的粟特商人及其來華貿易活動的武裝護衛及財産安全問題做了關注。圖像中胡商所遇强盜多爲官兵形象,是官兵爲盜的真實記錄。同時,圖像中商人運輸工具中出現了大量毛驢,爲駱駝是絲路上主要運輸牲畜的傳統觀點提供了不同認識。西安市文物保護考古研究院張全民研究員《隋唐胡人形象俑及其反映的社會生活——以西安地區隋

唐墓出土的陶俑爲中心》從墓葬考古發現的陶俑入手,對絲路上活躍的胡人展開研究。文官俑和武官俑是唐墓中隨葬陶俑的重要題材,文官俑一般是神情謙恭的漢人形象,而武官俑則多爲頭戴鶡冠,神情威武的胡人面相,此爲胡人擔任唐朝武官歷史的真實再現。此外,騎馬鼓吹儀仗胡人俑、騎馬出行胡人俑、侍立胡人俑、黑人俑等反映了唐代中外文化交流的情況。

　　隨著絲路上來往胡人、漢人等人群的頻繁活動,佛教、祆教、瑣羅亞斯德教等宗教也傳入中國,相關研究也成爲本次絲路會議的亮點之一。日本早稻田大學肥田路美教授《西域瑞像流傳到日本——日本 13 世紀畫稿中的和闐瑞像》對中古時期來華求法、遊歷僧人歸國攜帶的和闐瑞像白描畫稿,如日本京都醍醐寺于闐海眼寺像、京都天台宗某寺藏紙本墨畫法界人中像做了深入探究,其從遙遠的和闐,沿著絲綢之路流傳日本,是東西方絲路文化交流的見證。西北大學文化遺產學院于春副教授《從長安到原州——絲路東段北綫初唐、盛唐佛教遺跡考察》則對絲路東段北綫的唐代佛教造像遺跡做了詳細的調查與整理。唐代邠州、寧州、涇州、原州因地理優勢具有重要的軍事意義,佛教藝術成爲沿綫各地文化交流發展的重要内容。目前此路沿綫發現數量衆多的佛教造像遺跡,規模較大的有麟遊縣慈善寺、麟溪橋造像、彬縣大佛寺、長武縣直轂村出土石造像群、涇川南石窟寺、王母宫大佛寺、慶陽北石窟寺、固原須彌山石窟等。

　　暨南大學歷史系張小貴博士《古波斯祆教内婚再考》則關注了古波斯地區的近親婚現象。近親婚與亂倫近親婚源自瑣羅亞斯德教的文化影響,同時也是保持家庭財産完整的一種手段。血親婚爲祆教的獨特婚俗,但並非其全貌。陝西歷史博物館翟戰勝副研究員《安伽墓的火燒痕跡獻疑》對西安北郊安伽墓中的火燒現象做了新解讀,認爲安伽使用了與康業同樣的葬俗,火燒墓誌是故意採取的行爲。安伽墓的修建次序爲先砌築好墓道、甬道和墓室四壁,繪製壁畫,安放墓誌,安裝石門和磚砌兩道封門,之後再進行焚燒。焚燒完成後,再砌築墓室穹窿頂,最後放置圍屏石榻。

　　博物館是徵集、典藏、陳列和研究人類文化遺産、遺物的場所,從博物館藏品角度探析絲路文化交流也是本次會議的一個特色。陝西歷史博物館副館長程旭研究員《從文明交往論審視唐墓壁畫的價值與意義》大致將唐墓壁畫内容分爲神靈世界、皇家儀式、世俗生活等七個方面。唐代文明與域外文明長期進行著碰撞、滲透與融合,二者之間的文明交往、文明互鑒是推動中華民族發展的動力,衍生出文明的區域性、協同性與多樣性等特徵。昭陵博物館張志攀先生、張婉麗女士《絲路古道與一帶一路新視野中的博物館古文明——以唐昭陵文物爲例》以昭陵博物館所藏文物爲材料,對博物館機構在中國一帶一路戰略新時代背景下扮演的獨特歷史使命與貢獻做了論述。乾陵博物館侯曉斌、樊英峰先生《乾陵及其所呈現出的中外文化》通過乾陵豐富的文化遺存,神道碑石刻造像、蕃臣像、胡人俑、三彩駱駝、《客使圖》、《胡人備馬圖》等唐墓壁畫,闡述在絲綢之路文化大背景下,乾陵反映出的文化交流、融合以及推廣與應用。

另外,韓國弘益大學、清華大學博士研究生成敍永《韓國學界對國外作品所見古代韓國人形象的研究綜述》對韓國學界討論較多的有關朝鮮人形象的唐章懷太子李賢墓壁畫《客使圖》、中亞烏茲別克斯坦撒馬爾罕阿甫拉西亞甫宮殿壁畫《使節圖》、敦煌莫高窟第 220 窟、第 335 窟《維摩詰經變》研究狀況做了詳細梳理。

二、絲綢之路物質交流

物質資料是宗教文化、信仰、審美取向等精神文化的載體,有關絲路物質,如銅器、金銀器、絲織品等物質資料的研究同樣是絲路研究的重點。蘭州財經大學高啓安教授《胡瓶傳入和唐人注酒方式的改變》關注了西域傳入中原內地的胡瓶。高文首先梳理了傳入中原後胡瓶的稱謂,另結合墓葬壁畫、綫刻畫、藝術品等考古資料,對胡瓶的用途及對中國傳統注酒方式的影響做了探析。胡瓶是西方遊牧民族的流行器皿,主要用於分配乳品,也用於燒水、燒奶。考古發現大量駱駝馱胡瓶等藝術品,反映了胡人在旅途中用胡瓶汲水、燒水、燒奶的生活方式。胡瓶在東漢魏晉傳入中原後,逐漸取代了原有注酒的尊勺,仿胡瓶形制製作的各類酒壺大行其道,最終取代尊勺成爲最主要的注酒器。陝西師範大學中國西部邊疆研究院韓香研究員《從波斯到中國——絲綢之路上來通角杯的傳播與變遷》主要利用中西方考古及圖像材料,探討了來通角杯在東西方的傳播與發展過程。來通起源於兩河流域一帶,後傳入希臘半島等地,經波斯隨著來華貿易的胡人傳入中原地區。隨著傳播範圍的擴大,其功能逐漸由祭祀用具變成日常酒器,成爲唐代王室及貴族生活中的奢侈品。蘭州大學歷史文化學院研究生陳文彬《絲綢之路上的火壇》對中亞及新疆地區出土納骨甕、金銀幣、虞弘墓、安伽墓等入華粟特人墓葬等圖像上出現的火壇圖像及演變過程做了系統討論。中亞粟特地區發現的火壇形制大致相同,主要出現在壁畫和納骨甕上。按其形制可以分爲波斯類、片治肯特類、燈檯類、豆型火盆類等幾種類型。

陝西師範大學音樂學院賈嫚教授《麗象開圖 三光不掩——從西安地區出土文物看胡樂在魏晉南北朝的潛入》以出土材料爲基本研究對象,對魏晉南北朝時期傳入中原地區的胡樂做了深入討論。胡樂在魏晉時期潛入中原腹地,與當時群雄割據的社會背景息息相關。拓跋鮮卑入主中原後,採取"華戎兼採"的策略,使域外音樂在中原地區得以很好地發展。胡樂進入中原後,經由中原漢民族的文化洗禮,粗獷的風格變得文雅,又沿著絲路回傳到了西域。香港志蓮淨苑文化部劉景雲研究員、清華大學美術學院楊建軍副教授《西域"紅藍"花名考》對西域傳入中原的紅藍花名做了深入探析。西域紅藍花又稱黃藍花,俗稱紅花,其與地名"燕支""焉支",顏料"煙支""燕脂""胭脂",單于夫人"閼氏",及"郁金染""育陽染"都密切相關。"紅藍"之"藍",不指"青藍"之色,而是"藍靛"之草"三藍""五藍"的借字,訓詁義爲漢字"染"的諧音借字。

隨著域外文化的傳入,極富外來文化特色的器物也流入中國。陝西歷史博物館科研處處長楊瑾研究員《森木鹿:一種有翼獸頭神禽傳播、流變與融合軌跡與文化蘊意再探討》對絲路沿綫發現衆多的藝術題材森木鹿(Saena-mereyô-Simurg)形象做了深入分析。森木鹿最早出現在祆教語境之中,作爲仁慈形象廣泛出現在錢幣、金屬品、石窟、紡織品、岩石雕刻等多種題材之中。其造型與風格來源非常複雜,涵義多樣,在長期的東西文化交流過程中造型與涵義發生了很大變化,中國發現的森木鹿造型已經脫離波斯傳統,改成駱駝頭與中國"飛廉紋"的結合體,在北朝及隋唐時期,成爲人們寄托美好情懷的有翼瑞禽神獸。倫敦大學毛銘(Mao Ming)博士《北朝隋唐時期的粟特貢獅》(*Lions from Sogdiana to Chang'an*, 550—755AD)利用傳世文獻及懸泉漢簡、陶器、金屬器等考古材料,對北朝隋唐時期西域粟特地區進貢中原獅子的史事做了系統梳理。獅子圖像的出現與祆教等宗教文化密切有關,其爲粟特地區娜娜女神的坐騎,傳入中原後逐漸受到本土文化的影響,成爲獅子舞等民俗活動。西安建築科技大學孫武軍博士《入華粟特人墓葬所見人首鳥身造型考辨》對學界有關入華粟特人墓葬中人首鳥身形象紛繁複雜的研究做了辨析,認爲人首鳥身形象爲斯魯什神的觀點最爲可靠。

絲路文化的交流從來不是單向的,西方文化東傳的過程中,中原漢文化也源源不斷地輸入西方,在絲綢之路上也多有發現。西北大學歷史學院裴成國教授《唐西州銀錢的使用與流通》關注了唐代吐魯番地區的錢幣等交換媒介的使用情況。高昌國時期銀錢和糧食作爲交換媒介有明確分工,銀錢因幣值高只在大額交易中使用,小額交易一般使用糧食交換。唐西州時期絹帛介入流通領域,貨幣體系演變爲銀錢、絹帛、銅錢、糧食共存的新局面。此時出現了新的小額虛擬貨幣"分"和"厘",最早出現在官府的賬簿中,銀錢"一厘"折換小麥一升。陝西歷史博物館梁子研究員,陝西茶業協會郭建軍、豆寧先生《漢陽陵茶葉的啓示》運用漢代王褒《僮約》等傳世文獻,對漢陽陵出土茶葉加工方式做了解讀。新疆維吾爾自治區博物館助理館員張世奇《棕地黄色蓮花舞蹈狩獵圖案錦時代考》通過對新疆和闐策勒縣達瑪溝發現的一件棕地黄色蓮花舞蹈狩獵圖案錦上童子髮式、狩獵圖案、蓮花紋和鳳紋的考證,認爲其應爲遼代作品。可能是遼朝回賜給于闐的賞賜物,不過也有可能是西遼帶至于闐的遺物。

三、絲綢之路歷史與文獻

絲綢之路歷史與文獻的研究是中古時期歷史研究的重要領域。敦煌研究院民族宗教文化研究所所長楊富學研究員《河西考古學文化與月氏烏孫之關係》梳理了河西地區考古遺跡與月氏烏孫的關係。河西地區的考古學文化以齊家文化爲界,大致可分爲兩個階段,前期以農爲主兼事牧業,以四壩文化、騸馬文化爲代表;後期以牧爲主,兼事農業,以沙井文化爲代表。騸馬文化爲烏孫的遺存,沙井文化則爲月氏的遺存。騸馬文化和沙井文化同爲外來文化,都屬於定居的畜牧業經濟,中原史官因對牧業文化缺乏足夠瞭解纔將"畜牧"誤記爲"遊牧"。

中國人民大學國學院出土文獻與中國古代文明研究協同創新中心王子今教授《河西"之蜀"草原通道:絲路別支考》關注了河西入蜀的草原絲路概況。從石棺葬等考古學資料可知,甘青至川西北草原道路早已開通。不同地方"鮮水"地名的出現,應是早期移民運動的文化遺存。河西漢簡所見"蜀校士"身份以及"驅驢士""之蜀"等内容,以及蜀地出土漢代畫像磚上出現的胡人與駱駝形象,可以看作此草原絲路的文物證據。中國社會科學院考古研究所劉瑞研究員《絲綢之路的起始點與最初的走向》依據文獻材料和考古發掘及調查材料,對西安渭河古橋遺址做了較爲系統的調查整理,並以此作爲判斷漢代絲綢之路最初走向的證據。西漢時期絲綢之路在廚城門出長安城,過廚城門橋後西行到茂陵邑東門,此爲絲綢之路(長安—茂陵段)的最主要路綫。陝西省銅川市考古研究所陳曉捷研究員《唐京兆府屬縣鄉里考》利用關中地區各市縣出土的碑刻文獻資料,對除京兆府萬年縣、長安縣之外的 21 個鄉里名稱做了稽考。

敦煌是絲路重鎮,莫高窟、榆林窟等佛教石窟圖像及藏經洞出土文書是中古時期絲路研究必不可少的材料。中國社會科學院歷史研究所楊寶玉研究員《金山國時期肅州地區的歸屬——以法藏敦煌文書 P.3633 爲中心的考察》集中探討了金山國時期肅州的歸屬問題。據 P.3633《龍泉神劍歌》知,金山國立國約一年時抗擊甘州回鶻的首戰之地爲肅州境内的金河東岸,因而,金山國最初轄境包括肅州金河東岸以西的地區。不過由於與甘州回鶻交戰的失利，金山國喪失了大片東部國土，公元910年初秋之後喪失了對肅州的管轄權。日本京都佛教大學佛教學部大西磨希子副教授《唐代官方寫經及其傳播——以〈寶雨經〉爲綫索》關注了日本奈良東大寺尊勝院所藏光明皇后發願抄寫的《寶雨經》，認爲其抄寫底本完成於武周時期證聖元年正月之前。另通過與敦煌吐魯番地區發現的《寶雨經》文本比較，認爲其通過諸州官寺制度纔流散於各地。法國巴黎高等研究實踐學院（EPHE）牟和諦（Costantino Moretti）博士《從敦煌到日本的佛教疑經傳統》（*Buddhist apocryphal traditions from Dunhuang to Japan*）對中國甘肅敦煌莫高窟藏經洞出土的北朝時期《提謂波利經》和《淨度三昧經》等疑僞經及在日本流傳的情況做了簡述。疑僞經通過佛教特定的如齋會等宗教活動，達到規勸信衆行爲及起到道德規範的目的。

河西學院河西史地與文化研究中心賈小軍教授《河西走廊出土文獻中的絲綢之路意象》利用居延漢簡和懸泉漢簡、斯坦因在敦煌西北長城烽燧發掘粟特文信劄、嘉峪關新城魏晉五號墓“驛傳圖”畫像磚、敦煌莫高窟初唐第323窟北壁“張騫出使西域圖”等圖像，對絲綢之路的文學意象做了分析。陝西師範大學歷史文化學院陳瑋博士《安西榆林窟題記所見大理國與西夏關係研究》對瓜州榆林窟第19窟供養人題記做了深入討論。該題記爲大理國僧俗四人於西夏晚期巡禮榆林窟時所題。題記中的大禮國號既是同音異寫，又是大理國人正統觀的書面表達；落款時間爲四月八日，表明大理國人崇尚佛誕節禮俗；題記中僧俗四人分別爲粟特裔與漢人，表明大理國內民族成分衆多。他們由大理北上南宋西蜀，出蜀後從秦州向西，經過臨洮、蘭州等地，抵達河西走廊的瓜州。

西安美術學院張寶洲教授《何正璜、王子雲莫高窟考察成果校勘與評述——莫高窟考察歷史文獻解讀（八）》對民國時期何正璜、王子雲二先生的莫高窟考察成果做了解讀。何正璜與王子雲先生率領“西北藝術文物考察團”對莫高窟開展調查，成果《敦煌莫高窟現存佛窟概況之調查》被學界稱爲我國第一份“莫高窟內容總錄”，具有劃時代的意義。其調查採用科學儀器，對石窟做了全面測量，成果較爲真實可信，“C”字編號奠定了莫高窟編號的框架，是後來石窟科學記錄的濫觴。

新疆、甘肅河西走廊、寧夏等絲綢之路沿綫是考古新材料的發現重鎮，相關研究成果如新疆社會科學院彭傑研究員《吐魯番柏孜克里克石窟新發現的漢文寫本〈大藏經〉殘卷探析》對吐魯番柏孜克里克石窟出土《大般若經》殘卷做了解讀。該寫經題頭帶有千字文帙號，表明其爲某部寫本《大藏經》一部分，其在宋初由北宋政府頒賜給高昌回鶻可汗，存放在石窟內供養。上海交通大學張朝陽研究員《從甘肅臨澤出土〈田產爭訟爰書〉看漢晉民事司法變遷》以張掖臨澤出土簡牘材料爲證據,對漢晉時期司法變遷做了討論。2010年甘肅臨澤出土西晉建興元年(313)《田產爭訟爰書》文書,內容涉及堂兄弟間的田產繼承糾紛。從法律史的視角看,原本較純粹的早期民法,逐漸走向刑事化軌道。漢代的先令券書、分家析產,縣廷裁斷等民法制度繼續存在,但是由於基層宗族力量的興起,宗長取代了負責聽訟的鄉嗇夫,攫取了初審的權威。對於兄弟爭田的糾紛,不再根據券書判定曲直,而是以宗法倫理輔以懲罰手段打壓雙方。原本不適用刑罰的民事訴訟,開始有了刑事化傾向。

陝西師範大學絲綢之路歷史文化研究中心博士研究生楊冰華《論元代西夏文佛經版畫對明清水陸畫的影響——以〈梁皇寶懺圖〉爲中心》通過對中國國家圖書館藏寧夏靈武出土元代西夏文佛經《慈悲道場懺(罪)法》版畫《梁皇寶懺圖》、俄羅斯科學院東方文獻研究所藏《梁皇寶懺圖》的考索,發現此批佛經屬於元初廣福大師管主八在杭州主持印施給西夏故地的《河西字大藏經》,佛經版畫《梁皇寶懺圖》以西藏薩迦派版畫爲依據,但製版時經杭州當地漢族工匠修改而藏風驟減。此外,作爲北水陸法會修齋儀軌的《天地冥陽水陸儀文》也在此時流佈。甘肅省民樂縣博物館、北京首都博物館藏《水陸緣起圖》作爲北水陸法會圖像代表作,其繪製也明顯參考了西夏文佛經版畫《梁皇寶懺圖》。

四、絲綢之路石窟考古與藝術

絲綢之路是一條文化之路、藝術之路,佛教在傳播過程中,沿途進行了一系列造像開窟活動,如西域龜茲石窟、敦煌莫高窟、瓜州榆林窟、張掖馬蹄寺、武威天梯山、永靖炳靈寺、天水麥積山等,成爲今天反映當時佛教活動的直接材料。

本次會議學者的相關成果主要集中在莫高窟和麥積山石窟。陝西師範大學絲綢之路歷史文化研究中心沙武田教授、敦煌研究院李國研究員《莫高窟第156窟營建史再探》對莫高窟第156窟的開鑿時間做了新探析。張議潮在大中二年推翻吐蕃之後,一直在努力擴大歸義軍的勢力範圍,不斷加強個人的統治力量。同時張議潮和洪辯、悟真、法榮、法成等高僧大德交往密切,特別是敦煌在吐蕃統治60餘年後回歸大唐,張議潮審時度勢,在莫高窟營建自己的功德窟。因此,第156窟的營建,應該不會距離張議潮大中二年起義和大中五年得授歸義軍節度使之職不遠,具體推定在大中五年至大中十年之間。敦煌研究院考古研究所張小剛研究員《莫高窟第220窟甬道南壁寶冠佛像淺析》對莫高窟第220窟甬道壁畫的定名問題做了深入討論。莫高窟第

220 窟甬道南壁寶冠佛像的蓮花寶冠、禪定手印,與此時流行的降魔成道圖像基本相符。該寶冠佛像作爲主尊應是釋迦牟尼成道說法圖,只不過沒有表現魔衆侵擾佛陀的降魔内容與榆林窟西夏第 10 窟甬道南壁佛傳故事畫中央和東千佛洞第 5 窟北壁八塔變相的成道塔一樣,採用一佛二菩薩形式,沒有表現魔軍、魔女侵擾的降魔内容。敦煌研究院張景峰研究員《窟主與敦煌石窟的開鑿與重修——以陰氏家族爲中心》對敦煌大族陰氏在莫高窟的開窟活動做了個案研究。陰氏在莫高窟的營建活動非常活躍,幾乎每一個歷史時期都有其營建洞窟的痕跡。在武周第 217 窟中,首次出現了佛頂尊勝陀羅尼經變、觀音經變、金剛經變等圖像,而北壁的觀經變則增加了淨土莊嚴相;盛唐第 321 窟中引進了十輪經變、祥瑞白狼等新圖像;吐蕃統治敦煌時期的第 231 窟中,引進了表現法相宗唯識學思想的圖像;張氏歸義軍時期的第 138 窟中繪製了禪宗圖像。總之,陰氏家族善於逢迎,易於接受佛教新信仰、新思想、新圖像。

敦煌研究院科研處顧淑彦副研究員《敦煌莫高窟五百强盜成佛故事畫再研究》對莫高窟流行的《五百强盜成佛圖》做了再解讀。莫高窟第 285 窟《五百强盜成佛圖》符合《涅槃經》,部分圖像同時也符合《報恩經》,主要是依據《涅槃經》繪製而成。第 296 窟圖像符合《報恩經》,部分圖像同時也符合《涅槃經》,其繪製主要依據爲《報恩經》。第 296 窟《五百强盜成佛圖》的繪製借鑒吸收了第 285 窟的技法,與第 296 窟北壁須闍提本生故事遥相呼應。陝西師範大學絲綢之路歷史文化研究中心研究生馬麗《莫高窟維摩經變之各國王子問疾圖中的前端人物考》對莫高窟維摩經變圖像做了細讀。莫高窟維摩經變中各國王子問疾圖最早出現於初唐時期的方便品右下側,其人物形象與印度的雕像以及阿旃陀石窟人物壁畫極爲相似,與《維摩經》中記載毘耶離城的國王大臣長者居士婆羅門等人物相符,可知其爲印度人。從初唐到五代的維摩經變,人物從最初單個人物演變爲大量身披彩帶且戴臂釧、腳釧的神化形象,這與當時印度來華名僧從事傳教譯經及中國高僧巡禮佛國的活動有關,是中印文化交流的産物。西北師範大學歷史文化學院研究生王雨《敦煌建築畫卷中的大唐長安影像——以慈恩寺大雁塔爲例》從敦煌壁畫入手對唐長安慈恩寺大雁塔原貌做了復原。敦煌莫高窟壁畫中的佛塔粉本當是來自中原地區,抑或是長安,極有可能就是初創時期的唐長安慈恩寺大雁塔,平臺塔頂,中間爲覆鉢塔,四角各設小型覆鉢塔。武則天時期將大雁塔改建成十層漢式樓閣建築,唐僖宗至昭宗時期(873—904)毀於戰火,"止存七層"。

關注麥積山石窟藝術的有麥積山石窟藝術研究所董廣强研究員《麥積山石窟第 127 窟開鑿年代考——麥積山 127 窟開鑿年代研究系列論文之三》運

用考古學理論與方法,對麥積山石窟第 127 窟開鑿時代做了新解讀。第 127窟開鑿於北魏末年至西魏初年,因而其風格兼有早晚兩種藝術風格。第 127窟開鑿於第 120 窟、158 窟之前,西魏修建 120 窟時打破了第 127 窟崖面。第121 窟修建於北魏晚期,第 127 窟的開鑿打破第 121 窟,因而其時代晚於北魏晚期,上限是北魏晚期,下限爲西魏初年,即 510—536 年之間,與西魏乙弗皇后事件沒有關係。麥積山石窟藝術研究所孫曉峰研究員《麥積山石窟西魏時期維摩詰圖像研究》對麥積山石窟中維摩經變的題材做了討論。麥積山石窟西魏時期流行維摩經變題材,圖像內容豐富,時代特徵鮮明。維摩經變圖像是當時秦州地區維摩信仰的真實再現,也是關隴地區十六國後秦以來維摩詰思想傳播和發展的必然結果。它在圖像樣式來源、配置方式、思想內涵等方面較多地反映了長安、洛陽等地藝術風格。同時,又保留了秦隴地區的自身特點,從而形成了具有濃郁民族化、世俗化、人性化的佛教藝術品。

另有學者關注新疆龜兹石窟、陝北宋金石窟藝術。中國人民大學國學院博士研究生、新疆龜兹研究院苗利輝研究員《漢傳淨土信仰在龜兹地區的流傳——以龜兹石窟爲中心》關注了新疆龜兹石窟藝術。北朝至隋唐時期彌勒信仰在中原地區非常流行,武則天改唐爲周時曾對彌勒下生思想進行大肆宣揚、改造與利用。此後由於阿彌陀淨土信仰的興起,以及由於彌勒信仰被認爲是社會反叛的依據受到統治者的抑制漸趨衰微。高昌回鶻地區一直流行彌勒淨土信仰,在高昌回鶻時期的龜兹石窟中有《彌勒會見記》以及相關題記,拜錫哈爾第 3 窟主室正壁龕上方也繪有彌勒下生經變,反映出回鶻佛教與敦煌佛教信仰存在聯繫。蘭州大學敦煌學研究所博士研究生石建剛《延安宋金石窟工匠班底及其開窟造像活動考察——以題記所見工匠題名爲核心》通過延安宋金時期造像題記對工匠組織做了討論。北宋前期延安地區多開鑿中小型石窟,造像題材豐富,但留下工匠題名的窟龕極少,僅富縣石泓寺、大佛寺石窟留下米延福工匠班底題名,南溝門佛爺洞第 2 窟"甘泉縣柳家務石匠□□"題記、黃龍花石崖第 1 龕石匠介守信題記,標誌著延安地區重要的介氏工匠家族開始登上歷史舞臺。北宋晚期是延安石窟蓬勃發展的階段,開鑿了不少規模龐大、造像精美的洞窟。此時重要的工匠班底有以鄜州介端、介用爲代表的介氏家族,以延川王志、黃龍月坪石窟趙後、何家坬石窟弋達、榆林河摩崖造像趙陵等工匠,另有王信等外地工匠。北宋滅亡以後,延安地區的開窟造像活動迅速萎縮,有明確紀年的洞窟僅有齊阜昌五年介用開鑿的富縣羅漢堂第 2 窟和金代早期開鑿的富縣石泓寺第 7 窟,但沒有留下有關開窟工匠的信息。

五、絲綢之路墓葬考古

　　墓葬是古代物質資料遺存的重要形式,是解讀絲綢之路歷史文化的重要資源,本次會議中多位學者就新疆、甘肅、青海、山西等墓葬藝術及材料展開詳細討論。新疆博物館考古部魯禮鵬研究員《新疆切木爾切克墓地出土雙聯器初步研究》對新疆切木爾切克墓地出土雙聯杯進行了詳細討論。新疆切木爾切克及其他三處墓地出土多件雙聯器,其可能是源自古代中原婚娶時使用的"合巹杯"或"連理杯"。只是在傳播過程中,各地因地制宜,就地取材,製造出不同地域風格特徵的雙聯器。隨著社會歷史的發展,其功能在西域地區逐漸退化,最遲至戰國早期成爲僅具有象徵意義的明器。吐魯番學研究院《吐魯番學研究》編輯部李亞棟先生《阿斯塔那古墓群發掘簡況及墓葬編號——以可移動文物普查與國保檔案爲中心》是對 20 世紀吐魯番阿斯那塔墓群發掘資料的整理與研究。吐魯番博物館庫存阿斯塔那、哈拉和卓等地發掘及出土文物編號有很多特殊情形,部分保留了很重要的信息,部分錯誤是賬本登記時工作人員手誤所致,部分由於原始信息過於簡單造成的混亂。

　　關注甘肅地區墓葬藝術的有:蘭州大學歷史文化學院考古學及博物館學研究所郭永利教授《甘肅境內的元代墓葬》關注了甘肅天水漳縣元代汪世顯家族墓。汪世顯家族墓融合了蒙古與漢人墓葬兩種形式。M11、M13 墓室本身延續了宋金傳統,但墓中出土木屋已經採用了老婦、侍女等元早期的圖像樣式。M11 墓主人身著蒙古服坐於交足椅上,顯然是蒙古式形象。木屋圖像和威戎壁畫墓中圖像相似,人物衣紋均採用釘頭鼠尾描,爲元代壁畫墓的特有特點。甘肅省博物館李永平研究員《甘肅禮縣大堡子山秦公墓出土金飾片的功用及相關問題》對新近從國外回流的金銀器做了解讀。甘肅禮縣大堡子山秦公大墓出土金飾片數量較多,分藏海內外多位收藏機構和藏家之手。有關金飾片的功用,傳統觀點多認爲是作士卒鎧甲、馬冑、葬具裝飾品等功用,但這些觀點都需要考古學資料佐證,似乎目前還不能做出結論。陝西師範大學外國語學院市來弘志先生《通過畫像磚看魏晉時期酒泉與河西走廊的家畜和畜牧業》以河西走廊地區出土畫像磚爲材料,對魏晉時期河西地區的畜牧業活動展開討論。嘉峪關市新城古墓群的畫像磚真實地描繪了多種家畜和動物,所描繪的場面也是多種多樣,尤其是畜牧圖的牧人多非漢人,反映了魏晉時期河西地區的畜牧業活動。

　　關注山西、青海地區墓葬藝術的學者有北京大學中國考古學研究中心、北京大學考古文博學院沈睿文教授《太原金勝村唐墓再研究》,文章對太原金勝村唐墓做了再解讀。太原金勝村唐墓是信仰祆教的粟特胡人墓葬,隋唐嬗代之際,他們追隨李淵起事,建立功勳。他們選擇樹下老人(高士)屏風畫,表示對唐政府的忠誠和功成身退、無意政治(歸隱)的意圖。粟特胡人裸葬的習俗也影響了該地區被胡化的漢族等其他民族,在埋葬、遷葬以及合葬等儀式中採用了相同的裸葬方式。西寧市文物考古研究所孫傑、西北師範大學高斐、青海省藏醫藥文化博物館索南吉《青海海西新發現彩繪木棺板畫的初步觀察與研究》對新發現吐蕃時期彩繪棺板畫做了解讀。青海海西州新出彩繪棺板畫包括兩個完整蓋板、四個完整擋板、一個完整側板、四個殘缺側板,上面裝飾前所未有的大象及背上束腰仰蓮座承以寶珠的紋樣,帶有某些佛教文化因素。該批木版畫具有典型吐蕃文化因素,墓主人可能是鮮卑系統的吐谷渾人。

六、絲綢之路宗教文化

絲綢之路是一條宗教之路,佛教、祆教、摩尼教、景教等多種宗教沿著絲綢之路傳入中國。本次會議也有不少學者對此加以關注。新疆龜茲研究院霍旭初研究員《論古代新疆"說一切有部思想文化帶"》論述了古代新疆流行佛教的一切有部。佛教"因果觀"認爲,宇宙間一切法(所有的事物、現象)都受因果法則的支配。善因必有善果,惡因必有惡果,稱爲"因緣果報";"菩薩觀"與大乘佛教衆多菩薩出世理念不同,說一切有部的菩薩概念主要是指在曠劫"輪回"中,履行"菩薩道"的釋迦牟尼,在新疆地區形成一條"說一切有部思想文化帶"。西北大學文化遺産學院冉萬里教授《古代中韓舍利瘞埋的比較研究——以南北朝至隋唐時期爲中心》對中韓兩國的舍利瘞埋制度展開了討論。舍利瘞埋制度是絲綢之路研究的一個重要内容。冉文以舍利瘞埋制度爲出發點,從文獻資料、瘞埋方式、舍利容器組合方式、舍利容器造型等七個方面,對南北朝至隋唐時期中韓舍利瘞埋進行了比較研究。認爲韓國舍利瘞埋最早源自南朝的蕭梁,存在一些未見於北朝、隋唐時期的特點。隋唐時期中韓兩國之間關係密切,舍利瘞埋問題存在相似的特點或因素。韓國將舍利安置於塔心礎中,而非唐朝的地下宮殿。此瘞埋方式反映了韓國自身的特點,但中韓兩國都流行源自印度的將舍利瘞埋於佛塔天宮中的方式。

香港大學佛學研究中心崔中慧博士《北涼石塔刻經與寫經生》主要從佛教文獻、敦煌吐魯番出土寫經與石刻之間的關係,探討北涼時期官方與民間寫經的文化現象。北涼佛經書法爲典型的寫經體"北涼體",在佛教徒供養的北涼石塔上直接反映出來。北涼體不但在北涼宮廷被寫經生競相模仿,也出現在社會上佛教信徒供養的寫經與北涼石塔發願文中。從 4 世紀末開始北涼宮廷筆受僧人慧嵩與竺佛念合譯佛經,表明在北魏之前中原地區的佛教寫經生與當時西域少數民族存在密切交流。麥積山石窟藝術研究所項一峰研究員《試論長安與涇渭河流域佛教文化藝術》論述了長安與涇渭河流域的佛教藝術交流。長安是絲綢之路的起點，長期的佛教造像過程中形成了長安模式。涇渭河流域存在大量石窟造像與寺院，可認爲其屬於長安佛教文化圈。

陝西省法門寺博物館姜捷、李發良研究員《七至十三世紀漢藏及印度等地八大菩薩曼荼羅造像綜述》採用文獻資料與考古信息相結合方法，依據唐龍朔三年（663）漢譯佛經《師子莊嚴王請問經》關於八大菩薩曼荼羅的内容，對法門寺地宫出土唐代白石靈帳和四鋪阿育王塔造像系統屬性做了討論。印度現存八大菩薩造像依據不空新譯佛經所據的梵文原典，而敦煌、吐蕃、大理、巴蜀與遼國等地區的造像則依據不空所譯《八大菩薩曼荼羅經》以及《佛頂尊勝陀羅尼念誦儀軌法》塑造，屬於"九位曼荼羅"或佛頂尊勝曼荼羅系統。在那提禪師譯出《師子莊嚴王請問經》約六十年之後，不空等密教大師努力將早期雜密的八大菩薩曼荼羅改造以大日遍照佛爲主尊、以八大佛頂輪王或八大菩薩、八大明王配屬的"九位曼荼羅"或佛頂尊勝曼荼羅。陝西法門寺博物館李發良、趙婧研究員《洪洞水神廟元代壁畫〈敕建興唐寺圖〉與唐代迎佛骨關係探討》依據文獻資料，對山西洪洞水神廟元代壁畫《敕建興唐寺圖》作了新解讀，認爲該壁畫應與唐代諸帝迎奉法門寺佛指舍利的歷史有關。西北民族大學歷史文化學院研究生白琳《敦煌藏經洞壁畫洪辯二身侍從與佛教戒律關係研究》對敦煌莫高窟藏經洞洪辯法師圖像與戒律關係做了分析。莫高窟藏經洞是張氏歸義軍政權首位都僧統洪辯法師的影窟。其身後俗裝女像是法師的隨侍或養女，負責侍奉其起居生活。另一身女尼像應爲地位較低的比丘尼或沙彌尼，圖像表明洪辯生前在俗家與寺院之間往來生活。相似的一主二從式圖像在莫高窟十分常見，是僧俗兩界共同默許的破戒現象。

另外，還有幾位學者因時間關係論文沒有及時發送，未能編入論文集中，但都在會場做了口頭發表。如陝西考古研究院劉呆運研究員《唐沙州敦煌縣令宋素墓》簡述了陝西最新考古發現唐敦煌縣令宋素墓的發掘成果。宋素墓發現於 2014 年 3 月，位於華陰市桃下管區蓮村。出土有墓誌、銅鏡、銅帶飾、天王俑、鎮墓獸、文官俑、陶駱駝、陶馬、騎馬俑、侍女俑、小陶罐等文物 70 餘件。陝西師範大學歷史文化學院李宗俊教授《瓦汗走廊的戰略地位與唐前期對西域南道西端的經營》從考古與文獻材料爲切入點，系統論述了瓦罕走廊重要的戰略地位，並對唐初期對絲綢之路西域南道西段的經營與管理做了深入論述。陝西師範大學歷史文化學院郭海文副教授《大唐公主飲食》從正史文獻材料入手,對唐代公主的器具、飲食生活等諸方面做了詳細論述。西北大學藝術學院李瑞哲副教授也論述了龜茲石窟的情況。

本次會議著眼於絲路研究的新動態、新材料、新問題,在絲綢之路文化交流、絲綢之路物質交流、絲綢之路歷史與文獻、絲綢之路石窟考古、絲綢之路墓葬考古、絲綢之路宗教文化等六個領域開展了深入交流和探討,得到與會代表及嘉賓的一致好評。本次會議是西安地區明確以絲路爲主題的首次大型國際性學術會議,對西安地區學術水準的提昇及城市品牌文化的宣傳起了巨大推動作用。

《敦煌學輯刊》與當代敦煌學

劉全波（蘭州大學）

　　《敦煌學輯刊》是由蘭州大學主辦,教育部人文社會科學重點研究基地蘭州大學敦煌學研究所承辦的一種以刊載敦煌學學術論文爲主的專業刊物。《敦煌學輯刊》於 1980 年試刊,每年出版 1 期;1983 年經高教部、文化部批准,正式公開發行,爲半年刊;2005 年經甘肅省新聞出版局批准,改爲季刊發行。《敦煌學輯刊》至今已經正常出版至第 94 期。三十七年來(1980—2016) ,《敦煌學輯刊》在推動當代敦煌學研究與培養敦煌學人才方面發揮了十分重要的作用,可以説,當今敦煌學界的每一位有成就的專家學者都曾是《敦煌學輯刊》的讀者與作者。

　　1979 年,蘭州大學歷史系敦煌學研究小組成立,這是今天教育部人文社會科學重點研究基地蘭州大學敦煌學研究所的源起,蘭州大學歷史系敦煌學小組是當時國内最早進行敦煌學研究的機構之一。1980 年,蘭州大學歷史系敦煌學研究小組編輯了《敦煌學輯刊》總第 1 輯,其《編後記》載:“我省的河西走廊,是古代‘絲綢之路’的必經通道;敦煌遺書,爲研究我國古代的政治歷史、社會經濟以及民族、宗教、語言、文學等提供了極其豐富的資料;莫高窟的壁畫,更是聞名中外的藝術寶庫,對這些方面進行一些研究,是我省高校文科及有關單位的一個義不容辭的任務。本期所刊載的十多篇關於“敦煌學”及河西史地的論文,是我校歷史系“敦煌學研究小組”組織和編寫的。我校敦煌研究小組是 1979 年元月由歷史系的幾位同志發起組織的。參加小組的還有我校其他系和省圖書館的同志。自小組成立以來,這些同志在資料收集和組織研究等方面都做了一些工作。本期刊載的一些文章,就是他們的部分成果。敦煌莫高窟文物研究所的許多同志對我校敦煌學研究小組極其關心,給予了許多指導和幫助,並寄來了不少文章,我們一並刊載在這期《敦煌學》專刊上。我校敦煌學研究小組是這門學科研究隊伍中的新兵,由於各方面條件的限制,水準很低,望能得到國内外各界同志們的批評指正。本期專刊在組織和審稿中,承蒙段文傑同志在百忙中給予熱情、具體的指導,謹在這裏表示感謝。”①這則《編後記》主要記載了兩個事情,第一就是《敦煌學輯刊》的創刊,以及稿件的組織與編寫情況;第二就是蘭州大學敦煌學研究小組的成立。

---

　　① 《編後記》,《敦煌學輯刊》總第 1 期,1980 年,第 116 頁。

　　《敦煌學輯刊》總第 3 輯的《編後》載:"《敦煌學輯刊》第三期與讀者見面了。借此機會,我們向對本刊慷慨賜稿的各位作者,向許多關心本刊並對本刊提出過寶貴意見的讀者,謹致誠摯的謝忱。本期内容除敦煌學外,還收進了多篇其他方面的文章。這是因爲考慮到敦煌學是一門内涵宏博、旁涉極廣的綜合性學科,與其有著交叉關係的各學科的研究成果,都直接間接地有助於敦煌學的縱深發展;同時蘭州大學歷史系也開展了中亞、漢簡、西北古代史地的專題研究。因此,本刊決定今後在以刊發敦煌學文章爲主之同時,也收載以上方面的研究成果。由於我們水準低、人手少,刊物還處在草創階段,疏漏錯誤必所不免。我們殷切期望不斷聽到各方面的批評意見,並繼續希望讀者惠予賜稿。"①這則寫於 1982 年的《編後》記載了《敦煌學輯刊》創刊初期對所刊發文章主題的一次定位,並且《敦煌學輯刊》創刊初期已經認識到敦煌學的博大精深,以及與相關學科之間的密切關係。

　　《敦煌學輯刊》前三期的出版,影響巨大,在當時絕對是整個甘肅敦煌學界的大事,它引領了甘肅敦煌學的發展。恰如我們在《從匹馬孤征到團結起來開啓敦煌吐魯番學研究新篇章》中所言:"這些文章的發表,對於引領當時的敦煌吐魯番學研究新風尚起了重要的旗幟作用,更爲重要的是,當時負責敦煌文物研究所工作的段文傑先生,繁忙之餘,連續有 3 篇文章在《敦煌學輯刊》試刊 1、2、3 期上發表,這對於蘭州大學與敦煌文物研究所相關研究人員的引領作用、旗幟作用必然是空前的,這無言的行動,對某些對敦煌吐魯番學研究尚存猶豫、觀望態度的人來説,絕對是渙然冰釋,於是整個甘肅學術界的熱情被激發了出來,敦煌吐魯番學研究的新局面逐步打開。"②很顯然,《敦煌學輯刊》的引領作用、旗幟作用是空前的,此外,我們需要指出的是,此時期甘肅敦煌學的大發展是與整個甘肅敦煌學界的團結協作離不開的,蘭州大學、敦煌研究院、甘肅省圖書館、西北師範大學、甘肅省社會科學院、西北民族大學等機構及其前身之間的相互協作,互通有無,帶來了整個甘肅敦煌學的大發展、大繁榮,衆多專家學者毅然投身敦煌學研究,反過來,這個研究敦煌學的潮流無形中保證了早期《敦煌學輯刊》的稿源。

　　1983 年 8 月 20 日,《敦煌學輯刊(創刊號)》總第 4 期出版,收錄有寫於 1983 年 6 月 10 日的《發刊詞》,其内容爲:"《敦煌學輯刊》自 1980 年創刊以來,已出了 3 期。從這一期起,本刊正式公開發行。創辦這一刊物,目的在於促進敦煌學的研究,繁榮民族文化,繼承和發揚我國古代優秀遺産。本刊以

---

　　①　《編後》,《敦煌學輯刊》總第 3 期,1982 年,第 170 頁。
　　②　劉全波《從匹馬孤征到團結起來開啓敦煌吐魯番學研究新篇章》,郝春文主編《2014 敦煌學國際聯絡委員會通訊》,上海:上海古籍出版社,2014 年,第 260—280 頁。

刊登有關敦煌和吐魯番遺書、敦煌藝術、中西交通以及河西史地等研究論文爲主,同時也刊載國外敦煌學者有代表性的論著譯文,報導國內外敦煌學研究動態。我們殷切地希望能得到老一輩敦煌學專家的扶持與幫助,更希望國內有志於研究敦煌學的中青年同志給予大力支持,以期共同把這一刊物辦好。由於人力單薄,水準有限,錯誤和缺點一定很多,我們誠懇地希望得到專家和讀者們的批評指正。1983 年 6 月 10 日。"①1983 年是中國敦煌吐魯番學會成立的年份,是整個中國敦煌吐魯番學界得到大發展、大飛躍的年份,這一年中的很多事情影響了此後幾十年的發展。雖然《敦煌學輯刊》之《發刊詞》寫於 1983 年 6 月 10 日,其實,《敦煌學輯刊(創刊號)》出版的時間卻是在 1983 年 8 月 20 日,恰好與在蘭州大學召開的中國敦煌吐魯番學會成立大會、1983 年全國敦煌學術討論會重合,中國敦煌吐魯番學會成立大會、1983 年全國敦煌學術討論會召開的時間是 1983 年 8 月 15 日至 22 日,可見《敦煌學輯刊(創刊號)》的發行就是中國敦煌吐魯番學會成立大會、1983 年全國敦煌學術討論會的一部分,是會議的一個浪花與插曲,而在如此大型會議上的不經意的表現,必然極大地增强了《敦煌學輯刊》的影響力與生命力。

《敦煌學輯刊(創刊號)》總第 4 期《稿約》載:"本刊是蘭州大學歷史系敦煌學研究室主辦的學術性刊物。本刊的宗旨是以馬克思列寧主義、毛澤東思想爲指導,發揚學術民主,貫徹'雙百'方針,努力促進敦煌學的研究。""本刊歡迎以下來稿:1. 有關敦煌、吐魯番遺書中的社會經濟、政治歷史、地理交通、語言文學、文獻目録、民族宗教、民俗藝術、科學技術等方面的研究論文;2. 有關我國石窟寺考古及佛教藝術的研究論文;3. 與敦煌、吐魯番有關的河西史地、中西交通、歷史人物等方面的研究論文;4. 關於敦煌、吐魯番學各種問題的討論綜述及評介;5. 國內外研究敦煌、吐魯番的學者及其專著的介紹;6. 國內外研究敦煌、吐魯番學的概況及動態;7. 國外敦煌、吐魯番學學者有代表性的論著譯文;8. 其他。"②這是《敦煌學輯刊》第二次公開自己的辦刊宗旨,敦煌學、吐魯番學無疑是它的中心,而與之相關的石窟寺考古、佛教藝術、河西史地、中西交通研究則是必要補充。

1986 年 11 月,《敦煌學輯刊》總第 10 期《致讀者》載:"我們辦刊的目的主要在於:促進敦煌學的研究,繁榮民族文化,繼承和發揚我國古代優秀的文化遺産,增進國內外文化交流。五年多的工作表明,本刊基本上實現了這一宗旨。爲了使本刊能夠繼續沿著這一健康的道路向前發展,爲了使本刊在精神文明建設中發揮更大的作用,我們殷切地期望國內外廣大讀者,尤其是敦

---

① 《發刊詞》,《敦煌學輯刊》總第 4 期,1983 年,第 3 頁。
② 《稿約》,《敦煌學輯刊》總第 4 期,1983 年。

煌學的專家學者和愛好敦煌學的同志們今後在各方面給予本刊更大的支持。""本刊主要刊登：有關敦煌、吐魯番文書中的社會經濟、政治歷史、地理交通、語言文學、文獻目録、民族宗教、民俗藝術、科學技術等方面的研究論文；有關西北地方石窟寺考古及佛教與其他宗教藝術的研究論文；以及與敦煌吐魯番有關的河西史地、中西交通、歷史人物等方面的研究論文；同時也刊載國外有代表性的敦煌學論著譯文，報導國內外敦煌學的研究動態。"[1] 經過七年的發展，在《敦煌學輯刊》總第十期出版的時候，與總第四期所發佈的《稿約》相比，此《致讀者》更加專業，對《敦煌學輯刊》的辦刊宗旨的定位也更加清晰而準確，這也是三十多年來，《敦煌學輯刊》一直堅持的辦刊宗旨。

2000 年，《敦煌學輯刊》創刊二十周年，齊陳駿教授寫了一篇文章，回憶《敦煌學輯刊》二十年的風雨歷程。其《廿年回顧與展望》言："《敦煌學輯刊》是關於敦煌吐魯學研究的專業學術刊物之一，自 1980 年創刊以來，已走過二十個年頭。""創辦《輯刊》雜誌，這是同蘭大歷史系當時整個研究方向的確定緊密地聯繫在一起的，是歷史系研究西北歷史文化這一大課題的組成部分。""在取得共同認識的基礎上，於是在歷史系組建了漢簡、敦煌、中亞、蘇聯、民族等研究小組。1979 年元月，敦煌學研究小組成立，之後又正式更名爲敦煌學研究室。""在開設課程的同時，我們深感到要真正推動敦煌學的研究，弘揚古代西部的文化，沒有一塊園地，就不可能引起社會的廣泛注意和支持，更談不上有豐碩的成果。因此，我們希望能有一份自己的刊物，用以交流信息，促進學術研究。這一設想得到了學校有關領導的支持。於是，在沒有經費、沒有公開出版刊號的情況下，徵得《蘭州大學學報》的同意，以增刊的形式發表了我們研究室及敦煌研究所一些同志的文章，這就是 1980 年 2 月出版的這期敦煌學專刊。我們把這一期專刊又叫《敦煌學輯刊》，意思是把一個階段的研究成果能輯録在一起，便於積累和查閱。因爲是以增刊方式出版的，所以只能是不定期的。我們當時的想法是：如能一年刊出一期，那也就非常滿意了。按這一設想，我們從 1980 年至 1982 年三年中先後出了三期。《輯刊》所載的文章，當然主要是敦煌遺書研究和石窟寺藝術兩個方面。但在實際工作中，我們深知敦煌學所涉及的面很寬，不僅是要研究敦煌一地區的歷史與文化，還必須要從更廣闊的領域中去探討和研究，如西北地方的史地、西北地方的民族宗教、古代的中西交往和絲綢之路、吐魯番及和闐地區發現的古文書、西北地方的漢晉簡牘，都是和敦煌的歷史文化緊密地聯繫在一起的。敦煌的遺書和石窟藝術，只是古代西部地方歷史文化的一個組成部分。所以我們從一

---

[1] 《致讀者》，《敦煌學輯刊》1986 年第 2 期（總第 10 期）。

開始就把弘揚敦煌文化藝術與古代西北地方的史地研究作爲刊物登載的内容一直到現在,我們仍堅持這一方向。""《輯刊》是專門刊載敦煌學以及與之相關學科研究成果的雜誌,專業性很強。這本應該是件好事,可是,專業性強也有其負面的效應:一是因爲專業性強,發行面狹,必然造成虧損,每期都需補貼;二是也因專業性强,研究人員不多,稿源亦逐漸減少了。在《輯刊》初創辦時,關於敦煌學方面的專刊只我們一家,當時稿酬雖低,但來稿甚多。而到後來,刊載敦煌學的定期的和不定期的雜誌大大增多了,如敦煌研究院的《敦煌研究》,北京大學曾出版了多期的《敦煌吐魯番文獻研究論集》,武漢大學有《敦煌吐魯番文書初探》《初探二編》,廈門大學有《敦煌吐魯番出土經濟文書研究》等等。這樣,稿件來源就逐漸減少了。人力、經費、稿源等問題,近年來一直是我們雜誌面臨的困難。""回顧這份雜誌的歷程,我們雖曾遇到過許許多多波折和困難,但也獲得了豐碩的成果。對於我們研究室來說,通過辦刊,培養了一批人才。他們既要擔負繁重的教學與科研任務,還承擔了《輯刊》的編輯、刊印等許多具體事務。通過《輯刊》與學術界有了廣泛的聯繫,擴大了視野,學到不少新知識,提高了我們的水準。這幾年來,我們研究室的同志人數雖然不多,卻不斷出版了《敦煌吐魯番文獻研究》《敦煌歸義軍史專題研究》等集體成果。粗略統計,我們研究室的同志所出的個人專著有 20 餘部,論文 300 餘篇。這些都是與創辦《輯刊》,鍛煉出一支隊伍分不開的。"①

2016 年,齊陳駿教授《回望絲綢之路與敦煌學的研究》亦言:"敦煌學研究小組在 1979 年底成立時,僅只我及我所帶的研究生陸慶夫兩人。爲了積聚力量,培養人才,我們聘請了敦煌文物研究所的段文傑先生、賀世哲與施萍婷夫婦、孫修身先生,以及甘肅省圖書館的周丕顯先生等作爲客座教師,分別給研究生及高年級學生講課或講座,並且還將他們撰寫的論文集中在一起,建議《蘭州大學學報》出一期增刊,這就是 1980 年 2 月出版的《蘭州大學學報》'敦煌學專刊',實際上也就是《敦煌學輯刊》的第一輯。隨後我又以蘭州大學敦煌學研究組的名義於 1981 年、1982 年組稿編輯了《敦煌學輯刊》第二、三輯。到 1983 年,此刊被批准爲公開出版成果的刊物,於是我們請常書鴻先生題寫了刊名。《敦煌學輯刊》是國内第一份專門刊載敦煌學及絲路有關研究成果的刊物。"②齊陳駿教授對《敦煌學輯刊》辦刊歷史的回顧,再現了《敦煌學輯刊》早期所經歷的風雨歷程,其中,最讓我們敬佩的是,早在 20 世紀 70 年

---

① 齊陳駿《廿年回顧與展望》,《敦煌學輯刊》2000 年第 1 期,第 1—4 頁;齊陳駿《〈敦煌學輯刊〉廿年回顧與展望》,《敦煌學與古代西部文化》,杭州:浙江大學出版社,2016 年,第 392—397 頁。
② 齊陳駿《回望絲綢之路與敦煌學的研究》,《社會科學戰綫》2016 年第 3 期,第 129—133 頁;齊陳駿《我與絲路及敦煌學的研究》,《敦煌學與古代西部文化》,杭州:浙江大學出版社,2016 年,第 1—11 頁。

代末,這群地處西北的知識分子就認識到發展敦煌學的必要性和重要性,並以極其強烈的責任感與使命感擔當起敦煌學研究的急先鋒,在天時地利人和皆備的 20 世紀 80 年代,《敦煌學輯刊》更是藉著春風一路前行。當然齊陳駿教授也分析了《敦煌學輯刊》面臨的問題,這些問題至今仍然存在,如何突破這些難題,没有好辦法,只有兩個字,堅持!

董翔等《高被引論文視角下的〈敦煌學輯刊〉學術影響力分析》一文利用文獻計量學的方法,以 CNKI 收錄的《敦煌學輯刊》(1983—2011 年) 刊發論文共 1 350 篇爲樣本,分三個時段(1983—1992 年、1993—2002 年、2003—2011 年)對《敦煌學輯刊》刊發論文的高被引情況進行統計分析,結果顯示《敦煌學輯刊》總發文量呈明顯增長趨勢,顯示了敦煌學研究的繁榮發展,三個時段的論文總被引量分別爲 1 018 次、1 228 次、1 131 次,高被引論文的研究領域主要集中在宗教、歷史、考古、民族、文獻等領域①。由此可見,經過幾十年的發展,《敦煌學輯刊》的學術影響力得到了不斷的提昇,並在敦煌文獻研究、石窟寺考古與藝術等領域表現突出。

三十七年來,《敦煌學輯刊》刊發了大量的研究論文,是中國敦煌吐魯番學研究的主要陣地之一,當今敦煌吐魯番學界的大多數專家學者都曾是這本雜誌的讀者與作者,都是吮吸著它的營養起步的。2015 年 8 月 15 日,中國敦煌吐魯番學會在敦煌舉行了會員代表大會和第六屆理事會會議,選舉產生了第六屆理事會和學會領導機構,理事共 117 人,常務理事 26 人,我們以常務理事爲考察樣本,考察它們與《敦煌學輯刊》的關係②,其中 22 人曾在《敦煌學輯刊》發文,佔 84.6%。鄭炳林教授歷任《敦煌學輯刊》編輯、副主編、主編,是《敦煌學輯刊》發展的見證者,由於我們主要考察《敦煌學輯刊》與蘭州大學以外學者的關係,故我們暫時將他排除出統計樣本,其餘 21 位學者在《敦煌學輯刊》共發文 72 篇③。發文 3 篇及以上的學者是鄧文寬、郝春文、黄正建、李軍、榮新江、余欣、張先堂、張涌泉、張元林、趙和平教授共 10 人。

三十七年來,《敦煌學輯刊》刊發了大量青年教師、博碩士研究生的學術論文,向學術界隆重推出了一大批中青年學者,如楊富學、沙武田、劉永明、屈直敏、余欣、張小艷、陳于柱、王祥偉、李軍、趙曉星、張景峰、張善慶、趙青山等,由此也形成了自己的辦刊特色,在學術界產生了良好反響。2015 年,《敦煌學輯刊》共發文 70 篇,作者有 83 人,除去重復計 74 人,其中作者年齡段位

---

① 董翔、史志林、楊淑華《高被引論文視角下的〈敦煌學輯刊〉學術影響力分析》,《敦煌學輯刊》2012 年第 4 期,第 170—178 頁。

② 發文統計數據截止時間爲 2015 年 12 月,考察樣本是《敦煌學輯刊》試刊第 1 輯到第 90 輯。

③ 榮新江先生與鄧文寬先生曾合作發表《有關敦博本禪籍的幾個問題》一文,郭在貽先生與張涌泉先生、黄征先生曾合作發表《〈長興四年中興殿應聖節講經文〉校議》一文,個人論文統計時每人算 1 篇,總數計算則只算 1 次。

爲 1970 年後的有 26 人，1980 年後的有 21 人，1990 年後的有 2 人。引領科學研究與培養青年人才是《敦煌學輯刊》多年來的一貫宗旨與原則，《敦煌學輯刊》將一如既往地支持青年學者發表學術原創論文，將《敦煌學輯刊》打造成一個讓青年敦煌學學者相互切磋、相互交流的平臺。

以上，我們對《敦煌學輯刊》的辦刊歷史做了回顧，並將《敦煌學輯刊》在敦煌學學術研究與人才培養方面的貢獻做了介紹，旨在倡明一本雜誌對一個學科的微薄貢獻，一個研究機構對當代敦煌學發展的不舍追求。三十七年來，《敦煌學輯刊》取得了一些榮譽，這無疑是學術界對《敦煌學輯刊》的褒獎與認可，《敦煌學輯刊》是中國社會科學引文索引（CSSCI）來源期刊，是北京大學《中文核心期刊要目總覽》來源期刊，是中國人文社會科學綜合評價（AMI）核心期刊等等。但是《敦煌學輯刊》也同樣面臨著這樣那樣的問題，被理工科左右的期刊評價體系對《敦煌學輯刊》這樣的專業性刊物更是不利，但是不管怎樣，我們也不能因爲問題而放棄自己的辦刊宗旨，脫離敦煌學研究這個中心，如果脫離了敦煌學這個中心，《敦煌學輯刊》何以名實相副。問題再多也不如辦法多，《敦煌學輯刊》必然要繼續前行，或許我們走得慢，但是我們從沒有停下來，俗話說得好，我們不能和人家比速度，但是我們可以和他們比長命，《敦煌學輯刊》將秉持一貫的宗旨與原則，堅持下去！

《吐蕃至歸義軍時期敦煌佛教經濟研究》評介

朱國立(蘭州大學)

王祥偉先生大作《吐蕃至歸義軍時期敦煌佛教經濟研究》(王祥偉《吐蕃至歸義軍時期敦煌佛教經濟研究》,北京:中華書局,2015年。下文簡稱《敦煌佛教經濟研究》)業已問梓,該書的面世對還原敦煌區域佛教經濟史原貌、全面研究敦煌佛教發展歷程、豐富中國佛教經濟史乃至中國經濟史都具有積極意義,現將該書介紹給大家。此外,筆者不揣淺薄,將讀書偶得謹記於此,以就教於方家。

一

《敦煌佛教經濟研究》全書正文除導論和結論外,分六章,分別就敦煌都司及其下設機構的經濟經營、敦煌寺院經濟的發展及其主要收入構成、敦煌寺院財產的管理、敦煌石窟、蘭若和佛堂經濟、敦煌僧尼的私有經濟以及吐蕃和歸義軍政權對敦煌佛教經濟的管制等方面做了較爲全面的分析、研究。以下對此略作簡介和評析。

《導論》中,作者對相關概念、時限進行了界定,並對敦煌佛教經濟史研究進行了學術史回顧:首先,對"敦煌歷史上的吐蕃統治時期及歸義軍統治時期"進行了界定、説明;其次,對敦煌佛教經濟的内涵進行了詳細的闡述,並對敦煌佛教經濟的組成進行了界定;再次,對佛教傳入敦煌的時間進行了考察,在此基礎上對敦煌地區"寺院經濟"的出現做了較爲詳盡的探討,並指出"嚴格地説,作爲佛教經濟主體的寺院經濟的形成,纔意味著敦煌佛教經濟的真正形成";最後,作者肯定了學界的已有研究成果:"中外學者對敦煌佛教經濟的研究致力甚勤,取得了豐碩的成果",同時也指出"已有研究成果對敦煌寺院經濟有些方面的討論並不是很深入,甚至有些觀點還有重新討論的必要"的事實,並對繼續研究敦煌佛教經濟的必要性進行了闡明。

第一章《敦煌都司及其下設機構的經濟經營》。該章包括"敦煌都司的設置考論"與"敦煌都司及其下設機構的經濟經營"兩部分内容。在"敦煌都司的設置考論"中,作者利用敦煌文書、吐魯番文書及既有成果釐定了敦煌都司設置的時間,還對敦煌都司的設置背景與設置地點進行了詳盡的考索,這對於推進都司相關研究的深入具有重要的意義。在"敦煌都司及其下設機構的經濟經營"中,作者首先探析了吐蕃時期和歸義軍時期的都司經濟,並對都司的財務管理進行了討論;其後,作者以儳司爲重心對都司下設機構的經濟經營進行了闡述,還對大衆倉、行像司、燈司、公廨司、道場司等都司下設機構進行了探討。這對全面理解和探索敦煌佛教經濟及敦煌佛教發展都有所裨益。

第二章《敦煌寺院經濟的發展及其主要收入構成》。作者利用圖表將 31 筆關於敦煌寺院經濟的記載進行了直觀呈現,在此基礎上對敦煌寺院經濟的發展狀況進行了較爲細緻的探析,認爲"從總體上來説,吐蕃和歸義軍初期敦煌寺院經濟的經濟實力較爲薄弱,隨著時間的推移,敦煌寺院經濟規模在不斷發展""寺院經濟發展不平衡,表現出兩極分化的傾向"。以此爲基礎,作者從布施收入、利息收入、碾磑和油梁收入、地產收入、牧羊收入等方面對寺院經濟發展不平衡的原因進行了討論,得出"某些寺院的經濟規模相當大,而有些寺院的經濟狀況卻是非常拮据的"結論,這有利於正確認識這一時期敦煌寺院經濟的實況和完善學界關於敦煌寺院經濟的觀點,有益於對敦煌佛教寺院的經濟狀況的重新審視,以求全面真實地認識當時之事實,而不至流於偏頗,恰如作者文中所言:"我們要對吐蕃歸義軍時期敦煌寺院經濟的實際情況一分爲二地去認識,不應根據當時佛教在敦煌社會擁有較高的地位及某些寺院良好的經濟狀況而一概認爲當時敦煌諸寺均擁有雄厚的經濟實力,否則會遺有失真實之憾。"

第三章《敦煌寺院財產的管理》。財產的管理在經濟發展中具有十分重要的地位,因此要瞭解敦煌寺院經濟的發展,對其財產的管理進行研究是很有必要的。該部分內容分別從管理機構、管理人員和管理方式方面對敦煌寺院財產的管理進行了深入的分析、梳理,並以淨土寺爲例對敦煌寺院財產的管理進行了個案研究。在"管理機構"中,作者對敦煌地區佛教寺院的倉司及其演變進行了探討,並對堂齋司、修造司、招提司、功德司等諸司之功能及其與寺院倉司的關係做了詳細的討論、説明。在"管理人員"中,作者對寺院的綱管體系重新進行了詮釋,實可謂之爲"敦煌寺院綱管新論";作者還對老宿、典座、直歲等"綱管體系"之外的其他管理人員做了闡述,並對管理人員的管理活動、任免與監督、組織形式及管理制度進行了爬梳、闡釋。在"管理方式"中,作者分別對"便和貸""算會和點檢"進行了討論,前者關乎寺院經濟的"增值",後者則關係到寺院財產能否維持穩定和平穩運營。

第四章《敦煌石窟、蘭若和佛堂經濟論略》。該章分爲"敦煌石窟經濟"與"敦煌蘭若和佛堂經濟"兩部分。在"敦煌石窟經濟"中,作者探析了以莫高窟、榆林窟和西千佛洞爲主的敦煌石窟經濟的組分,並探究了都司和世俗政權對石窟經濟的干預。在"敦煌蘭若和佛堂經濟"中,作者首先從布施收入、利益收入、人事收入方面分析了蘭若和佛堂經濟的收入來源;其後,對蘭若和佛堂經濟的規模進行了探索,還對蘭若與佛堂經濟與建造者及所住僧的關係進行了討論。作者將敦煌石窟、蘭若和佛堂經濟作爲敦煌佛教經濟的有機組成部分,並對其進行了系統性探討,在相關研究中尚無多見,頗爲新穎。

第五章《敦煌僧尼的私有經濟》。作者首先强調了"敦煌僧尼的私有經濟是敦煌佛教經濟的重要組成部分",並從學術史的角度對既有研究成果進行了回顧與扼要説明;其後,作者分別從收入來源和貧富分化、敦煌亡僧財產的處理與佛教經律的關係兩個層面對敦煌僧尼的私有經濟進行了探討。本部分中作者對於敦煌僧尼的"世俗收入"的討論,有利於更爲全面、深入地瞭解敦煌僧尼與世俗政權及世俗家人之間的關係,也利於理解敦煌僧尼產生貧富差距的原因;作者對於"敦煌亡僧財產的處理"的探討,則有利於我們更爲深入地解讀敦煌僧尼出現的諸多"違戒"現象。

第六章《吐蕃和歸義軍政權對敦煌佛教經濟的管制》。如前所陳,我們可以瞭解到敦煌佛教寺院基本上具有獨立經濟,但並没有也不可能脱離世俗社會,而是"與世俗社會仍息息相關""同時也因其與世俗社會交流互動,使彼此結合得更緊密"[①],這或許正是佛教世俗化的主要原因。因而,探討敦煌地區世俗政權與佛教之間的關係,對於瞭解"敦煌佛教世俗化"歷程是很有裨益的。其中,世俗政權對佛教經濟的管控,則由於其"直觀性"而成爲探究敦煌"政教關係"的重要切入點。作者恰是從世俗政權對寺院財產的核算監督、向寺院徵税課役、對寺院屬民的管理、對僧尼地產的管理等維度,較爲全面地對"世俗政權對佛教經濟的管制"進行了分析,這對於探究佛教世俗化頗有裨益。

《結論》部分,作者言簡意賅地對全書內容進行了統括,能夠幫助讀者瞭解全書的邏輯,釐清全書脈絡。

二

扼要而言,本書主要特點在於:

其一,視角獨特,推陳出新。如前所述,前輩學者雖然已經對敦煌寺院經濟問題展開了研究,並取得了豐碩成果,多個層面均有涉及;但《敦煌佛教經濟研究》一書從經濟發展的具體要素切入,從經濟來源、經濟規模及經濟管理等層面對吐蕃歸義軍時期的敦煌佛教經濟進行綜合考察,甚爲獨到。尤其是前文所陳本書第四章《敦煌石窟、蘭若和佛堂經濟論略》在相關研究中頗具新意;此外,作者將"都司"及其下轄"諸司"視作獨立的"經濟單位",從其經濟

---

① 羅彤華《從便物曆論敦煌寺院的放貸》,郝春文主編《敦煌文獻論集——紀念敦煌藏經洞發現一百周年國際學術研討會論文集》,瀋陽:遼寧人民出版社,2001年,第436頁。

來源、經濟規模、經濟狀況、經營及管理等角度對其"獨立經濟"進行了探討，在相關研究中亦無多見，對後續相關研究的開展具有十分有益的借鑒意義。

其二，嚴謹審慎，考論細緻。就全書而言，作者爲了使讀者能夠全面、真實地掌握敦煌佛教經濟的發展歷程，免去"遺有失真實之憾"，將諸多問題一分爲二、辯證考查，可發見作者治學之嚴謹審慎。此外，作者嚴謹審慎之治學之態，也見於文中細緻的考論。例如，在關於敦煌都司設置問題上，作者詳細考察了敦煌佛教都司設置的時間、背景、地點等問題，而且還對都司下屬各司及寺院經濟的管理機構、管理人員等同樣進行了詳盡的考索。再如，作者在對敦煌文獻錄文時，參考了前人的研究成果，並與圖版核對進行了校改，對依然不明瞭或有爭議之處則採用存疑的方式處理（例如 S.542V《戌年（818 年）沙州諸寺丁口車牛役簿》和 P.2638《後唐清泰三年（936 年）沙州儭司教授福集等狀》的錄文等）。

其三，總結經驗，有益後學。作者在成文過程中，並不是向讀者展現既有成果或結論，而是通過總結前人和自己的治學經驗，向大家展示學術歷程，這對後學之人大有裨益。如前陳關於敦煌佛教教團"都司"及其餘"諸司"的考論，作者已做過較爲詳備之論證①；在本書中作者對各司的次序進行了調整，增删了一些材料，進行了有機的董理並將其融會於整體之中。

此外，《敦煌佛教經濟研究》一書詳略有度、層次鮮明、邏輯清晰。

三

通覽《敦煌佛教經濟研究》一書，筆者產生了幾點不成熟的想法，謹記如下：

第一，作者爲便於讀者直觀瞭解相關內容，全書共製作或徵引了資料清單 19 處，足見作者用功之勤。不過，這些資料清單中似有不甚合宜之處。如：表 5 - 1，就其內容而言，第一列之"齋會次數"調整爲"齋會次序"似更爲妥當；表中具體資料亦有不妥之處：其一，表中第四次"齋會"參加僧尼的總人數爲 72 人、尼人數爲 39 人，尼人數/參加總人數，尼所佔百分比約爲 54%，而表中爲 50%；其二，從其總的平均數來看，尼人數爲 23、參加總人數爲 95，尼所佔百分比約爲 24%，而表中爲 26%。該表格係作者引自他人論著②，所涉數據亦不至改變結論，但似乎不夠確切，作者或應作類似考量並予注明。

第二，本書談及佛教寺院的借貸利率問題時，特意説明僅依據出借時的本金和歸還時的本利數進行計算，未考慮時限問題。當然，這種處理方法對

---

① 王祥偉《吐蕃歸義軍時期敦煌寺院的"司"名機構探論》，《敦煌研究》2014 年第 1 期。
② 石小英《八至十世紀敦煌尼僧研究》，北京：人民出版社，2013 年，第 168—169 頁。

於探究穀物類的借貸利率,則如羅彤華先生所言"由於粟麥等主要穀物年約一熟,故不論借期早晚,還期皆待至熟時,以此計利率,則借還時間長短並不重要,一熟爲准方是通例,亦即穀物借貸不問季,不問月,原則採取的是一年一熟論,或簡言之爲年利率"[①],還是甚爲妥當的。不過,如果對其他物品的借貸利率計算也統統採取此種做法,或許就不甚恰當。例如,有人在研究唐代寺院借貸利率時,就注意到"寺院的貸糧利率基本爲春借秋還利率是50%。私人出貸的利率根據出貸物不同而不同,錢絹的利率爲月利率10%以上,糧食的利率基本爲春借秋還利率100%"[②]。因此,若將借期(如春借秋還)作爲衡量利率的變量,對借貸利率進行計算,或可能夠得出較爲確切的年利率;從而可與當時社會官方、民間的借貸利率進行對比。如此,則既有益於判定當時敦煌寺院借貸行爲的性質(寺院無息賑貸、寺院有息出貸、私人出貸),又有利於將敦煌佛教經濟與當時的社會經濟進行比較研究,從而得以更爲全面地探究寺院借貸出現和存續的緣由。

第三,本書"寺院役負"中關於"渠河口作"言:"渠河口作是指在土地所繫的河渠上進行的勞作。與土地稅一樣,渠河口作可以由地主和承租方在租佃契約中約定,由雙方或某一方承擔";顯然,作者將所有的"在土地所繫的河渠上進行的勞作"視作一種役負,而且這種役負還是隨著土地使用權的轉移而轉移的。此前,郝春文先生在《敦煌的渠人與渠社》中説:"'渠河口作'是一種基於土地的力役,隨著土地所有權、使用權的轉移而轉移。"[③]似乎也持此觀點。但是兼具宗教與世俗之特性的敦煌佛教,其宗教性是不容忽視的,因此,我們或應從佛教義理出發,考量這些所謂的"渠河口作"是否具有"公益""慈善""福田"之性質。陳大爲先生在其著《唐後期五代宋初敦煌僧寺研究》[④]中談及"敦煌寺院的福田事業",就認爲造橋、掘井、修河、護渠等勞作有些是寺院的福田事業。其實,作者也對前述這些勞作的性質有所關照,並在《九、十世紀敦煌佛教的民間社會關懷》[⑤]中提出,修建橋樑、道路等交通設施以及修築水利設施、治理水患、掘井等活動,均係"寺院、僧侶的社會公益活動"。此外,本書作者在《晚唐五代宋初敦煌福田司初探》[⑥]一文中還對佛教之"福田思想"進行了探析,認爲"福田是佛教中對從事慈善活動的一種泛稱",並在論及"福田思想"時提到福除"有五淨德"外,"複有廣施七法",其七法

---

① 羅彤華《從便物曆論敦煌寺院的放貸》,第455頁。
② 耿雪敏《唐代民間高利貸》,雲南大學碩士學位論文,2007年。
③ 郝春文《敦煌的渠人與渠社》,《北京師範學院學報》1990年第1期。
④ 陳大爲《唐後期五代宋初敦煌僧寺研究》,上海:上海古籍出版社,2014年。
⑤ 王祥偉《九、十世紀敦煌佛教的民間社會關懷》,西北師範大學碩士學位論文,2005年。
⑥ 王祥偉《晚唐五代宋初敦煌福田司初探》,《法音》2010年第3期。

即"一者興立佛圖僧房堂閣,二者園果浴池樹木清涼,三者常施醫藥療救衆病,四者作牢堅船濟度人民,五者安設橋樑過渡羸弱,六者近道作井渴乏得飲,七者造作圊廁施便利處"①。由此,筆者認爲,"在土地所繫的河渠上進行的勞作"可能總是以"役負"的形式出現,但涉及寺院或教團參與這些勞作時,對其"公益性"進行些許探究或許更爲妥當。

最後,對《吐蕃至歸義軍時期敦煌佛教經濟研究》的出版表示祝賀。是書在深入探討敦煌佛教、敦煌區域經濟史、中國佛教區域經濟史等方面定會起到積極的推動作用。

① 《大正藏》卷十六,佛陀教育基金會出版部,1990年,第777頁,轉引自《晚唐五代宋初敦煌福田司初探》。

書訊二則

《走進日常：唐代社會生活考論》出版
楊　蓉（上海師範大學）

　　黄正建著《走進日常：唐代社會生活考論》一書已於 2016 年 6 月由中西書局出版發行。

　　本書是作者 20 年來關於唐代社會生活史研究的論文集結，共分三大部分：一、衣食住行的分類研究，按衣、食、住、行歸類。二、衣食住行的綜合研究，包括對日常生活史較爲宏觀的一些思考。三、其他與社會生活史相關的文章。作者在掌握傳世史籍資料、出土文物資料以及域外資料的基礎上，對唐代社會生活史進行研究。這一研究以物質生活爲主，兼及其他。在研究過程中，注意考證具體事物，同時將研究重點放在"人"的活動上，關注"人"在當時歷史條件下是如何進行衣食住行活動的，即將衣食住行與階層、制度、風俗、文化等聯繫起來，在交流與變化的背景下予以探討，試圖在個案研究的基礎上綜合研究唐朝官員與民衆的日常生活。書中多篇文章利用敦煌文書研究唐代社會衣食住行情況，如《敦煌文書與唐代軍隊衣裝》《英藏 S.964V 文書與唐代兵士的春冬衣》《敦煌文書與唐五代北方地區的飲食生活（主食部分）》《敦煌文書所見唐宋之際敦煌民衆住房面積考略》等。

　　本書對唐代的社會生活進行了生動細膩的解讀，展示了作者對唐代政治、生活、文化心態等多個方面的認識，是近年來中古社會史研究視角下的一部不可多得的佳作。

《敦煌文書與中古社會經濟》出版
徐曉萌（上海師範大學）

　　劉進寶《敦煌文書與中古社會經濟》一書已於 2016 年 3 月由浙江大學出版社出版發行。

　　本書以作者之前發表的論文爲基礎，進行增補與修改而成，並收録於《浙江學者絲路敦煌學術書系》。全書分爲四章，從敦煌文書著手，論述了隋唐之際的社會變化、敦煌寺院與社會生活、階層與階級、經濟與社會四個專題。書中對敦煌"唱衣"、唐五代音聲人、"隨身"、"單身"、晚唐五代的"地子"、歸義軍土地問題、唐五代"税草"、敦煌棉花種植等問題的研究,均圍繞著敦煌文書與中古經濟社會這一主題,全面展示了作者在這一領域中的學術成就。

本書還收録了《我與敦煌學》和《我所瞭解的朱雷先生點滴》兩篇介紹作者自身的敦煌學研究之路以及導師朱雷先生學術貢獻的文章,體現了該學術領域的學術傳承。

饒公觀音貫古今
——淺談饒宗頤教授筆下唐代觀音菩薩畫像

駱慧瑛(香港大學)

一、前　　言

　　涼風送青雲,乘願來觀音。衆生只要一心稱名,聞聲救苦的觀音菩薩便乘願而來。隨雲飄至,是眼前這尊饒宗頤教授所繪的白描觀音,莊嚴而雅緻,令觀者有"萬古長空,一朝風月"①之感。雖處處是佛法,衆生卻有見與不見,而佛與菩薩的福德皆不增不減。眼前這一幅饒公繪於 1998 年仿唐吳道子畫風的觀音像,古典而創新;欲與觀音菩薩相見印心,此畫堪爲著力處。

　　當下遇上這幅觀音畫像,到底是何因緣? 觀音菩薩畫像上的各種飾物和特徵代表著什麼意義? 饒教授的創作因緣與他的佛學造詣有何關係? 這幅觀音畫像的創作與饒公的敦煌研究有何學藝相攜、互相裨益的關係? 本文因此嘗試從有限的材料中,梳理與饒教授創作這幅觀音畫像有關的佛典及其研究與經歷。藉此拋磚引玉,希望學界有緣之前輩,多加提供綫索及材料,繼續開拓學藝兩術互相呼應和輝映的研究及創作之路。

二、青雲相送白觀音

　　百歲饒宗頤教授,是蜚聲國際的漢學家,公認的國學大師,近年更有國寶之譽。他學藝雙攜,通古今中西。先生備學問家的溫文儒雅,並兼藝術家的率真瀟灑。每次筆者有幸與他見面,待人和善的他都親切握手。我等後學,慶幸能親炙這殿堂級大學問家,感受他的內在精神,就像他的手一樣,力大而溫暖。他手下的筆成書,把人類文明推進一步,與理想世界靠近;他手下的筆成畫,把人類善美提昇一級,與光明淨好拉近。

　　筆者去年 5 月參訪敦煌,最後一站到西安碑林,見到傳以唐吳道子觀音菩薩像爲本的石碑像,未有明證,仍堪歡喜,請回拓本一幅。在此敦煌之旅出發前,筆者爲香港大學饒宗頤學術館舉辦的"筆底造化——饒宗頤教授繪畫展"設計海報,正是以饒公仿唐吳道子觀音像作主題,故格外覺得親切有緣。

　　在饒教授所繪的衆多佛菩薩畫像中,這幅觀音菩薩像較爲特別。畫幅尺

---

　　①　(南宋)普濟編《五燈會元》卷二,《卍續藏》第 80 册,1565 號。
　　　　(清)行浚編《浮石禪師語録》卷 4《寧波府天童景德禪寺語録》,《嘉興大正藏》第 26 册,B185 號。

寸與西安碑刻的拓本近乎等大。饒公參用敦煌唐代白描法，彰顯唐代端莊渾厚的觀音像畫風，而觀音面相也如唐代菩薩大丈夫相的蕭穆。[1]他繪這幅觀音畫像，尤重綫條感，運用戰筆篆書繪畫菩薩身上的天衣，[2]令其更富抖動之態，表現出菩薩乘風屹立雲端的時空感。這幅觀音畫像，同時具備吳道子"吳帶當風"的瀟灑飄逸，及曹仲達"曹衣出水"的凝穩衣紋，糅合兩位繪佛菩薩畫像祖師的獨特手法，形成一種"天衣飛揚，畫中風動"[3]的流動效果，兩種風格相輝互映。

雖然吳道子的作品今已不存於世，然而，"吳帶當風"畫法還是可以從敦煌莫高窟的盛唐經變等作品中體會。中國書畫同源，唐人李陽冰創"鐵綫篆"，筆畫從頭至尾粗細一致。唐人近隸書，白描以小篆作筆法，綫條平均，甚見畫者的定功。元代以後的白描以行草為筆法，頭重尾細。明、清人喜依唐人"吳帶當風"的衣褶，不見北朝"曹衣出水"的筆法。饒公承傳前人筆風，加以融會和創新，成為他特具一格的敦煌白描畫意之彩繪。

觀音，祂自己雖然早已達到《心經》中"心無掛礙"的覺悟境界，然而觀音是菩薩摩訶薩，具"無緣大慈，同體大悲"的精神，關心及發心救度仍在掙扎的娑婆眾生。菩薩以"上求佛道，下化眾生"[4]為己任，廣度有情，故為"覺有情"。在漫長浩瀚的時空中，在此生此刻，十方人間裏，有緣遇上此觀音畫像，四目相觸的一刹，恍與菩薩隔世相逢。

三、菩薩無厭八種力

畫中的觀音菩薩戴上有化佛的花蔓寶冠，饒公筆下的觀音菩薩頭上、身上和手上瓔珞嚴飾，皆只以純金和翡翠綠兩色而成，比唐人畫的菩薩素雅，而不失莊嚴。《菩薩瓔珞經》："苦行無數世，慈悲難有雙，功勳已具足，今我重自歸……眾德瓔珞身，亦如眾花敷，消滅眾塵埃，獨步三界尊。"[5]《添品妙法蓮華經》："到已下七寶臺，以價直百千瓔珞，持至釋迦牟尼佛所，頭面禮足，奉上瓔珞，而白佛言：'世尊！淨華宿……愍我等故受此瓔珞。'爾時佛告……念彼觀音力，不能損一毛。"[6]在《佛說觀無量壽佛經》中記佛陀向韋提希皇后開示往生淨土的十六觀，其中第十觀，就是觀想觀音菩薩。經中世尊介紹及形容的

---

① 鄧偉雄《筆底造化》，香港：中華書局，2015 年，第 28 頁。
② （唐）張彥遠《歷代名畫記·孫尚子》："〔孫尚子〕善為戰筆之體，甚有氣力，衣服、手足、木葉、川流，莫不戰動。"（宋）米芾《畫史》："江南周文矩仕女，面一如昉。衣紋作戰筆，此蓋布文也。"
③ "曹衣出水"是"曹之筆，其體稠疊，而衣服緊窄"。"吳帶當風"是"吳之筆，其勢圓轉，而衣服飄舉"。王遜《中國美術史》，上海：人民美術出版社，1989 年，第 548 頁。
④ （隋）智者譯《摩訶止觀》卷 1，《大正藏》第 46 冊，1911 號。
⑤ （後秦）竺佛念譯《菩薩瓔珞經》卷 2《龍王浴太子品第四》，《大正藏》第 16 冊，0656 號。
⑥ （隋）闍那崛多與達摩笈多共譯《添品妙法蓮華經》卷 7《妙音菩薩品第二十三》，《大正藏》第 9 冊，264 號。

觀音菩薩,一如畫中所見。《佛說觀無量壽佛經》:"佛告阿難及韋提希:'見無量壽佛了了分明已,次亦應觀觀世音菩薩。此菩薩身長八十億那由他恒河沙由旬,身紫金色,頂有肉髻,項有圓光,面各百千由旬。其圓光中有五百化佛,如釋迦牟尼。一一化佛,有五百菩薩,無量諸天,以爲侍者。舉身光中五道眾生,一切色相皆於中現。頂上毘楞伽摩尼妙寶,以爲天冠。其天冠中有一立化佛,高二十五由旬。觀世音菩薩面如閻浮檀金色;眉間毫相備七寶色,流出八萬四千種光明;一一光明,有無量無數百千化佛;一一化佛,無數化菩薩以爲侍者,變現自在滿十方界。臂如紅蓮花色,有八十億微妙光明,以爲瓔珞;其瓔珞中,普現一切諸莊嚴事。手掌作五百億雜蓮華色;手十指端,一一指端有八萬四千畫,猶如印文。一一畫有八萬四千色;一一色有八萬四千光,其光柔軟普照一切,以此寶手接引眾生。舉足時,足下有千輻輪相,自然化成五百億光明臺。下足時,有金剛摩尼花,布散一切莫不彌滿。其餘身相,眾好具足,如佛無異,唯頂上肉髻及無見頂相,不及世尊。是爲觀觀世音菩薩真實色身相,名第十觀。'"[1]

菩薩慈眼俯視有各樣訴求的無數眾生,祂眼眸裏充滿慈愛,盡量滿足眾生所願與期待。祂因慈悲而發心救度,以智慧而得布施,以方便來成就所有善業,一一破解人的妄想虛構,祂的菩薩願行就是我們的"無上等等咒"。唯美的髮端,縷縷絲絲緊扣著對眾生的眷顧,幫忙解救我們的苦怨,善巧相勸,不辭勞損。

菩薩頸上的三道綫紋,代表菩薩的"三無礙"。此傳唐吳道子繪觀音菩薩畫像拓本亦然。依《大寶積經》中載:"菩薩如是得三無礙。何謂爲三?一曰總持無所罣礙,二曰辯才無所罣礙,三曰道法無所罣礙;是爲三。"[2]它代表菩薩具足的三種能力:一、總持無礙:能總一切法和持一切義的意思;二、辯才無礙:能與眾生溝通辯論無礙;三、說法無礙:無論根器利與鈍的眾生皆能令開悟。另,《大智度論》中云:"得三無礙智是名力,得應辯無礙是無畏。無礙智是名力,樂說無礙智是無畏。一切智自在是名力,種種譬喻、種種因緣、莊嚴語言說法……"[3]

饒公所繪的觀音菩薩畫像中央,菩薩頸上的四道綫紋,據《大乘阿毘達磨雜集論》中云:"無礙解者。謂四無礙。一法無礙解。二義無礙解。三訓詞無礙解。四辯才無礙解。"[4]雖分爲四,内容與"三無礙"的内容基本無異。這三

① (宋)畺良耶舍譯《佛說觀無量壽佛經》卷1《龍王浴太子品第四》,《大正藏》第12冊,0365號。
② (西晉)竺法護譯《大寶積經》卷14《密跡金剛力士會第三之七》,《大正藏》第11冊,0310號。
③ (後秦)鳩摩羅什譯《大智度論》卷14《釋初品中四無畏義第四十(卷二十五)》,《大正藏》第11冊,0310號。
④ (唐)玄奘譯《大乘阿毘達磨雜集論》卷14《決擇分中得品第三之二》,《大正藏》第31冊,1606號。

或四條綫足以表達菩薩度衆的説法無礙的功力與功德。爲了傳達佛教思想内涵,佛教藝術運用的善巧與方便,於此可見一斑。

菩薩交疊的一雙纖手,撫平了多少世人心靈上的新舊傷口?菩薩手指纖長優雅,是禮敬供養諸師長,息滅驕慢心,和順衆生所感之相,具慧命長遠之德。足趺高滿,是勇猛精進,常行法布施所感得之相,以大悲心和善法饒益有情衆生無上之内德之相。足下安平,是安修六波羅蜜所感得之妙相。正如《瑜伽師地論》中云:"復次菩薩次第圓滿六波羅蜜多已。能證無上正等菩提。謂施波羅蜜多。戒波羅蜜多。忍波羅蜜多。精進波羅蜜多。靜慮波羅蜜多。慧波羅蜜多。"①

饒公畫上有題記:"龍集戊寅,選堂敬造雲中大士像,伏祈百姓安泰,家室康寧,永離慳貪,常餐甘露,以誓願力,處之無厭。"何謂"處之無厭"?依《大方等大集經》②中載,菩薩摩訶薩有八種力處之無厭:"菩薩摩訶薩有八種力,處之無厭。何等爲八?一者,慈力,心無礙故;二者,悲力,爲調伏故;三者,實力,不誑諸佛以衆生故;四者,慧力,離煩惱故;五者,方便力,心不悔故;六者,功德力,無所畏故;七者,智力,壞無明故;八者,精進力,破放逸故;是名八力。菩薩具足如是八力,其心不悔。"

何等爲八?即(一)慈力;(二)悲力;(三)實力;(四)慧力;(五)方便力;(六)功德力;(七)智力;(八)精進力。如是"八力",即菩薩摩訶薩處之無厭八種力。"力"者,分"力因""力果"兩方面:於他人有如法、行善德之事,隨其力悉往營助,是名力因;由成就力因故,得少病少惱,有力修諸善法,是名力果。筆者深感饒公具足以上八力,得"處之無厭",他不但深入經藏,而且付之實行,故能成就大業,長壽多福。

此畫題下鈐朱砂"饒氏宗頤"及"梨俱室"印,一陰一陽,一壯一秀,以明畫師姓名及作畫地點。印章,是饒公唯一不太熱衷的學問,饒公書畫的掌印者早期是饒夫人,後來是愛女和女婿鄧偉雄博士。據鄧博士説,饒公只有一次對印章有明確的要求,那是刻一"曾涉恒河結跏趺坐"印章,可見饒公佛緣甚深。

觀饒公這幅唐人觀音,儼見觀音菩薩因聞得衆生一心稱名,便乘願而來,隨雲飄至,立足雲端,當風飄搖,示現眼前。透過饒公秀麗古樸的筆法,借這一張輕而薄的畫紙,我們與稀有的晉唐筆風觀音菩薩法相結緣;這一紙丹青盛著的是百歲饒公一生學養和藝術造詣,兼載上幾千年的華夏文化,令人驚嘆這傳承與創新,這一古一今的承接與融和。

---

① (唐)玄奘譯《瑜伽師地論》卷39,《大正藏》,第30册,1579號。
② (北涼)曇無讖譯《大方等大集經》卷5《寶女品第三之一》,《大正藏》第13册,397號。

四、芙蓉敦煌畫魂心

饒教授仿唐人觀音像有何用意和因緣呢？饒公在他的《自臨碑帖五種後記》中談及他自髫齡習書，先從北魏及唐代諸碑入手，繼而廣學漢碑及宋人行草，乃至明、清兩代諸家筆意。他認爲書畫同理，甚至文學與藝術亦然，他一直强調他在藝術創作上"師古、師造化、師心"的理念，如鄧偉雄博士所言，饒公在八十年代始，已經走過了"師古"及"師造化"的階段，而進入"師心"的境界。① 1965 年冬，饒公在巴黎國立科學研究中心，與戴密微教授專門研究巴黎與倫敦所藏的敦煌寫經和畫稿。季羨林教授說饒公每每能在學界認爲平常的事中找到問題。發現問題當然重要，須具備精闢獨到的慧眼和根深的學養，之後更難得的是他長期研究之中鍥而不捨地去找尋答案，爲人類東西方文明皆開拓了新視野。

在法國巴黎國立圖書館，饒公第一次親手觸摸伯希和從敦煌帶到法國的敦煌原件，心情異常興奮。法國遠東學院前院長汪德邁教授形容饒公的驚人魄力令他敬佩，並覺得"仁"一字最能形容饒公性情。從國際漢學至世界比較文明史，饒教授身體力行爲"東學西漸"作出貢獻，他從內心吶喊："自洋務運動以來，許多知識分子不惜放棄本位文化，向外追逐馳騖。'知彼'的工作還沒有做好，'知己'的功夫卻甘自拋擲，希望現時的學界返求諸己，回頭是岸。"②

饒公七十年代在巴黎講學期間，對散落的敦煌白描、畫稿、粉本進行篩選和歸類，編成《敦煌白描》一書③，對白畫的源流和技法做了深入的探討和分析，他在書中娓娓道來，令讀者如親歷其境。饒公就是有學者的"求真"的研究精神，同時兼備深厚的藝術造詣，他爲了研究敦煌白描而採用敦煌白畫技巧進行藝術創作。他提倡的"學藝雙攜"，不是靠嘴巴說，而是以行動落實。以他稀有優厚的條件，顯然更得心應手，隨心所欲，而效果彰顯。

五、萬古獨步攏妙琴

饒公在敦煌各種藝術中，最喜歡的是壁畫。④他深感唐代繪畫真跡的缺乏，所以特別側重唐代技法的探索。⑤他借用敦煌漢晉畫稿的筆法，以粗獷綫

---

① 鄧偉雄《筆底造化》，香港：中華書局，2015 年，第 17 頁。
② 饒宗頤主編《華學》，《刊首語》，1995 年。
③ 《敦煌白描》，巴黎：法國遠東學院，1978 年。
④ 饒宗頤《我與敦煌學》，最早刊於《學林春秋——著名學者自序集》，北京：中華書局，1998 年。後收入《饒宗頤二十世紀學術文集》卷二《敦煌學（上）》。
⑤ 饒宗頤《我與敦煌學》，《饒宗頤集》，佛山：花城出版社，2011 年，第 417 頁。

條來表達敦煌豪縱的風貌，發展出一種繪寫敦煌壁畫的畫風，不求形似，而神韻直追北魏、隋、唐，爲我們示範了承傳古典，並開拓發展，是透過藝術的一種無語的現身說法。張大千見到饒公以敦煌白描筆法的繪畫後道："饒氏白描，當世可稱獨步。"

饒教授爲學術研究而做藝術創作，以這幅爲例，他令敦煌晉唐畫風不再是歷史，不只是作爲藝術史或考古等學術研究的課題，而是將之活化，作爲當今創作的題材。拓本觀音與饒公觀音兩畫比較，饒公描觀音的天衣，乘風振動。拓本因碑刻石重而筆輕，未盡道細節。饒公加入自家筆藝，增強了紋理的凝重感和細節。他行筆寫畫，每每注入所要表達的哲理，與一般畫家不同。他畫中有文，文中有畫；理中有情，情中有理；悲智雙運、福慧雙修，學藝互益。學問滋養藝術，藝術潤澤學問。如學養是泥，藝術是這泥上生出的奇葩。

六、一念三千貫古今

一筆一菩提，一墨一淨土；一書一須彌，一畫一佛國；一見一塵緣，一笑一解脫；一心一清淨，一念一光明。饒公繪畫，也在畫中。他的書法能寫出各朝不同畫象，同時能啓發出鮮明的個人風格。我們可以做的是——參，書畫藝美之外的學問；觀，語言色相以外的真理；願，在星月之間、日夜之間、天地之間、聚散之間、苦樂之間、生死之間、夢醒之間、動靜之間、你我之間、筆墨之間、心念之間、因果之間的種種沉思與奔馳，都作成就覺悟一天的福德資糧。

饒公的"萬古不磨意，中流自在心"[1]與"萬古長空，一朝風月"相對而呼應。悟道是當下的一念。唐代天柱崇慧禪師謂："無邊刹境，自他不隔於毫端；十世古今，始終不離於當念。"所謂的禪境、禪意，就如萬古長空，一朝風月；沒有時間的長短，沒有空間的遠近，沒有人我的是非，禪者對時空悟入，所以刹那之中有永恒，一念之中有三千。

《大方廣佛華嚴經》中載："心如工畫師，能畫諸世間，五蘊悉從生，無法而不造。"[2]我們的心念每日每刻都在十法界中穿梭。[3]起心動念刹那變幻，時而佛、菩薩心，時而畜生、餓鬼心等。《南傳法句經》中道："諸法意先導，意主意造作，或語或行業，是則樂隨彼，如影不離形。"[4]我們的心念如畫師般能變化萬象，心中的世界應念而生，何不仿效饒公運來心念做真善美的事呢？他用藝術家的童心去探索學問，再用學問家的深度來發展藝術，將各方面領域研

---

[1] 饒宗頤《偶作示諸生》，《饒宗頤集》，第 293 頁。
[2] 實叉難陀譯《大方廣佛華嚴經》卷 19《夜摩宮中偈讚品第二十》，《大正藏》第 10 冊，0279 號。
[3] 十法界中的四聖六凡。四聖即佛、菩薩、緣覺、聲聞；六凡是天、人、阿修羅、畜生、餓鬼、地獄。
[4] 了參譯《南傳法句經》，《大正藏》第 7 冊，0017 號。

究成果融會,握在手中的筆下轉化成詩書畫以外,美麗圓融的人生。

七、結　　論

　　筆者特別敬佩饒公對生命的熱誠,對大自然的欣賞,認同他"求是、求真、求正"的主張。他一生正是走在八正道上①;他就如一位禪師,"依清淨心,建解脱行"②。他的清淨和自在,是因也是果,成就他在學藝兩術的成功。筆法與佛法,有形與無形,世間與出世間,皆是瑰寶。佛相、菩薩相、衆生相,無相與法相,不一亦不異。饒公透過他行深的學養、崇高的品格、廣大的胸襟和氣魄,透過最美的方式——"學者畫"把智慧傳下去,啓發後世。

　　大象無形,我們難以定義饒宗頤教授是一位怎樣的學者。以他這百年來的行徑,饒公這位大學問長者,在書山學林中漫步,於詩海琴天裏神遊,他應是,以通儒身得道者,即現通儒身而爲説法。③

---

① 八正道(梵語:Ārya'ṣṭāṅga mārgaḥ):正見、正思惟、正語、正業、正命、正精進、正念、正定。
② (北涼)曇無讖譯《金光明經》,《大正藏》第 16 册,663 號。
③ 源自"應以何身得度者,即現何身而爲説法"的啓發。(後秦)鳩摩羅什譯《妙法蓮華經》卷 7《觀世音菩薩普門品第二十五》,《大正藏》第 9 册,0262 號。

圖 1　饒宗頤教授繪傳唐吳道子畫觀音菩薩像
（189×92 釐米，圖：饒宗頤學術館）

圖 2 （傳）唐吳道子畫觀音像朱色拓本，上題"唐吳道子寫意
觀世音菩薩像"（224×79 釐米，攝：駱慧瑛）

圖 3 駱慧瑛博士於西安碑林觀音菩薩像石碑前
（攝：程淑華，2016 年春）

圖 4 饒宗頤教授與駱慧瑛博士（攝：張偉鵬，2015 年夏，香港）

圖 5　香港大學饒宗頤學術館舉辦"筆底造化——饒宗頤教授繪畫展"海報
　　　（圖：饒宗頤學術館，2016 年春）

表 1　在饒教授廣博的學術研究和藝術創作中，先生與敦煌學因緣甚深。
　　　以下列出饒教授在敦煌學中的學術及藝術著作：

刊　　名	年　份	出　版　社
饒教授在敦煌學研究中的學術著作		
敦煌本《老子想爾注》 （校箋・選堂叢書・二）	1956	香港：東南書局
敦煌曲 Airs de Touen-Houang （中法文合版）	1971	巴黎：法國國立科學研究中心
敦煌白畫	1978	巴黎：法國遠東學院
敦煌曲續論	1996	臺北：新文豐出版公司
饒宗頤佛學文集	2013	香港：天地圖書有限公司
選堂集林：敦煌學	2015	香港：中華書局
饒教授在敦煌學研究中的藝術創作		
我與敦煌・饒宗頤敦煌學藝集	2009	深圳：海天出版社
莫高餘馥・饒宗頤敦煌書畫藝術	2010	香港：香港大學饒宗頤學術館

赴蘇考察敦煌寫卷日記摘抄
（1991.5.1—6.10）
柴劍虹（中華書局）

【作者按】1991 年春夏之交,中國敦煌吐魯番學會派我與沙知、齊陳駿兩位教授同赴蘇聯考察列寧格勒藏敦煌寫本。爲節省經費,我們只能乘國際列車前往,學會負擔我和沙先生每人 200 美元,齊兄則由蘭州大學承擔費用。連旅途一月有餘,有日記若干。25 年過去,最近整理材料時發現了當年用圓珠筆寫在活頁紙上的這份日記,字跡已經逐漸淡化。於是趕緊抽時間過錄爲電子文本,並稍作節略,經學會副秘書長游自勇教授請示郝春文會長,建議提交《敦煌學國際聯絡委員會通訊》刊登,或可爲中國敦煌學史保留一段可供參考之史料也。

柴劍虹

2016.6

5.1　星期三

上午 7 點 40 分北京—莫斯科 3 次列車駛離北京站,晚上 8 點 45 分到達二連。二連車站很小,立在寒風之中。周圍仍是光禿禿的,樹尚未返青。邊防檢查效率實在太低,我們一直在站上等了三個多小時,夜裏 1 點半纔發回護照。1 點 45 分駛離國門。……

5.2　星期四

下午 3 點 20 分,晚點到達蒙古首都烏蘭巴托。車站不大,恐怕只比得上我國一個小城市的站,由月臺可以直接走到站前廣場,沒有什麼檢票口。……烏蘭巴托城市建設一般,而城郊山坡上老居民點的範圍倒不小。列車行進在杭愛山側的大草原上,山坡陰崖還有不少冰雪。草剛剛返青,山上時有樹林掠過。

8 點 45 分停靠達爾汗（Дархан）,這是蒙古的直轄市,車站較好。10 點 40 分到達蘇赫巴托。這裏的邊檢人員很有禮貌,會説幾句英語與中文,也頗認真。

近 12 時（莫斯科時間約下午 7 時）近蒙、蘇邊境,前邊即是納烏什基站（Наушкин）了。車上廣播第一次響起來,用中、俄、英三種語言通告進入蘇聯,頗有意思的是放送了小提琴協奏曲《梁祝》,似乎昔日的"老大哥"今天要變爲祝英臺,下嫁"馬家"啰!

12 時 15 分過境,25 分到納烏什基站。蘇聯邊檢人員很正規,一位小鬍子軍官用俄語問我:"會講俄語嗎?"我用俄語回答:"我講不好俄語。"他笑著說:"Замечательно!"(挺不錯嘛)馬上通過了。發回護照後,到車站上去看了看,乘車的人不多,服裝都很簡樸。候車室裏有介紹蘇聯的大照片,站邊有高大的白樺樹,站外有樹林,夏天應該是很美的。……

5.3　星期五

早晨醒來,車正停在烏蘭烏德站,没有下車。列車向前馳,左邊是小山堆,右邊是稀疏的白樺林。經過一個小站,名叫 Посольская。白樺林漸密,一派典型的俄羅斯風光。到北京時間 9 點 50 分,右邊出現了貝加爾湖,這是一個遼闊而神秘莫測的世界第一大淡水湖。湖面的冰基本上還没有化凍,有一小塊一小塊已融化,看出湖水極清,岸邊的冰堆也晶瑩可愛。可是湖岸仍很荒涼,不由使我想起了古老的俄羅斯民歌:"在貝加爾湖荒涼的湖岸……"雖然電氣化鐵路經過這裏,看來老百姓的生活難有太大的改善。10 時 5 分(莫斯科時間 3 時 5 分),在一個叫 Мыская 的小站停了一分鐘。12 時半到 Слыдянка 站,是一個靠近貝加爾湖的小站。旁邊是積雪的薩彥嶺。……

遼闊的西伯利亞黑土地在窗外閃過,茂密的白樺林,地上的積雪尚未融化,一幢幢木屋,一排排栅欄,黄色的草原,三三兩兩的奶牛,時而跑過的小狗,就像一幅幅靜謐的油畫,呈現典型的俄羅斯田園風光。兩旁的蘇聯人都穿著棉大衣、皮夾克,戴著皮帽或絨綫帽。現在車已過東經 100°,快到下烏丁斯克(Нижиудинск)了。附近有葉尼塞河的支流。現在是莫斯科時間 17 時 8 分(北京夏令時 23 點 8 分),天已完全黑下來了。

5.4　星期六

清晨 2 點 55 分,外邊陽光燦爛。車到克拉斯諾雅爾斯克(Красноярск),我趕緊起牀下車站去看。外邊氣温很低,車廂外都掛了冰柱,大約只有零下 10 度左右。因車停在中間軌道上,我跑上天橋去照了一張相,實在太冷,趕緊回到車廂裏。這是一座新興城市。

6 時 10 分,車到阿丁斯克(Адинск)。旁邊就是鄂畢河支流,看著滾滾河水向北流去,就不是"大江東流",而是"大江北去"了。這裏氣温比剛才暖和多了,雪也已融化。過了鄂畢河,就是西西伯利亞平原了。

中午 12 時半,車過鄂畢河支流上游的一座橋樑。鐵路兩旁的草地、農田上都已看不見積雪,草也綠了。

下午 3 時半,車到新西伯利亞車站。這是一座新興城市,從車裏看去,街道兩旁的建築大多是八九層的居民樓,與北京的樓差不多,也是用紅磚、預製板搭建的。建築物上掛有標語,有一條寫著:"Слава рабочему кллад!"車站上人也不多,警察很認真地驅趕著前來買中國旅客東西的年輕人。……

5.5　星期日

清晨 2 時 35 分,車到伊施姆(Ишим)。下車活動了一下關節,做了做深呼吸。因車停在內道,看不見月臺裏的情形。這裏天氣已暖和多了,路邊草上有些霜。再過 4 個小時,車便可以到達有名的秋明大油田了。白樺樹都已經長出了細小的嫩葉,也已是"草色遥看"了。5 時多,車過一大片沼澤地,窗外更是一片蔥綠了。

6 時,車到秋明(Тюмин)站。月臺不小,也很整潔。站下有一塊牌子,寫著是列寧勳章獲得者斯維爾德洛夫 100 周年(1878—1978)紀念。候車室內秩序井然,聽不到一點人聲。報亭前有七八個蘇聯人正在排隊買報,還有一些人在看電視。自動電話機前也沒有人。站上只有一二個警察在踱步。10 時 35 分,車到斯維爾德洛夫斯克(Свирдровск)。這是亞洲境內最後一大站,城市人口近百萬。車站上人較多,天氣很暖和。車上一幫年輕人又去和當地人買賣東西。到天橋上照了一張相留作紀念。……

11 時多,火車進入烏拉爾山地,這是低矮的丘陵地帶,山坡很緩,正好作爲亞歐大陸的通道。火車似急於要帶領乘客"沖出亞洲",以每小時近百公里的速度風馳電掣般地飛馳。11 時 40 分,過"Первоуральск"後又過"Бильмбой",照了兩張附近的村鎮、公墓照片。1 點 15 分過一小站"Шаля",本想看看有無歐亞大陸分界的標誌,一直未看到。……

5.6　星期一

早晨醒來,車行進在伏爾加河流域。窗外正下著小雨,又有點秋天的氣息了。近 6 點,車晚點 40 分鐘到達布依(Буй)站。7 時 10 分,車到達尼洛夫(Данилов)。我跑過鐵道,到候車室去看了一下,小賣部都還沒有開張,候車的人仍是安靜地坐在那裏。再有 6 個小時就到莫斯科了,收拾一下行裝,合併了一個小包。看來這次我們的東西還是帶多了。

中午 12 時 45 分,車到莫斯科站。孟列夫委託的 Голья 女士(遠東研究所研究員)到站來接,她已替我們買好了下午 5 時 20 分去列寧格勒的火車票。她帶著我們將行李存放在列寧格勒車站(Ленинградский вокзал),然後帶我們乘地鐵去了紅場,正好趕上 2 點整的列寧墓衛士換崗,我照了一張相。紅場不大,但仍顯得莊嚴肅穆。紅場邊上與克里姆林宮成對角綫位置的原清真寺遺址,有一批穆斯林搭起了一個臨時"祭壇",正在募捐,準備重建此寺,看來還是有不少熱心的信徒。

在紅場遠遠看到紅牆墓,有蘇斯洛夫、斯大林等人的半身雕像。然後,又沿著高爾基大街走了一陣,看到如蘇維埃大樓、普希金銅像這樣的著名建築物。高爾基大街旁的廣場成爲了"自由廣場",據説常有成千上萬的人在那裏聚會。

莫斯科的地鐵很壯觀,有一個月臺大約離地面有上百米深。可惜在人群的擁擠中,Голья 的錢包被小偷掏走了。

下午 4 時回到車站,在候車室吃了點東西,又取出行李。一個搬運小伙子中午、下午兩次搬我們的行李,收了 50 盧布;寄存處則收了 12 盧布。

下午 5 時 20 分開車,我們在第 10 車廂。同房還有三位蘇聯人,其中一位年紀大些(約 50 歲左右)是在明斯克工作的。我聽他與另兩位年輕人在爭辯政治問題。後來年輕人臨時出去時我問他,他講那兩個年輕人是"紅衛兵"。他對中國瞭解不少,提了幾次毛澤東、劉少奇、鄧小平等人。可惜他講的俄語有許多我聽不明白……

晚 11 時 20 分到達列寧格勒站,孟列夫、丘古耶夫斯基都來接我們。後來坐計程車到了科學院招待所。一路上經過許多著名建築,風格與莫斯科迥然不同。招待所很舊了,三人一個房間,每周只能洗三次澡。

在莫斯科,今天的氣溫是 10℃,到列城,晚上寒風襲來,令人有又回到了冬天之感。小車開在涅瓦(Невский)大街上,兩旁的老建築一晃而過,燈火燦然,仿佛使人們回到了百年前的彼得堡。

5.7 星期二

早上 7 時多醒來,匆匆吃了點方便玉米粥及麵包、鹹蛋,等孟列夫來。後來孟近 11 時纔來,一起走到他們東方學分所辦公樓先上上下下參觀了一通,尤其是進入藏品室瞭解了一下情況,看到了他們保管的敦煌寫卷等,其中黑城出土的《文酒清話》就陳列在那裏,孟列夫講可以和我合作來整理這個東西。中午沒有地方吃飯,先到旁邊的科學家俱樂部食堂,可那裏因無原料,已幾天不做午餐,只好再沿著涅瓦河、冬宮博物館等,走到涅瓦大街,一路上全是古建築,買了一些介紹列城古跡的書,花 7 個多盧布吃了速食(一杯奶,兩三個麵包),平均每人不到 2 盧布(合人民幣纔 4 角錢)。這裏的蔬菜店實在可憐,土豆、胡蘿蔔品質很差,黃瓜 5 個多盧布一公斤,甜橙 3 個多盧布一公斤,儘管比中國便宜,可按當地工資收入,就相當可觀。孟列夫一個月纔

450—540 盧布，他夫人退休金纔 130 盧布。人們都在談論戈爾巴喬夫的"改革"，不滿意的人佔了大多數。

今天早上給這個招待所的女負責人、服務員送了小禮品（手帕、襪子、圓珠筆），馬上受到禮遇：下午即破例帶我們到頭等客房洗澡，還表示可以讓我們住進那客房，每天 60 盧布。那套房間有冰箱、煤氣灶、電視、客廳。那位女主人看我們三人都瘦，便問孟列夫："爲什麽他們都瘦？是不是在中國吃不飽？"孟回答："在中國有許多好吃的，但是吃不胖。"

晚上應邀到孟列夫家中去做客，他夫人做了一頓俄國餐，很有特色。孟家中各種工藝藏品很多，其中有不少中國貨，可謂琳琅滿目。孟的外孫女很可愛（名叫娜斯佳），今年 11 周歲。我送她的紗襯衣，因爲有繡花與綴珠，她很高興。他們的交談也有意思——我已有不少能聽明白了。

晚上離開孟列夫家，坐 1 路電車 4 站，到愛爾米塔什博物館站下車，沿涅瓦河畔走回住所，涼風習習，兩岸燈火燦然，別有一番情趣。今天一天很疲倦，可也看了不少地方。我忽然想起用俄語説這樣一句話："На улицех Ленинграда везде памятник старины, каждый древний здание заключает в себе один интересный рассказ."（在列寧格勒大街上到處都是古老的紀念碑，每一處老建築都有自己的有趣故事。）

5.8　星期三

上午起牀後，吃了點餅乾，先漫步去冬宮廣場，過涅瓦河大橋，照了幾張相（照完第一個膠卷）。回住處後，丘古耶夫斯基來，交涉換房，未成。到所裏，見了 Петросян（彼得洛相）所長，談到這次工作安排，講因與上海（古籍出版社）協議有了新變化，即上海未印出書前，第三方不得發表，所以我們可以看，但不能全文抄録。至於《文酒清話》，因可與孟列夫合作，所以估計問題不大。我簡單通報了寧夏情況（關於黑城文獻研究），彼得洛相很感謝；柯切諾夫見了一面，很想與我詳談，只好另外找時間了。

因明天是蘇聯反法西斯戰爭勝利紀念日（1945.5.9），這裏放假三天不上班，所以我們只好閑逛了。研究所的龐小梅（俄文名達吉雅娜，列寧格勒大學龐英教授之女）是研究滿文的，她表示明天午後可帶我們去轉轉。後天則到孟列夫在郊區的別墅去。他們在那裏種了蔬菜，否則會沒有吃的。

中午又與孟列夫一起在外面小店吃了速食（肉丸子，味道不佳）。下午上街轉，買了晚上吃的東西，逛了一個商場，商品不多，有些很便宜，也有的很貴。上午上街時，冬宮廣場一帶有一些警察，大概是防備一些自由論壇者的。涅瓦大街上有貼"大字報"的，粗看一下，大多是抨擊戈氏改革的。

5.9 星期四

清晨醒來,看窗外居然飄著雪片,使我想起了那年在新疆帶學生去頭屯河農場勞動時,5 月 4 日下雪的事。這裏雖處北緯 60 度,大約五月下雪也不常見。很快雪停了,變成了雨,後又放晴,出了太陽。我因感冒,多睡了一會。12 時,聽對面彼得堡壘(Петропавловская крепость)又傳來一聲巨響。龐小梅來,給我帶來一大包吃的,準備做飯,可惜沒有地方可做。一談起來,知道她研究滿語文獻,也認識中央民院的烏蘭西春——啓功先生的遠房親戚。

龐陪我們上涅瓦大街,在喀山咖啡廳吃了午餐,然後坐地鐵去亞歷山德洛教堂參觀。這裏的地鐵極深,從自動電梯下去大約超過 50 米深,月臺裝飾也很漂亮,可超過莫斯科。教堂十分壯觀,瞻仰的人不少,其中還有一些年輕士兵。教堂門外路旁乞丐也不少,大多是年老婦女。旁邊有 18、19 世紀的名人公墓。我們在漢學家皮丘林(Бичулин)和作曲家柴可夫斯基(Чайковский)墓前都留了影。後來又去詢問莫斯科的回程車票(臥鋪票簽)的事,看來有不少困難。

回到涅瓦大街,街道兩旁已用繩子攔好,有軍隊和警察在維持秩序,圍著不少群眾準備觀看節日遊行。我們在旁等了一會兒,5 時 20 分左右,遊行隊伍過來了,首先是龐大的軍樂隊開道,然後是老戰士隊伍,這些老戰士胸前掛滿獎章,都十分激動;也有少先隊員和其他一些群眾,但年輕人似乎不多;最後是軍隊和自願加入的一些群眾,總共約二萬人。我在隊伍中拍了幾張照片,也與幾位老戰士握了手。

晚上 10 時,涅瓦河對岸(彼得堡壘旁)放禮花,人們都站在河邊、街上看。我們也去看了一會。這裏的群眾對此興致很高,每放一次,齊喊"烏拉!"我聽得身旁一個小伙子在大喊"戈爾巴喬夫!"對面冬宮橋邊普希金廣場的柱子上燃放了大禮炮,彼得堡壘上空燃起了 46 支火炬(象徵勝利 46 周年),映照在涅瓦河上,十分壯觀。

5.10 星期五

上午 9 時許,步行經 Дворцовая наб.、Кировский мост、наб Кутузова、Летейный мост 到芬蘭車站(Финляндский вокзал),先在站前列寧廣場著名的列寧在鐵甲列車上演講的塑像前照了相,然後與孟列夫夫婦及大娜斯嘉一道乘車去他們的郊外別墅。孟的別墅位於離此約 65 公里遠的高爾基車站附近(高爾基十月革命前在此處有養病的別墅)。火車經過 Белоостров(白島)車站,附近有一條小河,本來這是蘇聯與芬蘭的界河,二戰後歸蘇聯所有了(一直到維堡)。車過列賓(Репинь)站(畫家列賓在此住過)不久,就到了高爾基站，下車後步行約 15 分鐘，就到了孟氏別墅所在的"工程街"（Инженерная улица），孟家在 24 號，房子收拾得很好，已經營了 33 年，共佔地 12 公畝（俄制），大約每年需納稅 500 盧布。這裏的別墅全歸合作社所有。

今天一到孟氏別墅，就幫他換儲水罐下一根凍裂了的水管。他工具齊全，但也花了很大力氣纔換好。然後一起去別墅後的樹林去散步。林中主要是杉樹，地面有不少隆起的大螞蟻堆，一條小溪在林中蜿蜒而過。後邊有一個小湖泊，在那裏拍了幾張照片。然後又沿著大道走回別墅，直到下午 3 時多纔吃午飯，因爲餓了，都吃得不少：麵包、黃油、奶油湯、土豆煮牛肉，當然是典型的俄羅斯午餐。飯後休息一會，孟氏全家未休息就在弄菜園子。我趕緊去幫他運黑土，爲暖房而用，後來又一起將塑膠薄膜裝好。晚上 8 時多又喝了一些紅茶，吃一種櫻桃果醬，味道極佳。去趕 9 時 19 分的火車，車晚點到 9 時 40 分纔來，車廂一直不開燈，已沒有座位，但大家都很安靜，連小孩子也不發聲。10 時 50 分到芬蘭車站，坐 2 路車回到住處，已是半夜 11 時半了。

據孟列夫介紹，在俄幾乎每個大城市都有郊區的別墅區，根據各自的經濟力量（過去有限制）蓋房子、弄園地。近年來國家控制鬆了，有的房子蓋得很大，如我們今天就看到一位畫家新蓋的別墅，有三層，範圍不小。有些人一年有半年以上住在別墅裏，因此設備齊全。這些年來，蘇聯農民大量入城工作（因農村政策太死），農村田園荒廢很多，蔬菜、肉類供應都成了問題，所以別墅又成了城市人們的副食補充基地。這次蘇聯戰勝日休假，許多人都是爲了種地而趕到別墅去的，因此車上人滿爲患。這裏車站都是自動售票，進站上車都沒有工作人員，全憑自覺。從芬蘭站到高爾基站行駛 1 小時 10 分，票價 2 盧布，也是不算貴的。

5.11　星期六

上午在招待所休息，洗了兩件衣服。12 時上街去，沿濱河大道過Дворцвый мост、Пушкинская пл.、小涅瓦河（малая Нева）上的 Мост Строителей，就到了建築彼得堡壘的小島。踏過涅瓦河沙灘，從旁門進了堡壘。這裏大多是 18 世紀初葉建築的，因售票處在另一端，就未能參觀其中主要的教堂，只是在裏面匆匆瀏覽了一遍，就出來了。又過基洛夫橋，回到河這邊來，已是下午 2 時多，肚子餓了，又去涅瓦大街買吃的。餐館裏到處都在排隊，而且是先認准某種食品交款，再拿紙條去取食品，麻煩得很。我們對這些食品的俄文名稱又不清楚，只能應付著將它們買到手。後來又在大街上轉一陣，再排隊買些吃的，纔回到住處。

列城的古建築，遠處看都很壯觀，金碧輝煌，走近進去一看，許多都已十分陳舊,多年失修,比較破敗了,大約也是缺乏經費的緣故。

5.12 星期日

今天可以開始看敦煌寫卷了。早晨 10 時許到研究所,近 11 時丘古耶夫斯基來,到 12 時 40 分纔提取出今天我們要看的卷子來,讓我們在樓下臨街一間大工作室看(上海古籍出版社同仁拍攝寫本就在此屋)。我將需看的寫本逐一過錄,發現卷子未經整修,極易破損,將來也許有些部分再也恢復不了了。中午上街吃飯,孟氏作陪。下午繼續看寫卷。今天我一共過錄 11 個寫本(正反各算一),收穫頗大。下午 5 時多孟氏來談,主要是對中國有的學者用了他發表的材料不注明有意見。我講今後加強交流合作,就會好多了。

晚上到離住處不遠的"格林卡音樂廳"聽意大利鋼琴家演奏貝多芬、勃拉姆斯等作曲的鋼琴曲。音樂廳並不大,但很富麗堂皇,音響效果也不錯。今天的聽衆只佔座位的十分之一,但秩序很好,觀衆也熱情。

入夜,又下起濛濛細雨來。這裏夜色極短,晚上 10 時半纔黑下來,早上 4 時天已大亮。到 6 月就將進入"白夜"時節了。

5.13 星期一

上午又過錄了兩個寫卷,準備這兩天將重點的文學寫卷都過錄一遍,然後再普查。從這兩天閱卷的情況看,蘇聯藏卷保存較差,大多寫卷並未修復裝裱,因此破損嚴重,而且極易失散。今天查閱 Дх.21536(孟目 2847 號)就已缺第一部分的"送別七言",據說在 Ф.247,又查,都是《百行章》碎片,又缺這一片,不知何在? 像這樣再折騰幾次,有些東西也許就永遠消失了! 在這種情況下,上海古籍要拍照紀錄,問題將很多。許多卷子孟氏是二三十年前查過的,現在他與丘氏均無助手,他們都已快退休了,再不帶徒弟,將來這批卷子的命運就很難保障了。爲此原因,也應支持上海早日出版圖錄本;可上海方面總有"怕別人搶了生意"之慮,囿於"獨家經營",而又乏專家協助,困難甚大。

出來快兩周了,聽不到中文廣播,看不到國內報紙,消息閉塞,很不習慣。這裏的語言障礙又很大,本應利用這機會多學一些俄語,但也沒有多少心思。每天除了工作,就是爲吃飯而奔波。

5.14 星期二

上午看到列藏《黃仕强傳》寫卷,抄寫工整,可惜只有前三分之一不到内容,我頗疑與英、法所藏的某個卷子可綴合爲一。另外幾個卷子很破碎,可能永遠也不能恢復原貌了。中午又爲吃飯奔波，没有吃上，只好買了幾個饢，回招待所沖了一杯奶粉喝。下午剛抄一個卷子，孟列夫來帶我們去看列寧格勒最大的農貿市場（рынок），坐 4 路車 6 站即到。裏面確實東西不少，如蔥、蒜、蘿蔔、番茄、黃瓜、肉類、雞蛋以及各種水果，只是價格高一些。買了一公斤蘋果（10 盧布）、一公斤番茄（15 盧布）。還問了一些東西的價格，如雞蛋 1 盧布一個，比定量供應的貴 4 倍（按：當時黑市盧布與人民幣比價爲 5：1，即 1 盧布合人民幣 2 角）。這裏的賣家大多是從格魯吉亞、阿塞拜疆來的，有的還戴著維族小花帽。市場附近有俄羅斯作家陀思妥耶夫斯基（Досдоевский）最後居住的房子，現在是故居博物館，花 40 戈比一張門票進去參觀了一遍，房子不大，有五六間，佈置得很好。

傍晚，下起了細雨，到涅瓦河邊散了一會步。

5.15　星期三

我們的護照，今天纔送回來，結果並没有給配給證，不知是什麽原因，估計還是因爲換錢的事得罪了那位秘書（没有請他換）。住房問題，今天與彼得羅相所長談了，他給招待所打了電話，讓我們下午 3 時後去解決，結果下午 4 時多我與孟列夫一起去，又打官腔，説管房子的女負責人不在，要我們明天再找。孟列夫找的換錢的小伙子，今天又推明天、後天，我看也夠嗆。這些天來，算是對蘇聯機構的辦事效率有了實際的感受。

今天幾乎下了一天雨，上午下得大，傍晚漸停，我們便去閑逛，在涅瓦大街上中央食品商店買了二公斤多黃瓜，12 盧布；又在旁邊的 Аврора 電影院看了一場電影，美國片，很一般。

今天孟列夫將他過錄的有關文學的敦煌抄卷本子拿給我看，他們的記錄也很認真，可以參考一番。

今天好不容易收聽到蘇聯的華語廣播與“美國之音”，報導江澤民已到莫斯科訪問。估計過三四天要到列城來。在這裏，中國的廣播完全聽不到，十波段收音機也没有用。

5.16　星期四

今晨起來時陽光燦爛，剛上班就又陰了，11 時左右又下起雨來。上午看卷子時頭有點暈，效率就差遠了。到中午，已將這兩次調出的有關文學的卷子都查閱過錄了一遍，收穫還是不小的。但關於黑城出土的《文酒清話》，原來孟氏一口答應與我合作整理，現在有點想變卦，所以是否這次能過錄，還難以確定。

下午我一人去找招待所管房子的一位女士交涉調房事，仍然沒有解決，又講明天再看，給她送了一點小禮物，也許會有效。在蘇聯辦事，現在沒有私人關係或錢物關係是寸步難行了。

晚上應邀一道去龐小梅家見龐英教授，地鐵坐了八九站，列車開得很快，到 Купчино 終點站後又換乘了 43、25 路車就到了目的地。龐教授很熱情地請我們吃了一頓中國飯，又談了一通蘇聯的情況，尤其談到他在幫助孟列夫整理蘇聯藏《石頭記》上做了許多工作。這一點我們過去也估計到了。他目前在列城較活躍，也幫助做起了生意，明天即去中國。托他帶了信回北京寄發，這樣要快得多。

5.17　星期五

上午繼續看寫卷，我提出要求看黑水城的卷子，中午丘古耶夫斯基就拿來了《文酒清話》等。下午正在看，孟氏來了，又講了一通怎樣合作的事，沒想到我已經在看此卷了。因多種原因，孟氏尚比較保守，認爲這些寫本材料爲己掌握，別人一旦獲取、發表或指出問題，便不高興。看來這種學術交流，並非易事。下午因去晚了，只看了一頁。估計再有一整天可以將黑城所出的這幾個卷子錄定。

孟氏聯繫的外事處一位年輕人講替我們換盧布，可折騰了一個星期，今天又說没法換到，幸好另一位搞滿語民間文學研究的柯斯嘉今天替我們換來了 9000 盧布，解決了困難。下午柯陪我們去買蘇聯紀念郵票，我買了 60 盧布的。以後還可以再買一些。後來又請柯陪我們去涅瓦大街上的高加索飯店（沙先生幾天前就想光臨），結果也吃不到什麼，被“斬”了一頓，4 人花了 300 盧布，等於我們六七天的飯錢。（端上了一盤與國内味道不太相同的香菜。老齊讓我問服務員是什麼，答曰：“трава.”我翻譯云“草”，老齊説：“當我們是兔子啊，讓我們吃草！”）

5.18　星期六

上午 9 時纔起牀，10 點多出發，過基洛夫橋，到彼得堡壘，11 時售票處開門，可今天格外優待，不用花錢發了票，外邊的大道旁掛了中、蘇兩國國旗，列寧博物館門口也掛了國旗，大概是江澤民來的必經之地。今天參觀了堡壘的教堂，這裏是歷代沙皇的安息之地，教堂内有彼得大帝等人的靈柩，外邊也有十幾位沙皇陵墓。後來又參觀了 1724—1861 年間沙俄的造幣廠博物館，很有意思。12 時整，在堡壘牆邊聽了炮響。然後，再過 просп.Добролюбова，過 Тучков мост，到大學區所在的 Василеостровский район，買了一張半月月票。

剛在大街徘徊,停下一輛小車,對我們這三個中國人表示好感,主動提出要送我們,盛情難卻,上了車對司機說我們要去列大(Ленинсградсий Университет),到了那裏,給了開車者5盧布。在羅蒙諾索夫銅像前照了相。後過普希金廣場,俄羅斯文學博物館不開門,就近參觀了海軍博物館。此時已近下午3點,三人又餓又乏,過冬宮橋,在廣場邊乘公車到了伊薩科夫教堂(Исаакиевский собор)外的廣場。廣場北是市蘇維埃,高懸中、蘇國旗,對面是大教堂。我們進教堂參觀,裏邊金碧輝煌,無論建築、雕塑、繪畫,均堪稱上乘,大開眼界。我們進教堂時是下午4時整,江澤民車隊剛好到市蘇維埃。我們出來後,在廣場中心小坐,4時55分,江的車隊離開,護衛森嚴,遠遠還是看到江等上了車。8輛摩托車將江的小車圍住,他大概是看不清楚窗外的景色了。

回到涅瓦大街,去Гостиный двор大商場轉。沙先生看得太細,結果與我們走失了。

5.19 星期日

上午本想乘輪船去彼得夏宮(Петродворец),結果現在未到旅遊旺季,船停航,又回到冬宮廣場坐上了旅遊車。一路上導遊隨景介紹,頗帶文學色彩;車開了40分鐘,她一口氣講了40分鐘,可惜大多聽不太懂。到了夏宮,說只停一個多小時,趕緊去觀景拍照,宮內陳列參觀都未顧得上看。我們按時(12點半)回到車上,可其他人到2點纔來,白白浪費了一個半小時,許多東西都未看成。在那裏買了一套列城特產木套娃娃,60盧布。在夏宮後園,走到芬蘭灣岸邊,水天一色,遠港依稀,白帆點點,魚鷗翔舞,真正是北海風光了。

回到城裏,我們又隨便吃了點麵包之類,就去普希金廣場附近的俄羅斯博物館(Русский музей),展品全是繪畫、雕塑藝術品,有古典的(自12世紀開始),也有近現代的,堪稱豐富。在這裏看到了一些名作,如畫家列賓(Репин)的《伏爾加縴夫》,一看原作,自然與印刷的大不一樣了。參觀後在博物館門前、普希金銅像前照了相。

今天街上、廣場有不少邊區加盟共和國的人在演說、示威。在飯店吃飯時還有一個小伙子來要麵包,我們出門時又要錢,講"我們都要掉腦袋啦!"蘇聯目前政治局勢十分動蕩。

5.20 星期一

上午繼續過錄《文酒清話》卷子,後來社科院世界史所一位叫侯成德的訪問學者來,龐小梅也同來,講她因辦去以色列簽證事,今天晚上去莫斯科,可以爲我們將護照、車票帶去,請安德烈爲我們辦理簽票。侯則是爲艾爾米塔什博物館(Эрмитаж)的一位漢學家張明海(Томикой Тамала)想出版介紹艾爾米塔什書稿的事來找我。我提出要增加東方藏品圖版,答應幫助聯繫。另外我也提出有興趣出版艾爾米塔什藏的鄂登堡(敦煌考察)手稿,他們答應去找。

下午我一人在工作室,孟列夫來,談了一個多小時,主要是合作事宜。他知道我在抄《文酒清話》,似乎有些心中不安。這個刻本殘卷我已抄録近半,再有一天可以完工了。當然要整理校勘,還得費大氣力。孟氏自己不可能單獨做此事,我們合作來做,應該是很好的事。如果此本仍秘而不宣,學術界就無法進行研究。蘇聯的漢學研究,就我知道的這些範圍(如敦煌學、古代文學),已近危機。

5.21 星期二

今天請柯斯嘉向他朋友包了一輛小車。上午 10 時許送我們去皇村(Царское село),因爲這裏是普希金學習及中期生活之處,所以又稱普希金村。該處最早是 1710 年彼得一世建造送給皇后葉卡捷琳娜一世的,後主要由葉卡捷琳娜二世建造使用。可惜今天大宮内部不開放,只在周圍走了走。恰好走到彼得大帝避雨臺,天空刮來了一塊烏雲,下了一陣小冰雹,有一位傷殘老人很熱情地走來介紹景觀,還送我們一張明信片。車又去了保羅宮(Павловск),參觀了宮室,也是金碧輝煌。然後回到 Московская 地鐵站附近的 Пулковская 飯店,吃了一頓自助餐,每人 25 盧布,按列城標準來講應是十分豐盛了。這裏的廣場中心是很有氣魄的保衛列寧格勒的英雄紀念碑及塑像(Фрагмент памятника героическим защи тыикам Леингрда),照了幾張相。

下午再驅車去彼得夏宮,前天未進宮參觀,今天遊人少,進去仔細地看了一遍,果然很有些東西,算是補了前天的缺憾。沙皇的建築十分講究,主要是請了意大利、法國、英國的建築師,如皇村、冬宮,都是法國建築師,而保羅宮則是英國風格。因此,如果看列城建築,要找出"純"俄羅斯風格來,恐怕不易。在夏宮,葉卡捷琳娜二世的臥室等有許多中國的裝飾畫、家具,可見那時中國文化的影響。在皇村的馬車博物館陳列廳,看到了幾位沙皇的豪華馬車,其中有亞歷山大二世被炸的那一輛。

傍晚驅車去 Прибалтийская 飯店,想再吃一頓自助餐,豈料不開放了。這裏靠近海灣,遠遠望去,氣勢非凡,應該再來看一次。小車又送我與沙先生去劇院廣場的基洛夫劇院(又稱科學劇場),觀看基洛夫芭蕾舞團的《唐·吉訶德》。劇場五層,我們的座位在最上一層邊上,是柯斯嘉朋友從"後門"搞來的，每張 15 盧布，據說外國人自己買要 50 美金（當時合 1 500 盧布）。劇場好，演得也不錯（該劇團全蘇著名），觀衆大多是外國遊客。

5.22　星期三

上午繼續看寫卷。我已將《文酒清話》殘卷大多過録好，只剩下一個尾巴了。下午因我們工作的"學術報告廳"有會議，我們即自己安排活動。午睡一會後即去冬宮外的碼頭乘船遊涅瓦河，開始坐在上層，後來感到風冷，大家下了艙，天上飄來烏雲，又下起雨來。船在涅瓦河中過了幾座橋，兩岸不同景色緩緩地掠過，別有一番風味。遊完又去商店，各人買了一些日常用品。

5.23　星期四

上午早起想去芬蘭灣海邊，不料又下起雨來。吃過早飯又去，等車又是半小時，結果隨便上了一輛車，坐到另一個小島上去了（Острово Кресмовкий），又走過一座正在修理的木橋，到了 Элагин 島，這裏有以基洛夫命名的公園，繞了半圈，再過橋，坐車、地鐵，到涅瓦大街又下起大雨來，結果到 11 時纔回到研究所。我抄完了《文酒清話》。龐小梅來告別，送我們每人一張俄羅斯歌曲唱片。下午沙、齊二位上研究所（他們要看的寫卷許多拿不到，據説丘氏正在用），我則自己去位於 Красногвардейская 大街附近的體育用品商店，買到了兩副冰刀（花樣）。今天從芬蘭車站下地鐵，簡直是人山人海，纔真正體會到了列城地下交通之擁擠，在地面上，則是比較空曠的。

5.24　星期五

上午開始抄黑城（Хара-хото）出土的一個册頁上抄寫的幾首詞；未抄完，即與孟列夫一起去冬宮廣場附近的電話局給莫斯科我國駐蘇大使館的楊恕（原蘭州大學教師）打電話，好不容易接通了，楊又不在，説讓下午 3 時半打。結果中午請孟氏一道去 Гостиница Прибалтийская 吃自助餐，卻要改收美金了，只得又坐地鐵到莫斯科大街的 Булковская 去吃，飯後因沙、齊二位要買東西，又逛商店。

晚上又應邀去孟氏家作客，先到市場買了一些蔬菜、牛肉、番茄等，然後在孟家吃了晚飯。飯後在孟家給莫斯科的安德烈打了電話，卧鋪車票還未簽好，看來困難很大。回來時在一教堂附近等 34 路車，一個年輕人（大約 30 歲左右）來搭話，當時就朗誦了幾首似乎是他自己做的詩，大約都是表達對現實不滿的。現在蘇聯老百姓都對現實感到困惑或不滿，得知這個年輕人是電焊工，他講"要回到舊俄羅斯去"，而舊俄羅斯是什麽樣，恐怕他也不清楚。

5.25　星期六

上午 7 時起牀,等柯斯嘉來送兌換的錢。8 時多柯來,又談了一陣子中蘇學術交流、研究的事。柯雖年輕,從事滿語、滿族文學研究頗有鑽勁,也收集了大量材料。他曾在北京學習過一年,與不少中國學人建立了聯繫。

11 時去冬宮艾爾米塔什的小入口處,魯多娃(Мария Родова)研究員帶我們先參觀博物館的中國藏品,從先秦到明清,十分豐富,尤其是敦煌、黑城部分,有大量本世紀初被鄂登堡、科茲洛夫帶回來的文物(壁畫、塑像、帛畫、寫本等等),可惜時間緊,無法一一細看。中午她帶我們飲茶後,又去她辦公室看收藏的敦煌帛畫、鄂登堡敦煌考察筆記(Экспедиция ак с.ф.Ольденбурга в Дуньхуан)、照片、臨摹畫等,敦煌的收藏品有 350 件(其中帛畫 50 幅),十分珍貴。我發現有一塊正方形紙片(11.4 釐米見方)上畫著一如貓似虎的獸頭,耳下垂交叉蛇形,使我馬上想到了東方所藏卷中的《貓兒題》詩,兩者本來很可能是連成一卷的,後被撕開,那首詩就可能是題這幅畫的。如果這個推測不錯,我原先寫的《敦煌題畫詩漫語》又可以補充若干了。魯多娃很興奮,不斷地拿出藏品來請我們看,可惜時間不夠,否則真可以再看上三天的。我們鼓動她早日發表這些材料。今天我們第一次看到了訂成 6 大本的鄂登堡敦煌考察筆記,總共 808 頁(190+183+119+121+85+110),每頁兩面,是用打字機列印的,其中也有許多是鄂登堡用筆填寫的,是極重要的關於敦煌洞窟情況的原始記錄。這份手稿若能發表,將有助於人們進一步瞭解蘇藏敦煌寫卷及其他文物的情況。另外還有單頁的石窟位置示意圖。今天還第一次看到了該考察隊成員的照片(正式成員 7 人,另有 8 名護衛的哥薩克士兵)。

從魯多娃博士辦公室告別出來,又瀏覽了一下博物館的其他藏品,東西太豐富了,準備明天自己再來看。

5.26　星期日

上午我們想去商店買些東西,就乘車先到莫斯科飯店對面的大街,結果商店大多不開門,又坐車回莫斯科站,仍然如此,再走回到飯店,逛了外匯商店,吃不到自助餐,只好又回到喀山教堂對面的餐館吃了一頓。

下午繼續參觀艾爾米塔什。該館陳列品豐富,也只能匆匆瀏覽。5 點多與沙先生乘車去劇院廣場,在格林卡等紀念像前照了相,正好歌劇院上演《茶花女》(Травиата),就買票進去觀看了,演得還不錯,尤其是男主角阿芒(Альфред)唱得挺好,女主角氣質也好,與我們國內演的《茶花女》風格不同;當然,我們的歌劇演員唱得似乎比他們要好一些。

5.27　星期一

上午繼續抄寫黑城出土的一個抄寫了詞、亡牛詩(宗教詩)的寫卷。抄寫完畢,沙先生又向孟氏瞭解蘇藏敦煌寫卷的準確數目,仍不得其詳。後來就到藏品庫去看了幾本書,瞭解一下其中非漢文寫卷的編號。中午請孟氏到宿舍吃速食麵、揪面片子,本來説好是齊老師來做的,他一早就出去採購,中午回不來了。午飯後到喀山教堂附近買去莫斯科的車票,買到了 31 日凌晨 127 次車票,這樣 31 日上午 9 時多可到達莫斯科。下午上街買東西。

今天是彼得堡建城 288 周年紀念日,晚上又放禮花。

5.28　星期二

今天孟列夫及夫人阿拉陪我們買東西。上午 10 時去,主要就在 Палж 與 Гостиный Двор 兩個商場買。憑居民證排隊買手錶的人很多,在那裏排了許久,買到的卻是一塊品質很差的電子錶。後來從一個"倒爺"手中買到一塊 зоря 表,説原價 45 盧布,賣 60 盧布,買下後纔發現原價僅是 28 盧布多。後來又在另外櫃臺碰到這個小伙子,看來是名副其實的"排隊倒爺"。爲了買冰鞋,我曾跑了好多店,只在體育用品商店買到了冰刀;今天卻碰到有冰鞋,趕緊買了一雙,很便宜,而且因爲國家鼓勵體育運動,只加了低税。現在許多生活日常用品都要憑身份證買,看來物資供應已相當緊缺。

下午又一起去孟家吃飯,空腹喝了兩杯"人參酒",回來頭暈,極難受。孟氏將他的一些文章抽印本給我,回去可作爲參考資料。下午在"戰勝田"車站等車,居然等了近 50 分鐘。現在蘇聯的工作效率很低,這也是十分可怕的事。列城蘇維埃(Совет)這些天還在辯論要不要將城名改回到 Петербург(彼得堡)。

5.29　星期三

上午去研究所。因管理寫卷的丘氏仍未來,已無新卷可看。因昨晚飯後不舒服,頭暈目眩,就與齊老師到附近的"夏園"(Летний сад)去漫步,後再到"保泉宮"一轉,與沙先生約好 12 時回所再給龐英的夫人打電話。豈知我們回所後找不見他與孟列夫,我就在孟辦公室抄臺灣《敦煌學》15 輯上日本大谷所藏《黃仕强傳》寫本;正抄著,圖書館的負責人 Цбирова(齊一得)來了,托我帶幾封信去中國發,同時幫我給龐夫人 Лида 打了電話,她原想今天請我們去цилк(馬戲團)看馬戲的,豈料現在停演,只好作罷。1 時許,沙、孟也從夏園歸來。下午 3 時,艾爾米塔什的魯多娃與孟列夫一道與我談:1. 發表奥登堡、杜丁未發表文章事;2. 魯正在做艾館中國藏品敍録,考慮可在中國出版;3. 編輯蘇聯學者敦煌學論文集事。此三事均頗有意義,第一件似可由齊負責在《敦煌學輯刊》上發表,後兩事則不知能辦成否?

5.30　星期四

上午上街買東西。中午本想小睡一會,因整理行裝,又未睡成。下午5時 Кочанов(柯恰諾夫)副所長來托帶文章及信、書。6時許去龐英教授家,在 Примосковская 車站附近不遠的21樓上,觀賞了他收集的美術專題郵票,蔚爲大觀;又看了他收藏的錢幣,亦稱寶貴。交談最多的話題還是中蘇間的學術文化交流與蘇聯目前局勢問題,特別是從事中國古代文學研究的蘇聯漢學家後繼乏人,這也影響到蘇藏敦煌文學寫本的深入研究。我們也從他家樓上觀賞了附近的景色。晚飯後匆匆趕回住所,我們就驅車去火車站了。柯斯嘉及朋友驅車來送,孟氏亦來,因走了兩趟,付給柯50盧布車錢。11時50分上車,12時5分開車,三人都已精疲力盡了。

5.31　星期五

上午9時40分列車到達莫斯科的列寧格勒車站,主要研究越南文史的年輕學者安德烈來接,然後驅車去契卡洛夫街附近的他家(在9樓)。他已騰出兩個房間來讓我們住。安德烈熱情好客,我們中午休息後,即陪我們去紅場克里姆林宮參觀。因導遊講解太細,未及走完即匆匆趕往中國駐蘇大使館,偏偏在 Кропоткинская 地鐵站候車時齊老師的皮鞋被沙先生踩下掉進地鐵道了,須地鐵晚間停運後方能取出,只好讓安德烈陪齊先回家,我和沙去列寧山附近友誼路的大使館取臥鋪票簽。到使館後,大使館人員正整裝待發去看戲,都坐在車裏,我問了好幾個人,都搖頭不語,最後問了一個保潔員,纔從一輛轎車裏找出答應幫我們搞票簽的秘書楊恕,很冷淡,隨他到辦公室,先問我們:"美金帶了嗎?"交了15美金"簽票費",總算纔拿到3個鋪位簽票。給我的印象:大使館這些人官氣很足,全無同胞感情。

6.1　星期六

早上起牀後,天就開始陰下來了,等我們出門,已下起雨來,而且越下越大。安德烈帶我們去列夫·托爾斯泰(Лев Толстой)的故居參觀。故居位於一個很僻靜的地方(就叫托爾斯泰街,乘34路汽車到達)。我們仔細看了這幢小樓,並在他的工作室、餐廳照了相,可惜室內不安電燈,光綫很暗,效果不一定好。又冒雨看了一家食品商店,然後回住所。中午又吃了一頓"俄式中國飯",休息了兩個小時。下午安德烈帶我們去位於紅場附近的幾個商場,買了一些東西。今天是"六一節"，給兒子買了一套郊遊用品。

我在 Дедскй мир（"兒童世界"）店也買了不少紀念郵票，回去也可以交差了。對莫斯科的初步印象：人並不太多，交通好於列城，地鐵發達，有環城縱橫交叉的七八條綫，平均每 2 分鐘一趟。

6.2　星期日

上午安德烈陪我們去新處女公墓（Ново-девушей кладбище）。從 Курскийвокзал 車站乘地鐵，共 6 站，到 Спортиний 下車，走過去很近了（在 Лужнецкий проспкт 大街）。這個公墓並不公開開放，參觀需預約，外國人則很難進去，因爲安德烈的祖父尼基金（Никитин）原是蘇軍裝甲部隊上將，1981 年去世，也安葬在這裏，所以他有親屬證件，可以進去；他與守門人講了，也就讓我們一起進去祭掃。在門口買了兩束鮮花，一束紅玫瑰獻給安的祖父；另一束雜色的，我們獻在 Хрущёв 的墓前。赫的墓表很有特色，用黑白相間的石頭壘成，大約是表明黑白是非，任人評説。他妻子尼娜的墓也在旁邊。我們在公墓走了幾十分鐘，看到有不少名人的墓。走出公墓，到附近的教堂（Смоленский собол）參觀了一下。這裏一共有三座不同時期建造的教堂，據説全俄現有三位教皇，就有一位在這個教堂。然後，我們走過舉辦了奧運會的蘇聯國家體育場附近，去看莫斯科的"名市場"Ярмарка，這本是一個民族市場，可現在許多店鋪關門，開門的貨也很少，有不少還是外國貨，"民族市場"已徒有虛名了。

下午我們三人又自己去了紅場，照了幾張相。星期天附近的商場都關門。走到普希金廣場下地鐵，卻找不到換乘站，只好又上來，再走到紅場。在紅場又看到換崗儀式，看到教堂周圍也有演説的人。在《消息報》報社附近，辯論的人不少；也看到牆上貼有不少政治標語。

6.3　星期一

上午安德烈陪著去看俄羅斯藏畫博物館，結果因修建未開館。又去看劇作家奧斯特洛夫斯基（《大雷雨》Гроза 作者）故居博物館，本來也閉館，但因聽説我們從中國來，兩位管理人員很熱情地爲我們開了方便之門，其中一位一直給我們講解，安德烈翻譯，兩人都累得滿頭大汗。這個故居的二樓是專門擺放劇作的，很別致。然後，我們又坐旅遊車遊覽了莫斯科市容，在列寧山上莫斯科大學前眺望全城，幾乎一覽無餘，十分好看。還參觀了一座公墓，裏邊有不少"反對派"名人的墓地，如葉賽寧的墓，墓前擺滿了鮮花，還有一位老者在賣葉躺在草地上的照片；也有名演員的墓，如演《莫斯科不相信眼淚》的

Миронов 的墓。

6.4　星期二

上午一早起來就去參觀列寧陵墓。10 時開放，我們大約於 10 時 20 分進去，瞻仰了這位革命導師的遺容，然後又沿著紅牆看了包括斯大林墓在內的名人墓群。我也看見了高爾基的墓碑、加加林的墓碑，真是感慨萬分。列寧的遺體看來保存得還好，可根據目前蘇聯百姓的情緒，能否長期保存下去還是個問題。

晚上，安德烈愛人的繼父（曾是一位宇航員）開車將我們的行李送到火車站，我們則乘地鐵一站便到。回國的列車一直晚點到 12 點纔到站，幸虧安德烈，三人這十幾件行李纔順利地上了車。否則，真不知如何纔好。車廂裏暫時只有我們三人，還好些。

6.10　星期一

又經過六天六夜 7 865 公里的長途奔馳，列車晚點 5 個多小時，於晚上 9 時多到達北京車站，結束了這次的蘇聯之行。

Досвидания Ленинград и Москва!

Досвидания СССР!

（2017.2.12 摘録畢）

中國敦煌吐魯番學會新入會成員名單

中國敦煌吐魯番學會秘書處

經中國敦煌吐魯番學會 2016 年度常務理事擴大會（10 月 29 日）討論，決定接收以下人員爲新進會員，名單如下：

叢　振（聊城大學歷史學院）

董大學（上海師範大學歷史系）

董華鋒（四川大學歷史文化學院）

董永强（西安電子科技大學）

邰同麟（中國社科院文學所）

顧　穎（上海藝術研究所）

郭俊葉（敦煌研究院）

黄崑威（陝西省社科院宗教研究所）

孔令梅（敦煌研究院）

酈藍嵐（美國佛羅里達州中央大學藝術人文學院）

李旭東（甘肅省瓜州文聯）

李岩雲（敦煌市博物館）

李宗俊（陝西師範大學歷史文化學院）

林生海（日本廣島大學）

劉生平（甘肅省社科院酒泉分院）

劉永明（蘭州大學敦煌學研究所）

駱慧瑛（香港大學饒宗頤學術館）

毛秋瑾（蘇州大學藝術學院）

聶葛明（雲南大理學院）

牛來穎（中國社科院歷史所）

宋雪春（上海師範大學）

蘇　芃（南京師範大學文學院）

孫占鼇（甘肅省社科院酒泉分院）

唐　煒（日本北海道大學）

陶小軍（《藝術百家》雜誌社）

王　東（敦煌研究院）

王曉燕（社科文獻出版社）

王雪梅(西華師範大學)

翁　利(南京師範大學)

蕭　旭(江蘇靖江廣播電視臺)

岩尾一史(日本神户市外國語大學)

楊　潔(蘭州大學歷史文化學院)

楊學勇(山西師範大學)

張　瑛(甘肅省社科院酒泉分院)

張景峰(敦煌研究院)

張利亞(西安石油大學)

趙　晶(中國政法大學法律古籍整理研究所)

朱國祥(貴州民族大學)

朱利華(西華師範大學)

如有欲加入本會者,請發郵件至 dunhuangturfan@163.com 索要申請表。申請者需在正式刊物上至少發表兩篇與敦煌吐魯番研究相關的文章,或出版專著一部,並由本會正式會員作爲介紹人。入會申請經常務理事會審議通過後,名單將公佈於每年的《敦煌學國際聯絡委員會通訊》上,敬請留意。

中國敦煌吐魯番學會
2017 年 1 月 1 日

2016 年敦煌學研究論著目録

宋雪春（華東師範大學）

　　2016 年度,中國大陸地區共出版敦煌學專著 60 多部,公開發表相關論文 400 餘篇。現將研究論著目録編製如下,其編排次序爲: 一、專著部分; 二、論文部分。論文部分又細分爲概説、歷史地理、社會文化、宗教、語言文字、文學、藝術、考古與文物保護、少數民族歷史語言、古籍、科技、書評與學術動態十二個專題。

一、專　　著

胡同慶《敦煌文化》,蘭州: 甘肅文化出版社,2016 年 1 月。

雒青之《百年敦煌》,酒泉: 敦煌文藝出版社,2016 年 1 月。

楊東苗、金衛東、李松編繪《敦煌手姿（敦煌高昌古格手姿白描 600 例）》,杭州: 浙江人民出版社,2016 年 1 月。

郝春文《敦煌遺書》,桂林: 灕江出版社,2016 年 2 月。

史志平《莫高窟唐代觀音畫像研究》,北京: 中國社會科學出版社,2016 年 2 月。

方廣錩、李際寧、黃霞《中國國家圖書館藏敦煌遺書總目録·館藏目録卷》,北京: 中國人民出版社,2016 年 3 月。

王惠民《敦煌佛教圖像研究》,杭州: 浙江大學出版社,2016 年 3 月。

黄征《敦煌語言文獻研究》,杭州: 浙江大學出版社,2016 年 3 月。

劉進寶《敦煌文書與中古社會經濟》,杭州: 浙江大學出版社,2016 年 3 月。

鄺藍嵐《敦煌壁畫樂舞:“中國景觀”在國際語境中的建構、傳播與意義》,北京: 社會科學文獻出版社,2016 年 3 月。

郭青林、王旭東、楊善龍、李最雄《敦煌莫高窟壁畫病害水鹽來源研究》,北京: 科學出版社,2016 年 4 月。

朱雷《敦煌吐魯番文書研究》,杭州: 浙江大學出版社,2016 年 4 月。

趙少咸著,趙昌甫整理《敦煌掇瑣本切韻校記》,北京: 中華書局,2016 年 4 月。

本書編委會主編《敦煌吐魯番文書與中古史研究: 朱雷先生八秩榮誕祝壽集》,上海: 上海古籍出版社,2016 年 5 月。

蘇履吉著,姜德治選注《蘇履吉敦煌詩鈔選注》,蘭州: 甘肅文化出版社,2016

年 6 月。

劉傳啓《敦煌歌辭文獻語言研究》,北京:中國社會科學出版社,2016 年 6 月。

楊琪《敦煌藝術入門十講》,北京:生活・讀書・新知三聯書店,2016 年 6 月。

方廣錩主編《佛教文獻研究:佛教疑僞經研究專刊》(第一、二輯),桂林:廣西師範大學出版社,2016 年 6 月。

曾俊琴《敦煌石窟與土遺址保護研究文獻彙編》,蘭州:蘭州大學出版社,2016 年 6 月。

敦煌研究院編《敦煌研究院年鑒 2014》,蘭州:甘肅人民出版社,2016 年 7 月。

楊利民、范鵬主編《敦煌哲學》第三輯,蘭州:甘肅人民出版社,2016 年 7 月。

潘文、袁仁智《敦煌醫學文獻研究集成》,北京:中醫古籍出版社,2016 年 7 月。

沙武田《榆林窟第 25 窟:敦煌圖像中的唐蕃關係》,北京:商務印書館,2016 年 7 月。

周紹良、白化文、李鼎霞《敦煌變文集補編(第二版)》,北京:北京大學出版社,2016 年 7 月。

朱瑶《敦煌漢文文獻題記整理與研究》,北京:中國社會科學出版社,2016 年 7 月。

姜德治《敦煌拾珠》,蘭州:甘肅文化出版社,2016 年 7 月。

許建平《敦煌經學文獻論稿》,杭州:浙江大學出版社,2016 年 8 月。

楊東苗、金衛東《敦煌歷代精品:藻井綫描圖集》,杭州:浙江人民美術出版社,2016 年 8 月。

楊東苗、金衛東《敦煌歷代精品:邊飾・圓光綫描圖集》,杭州:浙江人民美術出版社,2016 年 8 月。

郝春文主編《2016 敦煌學國際聯絡委員會通訊》,上海:上海古籍出版社,2016 年 9 月。

樊錦詩《莫高窟史話》,南京:江蘇鳳凰美術出版社,2016 年 9 月。

姜德治《敦煌史話(修訂本)》,蘭州:甘肅文化出版社,2016 年 9 月。

方廣錩編著《濱田德海蒐藏敦煌遺書》,北京:國家圖書館出版社,2016 年 9 月。

金雅聲、郭恩主編《法國國家圖書館藏敦煌藏文文獻(19)(20)》,上海:上海古籍出版社,2016 年 9、11 月。

揚之水《曾有西風半點香:敦煌藝術名物叢考》,北京:人民美術出版社,2016 年 9 月。

史敦宇、金洵瑨《敦煌飛天》,蘭州:甘肅人民美術出版社,2016 年 9 月。

王蘭平《唐代敦煌漢文景教寫經研究》,北京：民族出版社,2016 年 9 月。

王啓濤《敦煌西域法制文書語言研究》,北京：人民出版社,2016 年 9 月。

王使臻、王使璋、王惠月《敦煌所出唐宋書牘整理與研究》,成都：西南交大出版社,2016 年 9 月。

胡同慶、王義芝《敦煌佛影：敦煌北朝佛教藝術面面觀》,蘭州：甘肅人民美術出版社,2016 年 9 月。

才讓《菩提遺珠：敦煌藏文佛教文獻的整理與解讀》,上海：上海古籍出版社,2016 年 9 月。

郝春文編著《英藏敦煌社會歷史文獻釋錄》(第十四卷),北京：社會科學文獻出版社,2016 年 10 月。

饒宗頤主編《敦煌吐魯番研究》(第十六卷),上海：上海古籍出版社,2016 年 10 月。

鄭炳林、張景峰《敦煌石窟彩塑藝術概論》,蘭州：甘肅教育出版社,2016 年 10 月。

袁婷《敦煌藏經洞出土繪畫品研究史》,蘭州：甘肅教育出版社,2016 年 10 月。

孫曉峰《天水麥積山第 127 窟研究》,蘭州：甘肅教育出版社,2016 年 10 月。

謝靜《敦煌石窟中的少數民族服飾研究》,蘭州：甘肅教育出版社,2016 年 10 月。

鄒清泉《文殊堂：曹元忠時代佛教文化與視覺形象個案研究》,蘭州：甘肅教育出版社,2016 年 10 月。

顧淑彥《敦煌十六國至隋石窟藝術》,蘭州：甘肅教育出版社,2016 年 10 月。

郭俊葉《敦煌莫高窟第 454 窟研究》,蘭州：甘肅教育出版社,2016 年 10 月。

雷玉華、羅春曉、王劍平《川北佛教石窟和摩崖造像研究》,蘭州：甘肅教育出版社,2016 年 10 月。

米德昉《敦煌莫高窟第 100 窟研究》,蘭州：甘肅教育出版社,2016 年 10 月。

張景峰《敦煌石窟考古與藝術研究文集》,北京：民族出版社,2016 年 10 月。

夏生平、盧秀文《敦煌石窟供養人研究述評》,杭州：浙江大學出版社,2016 年 10 月。

[日] 大淵忍爾著,雋雪艷、趙蓉譯《敦煌道經目錄篇(上下)》,濟南：齊魯書社,2016 年 10 月。

蔣禮鴻《敦煌變文字義通釋(精)》,杭州：浙江大學出版社,2016 年 10 月。

金雅聲、郭恩主編《英國國家圖書館藏敦煌西域藏文文獻(8)》,上海：上海古籍出版社,2016 年 11 月。

張延清《吐蕃敦煌抄經研究》,北京:民族出版社,2016 年 11 月。

陳于柱《敦煌吐魯番出土發病書整理研究》,北京:科學出版社,2016 年
11 月。

[意] 康馬泰著,毛銘譯《唐風吹拂撒馬爾罕:粟特藝術與中國、波斯、印度、拜
占庭》,桂林:灕江出版社,2016 年 11 月。

敦煌研究院著《一帶一路畫敦煌》(共 3 册),南寧:廣西科學技術出版社,
2016 年 5—12 月。

聶志軍《唐代景教文獻研究》,北京:中國社會科學出版社,2016 年 12 月。

劉元風、賈榮林《敦煌服飾暨中國傳統服飾文化學術論壇論文集》,上海:東華
大學出版社,2016 年 12 月。

劉進寶主編《絲路文明》第 1 輯,上海:上海古籍出版社,2016 年 12 月。

二、論　文

(一) 概説

樊錦詩《敦煌學的歷史、傳承和突破發展》,《光明日報》2016 年 6 月 28 日
009 版。

樊錦詩《敦煌與敦煌研究》,《光明日報》2016 年 5 月 20 日 016 版。

樊錦詩《敦煌莫高窟的世界文化藝術價值》,《文匯報》2016 年 12 月 9 日
W14 版。

樊錦詩《推動敦煌學發展爲“一帶一路”做貢獻》,《新湘評論》2016 年 11 期。

方廣錩《王道士名稱考》,《敦煌研究》2016 年 4 期。

柴劍虹《“時”“地”“人”——莫高窟開窟因緣述略》,《敦煌研究》2016 年
6 期。

釋法寶著,王平先譯《敦煌莫高窟——見證佛教的榮光與世界文化遺産》,《敦
煌研究》2016 年 6 期。

王冀青《斯坦因第三次中亞考察期間在敦煌獲取漢文寫經之過程研究》,《敦
煌研究》2016 年 6 期。

榮新江《敦煌城與莫高窟的歷史概觀》,《敦煌研究》2016 年 5 期。

榮新江《出土文獻所見絲綢之路概説》,《北京大學學報》2016 年 1 期。

王冀青《斯坦因探訪鎖陽城遺址時間考》,《敦煌學輯刊》2016 年 1 期。

宋雪春、董大學《百年來英藏敦煌漢文文獻編目成果述評》,《敦煌研究》2016
年 5 期。

周國林、邱亞《張舜徽先生的西北文獻與敦煌學研究》,《敦煌學輯刊》2016 年
1 期。

陳光文《敦煌莫高窟清代遊人題記研究》,《敦煌學輯刊》2016 年 1 期。

林世田、楊學勇《中國國家圖書館藏〈敦煌學著述考〉略釋》,《敦煌學輯刊》
　　2016 年 1 期。

張涌泉《走近敦煌》,《社會科學戰綫》2016 年 3 期。

齊陳駿《回望絲綢之路與敦煌學的研究》,《社會科學戰綫》2016 年 3 期。

劉進寶《向達敦煌考察的身份問題研究平議》,《中華文史論叢》2016 年 2 期。

伏俊璉、張志傑《蘇瑩輝先生敦煌學研究述要——紀念先生誕辰 100 周年》,
　　《敦煌研究》2016 年 1 期。

鄭阿財《黃永武先生與敦煌學及其敦煌唐詩研究之成就》,《敦煌研究》2016
　　年 3 期。

[日] 高田時雄著,馬永平譯《日藏敦煌遺書的來源與真僞問題》,《西南民族
　　大學學報》2016 年 11 期。

賈應生《建構的敦煌哲學與敦煌哲學的建構》,《甘肅社會科學》2016 年 1 期。

楊利民《敦煌哲學範式初探》,《甘肅社會科學》2016 年 3 期。

陳樂道《歷史情懷——敦煌卷子流散之隨想》,《檔案》2016 年 4 期。

屈小强《陳寅恪與敦煌學》,《文史雜誌》2016 年 5 期。

劉偉《敦煌藏經洞遭劫記》,《文史天地》2016 年 5 期。

黃征《黃征自述——我與敦煌學研究》,《文化學刊》2016 年 4 期。

徐偉《陳寅恪與國立敦煌藝術研究院的成立》,《戲劇之家》2016 年 6 期。

徐偉《探析于右任與國立敦煌藝術研究所的成立》,《書法賞評》2016 年 2 期。

柴劍虹《俄羅斯漢學家孟列夫對國際敦煌學的貢獻》,《敦煌學輯刊》2016 年
　　3 期。

劉進寶《孟列夫與俄藏敦煌文獻研究》,《絲路文明》(第一輯),上海:上海古
　　籍出版社,2016 年 12 月。

劉偉《飄零百年:流散到海外的敦煌文物》,《文史天地》2016 年 10 期。

李瑞哲《古代絲綢之路商隊運營面臨的危險以及應對措施》,《敦煌學輯刊》
　　2016 年 3 期。

王晶波《中西文化交流視野下的敦煌學》,《敦煌學輯刊》2016 年 3 期。

胡同慶《敦煌文獻"水是人血脈"出處溯源》,《敦煌學輯刊》2016 年 4 期。

徐建委《重估敦煌遺書樣本價值》,《中國書法》2016 年 8 期。

(二) 歷史地理

趙大旺《歸義軍政權對徭役影庇的限制——以 P.3231〈平康鄉官齋籍〉爲主》,
　　《敦煌研究》2016 年 2 期。

黃樓《吐魯番文書所見北涼解文的復原及相關問題研究》,《敦煌研究》2016

年 3 期。

楊寶玉《大中五年張議潭入奏相關問題辨析——以杏雨書屋藏羽 032—1〈驛程記〉爲中心》,《敦煌研究》2016 年 6 期。

楊寶玉《〈張淮深碑〉抄件卷背詩文作者考辨》,《敦煌學輯刊》2016 年 2 期。

王使臻《張議潮付張淮深"委曲書信考"》,《敦煌學輯刊》2016 年 4 期。

沈如泉《敦煌伯 3813 唐判與宋代花判》,《敦煌研究》2016 年 1 期。

顧凌雲《從敦煌吐魯番出土契約看唐代民間土地買賣禁令的實效》,《敦煌研究》2016 年 3 期。

陳光文《西夏時期敦煌的行政建制與職官設置》,《敦煌研究》2016 年 5 期。

周尚兵《P.3723 魯地禮物清單所示唐代山東社會生產》,《敦煌研究》2016 年 4 期。

郁曉剛《敦煌寺院會計憑證考釋》,《敦煌研究》2016 年 5 期。

楊誼時、石乃玉、史志林《考古發現所見河西走廊史前的農業雙向傳播》,《敦煌學輯刊》2016 年 1 期。

鄭紅翔《唐蕃青海之戰與隴右軍事力量的初創》,《敦煌學輯刊》2016 年 4 期。

梁松濤、田曉霈《西夏"權官"問題初探》,《敦煌學輯刊》2016 年 4 期。

鄭煒《略論宋初以貿易手段遏制夷狄入侵的思想》,《敦煌學輯刊》2016 年 4 期。

孟憲實《論唐代府兵制下的馱馬之制》,《敦煌吐魯番研究》(第十六卷),上海：上海古籍出版社,2016 年 10 月。

孟憲實《略論折衝府的"承直馬"——以敦煌吐魯番出土文書爲中心》,《西域研究》2016 年 3 期。

趙晶《唐代"保辜"再蠡測——〈唐寶應元年六月康失芬行車傷人案卷〉再考》,《敦煌吐魯番研究》(第十六卷),上海：上海古籍出版社,2016 年 10 月。

劉子凡《唐代使職借印考——以敦煌吐魯番文書爲中心》,《敦煌吐魯番研究》(第十六卷),上海：上海古籍出版社,2016 年 10 月。

李軍《敦煌的張淮深時代——以歸義軍與唐中央之關係爲中心》,《敦煌吐魯番研究》(第十六卷),上海：上海古籍出版社,2016 年 10 月。

趙貞《歸義軍曹氏時期的鳥形押補遺》,《敦煌吐魯番研究》(第十六卷),上海：上海古籍出版社,2016 年 10 月。

陳光文、鄭炳林《蒙、元時期敦煌行政體系述論》,《西北民族研究》2016 年 1 期。

劉可維《敦煌本〈十王圖〉所見刑具刑罰考——以唐宋〈獄官令〉爲基礎史

料》,《文史》2016 年 3 期。

魯玉潔《P.2979 號敦煌文書所反映的唐前期鄉里組織》,《陝西學前師範學院
學報》2016 年 6 期。

李并成《敦煌本唐代圖經再考》,《中國地方志》2016 年 12 期。

胡同慶《敦煌文獻 S.5894 寫卷内容之疑問》,《2016 敦煌吐魯番學會國際聯絡
委員會通訊》,上海:上海古籍出版社,2016 年 9 月。

（三）社會文化

楊森《敦煌五代交椅家具考》,《敦煌研究》2016 年 4 期。

王璟亞《試析敦煌莫高窟 103 窟維摩詰經變圖中的家具》,《藝術科技》2016
年 12 期。

黃正建《大谷占卜文書研究（之一）——兼與敦煌占卜文書比較》,《敦煌研
究》2016 年 6 期。

劉進寶《敦煌文書〈後晉開運二年寡婦阿龍牒〉考釋》,《敦煌研究》2016 年
3 期。

叢振《敦煌歲時節日中的遊藝文化——以上巳、端午、七夕爲中心》,《敦煌學
輯刊》2016 年 1 期。

林春《元曲中女子蹴鞠的研究》,《敦煌學輯刊》2016 年 2 期。

叢振《先秦至唐五代角抵與相撲名實考辨——兼論敦煌壁畫、文獻中的相撲
文化》,《敦煌學輯刊》2016 年 4 期。

鄭志剛、李重申《絲綢之路古代遊戲、娛樂與競技場地空間分佈考研》,《敦煌
學輯刊》2016 年 4 期。

王澤湘、林春《漢唐樂府中的民俗體育研究》,《敦煌學輯刊》2016 年 4 期。

蔣勤儉《從〈太子成道經〉求子情景探究敦煌求子風俗》,《西北民族大學學
報》2016 年 5 期。

蔣勤儉《從敦煌曲子詞看中古民間禱祝活動》,《文化遺産》2016 年 5 期。

韓紅《從敦煌逆刺占文獻看中古時期敦煌民衆社會生活》,《吐魯番學研究》
2016 年 1 期。

買小英《論敦煌放妻書中所反映的倫理觀念》,《甘肅社會科學》2016 年 2 期。

高國藩《敦煌文書“鳩杖敬老”風俗與〈周易〉》,《文化遺産》2016 年 1 期。

張福慧、陳于柱《敦煌寫本〈發病書〉中的“代人”——敦煌漢、藏文術數的比
較歷史學研究之二》,《天水師範學院學報》2016 年 1 期。

杜文濤《試析唐宋時期敦煌人命名的粗野性》,《殷都學刊》2016 年 3 期。

張俊《敦煌占卜文書與傳世典籍中的五代十國占卜與農業》,《農業考古》2016
年 6 期。

仲斐《淺論唐代敦煌地區的婚姻文化》,《文學教育(下)》2016 年 8 期。

安忠義《敦煌文獻中幾種食器考辨》,《中古文物科學研究》2016 年 3 期。

馬燕雲《唐宋時期敦煌地區教育消費探析》,《北方文學(下旬)》2016 年 9 期。

馬燕雲《唐宋時期敦煌地區儀禮消費探析——以婚喪消費爲例》,《北方文學(下旬)》2016 年 10 期。

(四) 宗教

方廣錩《談〈劉師禮文〉的後代變種》,《華東師範大學學報》2016 年 1 期。

劉永明《敦煌本道教〈十戒經〉考論》,《歷史研究》2016 年 1 期。

楊學勇《三階教〈七階禮〉與佛名禮懺》,《敦煌研究》2016 年 1 期。

陳明《佛教譬喻故事“略要本”在西域和敦煌的流傳——以敦研 256 號寫卷爲例》,《文史》2016 年 4 期。

趙和平《敦煌本武則天御制經序再研究》,《石河子大學學報》2016 年 6 期。

張涌泉、朱若溪《敦煌本〈金光明經〉殘卷綴合研究》,《敦煌研究》2016 年 1 期。

張涌泉、羅慕君《敦煌佛經殘卷綴合釋例》,《浙江大學學報》2016 年 3 期。

張涌泉《敦煌殘卷綴合:拼接撕裂的絲路文明》,《中國社會科學報》2016 年 5 月 24 日 007 版。

張小艷《敦煌疑僞經四種殘卷綴合研究》,《敦煌研究》2016 年 1 期。

張磊、左麗萍《敦煌佛教文獻〈大乘無量壽經〉綴合研究》,《敦煌研究》2016 年 1 期。

張磊、周小旭《敦煌本〈大方等大集經〉殘卷綴合研究》,《浙江大學學報》2016 年 3 期。

王蘭平《日本杏雨書屋藏富岡文書高楠文書真僞再研究》,《敦煌學輯刊》2016 年 1 期。

張雪松《芻議現存敦煌唐代景教文獻的真僞問題》,《上饒師範學院學報》2016 年 1 期。

郜同麟《敦煌吐魯番道經殘卷拾遺》,《敦煌學輯刊》2016 年 1 期。

陳輝《敦煌遺書〈太平部卷第二〉的目錄學考察——兼論〈太平部卷第二〉的出處歸屬》,《河池學院學報》2016 年 4 期。

王承文《敦煌本〈靈寶經目〉與古靈寶經出世論考(上篇)——兼對古靈寶經出世時間下限的考定》,《敦煌學輯刊》2016 年 2 期。

張鵬《〈敦煌秘笈〉羽 673R 的綴合及金籙齋儀的再探討》,《敦煌學輯刊》2016 年 2 期。

陳大爲、陳卿《唐宋時期敦煌金光明寺考》,《敦煌學輯刊》2016 年 2 期。

沙武田、梁紅《敦煌石窟歸義軍首任都僧統洪辯供養像考——兼論中古佛教僧人生活中的隨侍現象》,《敦煌學輯刊》2016 年 2 期。

馬振穎、鄭炳林《英藏黑水城文獻〈天地八陽神咒經〉拼接及研究》,《敦煌學輯刊》2016 年 2 期。

景盛軒《敦煌大紙寫〈大般涅槃經〉敍録》,《敦煌學輯刊》2016 年 4 期。

張魯君、韓吉紹《四件敦煌道經殘片考辨》,《敦煌研究》2016 年 5 期。

王興伊、于業禮《敦煌〈黄帝明堂經〉殘卷校釋》,《敦煌研究》2016 年 4 期。

何劍平《佛教論義的記録本及其東傳——以敦煌遺書及日本的維摩會爲中心》,《敦煌吐魯番研究》(第十六卷),上海:上海古籍出版社,2016 年 10 月。

張小艷《漢文〈善惡因果經〉研究》,《敦煌吐魯番研究》(第十六卷),上海:上海古籍出版社,2016 年 10 月。

張小艷《敦煌疑僞經三種殘卷綴合研究》,《浙江大學學報》2016 年 3 期。

劉屹《度人與度亡:一卷本〈度人經〉的形成及其經教基礎》,《敦煌吐魯番研究》(第十六卷),上海:上海古籍出版社,2016 年 10 月。

孫齊《敦煌本〈老子變化經〉新探》,《中國史研究》2016 年 1 期。

吴羽《敦煌所出〈十戒經〉盟文中朱筆的宗教意義——兼論晉唐道經的保存與流傳》,《敦煌吐魯番研究》(第十六卷),上海:上海古籍出版社,2016 年 10 月。

林悟殊《霞浦抄本夷偈〈明使讚〉〈送佛讚〉考釋》,《敦煌吐魯番研究》(第十六卷),上海:上海古籍出版社,2016 年 10 月。

羅慕君、張涌泉《英藏未定名敦煌〈金剛經〉殘片考》,《敦煌吐魯番研究》(第十六卷),上海:上海古籍出版社,2016 年 10 月。

張磊、劉溪《敦煌本〈佛説佛名經〉(十二卷本)綴合研究》,《敦煌吐魯番研究》(第十六卷),上海:上海古籍出版社,2016 年 10 月。

王曉燕《敦煌寫本〈維摩詰經〉注疏殘卷的綴合》,《敦煌吐魯番研究》(第十六卷),上海:上海古籍出版社,2016 年 10 月。

王祥偉《日本杏雨書屋藏敦煌寺院經濟文書羽 677+羽 703 研究》,《中國社會經濟史研究》2016 年 2 期。

王祥偉《敦煌文書 BD15246(2)、P.3364 與 S.5008 綴合研究》,《敦煌學輯刊》2016 年 1 期。

石小英《淺析 8 至 10 世紀敦煌尼僧居家生活》,《宗教學研究》2016 年 2 期。

于淑健《敦煌本〈道安法師念佛讚文〉探賾》,《新疆大學學報》2016 年 5 期。

張文江《敦煌本〈壇經〉析義之大師遷化》,《上海文化》2016 年 3 期。

向帥《作爲"傳宗簡本"的敦煌本〈壇經〉考》,《唐都學刊》2016 年 1 期。

謝明《國圖藏敦煌道經校正三則及相關問題考釋》,《宗教學研究》2016 年 1 期。

王招國(定源)《敦煌遺書所見道氤〈設齋讚願文〉及其研究價值》,《華東師範大學學報》2016 年 1 期。

陳雙印、趙世金《歸義軍時期敦煌地區的佛教與軍事關係研究》,《西北民族大學學報》2016 年 3 期。

周遠軍《〈道行般若經〉敦煌寫本與刊本的互校》,《樂山師範學院學報》2016 年 9 期。

錢光勝《敦煌佛教文書的收藏與保護》,《中國宗教》2016 年 1 期。

羅慕君、張涌泉《敦煌遺書〈金剛經〉留支譯本考》,《社會科學戰綫》2016 年 12 期。

王冀青《近代歐洲法顯研究之起源——中國古代西行求法高僧遊記西譯開筆 200 周年紀念》,《敦煌學輯刊》2016 年 3 期。

楊學勇《也談〈佛説要行捨身經〉與三階教的關聯》,《敦煌學輯刊》2016 年 3 期。

趙陽《西夏佛教靈驗記探微——以黑水城出土〈高王觀世音經〉爲例》,《敦煌學輯刊》2016 年 3 期。

張元林《融通與移植: 敦煌〈法華經〉圖像的靈活性選擇》,《敦煌學輯刊》2016 年 3 期。

薛艷麗《〈莫高窟六字真言碣〉中四臂觀音像作者試考》,《敦煌學輯刊》2016 年 3 期。

楊波《克孜爾石窟第 38、100 窟"誓願"、"授記"題材探討》,《敦煌學輯刊》2016 年 3 期。

王承文《敦煌本〈靈寶經目〉與古靈寶經出世論考(下篇)——兼對古靈寶經出世時間下限的考定》,《敦煌學輯刊》2016 年 3 期。

劉永明《古代敦煌地區的東嶽泰山信仰及其與道教和佛教之間的關係》,《敦煌學輯刊》2016 年 3 期。

　　(五) 語言文字

劉瑞明《〈伍子胥變文〉的藥名散文新校釋》,《敦煌研究》2016 年 4 期。

姬慧《敦煌文學〈兒郎偉〉校勘釋例》,《敦煌學輯刊》2016 年 2 期。

張薇薇《敦煌本〈搜神記〉部分副詞考察》,《皖西學院學報》2016 年 1 期。

楊小平《敦煌變文疑難詞語考釋》,《賀州學院學報》2016 年 1 期。

徐朝東、全正濤《敦煌世俗文書中舌頭、舌上音問題之討論》,《合肥師範學院學報》2016 年 1 期。

潘志剛、孫尊章《敦煌變文與現代漢語同形的複合詞的詞義演變》,《宜春學院學報》2016 年 8 期。

馮和一《敦煌文獻〈須大拏太子度男女背〉"父言"補校與釋讀》,《成都大學學報》2016 年 6 期。

周晟《俄藏敦煌文獻 Дх.10787〈解夢書〉字詞校釋八則》,《敦煌研究》2016 年 4 期。

趙家棟《敦煌文獻"軟五"考辨》,《敦煌研究》2016 年 3 期。

曹翔《敦煌寫卷王梵志詩在漢語詞彙史上的研究價值》,《新疆大學學報》2016 年 1 期。

王陽《敦煌"放妻書"詞語考釋》,《古籍整理研究學刊》2016 年 2 期。

趙家棟《敦煌俗賦〈丑婦賦〉字詞校讀》,《古籍整理研究學刊》2016 年 6 期。

吳浩軍《敦煌寫本〈報恩吉祥之窟記〉校理》,《河西學院學報》2016 年 3 期。

趙曜曜、周欣《敦煌寫卷疑難俗字考釋五則》,《現代語文》2016 年 5 期。

劉利娜《敦煌殘卷〈食療本草·茉子〉之"鬼毒惡疰"考釋》,《現代語文》2016 年 3 期。

(六) 文學

柴劍虹《雅俗之間——簡論敦煌俗文學在中國文學發展史上的地位》,《敦煌吐魯番研究》(第十六卷),上海:上海古籍出版社,2016 年 10 月。

鄧文寬《王梵志詩中的活俚語》,《敦煌吐魯番研究》(第十六卷),上海:上海古籍出版社,2016 年 10 月。

曹凌《關於南朝的唱導》,《敦煌吐魯番研究》(第十六卷),上海:上海古籍出版社,2016 年 10 月。

張新朋《敦煌詩苑之奇葩——敦煌文獻中的〈送遠還通達〉初探》,《敦煌研究》2016 年 5 期。

任偉《P.2569 背面兩首儺歌的校補定名及相關問題》,《敦煌研究》2016 年 4 期。

侯成成《敦煌本〈證道歌〉再探討》,《敦煌學輯刊》2016 年 4 期。

張芷萱《敦煌變文"神通"考》,《綿陽師範學院學報》2016 年 4 期。

張鴻勛《敦煌俗文學研究之路》,《社會科學戰綫》2016 年 3 期。

肖志兵《亞瑟·韋利英譯敦煌變文研究》,《外語與翻譯》2016 年 1 期。

郭麗《唐代中原兒童詩與敦煌學郎詩的異同及教育成因論析》,《古籍整理研究學刊》2016 年 1 期。

霍志軍《敦煌文學在中國文學地圖中的地位和作用》,《甘肅廣播電視大學學報》2016 年 2 期。

王海霞、胡淑芳《論元雜劇對敦煌變文人物塑造藝術的繼承與發展》,《湖北理
　　工學院學報》2016 年 1 期。

毛毛《敦煌俗文學形式中的賦》,《廣播電視大學學報》2016 年 2 期。

侯成成、于亞龍《英藏敦煌 S.555 號文書檔案敍錄與繫年》,《蘭臺世界》2016
　　年 12 期。

侯成成《英藏敦煌 S.373 號文書檔案敍錄與系年》,《蘭臺世界》2016 年 9 期。

許松、譙雲雲《敦煌變文錯綜修辭探析》,《陝西理工學院學報》2016 年 4 期。

王靜雅、孫遜《早期敦煌變文序跋與現代俗文學研究範式的建立》,《文藝理論
　　研究》2016 年 6 期。

傅珊珊《敦煌歌辭與樂府歌辭之比較》,《安順學院學報》2016 年 1 期。

（七）藝術

［日］石松日奈子著,［日］筱原典生、于春譯《敦煌莫高窟第 285 窟北壁供養
　　人像和供養人題記》,《敦煌研究》2016 年 1 期。

何志國《天門・天宫・兜率天宫——敦煌第 275 窟彌勒天宫圖像的來源》,
　　《敦煌研究》2016 年 1 期。

趙聲良《敦煌隋代故事畫藝術》,《敦煌研究》2016 年 3 期。

鄭炳林、朱曉峰《壁畫音樂圖像與社會文化變遷——榆林窟和東千佛洞壁畫
　　上的弦樂器再研究》,《東北師大學報》2016 年 1 期。

張景峰《敦煌莫高窟第 217 窟主室供養人畫像調查新發現》,《敦煌研究》2016
　　年 2 期。

王靜芬著,張善慶譯《以東亞玄奘畫像爲中心審視聖僧神化歷程》,《敦煌研
　　究》2016 年 2 期。

張明皓《東亞文化圈鴟尾的類型研究初探》,《敦煌研究》2016 年 1 期。

張小剛、郭俊葉《文殊山石窟西夏〈水月觀音圖〉與〈摩利支天圖〉考釋》,《敦
　　煌研究》2016 年 2 期。

梁燕、張同標《印度阿旃陀生死輪圖與尼泊爾馬頭觀音之間的聯繫》,《敦煌研
　　究》2016 年 1 期。

吕德廷《鹿頭梵志的早期形象及宗教内涵》,《敦煌研究》2016 年 1 期。

范鵬《曹氏歸義軍初期敦煌洞窟營建中折射出的價值觀——以莫高窟第 98
　　窟爲例》,《敦煌研究》2016 年 1 期。

高秀軍、李向東《新發現資中月仙洞兩龕僧伽變相初考》,《敦煌研究》2016 年
　　2 期。

張善慶《馬蹄寺石窟群北朝内修型洞窟儀式空間與寺院儀軌研究》,《敦煌吐

　　魯番研究》(第十六卷),上海:上海古籍出版社,2016 年 10 月。

戴春陽《敦煌佛爺廟灣唐代模印塑像磚墓(二)——陰氏家族墓考》,《敦煌研究》2016 年 3 期。

谷東方《山西高平清代十二辰相菩薩圖像辨析》,《敦煌研究》2016 年 3 期。

陳菊霞《榆林窟第 35 窟營建年代與功德主辨析》,《敦煌研究》2016 年 3 期。

顧淑彦《敦煌石窟中牢度叉鬥聖變消失與再現原因再探》,《敦煌研究》2016 年 3 期。

顧淑彦《莫高窟第 296 窟須闍提本生故事畫新考》,《石河子大學學報》2016 年 6 期。

張寶璽《河西石窟以大梵天帝釋天爲脅侍的造像》,《敦煌研究》2016 年 4 期。

任平山《抒海本生及其在吐峪溝壁畫中的呈現》,《敦煌研究》2016 年 4 期。

胡同慶《試探敦煌北朝時期裝飾圖案的美學特徵》,《敦煌研究》2016 年 4 期。

邵軍《宏佛塔出土絹畫題材内容再探》,《敦煌研究》2016 年 4 期。

劉玉權《玄奘圖像之濫觴及早期玄奘圖像——玄奘圖像學考察(一)》,《敦煌研究》2016 年 5 期。

張銘、魏文斌《甘肅秦安"諸邑子石銘"考析——甘肅館藏佛教造像研究之三》,《敦煌研究》2016 年 5 期。

吳浚《昆明筇竹寺五百羅漢造像藝術的圖像研究》,《敦煌研究》2016 年 5 期。

汪明《石佛鎮權氏石造像題記簡考》,《敦煌研究》2016 年 5 期。

葉朗《提昇人生境界》,《敦煌研究》2016 年 6 期。

何卯平、寧強《敦煌與瓜州西夏時期石窟藝術的比較研究》,《敦煌研究》2016 年 6 期。

黃文智《山西中南部北魏晚期至東魏石刻佛像造型分析》,《敦煌研究》2016 年 4 期。

黃文智《河北中南部北魏晚期至東魏石刻佛像造型分析》,《敦煌學輯刊》2016 年 1 期。

張景峰《敦煌莫高窟第 321 窟營建年代初探》,《敦煌學輯刊》2016 年 4 期。

王瑞雷《嬉金剛文殊密圖像的構成及在西藏的傳存》,《敦煌學輯刊》2016 年 4 期。

陳明《敦煌莫高窟東壁門上供養像的圖像意義》,《敦煌研究》2016 年 6 期。

王芳《敦煌唐五代曠野鬼夜叉圖像小議》,《敦煌研究》2016 年 6 期。

李靜傑《巴林左旗出土遼代青銅佛板圖像分析》,《敦煌研究》2016 年 6 期。

陳愛峰《柏孜克里克石窟第 17 窟佛說大乘莊嚴寶王經變考釋》,《敦煌研究》2016 年 6 期。

劉韜《唐與回鶻時期庫木吐喇石窟壁畫年代探索——以窟群區第 12、15 至 17 窟爲中心》,《敦煌研究》2016 年 6 期。

陳悦新《大足石窟佛像著衣類型》,《敦煌學輯刊》2016 年 1 期。

盧少珊《河西地區唐宋時期洞窟維摩詰經變與其他圖像組合分析》,《敦煌學輯刊》2016 年 1 期。

于向東《行道僧圖像衰微考》,《敦煌學輯刊》2016 年 2 期。

王玲秀《論永靖炳靈寺藏傳佛教藝術"道果法"祖師毗瓦巴圖像——炳靈寺石窟印度成就師圖像研究之一》,《敦煌學輯刊》2016 年 2 期。

白文《陝西富縣博物館藏北魏隋代造像碑研讀》,《敦煌學輯刊》2016 年 2 期。

王懷宥《甘肅華亭縣出土北朝佛教石刻造像供養人族屬考》,《敦煌學輯刊》2016 年 2 期。

謝濤、謝靜《敦煌圖像服飾上的聯珠紋初探》,《敦煌學輯刊》2016 年 2 期。

寧晴《大乘佛教思想下的菩薩戒壇窟研究——以莫高窟第 196 窟爲例考察》,《敦煌學輯刊》2016 年 4 期。

趙曉星《敦煌文獻 P.2991〈報恩吉祥之窟記〉寫作年代再考》,《敦煌吐魯番研究》(第十六卷),上海:上海古籍出版社,2016 年 10 月。

趙聲良《五代至元代的敦煌石窟藝術(上)(中)(下)》,《藝術品》2016 年 3、4、5 期。

趙聲良《十六國北朝的敦煌石窟藝術(三)(四)》,《藝術品》2016 年 1、2 期。

張元林《從敦煌圖像看絲路文化交融中的"變"與"不變"》,《遺産與保護》2016 年 1 期。

張景峰《圖像角色的轉換與形成——以敦煌石窟觀音經變爲中心》,《石河子大學學報》2016 年 5 期。

洪方舟《試論敦煌畫派的地域性特色》,《甘肅社會科學》2016 年 5 期。

吳桂兵《敦煌莫高窟 323 窟〈康僧會感聖得舍利〉與吳都建業相關問題》,《南京曉莊學院學報》2016 年 3 期。

高興《敦煌壁畫的倫理價值探析》,《陝西師範大學學報》2016 年 3 期。

叢振《敦煌狩獵圖像考》,《石河子大學學報》2016 年 2 期。

陳卉《敦煌 220 窟〈東方藥師經變畫〉樂舞圖像研究》,《西北大學學報》2016 年 4 期。

許棟、許敏《新樣文殊中的于闐王及其相關問題研究——以敦煌發現的新樣文殊圖像爲中心》,《吐魯番學研究》2016 年 1 期。

魏迎春《敦煌莫高窟第 103 窟維摩詰像與吳道子畫風》,《藝術百家》2016 年 2 期。

張小剛、郭俊葉《敦煌所見于闐公主畫像及其相關問題》,《石河子大學學報》2016 年 4 期。

王啓濤《敦煌文獻"素書"新考》,《西南民族大學學報》2016 年 4 期。

王雨、沙武田《經典規範與圖像表達——敦煌彌勒經變"老人入墓"圖的繪畫思想與信仰觀念》,《吐魯番學研究》2016 年 1 期。

張惠明《公元八至九世紀敦煌壁畫"文殊及侍從圖"中佛教節日主體元素》,《中華文史論叢》2016 年 3 期。

陶小軍《敦煌寫經書法風格略論》,《書法》2016 年 3 期。

沈樂平《敦煌書跡鈒略》,《書法》2016 年 3 期。

李婷婷、洛毛措、馮光《敦煌舞蹈的民族性研究——以吐蕃統治時期敦煌莫高窟壁畫中的舞蹈形象研究爲例》,《戲劇之家》2016 年 18 期。

那澤民《唐代敦煌藝術中的青年女性形象研究》,《當代青年研究》2016 年 2 期。

杜樂琛《從敦煌歷史文化看敦煌藝術文獻的歷史一角》,《藝術評鑒》2016 年 9 期。

袁夢雅、趙强《運用顔色釉再創作敦煌壁畫藝術研究》,《中國陶瓷》2016 年 2 期。

要暉、高陽《淺析敦煌壁畫中禽鳥形象的裝飾藝術特點》,《藝術教育》2016 年 2 期。

丁晨奕《漫談敦煌壁畫中北魏時期的天宫伎樂舞蹈形象》,《藝術科技》2016 年 1 期。

陳琳、陳恩惠《淺析唐墓室壁畫與唐敦煌莫高窟壁畫的異同》,《藝術科技》2016 年 10 期。

張婷《敦煌壁畫中的"反彈琵琶"舞蹈形象的分析及其舞臺運用》,《當代音樂》2016 年 17 期。

楊永紅《敦煌彩塑造型的特點及語言研究》,《雕塑》2016 年 5 期。

夏艷萍、郭殿聲《敦煌石窟彩塑製作技藝傳承研究》,《蘭州交通大學學報》2016 年 5 期。

龍紅、黃騫《敦煌莫高窟爲維摩經變表現形式及藝術特色——以初唐第 220 窟爲例》,《民族藝術研究》2016 年 6 期。

高雪瑩《敦煌莫高窟隋代維摩詰經變中原因素研究》,《美術大觀》2016 年 9 期。

趙娜冬、王貴祥《敦煌莫高窟與 6—11 世紀佛寺空間佈局研究》,《西部人居環境學刊》2016 年 3 期。

梁蓉《淺談敦煌壁畫中"反彈琵琶"的藝術美》,《美術教育研究》2016 年 11 期。

馬蘭《敦煌樂舞傳承與發展策略探究》,《當代音樂》2016 年 14 期。

于向東《淺談唐代敦煌莫高窟菩薩造像世俗化》,《大舞臺》2016 年 2 期。

李金娟《莫高窟第 12 窟"索義辯出行圖"研究》,《敦煌學輯刊》2016 年 3 期。

（八）考古與文物保護

吳健《多元異構的數字文化——敦煌石窟數字文化呈現與展示》,《敦煌研究》2016 年 1 期。

姚雪、孫滿利《基於灰色關聯度分析法的土遺址病害程度量化評價——以陝北明長城單體建築爲例》,《敦煌研究》2016 年 1 期。

趙蓉《敦煌石窟考古繪圖中的佛龕展開圖畫法芻議——利用三維激光掃描數據的實踐嘗試》,《敦煌研究》2016 年 1 期。

丁得天、焦成《甘肅省民樂縣童子寺石窟內容總錄》,《敦煌研究》2016 年 3 期。

四川大學考古系、成都文物考古研究所、安嶽縣文物局（執筆：王麗君、張亮、張媛媛等）《四川安嶽岳陽鎮菩薩灣摩崖造像調查簡報》,《敦煌研究》2016 年 3 期。

趙曉星、朱生雲《寧夏、內蒙古境內的西夏石窟調查——西夏石窟考古與藝術研究之一》,《敦煌研究》2016 年 5 期。

敦煌研究院考古研究所（執筆：王建軍、張小剛、劉永增）《敦煌西千佛洞未編號洞窟清理簡報》,《敦煌研究》2016 年 6 期。

張弛《山西省和順縣沙峪摩崖造像調查》,《敦煌研究》2016 年 4 期。

員小中、王雁翔《久別重逢的石雕——雲岡石窟窟前出土的幾件石雕找到了位置》,《敦煌研究》2016 年 2 期。

陳振旺、樊錦詩《文化科技融合在文化遺產保護中的運用——以敦煌莫高窟數字化爲例》,《敦煌研究》2016 年 2 期。

呂文旭、段奇三《利用三維激光掃描測量數據與電腦繪圖軟件繪製敦煌彩塑》,《敦煌研究》2016 年 2 期。

吳曉慧《手工測繪龕內展開圖的基本方法》,《敦煌研究》2016 年 2 期。

張明泉、郭青林、楊善龍等《潮濕環境黏性土地區考古現場地下水控制試驗研究》,《敦煌研究》2016 年 2 期。

趙林毅、李黎、樊再軒等《古代墓室壁畫地仗加固材料的室內研究》,《敦煌研究》2016 年 2 期。

梁金星、萬曉霞、劉强等《敦煌彩繪文物數字化保護色卡製作方法研究》,《敦煌研究》2016 年 2 期。

陳港泉、李艷飛、劉瑞等《莫高窟壁畫疱疹病害調查研究》,《敦煌研究》2016
年 3 期。

尚瑞華、閆增峰、王旭東等《莫高窟窟區微氣候環境研究》,《敦煌研究》2016
年 3 期。

樊夏瑋、閆增峰、尚瑞華等《敦煌莫高窟區室外下墊面溫濕度現場實測研究》,
《建築與文化》2016 年 11 期。

李江、楊菁《敦煌莫高窟九層樓屋頂結構探析》,《敦煌研究》2016 年 3 期。

孫曉峰《麥積山石窟雙窟研究》,《敦煌學輯刊》2016 年 2 期。

陳鵬飛、張景科、諶文武《Flac3D 在潮濕環境史前考古土遺址直立探方穩定預
判中的應用》,《敦煌研究》2016 年 4 期。

張博、王旭東、郭青林等《西夏陵夯補支頂加固工藝質量控制研究》,《敦煌研
究》2016 年 5 期。

韓向娜、張秉堅、羅宏傑等《薄荷醇在墓葬壁畫搶救性揭取上的應用研究》,
《敦煌研究》2016 年 5 期。

阿不都艾尼·阿不都拉《高昌故城城墻保護加固研究》,《敦煌研究》2016 年
5 期。

徐永明、葉梅、王力丹《庫木吐喇石窟第 56 窟空鼓及起甲壁畫的搶救性保護
修復》,《敦煌研究》2016 年 5 期。

倪、葛承濱、汪萬福等《敦煌莫高窟壁畫起甲機理研究》,《現代電子技術》2016
年 3 期。

劉洪麗、王旭東、張明泉等《敦煌莫高窟降雨分佈及入滲特徵研究》,《文物保
護與考古科學》2016 年 2 期。

李紅壽、汪萬福、詹鴻濤等《封閉對敦煌莫高窟洞窟溫濕度的影響》,《文物保
護與考古科學》2016 年 3 期。

李紅壽、汪萬福、詹鴻濤等《敦煌莫高窟洞窟水分蒸發量的測定與蒸發特徵分
析》,《世界科技研究與發展》2016 年 3 期。

杜建國、尹緒超、郭士旭《敦煌莫高窟環境聲學特性數值模擬分析》,《噪聲與
振動控制》2016 年 1 期。

杜建國、謝冰、劉洪麗等《莫高窟壁畫地仗試件物理力學性能分析》,《文物保
護與考古科學》2016 年 2 期。

邵強軍《從宮殿到石窟:莫高窟早期平棋藝術的構成形式及其功能變遷》,
《敦煌學輯刊》2016 年 1 期。

劉振剛、王玉芳《富縣石泓寺石窟歷代題記識讀與分析》,《敦煌學輯刊》2016

年 3 期。

朱生雲《西夏時期重修莫高窟第 61 窟原因分析》,《敦煌學輯刊》2016 年 3 期。

楊學雙、閏增峰、王江麗等《敦煌莫高窟前室尺度研究》,《建築技術》2016 年 1 期。

于向東《北魏至隋代敦煌中心柱窟圖像佈局的演變》,《南京藝術學院學報(美術與設計)》2016 年 3 期。

(九)少數民族歷史語言

馮培紅《絲綢之路隴右段粟特人蹤跡鈎沉》,《浙江大學學報》2016 年 5 期。

馮培紅《五涼後期粟特人蹤跡考索》,《石河子大學學報》2016 年 1 期。

楊銘、貢保扎西《Or.8210/S.2228 系列古藏文文書及相關問題研究》,《敦煌研究》2016 年 5 期。

陳國燦《對敦煌吐蕃文契約文書斷代的思考》,《西域研究》2016 年 4 期。

王丹、楊富學《回鶻醫學與東西方醫學關係考》,《敦煌研究》2016 年 4 期。

朱麗雙《從印度到于闐——漢、藏文獻記載的阿那婆答多龍王》,《敦煌吐魯番研究》(第十六卷),上海:上海古籍出版社,2016 年 10 月。

陸離《敦煌藏文 P.T.1185 號〈軍需調撥文書〉及相關問題研究》,《西藏研究》2016 年 2 期。

仁欠卓瑪《敦煌古藏文〈羅摩衍那〉翻譯時間與故事文本探析》,《西藏大學學報》2016 年 1 期。

楊銘《英藏敦煌西域古藏文非佛教文獻的刊佈與研究》,《西域研究》2016 年 3 期。

張旭《吐蕃的王族葬禮——兼論松贊干布卒年》,《敦煌學輯刊》2016 年 4 期。

任小波《"權現馬王"儀軌故事與西藏早期觀音信仰——敦煌 P.T.239.2 號藏文寫本探例》,《復旦學報》2016 年 6 期。

高定國《敦煌文獻中藏文字形及書寫特點的研究》,《西藏大學學報》2016 年 3 期。

改瑪本《吐蕃時期古印度因明文獻初析——以敦煌藏文殘卷 P.T.0123 爲例》,《西藏研究》2016 年 3 期。

黃維忠《英藏敦煌藏文文獻 IOL TIB J 1375 譯釋》,《西藏民族大學學報》2016 年 2 期。

陳繼宏《蕃佔時期敦煌"上""下"部落考論》,《求索》2016 年 2 期。

吉加本、更藏卓瑪《從倫理學角度淺析敦煌古藏文寫卷〈兄弟教誨錄〉的倫理價值》,《四川民族學院學報》2016 年 3 期。

向秋卓瑪《論敦煌吐蕃藏文應用文書的種類及應用意義》,《四川民族學院學報》2016 年 6 期。

王東《敦煌古藏文文獻 P.T.113 號〈大論致沙州安撫論告牒〉小議》,《文獻》
2016 年 3 期。

白玉冬《P.T.1189〈肅州領主司徒上河西節度天大王書狀〉考述》,《絲路文明》
（第一輯）,上海：上海古籍出版社,2016 年 12 月。

張波《美學視野下的傳統漢藏民族禮儀文化研究——從〈史記·禮書〉和敦煌
藏文書卷〈禮儀問答寫卷〉談起》,《西藏藝術研究》2016 年 1 期。

（十）古籍

方廣錩《現存最早的粘葉裝書籍——敦煌遺書斯 05478 號〈文心雕龍〉裝幀研
究》,《文獻》2016 年 3 期。

蔡副全、宋濤《法藏敦煌 P.5544 册頁釋考——兼論 P.5544 與 P.4022+P.3636
殘卷之關係》,《敦煌研究》2016 年 4 期。

賈小軍《河西出土魏晉十六國文獻紀年信息申論》,《敦煌研究》2016 年 5 期。

高秀軍《大足石篆山〈嚴遜記〉碑補正及相關問題考略》,《敦煌學輯刊》2016
年 1 期。

許建平《吐魯番出土〈尚書〉寫本輯考》,《敦煌吐魯番研究》（第十六卷）,上
海：上海古籍出版社,2016 年 10 月。

何亦凡《敦煌吐魯番出土〈鄭玄論語注〉"束脩"條綴補復原研究》,《敦煌吐魯
番研究》（第十六卷）,上海：上海古籍出版社,2016 年 10 月。

金少華《日本永青文庫藏敦煌本〈文選注〉箋證一則》,《敦煌吐魯番研究》（第
十六卷）,上海：上海古籍出版社,2016 年 10 月。

游自勇《敦煌寫本 P.2683〈瑞應圖〉新探》,《敦煌吐魯番研究》（第十六卷）,上
海：上海古籍出版社,2016 年 10 月。

孫士超《敦煌本〈兔園策府〉與日本古代對策文研究》,《日本學習與研究》
2016 年 4 期。

夏國強《日本杏雨書屋刊佈李盛鐸舊藏敦煌寫本〈論語〉殘卷續論》,《孔子研
究》2016 年 2 期。

丁紅旗《從敦煌寫卷看李善注〈文選〉的文本變遷》,《社會科學》2016 年 9 期。

田偉偉《敦煌寫本北宋〈重修開元寺行廊功德碑並序〉習書考》,《文史》2016
年 1 期。

屈直敏《敦煌寫本〈兔園策府〉敍錄及研究回顧》,《敦煌學輯刊》2016 年 3 期。

高天霞《敦煌寫本〈俗務要名林〉編撰體例及編輯思想管窺》,《寧夏大學學
報》2016 年 1 期。

李銘《敦煌寫本〈晉書〉殘卷校勘釋例》,《連雲港師範高等專科學校學報》

2016 年 2 期。

趙繼寧《敦煌本王弼〈周易注〉劄記》,《太原理工大學學報》2016 年 5 期。

（十一）科技

僧海霞《唐宋時期"藥中王"訶梨勒醫方探析——基於敦煌醫藥文獻考察》,《敦煌研究》2016 年 2 期。

任曜新《新疆庫車出土鮑威爾寫本中的印度阿輸吠陀藥物理論》,《敦煌學輯刊》2016 年 4 期。

王杏林《敦煌本〈新集備急灸經〉研究》,《敦煌研究》2016 年 6 期。

賀志有、劉海偉《敦煌遺書中特色灸法及其臨牀應用》,《上海針灸雜誌》2016 年 5 期。

李廷保《敦煌遺書〈輔行訣〉用藥規律數據挖掘研究》,《中國中醫藥信息雜誌》2016 年 5 期。

李廷保《敦煌及古代醫籍中柴胡湯用藥配伍規律的數據挖掘研究》,《中醫研究》2016 年 7 期。

薛文軒、沈澍農《芍藥在敦煌醫藥文獻中應用情況考察》,《環球中醫藥》2016 年 6 期。

景永時、王榮飛《寧夏宏佛塔天宫裝藏西夏文木雕版考述》,《敦煌學輯刊》2016 年 2 期。

戴璐綺《敦煌捺印佛像研究》,《敦煌研究》2016 年 2 期。

徐愛蘭、李廷保《敦煌醫方黄芩湯與古醫籍中同名方用藥配伍組方的相關性研究》,《中國中醫藥科技》2016 年 6 期。

李廷保《基於敦煌及古代醫籍中黄連散用藥配伍規律的數據分析研究》,《中國民族民間醫藥》2016 年 7 期。

曹晴、李廷保、羅强等《敦煌及古代醫籍中牛黄丸用藥配伍規律的數據挖掘研究》,《中國中醫藥科技》2016 年 2 期。

王蘭桂、李廷保《基於敦煌〈輔行訣〉方劑中五味對臟腑病證用藥配伍規律的分析研究》,《中國中醫藥科技》2016 年 5 期。

丁文君、沈明霞、秦鋒《敦煌輔行訣大瀉腎湯聯合西藥治療慢性前列腺炎 60 例》,《中醫研究》2016 年 1 期。

趙貞《敦煌具注曆中的"蜜日"探研》,《石家莊學院學報》2016 年 4 期。

趙貞《中古曆日社會文化意義探析——以敦煌所出曆日爲中心》,《史林》2016 年 3 期。

邢家銘、嚴興科、趙中亭等《敦煌遺書中灸法研究與應用》,《中古中醫藥信息雜誌》2016 年 8 期。

嚴興科、邢家銘、劉安國《敦煌石室文獻中的貼敷療法與應用》,《中國針灸》2016 年 11 期。

施茵、商海霞、吳煥淦《敦煌本〈灸經圖〉腸腑病證用穴探析》,《中國針灸》2016 年 5 期。

劉海偉、路玫《敦煌遺書之特色耳療法》,《針灸臨牀雜誌》2016 年 2 期。

湯志剛、楊繼若、白晶梅等《敦煌〈灸經圖〉四天庭穴組的歷史價值》,《西部中醫藥》2016 年 2 期。

安麗榮、賈清妍《敦煌醫藥文獻 P.3596 校補》,《蘭臺世界》2016 年 15 期。

(十二) 書評與學術動態

王素《中國經學史上的新里程碑——略談〈敦煌經部文獻合集〉的價值與意義》,《敦煌吐魯番研究》(第十六卷),上海:上海古籍出版社,2016 年 10 月。

馮培紅《粟特研究又一春——榮新江〈中古中國與粟特文明〉介評》,《敦煌吐魯番研究》(第十六卷),上海:上海古籍出版社,2016 年 10 月。

趙和平《書評〈中國文化遺産研究院藏西域文獻遺珍〉》,《敦煌吐魯番研究》(第十六卷),上海:上海古籍出版社,2016 年 10 月。

鄧文寬《一種不曾存在過的歷史紀年法——〈古突厥社會的歷史紀年〉獻疑》,《敦煌研究》2016 年 2 期。

顏廷亮、巨虹《秋風獨倚書齋立,遙想真暉對暮山——讀汪泛舟〈敦煌詩解讀〉有感》,《敦煌研究》2016 年 2 期。

張善慶《〈敦煌佛教感通畫研究〉介評》,《敦煌學輯刊》2016 年 4 期。

鄭怡楠《〈敦煌莫高窟第 100 窟研究〉評介》,《敦煌學輯刊》2016 年 4 期。

徐子福《知微見著、窺斑見豹——評〈天水麥積山第 127 窟研究〉》,《敦煌學輯刊》2016 年 4 期。

楊文博《敦煌石窟藝術研究的新起點——〈敦煌石窟彩塑藝術概論〉讀後》,《敦煌學輯刊》2016 年 4 期。

[日] 岩本篤志撰,田衛衛譯《何爲敦煌文獻》(書評榮新江《辨僞與存真——敦煌學論集》),《2016 敦煌學國際聯絡委員會通訊》,上海:上海古籍出版社,2016 年 8 月。

趙大旺《敦煌社邑研究的新視野——孟憲實〈敦煌民間結社研究〉述評》,《絲路文明》第一輯,上海:上海古籍出版社,2016 年 12 月。

曹學文《關於炳靈寺名稱之爭的學術史鉤沉》,《敦煌學輯刊》2016 年 1 期。

李國、沙武田《敦煌石窟粟特美術研究學術史》,《敦煌學輯刊》2016 年 4 期。

王清雲《敦煌姓望氏族譜研究綜述》,《敦煌學輯刊》2016 年 4 期。

伏俊璉、徐會珍《敦煌歌辭〈五更轉〉研究綜述》,《樂山師範學院學報》2016 年 1 期。

鄭驥、伏俊璉《早期敦煌佛教歌辭研究史》,《西華師範大學學報》2016 年 4 期。

桑吉東知《敦煌藏文文獻研究綜述——以藏文論文爲中心(1982—2014)》,《中國藏學》2016 年 3 期。

周倩倩《敦煌本〈大雲經疏〉研究綜述》,《天水師範學院學報》2016 年 1 期。

張琳惠怡《近五十年敦煌契約文書研究綜述》,《河西學院學報》2016 年 6 期。

徐磊《敦煌變文域外影響研究綜述》,《文學教育(上)》2016 年 5 期。

劉爽《敦煌寫本家訓類蒙書的研究綜述》,《名作欣賞》2016 年 30 期。

桑吉東知《百餘年敦煌藏文中與西方淨土信仰相關文獻之研究綜述》,《青藏高論壇》2016 年 4 期。

張蕾《21 世紀以來研究敦煌俗字的碩士論文綜述》,《遼東學院學報》2016 年 4 期。

王琨《敦煌古代武術研究綜述》,《武術研究》2016 年 7 期。

《敦煌研究》編輯部《2016 敦煌論壇:交融與創新——紀念莫高窟創建 1650 周年國際學術研討會在敦煌研究院召開》,《敦煌研究》2016 年 2 期。

王旭東《"交融與創新:莫高窟創建 1 650 周年紀念國際學術研討會"開幕式致辭》,《敦煌研究》2016 年 2 期。

《中國敦煌吐魯番學會會長郝春文致詞》,《敦煌研究》2016 年 2 期。

《賈泰斌在紀念莫高窟創建 1650 周年國際學術研討會上的致辭》,《敦煌研究》2016 年 2 期。

張先堂、李國《"紀念莫高窟創建 1650 周年國際學術研討會"綜述》,《敦煌研究》2016 年 6 期。

樊錦詩《簡述敦煌莫高窟保護管理工作的探索和實踐》,《敦煌研究》2016 年 5 期。

[美] 内維爾阿根紐著,王平先譯《客觀真實性:莫高窟保護與管理中的文化與合作問題》,《敦煌研究》2016 年 5 期。

王旭東《守望敦煌》,《敦煌研究》2016 年 5 期。

[美] 倪密·蓋茨,宋羅蘭譯《在"敦煌莫高窟專題研討會"上的發言》,《敦煌研究》2016 年 5 期。

[美] 羅泰著,王平先譯《在"敦煌莫高窟專題研討會"上的總結發言》,《敦煌研究》2016 年 5 期。

賀玉蕾《"敦煌莫高窟專題研討會"綜述》,《敦煌研究》2016 年 5 期。

周倩倩《"敦煌與絲綢之路"國際學術研討會綜述》,《敦煌學輯刊》2016 年
　3 期。

聶丹、聶淼《〈居延新簡〉中的"行幘"》,《敦煌研究》2016 年 1 期。

孟艷霞《漢簡所及敦煌地區水利建設與管理》,《敦煌研究》2016 年 2 期。

馬智全《漢簡反映的漢代敦煌水利芻論》,《敦煌研究》2016 年 3 期。

張麗萍、張顯成《釋"慈其"及相關稱謂》,《敦煌研究》2016 年 4 期。

李碩《漢長城西端新發現城址與敦煌漢簡中的大煎都侯障》,《敦煌研究》2016
　年 5 期。

林獻忠《〈肩水金關漢簡(貳)〉考釋六則》,《敦煌研究》2016 年 5 期。

周艷濤、張顯成《〈肩水金關漢簡(貳)〉"口陵丞印"考》,《敦煌研究》2016 年
　6 期。

李洪財《釋簡牘中的"莫食"》,《敦煌研究》2016 年 6 期。

黃艷萍《〈肩水金關漢簡〉所見"燧"及其命名探析》,《敦煌研究》2016 年 1 期。

2016 年吐魯番學研究論著目録

徐瑞瑞　賀　鋼(蘭州大學)

一、專 著 與 文 集

王菲《維吾爾古代文獻中的文化觀》,北京: 國家圖書館出版社,2016 年 1 月。

祁小山、王博合編《絲綢之路·新疆古代文化(續)》,烏魯木齊: 新疆人民出版社,2016 年 1 月。

劉子凡《瀚海天山: 唐代伊、西、庭三州軍政體制研究》,上海: 中西書局,2016 年 3 月。

程彤主編《絲綢之路上的照世杯》,上海: 中西書局,2016 年 3 月。

[日] 武内紹人著,楊銘、楊公衛譯《敦煌西域出土的古藏文契約文書》,烏魯木齊: 新疆人民出版社,2016 年 3 月。

彭無情《西域佛教演變研究》,成都: 巴蜀書社,2016 年 3 月。

姜守誠《出土文獻與早期道教》,北京: 中國社會科學出版社,2016 年 3 月。

冉萬里《絲路豹斑: 不起眼的交流,不經意的發現》,北京: 科學出版社,2016 年 3 月。

鄭學檬《點濤齋史論集: 以唐五代經濟史爲中心》,廈門: 廈門大學出版社,2016 年 3 月。

劉戈《回鶻文契約斷代研究——昆山識玉》,北京: 中華書局,2016 年 3 月。

朱雷《敦煌吐魯番文書研究》,杭州: 浙江大學出版社,2016 年 4 月。

[美] 薛愛華,吳玉貴譯《撒馬爾罕的金桃: 唐代舶來品研究》,北京: 社會科學文獻出版社,2016 年 4 月。

[英] 吳芳思《絲綢之路 2000 年(修訂版)》,上海: 上海辭書出版社,2016 年 4 月。

《吐魯番文庫》編委會編著《吐魯番文庫》,長沙: 湖南人民出版社,2016 年 4 月。

本書編委會《敦煌吐魯番文書與中古史研究——朱雷先生八秩榮誕祝壽集》,上海: 上海古籍出版社,2016 年 5 月。

施新榮、徐軍華主編《西域歷史與文獻論叢》(第二輯),北京: 學苑出版社,2016 年 5 月。

劉後濱《唐代選官政務研究》,北京: 社會科學文獻出版社,2016 年 5 月。

薛宗正、霍旭初《龜兹歷史與佛教文化》,北京: 商務印書館,2016 年 6 月。

霍旭初、趙莉、彭傑、苗利輝《龜兹石窟與佛教歷史》,烏魯木齊: 新疆人民出版
社,2016 年 7 月。

王興伊、段逸山《新疆出土涉醫文書輯校》,上海: 上海科學技術出版社,2016
年 7 月。

王啓濤《敦煌西域法制文書語言研究》,北京: 人民出版社,2016 年 8 月。

楊際平《楊際平中國社會經濟史論集: 先秦秦漢魏晉南北朝卷》,廈門: 廈門
大學出版社,2016 年 8 月。

楊際平《楊際平中國社會經濟史論集: 唐宋卷》,廈門: 廈門大學出版社,2016
年 8 月。

楊際平《楊際平中國社會經濟史論集: 出土文書研究卷》,廈門: 廈門大學出
版社,2016 年 8 月。

新疆維吾爾自治區文物考古研究所編著《新疆莫呼查汗墓地》,北京: 科學出
版社,2016 年 9 月。

劉小平《中古佛教寺院經濟變遷研究》,北京: 中央編譯出版社,2016 年
10 月。

李明曉《兩漢魏晉南北朝石刻法律文獻整理與研究》,北京: 人民出版社,2016
年 10 月。

鄒淑琴《唐詩中的胡姬形象及其文化意義》,北京: 國家圖書館出版社,2016
年 10 月。

盧向前《金鑰匙漂流記: 古代中西交通猜想》,北京: 商務印書館,2016 年
10 月。

王小甫《邊塞内外》,北京: 東方出版社,2016 年 10 月。

[俄] 馬爾夏克,毛銘譯《突厥人、粟特人與娜娜女神》,桂林: 灕江出版社,
2016 年 11 月。

[意] 康馬泰,毛銘譯《唐風吹拂撒馬爾罕: 粟特藝術與中國、波斯、印度、拜占
庭》,桂林: 灕江出版社,2016 年 11 月。

[法] 葛樂耐,毛銘譯《駛向撒馬爾罕的金色旅程》,桂林: 灕江出版社,2016
年 11 月。

王霄飛主編《吐魯番與絲綢之路經濟帶高峰論壇暨第五屆吐魯番學國際學術
研討會論文集》,上海: 上海古籍出版社,2016 年 11 月。

陳于柱《敦煌吐魯番出土發病書整理研究》,北京: 科學出版社,2016 年
11 月。

徐俊《鳴沙習學集: 敦煌吐魯番文學文獻叢考》,北京: 中華書局,2016 年

12 月。

孫繼民《中古史研究匯纂》,天津:天津古籍出版社,2016 年 12 月。

二、論　文

（一）政治

黃正建《唐代"官文書"辨析——以〈唐律疏議〉爲基礎》,《魏晉南北朝隋唐史資料》（第三十三輯）,上海:上海古籍出版社,2016 年 7 月,31—39 頁。

劉後濱、顧成瑞《政務文書的環節性形態與唐代地方官府政務運行——以開元二年西州蒲昌府文書爲中心》,《唐宋歷史評論》（第二輯）,北京:社會科學文獻出版社,2016 年 7 月,109—141 頁。

郭桂坤《唐代前期的奏事文書與奏事制度》,《唐研究》（第二十二卷）,北京:北京大學出版社,2016 年 12 月,157—179 頁。

牛來穎《大谷馬政文書與〈廄牧令〉研究——以進馬文書爲切入點》,《隋唐遼宋金元史論叢》（第六輯）,上海:上海古籍出版社,2016 年 6 月,110—118 頁。

孟憲實《略論折衝府的"承直馬"——以敦煌吐魯番出土文書爲中心》,《西域研究》2016 年 3 期,1—12 頁。

孟憲實《論唐代府兵制下的馱馬之制》,《敦煌吐魯番研究》（第十六卷）,上海:上海古籍出版社,2016 年 10 月,155—180 頁。

李錫厚《"均田制"與所有制》,《隋唐遼宋金元史論叢》（第六輯）,上海:上海古籍出版社,2016 年 6 月,22—80 頁。

裴成國《論貞觀十四年以降的唐西州形勢》,《西北民族論叢》2016 年 1 期,90—104 頁。

劉子凡《唐代使職借印考——以敦煌吐魯番文書爲中心》,《敦煌吐魯番研究》（第十六卷）,上海:上海古籍出版社,2016 年 10 月,201—213 頁。

劉子凡《唐代伊西節度使考辯》,《昌吉學院學報》2016 年 1 期,45—51 頁。

劉子凡《杏羽書屋藏唐蒲昌府文書研究》,《唐研究》（第二十二卷）,北京:北京大學出版社,2016 年 12 月,203—219 頁。

顧成瑞《唐代典吏考》,《齊魯學刊》2016 年 1 期,46—53 頁。

張榮強《從"歲盡增年"到"歲初增年"——中國中古官方計齡方式的演變》,《魏晉隋唐史研究:欣賀寧志新教授七十華誕論文集》,北京:中國社會科學出版社,2016 年 5 月,260—287 頁。

張玉興《職役抑或軍職:西域文書所見唐代的"城局"》,《西域研究》2016 年 1 期,13—26 頁。

姜伯勤《論城主與城人城局》,《廣州文博·玖》,北京:文物出版社,2016 年
　　10 月,14—22 頁。

陳曉偉《胡廣〈記高昌碑〉與高昌麴氏、唐李元忠事蹟叢考》,《文獻》2016 年 6
　　期,53—61 頁。

王素《唐康子相和成公崇墓誌中有關高昌與西州的資料——近年新刊墓誌所
　　見隋唐西域史事考釋之三》,《故宫博物院院刊》2016 年 1 期,88—100 頁。

劉森垚《隋代安西都護蠡測》,《西北民族大學學報》2016 年 5 期,69—78 頁。

石橋《龜兹與漢唐西域都護府》,《絲綢之路》2016 年 7 期,54—58 頁。

苗利輝《從龜兹石窟和出土文書看唐朝對龜兹的治理》,《新疆師範大學學報》
　　2016 年 6 期,90—99 頁。

劉勇、張莉《晚清新疆吐魯番廳若干問題探究——以清代新疆吐魯番檔案爲
　　中心》,《西北民族大學學報》2016 年 3 期,138—147 頁。

趙麗《吐魯番監督府職能考述》,《甘肅廣播電視大學學報》2016 年 4 期,67—
　　70 頁。

王啓明《清末新疆學堂教育制度研究四題》,《西北民族論叢》2016 年 1 期,
　　142—154 頁。

(二)歷史地理

陳國燦《高昌王國對郡縣的擴建——吐魯番地名研究之三》,《吐魯番學研究》
　　2016 年 1 期,17—24 頁。

陳國燦《唐西州的四府五縣制——吐魯番地名研究之四》,《吐魯番學研究》
　　2016 年 2 期,10—24 頁。

任亭亭《闞氏高昌時期吐魯番地名考釋——〈闞氏高昌永康九年、十年送使出
　　人出馬條記文書〉之摩訶演與磨訶演、其養與乾養考釋》,《甘肅廣播電視大
　　學學報》2016 年 1 期,21—25 頁。

楊榮春《北涼疆域變遷考》,《内蒙古社會科學》(漢文版)2016 年 4 期,73—
　　78 頁。

古怡青《唐前期西北的交通運輸——以西州爲中心》,張達志主編《中國中古
　　史集刊》(第二輯),北京:商務印書館,2016 年 3 月,309—340 頁。

魏堅、任冠《樓蘭 LE 古城建置考》,《文物》2016 年 4 期,41—50 頁。

牛汝極《天山:亞洲文明交匯的軸心》,《西域研究》2016 年 1 期,125—
　　131 頁。

榮新江《真實還是傳説:馬可·波羅筆下的于闐》,《西域研究》2016 年 2 期,
　　37—44 頁。

林梅村《怛邏斯城與唐代絲綢之路》,《浙江大學學報》2016 年 5 期,39—

54 頁。

榮新江《出土文獻所見絲綢之路概説》,《北京大學學報》2016 年 1 期,109—114 頁。

榮新江《中國多元文化的發展與中印之間的絲綢之路(四○○年—七○○年)》,《紫禁城》2016 年 10 期,66—81 頁。

徐佑成、李輝朝《吐魯番文物遺址地理空間信息化發展的思考》,《吐魯番學研究》2016 年 2 期,105—112 頁。

榮新江《從吐魯番出土文書看古代高昌的地理信息》,《陝西師範大學學報》2016 年 1 期,12—23 頁。

[日]西村陽子、[日]北本朝展《絲綢之路遺址重新定位與遺址數據庫的建立》,《陝西師範大學學報》2016 年 2 期,75—85 頁。

(三) 經濟

裴成國《麴氏高昌國流通銀錢辨正》,《北京大學學報》2016 年 1 期,124—133 頁。

吕恩國《洋海貨貝的歷程》,《吐魯番學研究》2016 年 1 期,8—16 頁。

侯明明《于闐自造漢文錢幣與漢佉二體錢的歷史背景》,《絲綢之路》2016 年 12 期,15—16 頁。

李志鵬《絲路貿易中的實物貨幣流通研究——以"敦煌吐魯番文書、佉卢文文書"爲綫索》,《甘肅金融》2016 年 10 期,61—67 頁。

吳文强《龜兹五銖小版式初探》,《新疆錢幣》2016 年 3 期,31—33 頁。

芦韜、張統亮《對"大夏真興"與"高昌吉利"二錢關係的探析》,《讀天下》2016 年 16 期,第 157 頁。

孟憲實《唐西州馬價考》,《新疆師範大學學報》2016 年 3 期,117—126 頁。

賴瑞和《唐人在多元貨幣下如何估價和結賬》,《中華文史論叢》2016 年 3 期,61—112 頁。

李昀《晚唐貢賜的構造——以甘州回鶻和沙州歸義軍的貢賜比價爲中心》,《唐研究》(第二十二卷),北京: 北京大學出版社,2016 年 12 月,245—268 頁。

丁君濤《清末民初吐魯番葡萄地價的變化——以尼牙子家族地契爲中心》,《西域研究》2016 年 4 期,15—26 頁。

蘇金花《晉唐時期吐魯番綠洲農業的糧食作物結構及其演變》,《歷史教學》2016 年 12 期,26—30 頁。

黃樓《吐魯番所出〈麴氏高昌某郡綵毯等帳〉考釋》,《新疆大學學報》,2016 年 6 期,73—80 頁。

劉壯壯《績效・技術選擇・政策演變：清統一前新疆屯墾（1644—1759）》，
《農業考古》2016 年 6 期，107—114 頁。

孟憲實《唐朝與中亞的絹馬貿易》，《唐研究》（第二十二卷），北京：北京大學
出版社，2016 年 12 月，283—298 頁。

乜小紅、丁君涛《古絲綢之路上蠶桑絲織業的興衰——對吐魯番出土蠶桑絲
織文獻的新研究》，《中國經濟史研究》2016 年 4 期，14—30 頁。

趙毅《清末吐魯番蠶桑業》，《西北民族論叢》2016 年 2 期，196—206 頁。

丁俊《于闐鎮守軍徵稅系統初探》，《西域研究》2016 年 3 期，13—23 頁。

張新國《唐前期西州地區"計租六斗"新論》，《中國農史》2016 年 2 期，49—
57 頁。

張婧、張亞軍《佉盧文 209 號文書研究》，《井岡山大學學報》2016 年 5 期，
130—136 頁。

趙超《略論清末吐魯番地區以穀付息的土地典當——對吐峪溝所出清光緒十
七年"當賣葡萄園契"的探討》，《西域研究》2016 年 4 期，27—32 頁。

趙毅《晚清吐魯番坎兒井買賣》，《新疆大學學報》2016 年 6 期，81—86 頁。

李亞棟《敦煌吐魯番賬目契約類文書中數詞使用的"繁化"現象——對與"薪
柴"有關的部分文書數詞的考察》，《新會計》2016 年 1 期，19—20 頁。

張安福《唐代絲綢之路中段西州與龜茲的商貿研究》，《中國農史》2016 年 3
期，43—51 頁。

張湛《粟特商人的接班人？——管窺絲路上的伊朗猶太商人》，《粟特人在中
國：考古發現與出土文獻的新印證》，北京：科學出版社，2016 年 6 月，
661—672 頁。

（四）法制

顧凌雲《從敦煌吐魯番出土契約看唐代民間土地買賣禁令的實效》，《敦煌研
究》2016 年 3 期，74—79 頁。

王鵬《略論唐代的免債赦令與抵債條款》，《長江大學學報》2016 年 6 期，81—
83 頁。

薛艷麗、王祥偉《西域借貸契約中的債務償還方式》，《西域研究》2016 年 4
期，7—14 頁。

乜小紅《試論回鶻文契約的前後期之分》，《西域研究》2016 年 3 期，24—
29 頁。

陳燁軒《新發現旅順博物館藏法制文書考釋——兼論唐律在西州訴訟和斷獄
中的運用》，《唐研究》（第二十二卷），北京：北京大學出版社，2016 年 12
月，181—201 頁。

趙晶《唐代"保辜"再蠡測——〈唐寶應元年六月康失芬行車傷人案卷再考〉》,《敦煌吐魯番研究》(第十六卷),上海:上海古籍出版社,2016 年 10 月,181—199 頁。

[土耳其]麥萊克·約茲特勤,李剛、蘆韜譯《契約文書對絲綢之路法律史的貢獻——回鶻文契約文書中的土地産權和使用情況》,《吐魯番學研究》2016 年 2 期,133—137 頁。

王啓明《晚清吐魯番的保甲建設》,《西北民族論叢》2016 年 2 期,181—195 頁。

趙毅《清末吐魯番坎兒井民事糾紛之書狀》,《昌吉學院學報》2016 年 6 期,22—25 頁。

(五) 宗教

阿依達爾·米爾卡馬力《回鶻佛經翻譯家Čisuin 都統其人》,《西域研究》2016 年 3 期,94—100 頁。

張重洲《吐魯番地區尼僧初探——以高昌國及唐西州爲例》,《甘肅廣播電視大學學報》2016 年 5 期,15—20 頁。

莫瑩萍《試論唐朝西州地區孝觀念中的佛教思想》,《絲綢之路》2016 年 14 期,63—64 頁。

李瑞哲《龜兹大像窟與大佛思想在當地的流行》,《西部考古》(第 10 輯),北京:科學出版社,2016 年 6 月,119—134 頁。

樂睿《從授記到結構化——佛菩薩信仰的演化——以于闐佛菩薩信仰爲例》,《西域研究》2016 年 1 期,79—86 頁。

許棟、許敏《新樣文殊中的于闐王及其相關問題研究——以敦煌發現的新樣文殊圖像爲中心》,《吐魯番學研究》2016 年 1 期,81—91 頁。

任曜新《新疆庫車佛塔出土鮑威爾寫本〈孔雀王咒經〉文本擴展研究》,《敦煌學·絲綢之路考古研究——杜斗成教授榮退紀念文集》,蘭州:甘肅教育出版社,298—308 頁。

王丹、楊富學《回鶻醫學與東西方醫學關係考》,《敦煌研究》2016 年 4 期,119—125 頁。

鄭阿財《從單注到合注:中古絲綢之路上〈注維摩詰經〉寫本研究》,《唐研究》(第二十二卷),北京:北京大學出版社,1—25 頁。

芮柯《柏林吐魯番藏品中的粟特語佛教殘片》,《粟特人在中國:考古發現與出土文獻的新印證》,北京:科學出版社,2016 年 6 月,389—395 頁。

楊波《克孜爾石窟第 38、100 窟"誓願"、"授記"題材探討》,《敦煌學輯刊》2016 年 3 期,152—167 頁。

陳愛峰《柏孜克里克石窟第 17 窟佛説大乘莊嚴寶王經變考釋》,《敦煌研究》
2016 年 6 期,82—92 頁。

劉韜《唐與回鶻時期庫木吐喇石窟壁畫年代探索——以窟群區第 12、15 至 17
窟爲中心》,《敦煌研究》2016 年 6 期,93—101 頁。

陳愛峰《柏孜克里克第 40 窟如意輪觀音經變研究》,《吐魯番學研究》2016 年
2 期,81—97 頁。

楊波《克孜爾石窟"有頭光比丘"圖像探討》,《吐魯番學研究》2016 年 2 期,
98—104 頁。

任平山《"王女牟尼"本生及龜兹壁畫》,《西域研究》2016 年 1 期,73—78 頁。

任平山《抒海本生及其在吐峪溝壁畫中的呈現》,《敦煌研究》2016 年 4 期,
26—32 頁。

于洋《消失的摩尼教——走向末路之三部曲》,《齊齊哈爾大學學報》2016 年
11 期,86—88 頁。

顔福《高昌故城摩尼教絹畫中的十字架與冠式——以勒柯克吐魯番發掘品中
的一幅絹畫爲例》,《敦煌學輯刊》2016 年 3 期,168—175 頁。

李肖、馬麗平《拜火教與火崇拜》,《粟特人在中國:考古發現與出土文獻的新
印證》,北京:科學出版社,2016 年 6 月,207—215 頁。

張鵬《唐寫本〈五土解〉性質再探》,《首都師範大學學報》2016 年 1 期,28—
35 頁。

馬曉林《元代景教人名學初探——以遷居濟寧的阿力麻里景教家族爲中心》,
《北京大學學報》2016 年 1 期,134—140 頁。

(六)民族

苗普生《匈奴統治西域述論》,《西域研究》2016 年 2 期,1—9 頁。

李元暉《"約"與西漢的民族政策》,《西域研究》2016 年 2 期,10—18 頁。

高啓安《傅介子刺樓蘭事蹟綜理》,《石河子大學學報》2016 年 2 期,1—9 頁。

瞿萍《西域歷史中的龜兹》,《絲綢之路》2016 年 7 期,34—42 頁。

裴成國《論 5—8 世紀吐魯番與焉耆的關係》,《新疆師範大學學報》2016 年 3
期,127—132 頁。

楊富學《843 年——唐與回鶻關係的轉折點》,《甘肅民族研究》2016 年 1 期,
48—55 頁。

張宜婷《從安西四鎮之焉耆鎮看唐朝對絲綢之路的控制和經營》,《昆明學院
學報》2016 年 5 期,77—81 頁。

白玉冬、楊富學《新疆和田出土突厥盧尼文木牘初探——突厥語部族聯手于
闐對抗喀喇汗朝的新證據》,《西域研究》2016 年 4 期,39—49 頁。

陳海濤《商業移民與部落遷徙——敦煌、吐魯番著籍粟特人的主要來源》,《敦煌學・絲綢之路考古研究——杜斗成教授榮退紀念文集》,蘭州:甘肅教育出版社,2016 年 8 月,248—262 頁。

彭建英《漠北回鶻汗國境内的粟特人——以粟特人與回鶻互動關係爲中心》,《中國邊疆史地研究》2016 年 4 期,9—24 頁。

[日] 荒川正晴《西突厥汗國的 Tarqan 達官與粟特人》,《粟特人在中國:考古發現與出土文獻的新印證》,北京:科學出版社,2016 年 6 月,13—23 頁。

陳浩《登利可汗考》,《西域研究》2016 年 4 期,33—38 頁。

馬秀英《北涼沮渠氏族源考辨》,《西夏研究》2016 年 3 期,97—103 頁。

李浩《西安新見兩方回紇貴族墓誌的初步考察》,《唐研究》(第二十二卷),北京:北京大學出版社,2016 年 12 月,493—508 頁。

黃彩春《吐魯番的早期主人——吐魯番早期人車師人研究》,《文物鑒定與鑒賞》2016 年 3 期,88—89 頁。

屈廣燕、王頲《關於元人桑哥所屬"噶瑪洛"部的兩點考證》,《青海民族研究》2016 年 1 期,157—161 頁。

周軒《〈皇清職貢圖〉中的西域史實》,《伊犁師範學院學報》2016 年 2 期,23—30 頁。

吳玉貴《〈唐故突騎施王子誌銘〉再探討——兼論突騎施黑姓及其與唐朝的關係》,《魏晉南北朝隋唐史資料》(第三十三輯),上海:上海古籍出版社,2016 年 7 月,40—56 頁。

(七) 社會文化

施新榮《絲綢之路上的漢文化》,《絲路文明》(第 1 輯),上海:上海古籍出版社,2016 年 12 月,29—38 頁。

衛霞《漢文化在絲路明珠莎車的傳播述論》,《北方民族大學學報》2016 年 1 期,41—45 頁。

張碧波《新疆小河墓地的文化人類學解説》,《石河子大學學報》2016 年 1 期,1—6 頁。

張乃翥《新疆出土漢文印信的文化生態考察》,《石河子大學學報》2016 年 1 期,7—14 頁。

肖小勇《新疆早期喪葬中的用火現象》,《西域研究》2016 年 1 期,56—65 頁。

馬曉玖《新疆昌吉二六工拱北文化符號隱喻探析》,《西域研究》2016 年 2 期,120—122 頁。

韓香《中古胡人馴獅現象與唐五方獅子舞——以圖像學的視角爲中心》,《唐研究》(第二十二卷),北京:北京大學出版社,2016 年 12 月,299—320 頁。

求芝蓉、馬曉林《安藏家族人名考——兼論 13 世紀回鶻佛教徒的漢文化修養》,《西域研究》2016 年 2 期,147—148 頁。

張曉燕、李中耀《從"玉門關"意象看清代文人的西域情懷》,《西域研究》2016 年 1 期,118—124 頁。

王啓濤《絲綢之路上的飲食文化研究之一:餅——以吐魯番出土文書爲中心》,《四川旅遊學院學報》2016 年 4 期,8—15 頁。

王啓濤《絲綢之路上的飲食文化研究之二:肉——以吐魯番出土文書爲中心》,《四川旅遊學院學報》2016 年 5 期,4—10 頁。

王啓濤《絲綢之路上的飲食文化研究之三:酒——以吐魯番出土文書爲中心》,《四川旅遊學院學報》2016 年 6 期,5—10 頁。

張重洲《德國探險隊與清末吐魯番社會——以第二次、第三次考察爲中心》,《絲綢之路》2016 年 16 期,18—20 頁。

徐黎麗、唐淑嫻《論陸上絲綢之路對中國西北地區發展的影響》,《北方民族大學學報》2016 年 1 期,36—40 頁。

王啓濤《古代絲綢之路的災害治理及其對"一帶一路"戰略的啓示》,《西南民族大學學報》2016 年 9 期,1—12 頁。

李忠洋《唐代西州"興儒"原因探》,《宜賓學院學報》2016 年 5 期,64—69 頁。

鄭志剛、李重申《絲綢之路古代遊戲、娛樂與競技場地空間分佈考研》,《敦煌學輯刊》2016 年 4 期,124—132 頁。

裴成國《論高昌國的騎射之風》,《西域研究》2016 年 1 期,1—12 頁。

段晴《薩迦牟雲的家園——以尼雅 29 號遺址出土佉盧文書觀鄯善王國的家族與社會》,《西域研究》2016 年 3 期,54—64 頁。

郝二旭《唐代肥料淺探》,《農業考古》2016 年 4 期,24—28 頁。

任曜新《新疆庫車出土鮑威爾寫本中的印度阿輸吠陀藥物理論》,《敦煌學輯刊》2016 年 4 期,20—28 頁。

吳羽《唐宋葬事擇吉避忌的若干變化》,《中國史研究》2016 年 2 期,95—110 頁。

黄樓《吐魯番文書所見"麴郎某某"試釋》,《吐魯番學研究》2016 年 2 期,25—35 頁。

雷聞《隋唐的鄉官與老人——從大谷文書 4026〈唐西州老人、鄉官名簿〉説起》,《唐研究》(第二十二卷),北京:北京大學出版社,2016 年 12 月,131—156 頁。

裴成國《唐朝初年西州人與洛州親屬間的幾通家書》,《唐研究》(第二十二卷),北京:北京大學出版社,2016 年 12 月,321—355 頁。

（八）藝術

王啓濤《敦煌文獻"素書"新考》,《西南民族大學學報》2016 年 4 期,189—192 頁。

魏久志《試論"唐汪式陶器"旋渦紋的來源——淺析旋渦紋由新疆地區向甘青地區傳播的可能性》,《創意設計源》2016 年 2 期,73—75 頁。

馬蘭《論北涼石塔造像中的南方因素》,《中國美術研究》2016 年 2 期,27—35 頁。

王羿衡《古代隋唐屏障畫與傳統中国畫六法圖式研究——以新疆阿斯塔那墓室壁畫 217 號花鳥屏爲分析》,《鴨綠江》2016 年 6 期,67—68 頁。

李雲、李笑笑《新疆石窟壁畫中的僧侶供養人圖像初探》,《新疆藝術學院學報》2016 年 1 期,10—15 頁。

李雲、李笑笑《佛教地神圖像發展與流變中的地域文化元素淺析》,《新疆藝術學院學報》2016 年 4 期,17—22 頁。

李楠、潘魯生《傳播與回授：公元 5—8 世紀地區服飾織錦遺存中的幾種動物紋樣》,《南京藝術學院學報(美術與設計)》2016 年 5 期,114—118 頁。

朱冀州《淺析克孜爾石窟壁畫中的人體造型藝術》,《教育界》2016 年 12 期,186 頁。

李喆《克孜爾石窟壁畫乾闥婆形象中印度元素的本土淺究》,《中國民族博覽》2016 年 3 期,170—171 頁。

張旭《龜兹壁畫綫描藝術在動畫角色設計中的應用研究》,《新疆藝術學院學報》2016 年 2 期,14—18 頁。

夏凡《絲綢之路宗教藝術視野下的新疆有品樂器研究》,《世界宗教文化》2016 年 3 期,131—137 頁。

賈小軍《西涼遷都與酒泉十六國壁畫的紀念碑性》,《吐魯番學研究》2016 年 2 期,36—45 頁。

（九）文獻古籍

榮新江《日本散藏吐魯番文獻知見録》,《浙江大學學報》2016 年 4 期,18—26 頁。

包曉悦《日本書道博物館藏吐魯番文獻目録(中篇)》,《吐魯番學研究》2016 年 1 期,132—155 頁。

郜同麟《敦煌吐魯番道經殘卷拾遺》,《敦煌學輯刊》2016 年 1 期,34—50 頁。

王興伊《新疆出土隋唐梵文醫學寫本述要》,《吐魯番學研究》2016 年 2 期,46—55 頁。

張新朋《敦煌吐魯番出土〈開蒙要訓〉寫卷敍録》,《在浙之濱：浙江大學古籍研究所建所三十周年紀念文集》,北京:中華書局,2016 年 10 月,367—396 頁。

張存良、巨虹《英國國家圖書館藏斯坦因所獲漢文簡牘未刊部分》,《文物》2016 年 6 期,75—79 頁。

[哥倫比亞] 王臣邑《和田博物館藏源於龜茲國的一件佉盧文木牘》,《西域研究》2016 年 3 期,65—74 頁。

關迪《古鄯善國佉盧文簡牘的形制、功用與辨僞》,《西域研究》2016 年 3 期,84—93 頁。

馮雅頌《〈彌勒會見記〉:龜茲文化孕育的藝術之花》,《絲綢之路》2016 年 7 期,30—33 頁。

張麗娜《樓蘭出土文書的整理及其意義》,《絲綢之路》2016 年 8 期,11—12 頁。

司艷華《〈西域考古録〉的史料來源與運用》,《吐魯番學研究》2016 年 2 期,56—69 頁。

張榮强、張慧芬《新疆吐魯番新出唐代貌閲文書》,《文物》2016 年 6 期,80—89 頁。

王小蘋《吐魯番文書流失海外的實證研究》,《大衆文藝》2016 年 2 期,273—274 頁。

[日] 白石將人《西陲出土日藏〈左傳〉昭公殘卷兩種》,《國際漢學研究通訊》第 12 期,北京:北京大學出版社,2016 年 6 月,105—120 頁。

徐維焱《旅順博物館藏〈劉子〉殘片的新發現及〈劉子〉在西域的流傳》,《唐研究》(第二十二卷),北京:北京大學出版社,2016 年 12 月,357—369 頁。

許建平《吐魯番出土〈尚書〉寫本輯考》,《敦煌吐魯番研究》(第十六卷),上海:上海古籍出版社,2016 年 10 月,249—276 頁。

何亦凡《敦煌吐魯番出土〈鄭玄論語注〉"束脩"條綴補復原研究》,《敦煌吐魯番研究》(第十六卷),上海:上海古籍出版社,2016 年 10 月,277—290 頁。

黄樓《吐魯番文書所見北涼解文的復原及相關問題研究》,《敦煌研究》2016 年 3 期,66—73 頁。

馬振穎《〈中村不折舊藏禹域墨書集成〉下册題跋研究》,《重慶第二師範學院學報》,2016 年 4 期,40—46 頁。

顏世明、高健《裴矩〈西域圖記〉研究拾零——兼與余太山、李錦繡二先生商榷》,《敦煌研究》2016 年 3 期,93—102 頁。

黄正建《大谷占卜文書研究(之一)——兼與敦煌占卜文書比較》,《敦煌研究》2016 年 6 期,102—108 頁。

張新朋《大谷文書中的〈急就篇〉殘片考》,《西南民族大學學報》2016 年 11 期,193—195 頁。

游自勇《唐西州"張無價文書"新考》,《唐研究》(第二十二卷),北京:北京大學出版社,269—282 頁。

王瑟《〈大唐西域記〉最早寫本殘卷新解》,《光明日報》2016 年 1 月 26 日。

楊紹固《〈全元文〉佚文二十八篇輯考——元代高昌籍偰氏、廉氏家族相關佚文輯考》,《古籍整理研究學刊》2016 年 2 期,28—32 頁。

王紅梅《回鶻文藏密經典〈觀世音本尊修法〉殘卷研究》,《河西學院學報》2016 年 1 期,11—17 頁。

李大偉《丹丹烏里克猶太-波斯文信件考釋》,《敦煌研究》2016 年 1 期,102—110 頁。

[德]茨默《突厥語的體動占卜書》,《中山大學學報》2016 年 5 期,115—119 頁。

(十)語言文字

王啓濤《語言文字學與吐魯番文獻的整理》,《新疆大學學報》2016 年 6 期,65—72 頁。

鄭阿財《唐代漢字文化在絲綢之路的傳播》,《浙江大學學報》2016 年 4 期,5—17 頁。

葉愛國《古漢語常用名詞的省字用例》,《吐魯番學研究》2016 年 1 期,25—32 頁。

常萍《武周新字的來源及在吐魯番墓誌中的變異》,《蘭州大學學報》,2016 年 3 期,95—100 頁。

聶志軍《吐魯番出土文書〈張海隆夏田契〉録文再釋》,《敦煌研究》2016 年 4 期,97—100 頁。

王啓濤《再説表謙敬語氣的句首詞"但"——對朱懷〈"但"的語法功能演變及產生機制〉一文的補充》,《中國語文》2016 年 6 期,657—664 頁。

段賀磊、鄭文凱《高昌回鶻文獻語言時期維吾爾語 tur-的用法》,《語言與翻譯》2016 年 3 期,28—31 頁。

張巧雲《回鶻文〈金光明經〉偈頌的體例程式和文體翻譯》,《吐魯番學研究》2016 年 2 期,70—80 頁。

白玉冬《有關回鶻改宗摩尼教的 U72－U73、U206 文書再釋讀》,《粟特人在中國:考古發現與出土文獻的新印證》,北京:科學出版社,2016 年 6 月,24—43 頁。

白玉冬《回鶻語文獻中的 Il Ötükän Qutï》,《唐研究》(第二十二卷),北京:北京大學出版社,2016 年 12 月,443—456 頁。

李剛《試析古代突厥碑銘分詞符省略現象》,《語言與翻譯》2016 年 2 期,50—53 頁。

［德］茨默著,楊富學、熊一瑋譯《三件古突厥語〈五臺山贊〉殘片》,《吐魯番學研究》2016 年 1 期,122 頁—131 頁。

［加］馬克·狄更斯、［德］茨默著,唐莉芸譯《出自吐魯番的回鶻文敍利亞語讚美詩集》,《河西學院學報》2016 年 6 期,28—31 頁。

［加］馬克·迪更斯著,劉慧譯《吐魯番基督教文本的書寫實踐》,《西域研究》2016 年 2 期,89—106 頁。

段晴《粟特商隊到于闐——BH4‐135 之于闐文書的解讀》,《粟特人在中國:考古發現與出土文獻的新印證》,北京:科學出版社,2016 年 6 月,96—115 頁。

吉田豐《于闐的粟特人——對和田出土的兩件猶太波斯語信劄的一些新見解》,《粟特人在中國:考古發現與出土文獻的新印證》,北京:科學出版社,2016 年 6 月,621—629 頁。

吳贇培《和田博物館藏佉盧文尺牘放妻書再釋譯》,《西域研究》2016 年 3 期,75—83 頁。

李樹輝《"克孜爾尕哈"語源、語義考——兼論新疆的相關維吾爾語地名》,《敦煌學輯刊》2016 年 3 期,80—91 頁。

（十一）考古與文物保護

新疆文物考古研究所《新疆吐魯番勝金口石窟發掘報告》,《考古學報》2016 年 3 期,385—416 頁。

西北大學文化遺産學院、新疆文物考古研究所、哈密地區文物局《2008 年新疆伊吾峽溝墓地發掘簡報》,《考古與文物》2016 年 1 期,17—25 頁。

新疆維吾爾自治區文物考古研究所《新疆昌吉州阜康市西溝墓地、遺址發掘簡報》,《考古與文物》2016 年 5 期,3—30 頁。

新疆維吾爾自治區博物館考古部、吐魯番地區文物局阿斯塔那文物管理所《新疆吐魯番阿斯塔那古墓群西區考古發掘報告》,《考古與文物》2016 年 5 期,31—50 頁。

王永強、阮秋榮《2015 年新疆尼勒克縣吉仁臺溝口考古工作的新收穫》,《西域研究》2016 年 1 期,132—134 頁。

吐魯番學研究院、新疆文物考古研究所《拜什塔木遺址調查簡報》,《吐魯番學研究》2016 年 1 期,1—7 頁。

中國社會科學院考古研究所新疆隊《新疆于田縣流水青銅時代墓地發掘簡

報》,《考古》2016 年 12 期,19—36 頁。

西北大學文化遺産學院、哈密地區文物局、巴里坤縣文物局《新疆哈密巴里坤西溝遺址 1 號墓發掘簡報》,《文物》2016 年 5 期,15—31 頁。

張傑、白雪懷《新疆沙灣縣大鹿角灣墓群的考古收穫》,《西域研究》2016 年 3 期,136—139 頁。

仵婷、李亞棟《1975 年之前阿斯塔那古墓群的十三次發掘及編號系統》,《絲綢之路》2016 年 18 期,33—34 頁。

吐魯番學研究院、新疆文物考古研究所《吐魯番市鄯善縣東湖烽火臺發掘簡報》,《吐魯番學研究》2016 年 2 期,1—9 頁。

新疆文物考古研究所《新疆庫車縣庫俄鐵路沿綫考古發掘簡報》,《西部考古》(第 10 輯),北京:科學出版社,2016 年 6 月,29—50 頁。

西北大學絲綢之路文化遺産與考古學研究中心、烏茲別克斯坦共和國科學院考古研究所《2015 年度撒馬爾罕薩扎干遺址發掘報告》,《西部考古》(第 12 輯),北京:科學出版社,2016 年 12 月,1—28 頁。

李裕群《吐魯番吐峪溝石窟考古新發現——試論五世紀高昌佛教圖像》,顔娟英、石守謙主編《藝術史中的漢晉與唐宋之變》,北京:北京大學出版社,2016 年 9 月,81—112 頁。

姚敏《吐魯番阿斯塔那出土彩繪泥塑文物材料的檢測分析初探》,《吐魯番學研究》2016 年 1 期,103—117 頁。

畢波《焉耆七個星出土納骨器研究》,《粟特人在中國:考古發現與出土文獻的新印證》,北京:科學出版社,2016 年 6 月,45—52 頁。

李雪欣、鍾燕麗《新疆巴里坤東黑溝遺址石築高臺、石圍建築與墓葬關係研究》,《西域研究》2016 年 1 期,66—72 頁。

吳勇、田小紅、穆桂金《樓蘭地區新發現漢印考釋》,《西域研究》2016 年 2 期,19—23 頁。

楊軍昌、于志勇、党小娟《新疆庫車魏晉十六國墓(M15)出土金綫的科學分析》,《文物》2016 年 9 期,88—94 頁。

魯禮鵬《新疆吐魯番阿斯塔那墓地出土鎮墓神獸研究》,《四川文物》2016 年 5 期,69—78 頁。

陳靚、馬健、景雅琴《新疆巴里坤縣石人子溝遺址人骨的種系研究》,《西部考古(第 12 輯)》,北京:科學出版社,2016 年 12 月,112—123 頁。

尤悦、王建新等《新疆石人子溝遺址出土雙峰駝的動物考古學研究》,《切偲集——首都師範大學歷史學院歷史學沙龍論文集》(第一輯),上海:上海古籍出版社,2016 年 11 月,1—24 頁。

魯禮鵬《吐魯番阿斯塔那墓地 M336 年代及相關問題探析》,《西部考古(第 12 輯)》,北京:科學出版社,2016 年 12 月,399—406 頁。

尤悦、吕鵬等《新疆地區家養綿羊的出現及早期利用》,《考古》2016 年 12 期,104—114 頁。

趙志强、温睿等《新疆絲綢之路沿綫出土料珠初探》,《西部考古(第 10 輯)》,北京:科學出版社,2016 年 6 月,220—228 頁。

趙麗婭《克孜爾石窟耳飾初探》,《吐魯番學研究》2016 年 1 期,92—102 頁。

陳春曉《宋元明時期波斯緑松石入華考》,《北京大學學報》2016 年 1 期,141—148 頁。

凌雪、蘭棟《新疆巴里坤東黑溝遺址出土動物骨骼的碳氮同位素分析》,《西部考古(第 11 輯)》,北京:科學出版社,2016 年 9 月,289—299 頁。

阿布都艾尼·阿不都拉《高昌故城城墙保護加固研究》,《敦煌研究》2016 年 5 期,150—157 頁。

徐永明、葉梅、王力丹《庫木吐喇石窟第 56 窟空鼓及起甲壁畫的搶救性保護修復》,《敦煌研究》2016 年 5 期,158—164 頁。

周智波、余黎星《館藏石窟寺壁畫保護探索——以庫木吐喇石窟已揭取壁畫修復爲例》,《中原文物》2016 年 6 期,120—126 頁。

鄭海玲、徐東良等《新疆吐魯番阿斯塔那出土唐代米色絹襪保護修復》,《文物保護與考古科學》2016 年 3 期,73—77 頁。

徐東良、鄧永紅《一雙唐代皮鞋的修復與保護》,《文物修復研究 2015—2016》,北京:中國文聯出版社,2016 年 6 月,566—569 頁。

王亞紅、周雙林《吐峪溝攔砂壩的影響及石窟保護對應措施分析》,《絲綢之路》2016 年 20 期,78—80 頁。

周文暉《新疆五堡墓地出土乾燥皮革文物的劣變與保護》,《文物保護與考古科學》2016 年 1 期,47—53 頁。

李春香、周慧《小河墓地出土人類遺骸的母系遺傳多樣性研究》,《西域研究》2016 年 1 期,50—55 頁。

陳艷、劉虎《柏孜克里克千佛洞壁畫預防性保護探索》,《石窟寺研究(第 6 輯)》,北京:科學出版社,440—443 頁。

萬潔、楊華《考古現場文物保護方法試析》,《吐魯番學研究》2016 年 2 期,113—119 頁。

宣海峰《克孜爾石窟數字化應用初探》,《藝術科技》2016 年 12 期,115—116 頁。

侯愛萍《新疆維吾爾族傳統聚落景觀及其保護研究——以吐魯番麻扎村爲

例》,《貴州民族研究》2016 年 1 期,79—82 頁。

黃珊《八千里路雲和月——北京大學絲綢之路考古研究》,《北京大學學報》
　　2016 年 1 期,149—160 頁。

劉子凡《黃文弼與顧頡剛——民國時期新疆考古與邊疆研究的交匯》,《西域
　　研究》2016 年 2 期,30—36 頁。

王冀青《斯坦因探訪鎖陽城遺址時間考》,《敦煌學輯刊》2016 年 1 期,1—
　　9 頁。

袁延勝、時軍軍《斯坦因考察活動與中國學術的拓展》,《中原文化研究》2016
　　年 5 期,48—55 頁。

(十二) 書評與學術動態

李宗俊《榮新江先生〈絲綢之路與東西文化交流〉評介》,《西域研究》2016 年
　　2 期,135—139 頁。

吳羽《資料與問題——劉安志〈新資料與中古文史論稿〉讀後》,《西域研究》
　　2016 年 2 期,140—143 頁。

張重洲《唐代邊疆史研究力作——評〈唐代前期(618—755)對安西四鎮的經
　　營〉》,《長江叢刊》2016 年 21 期,94 頁。

閆瑞佳《被風沙掩埋的輝煌——〈十至十四世紀回鶻王國的經濟和社會制度〉
　　解讀》,《新西部》(理论版)2016 年 10 期,75—76 頁。

馮培紅《粟特研究又一春——榮新江〈中古中國與粟特文明〉介評》,《敦煌吐
　　魯番研究(第十六卷)》,上海:上海古籍出版社,2016 年 10 月,411—
　　424 頁。

徐文堪《耿世民〈西域文史論稿〉讀後》,余太山、李錦繡主編《絲瓷之路Ⅴ:古
　　代中外關係史研究》,北京:商務印書館,2016 年 6 月,321—330 頁。

趙大旺《敦煌社邑研究的新視野——孟憲實〈敦煌民間結社研究〉述評》,《絲
　　路文明》第一輯,269—283 頁。

張蓓蓓《讀〈敦煌文學文獻叢稿〉(增訂本)》,《吐魯番學研究》2016 年 2 期,
　　138—143 頁。

乜小红《"絲綢之路出土民族契約研究國際學術論壇"綜述》,《西域研究》
　　2016 年 1 期,138—140 頁。

周珊、劉星《李白與絲綢之路國際學術研討會綜述》,《西域研究》2016 年 2
　　期,132—134 頁。

孫文傑《李白與絲綢之路國際學術研討會綜述》,《國際漢學研究通訊》第 12
　　期,北京:北京大學出版社,2016 年 6 月,396—404 頁。

周倩倩《"敦煌與絲綢之路"國際學術研討會綜述》,《敦煌學輯刊》2016 年 3

期,176—180 頁。

馬林《“絲綢之路與玉文化研討會”綜述》,《故宫博物院院刊》2016 年 1 期,
153—159 頁。

段真子《“西域出土文獻與絲綢之路歷史文化研討會”綜述》,《西域研究》
2016 年 4 期,132—135 頁。

叢德新、劉彬彬等《“跨越歐亞:從天山到阿爾泰山及其周邊地區的青銅時
代”國際學術研討會綜述》,《西域研究》2016 年 4 期,136—139 頁。

彭曉靜《2015 敦煌論壇:敦煌與中外關係國際學術研討會綜述》,《2016 敦煌
學國際聯絡委員會通訊》,上海:上海古籍出版社,2016 年 9 月,125—
134 頁。

袁苑《西域與東瀛——中古時代經典寫本國際學術研討會綜述》,《2016 敦煌
學國際聯絡委員會通訊》,上海:上海古籍出版社,2016 年 9 月,139—
141 頁。

尚永亮《唐碎葉與安西四鎮百年研究述論》,《浙江大學學報》2016 年 1 期,
39—56 頁。

曹利華、王啓濤《百年來吐魯番出土漢文文獻語言研究述論》,《西北民族大學
學報》2016 年 3 期,80—88 頁。

王繼青、楊紹固《新疆綠洲文化變遷述論》,《學術界》2016 年 2 期,197—
204 頁。

木沙江·艾力《古代維吾爾語曆法和占卜文獻及其研究現狀》,《喀什大學學
報》2016 年 1 期,68—72 頁。

霍旭初《龜兹佛教與石窟研究的新收穫》,《新疆師範大學學報》2016 年 6 期,
74—89 頁。

殷盼盼、李曉明《2015 年吐魯番學研究綜述》,《2016 敦煌學國際聯絡委員會
通訊》,上海:上海古籍出版社,2016 年 9 月,30—59 頁。

殷盼盼、李曉明《2015 年吐魯番學研究論著目錄》,《2016 敦煌學國際聯絡委
員會通訊》,上海:上海古籍出版社,2016 年 9 月,181—193 頁。

臧存艷《中國大陸回鶻文社會經濟文書及回鶻經濟史研究綜述》,《2016 敦煌
學國際聯絡委員會通訊》,上海:上海古籍出版社,2016 年 9 月,106—
124 頁。

李鳳艷《2015 年隋唐五代史研究綜述》,《中國史研究動態》2016 年 5 期,13—
19 頁。

湯士華《守護與傳承——吐魯番學研究院十周年成果綜述》,《吐魯番學研究》
2016 年 2 期,120—132 頁。

楊巨平《希臘化文明與絲綢之路關係研究的回顧與展望》,《北京師範大學學報》2016 年 6 期,78—90 頁。

張艷璐《沙俄的中國西北邊疆史地研究》,《西域研究》2016 年 2 期,123—131 頁。

張遠華《〈吐魯番出土文書〉圖文本與釋文本對照(三)》,《吐魯番學研究》2016 年 2 期,144—156 頁。

2014 年日本敦煌學研究論著目録

林生海(廣島大學)

一、論　文

1. 政治・地理

石見清裕《羈縻支配期の唐と鉄勒僕固部: 新出「僕固乙突墓誌」から見て》,《東方学》(127),1 - 17,2014 - 01。

葛継勇《東アジア情勢における祢軍の活動と官歴》,《朝鮮学報》(230),67 - 94,2014 - 01。

菅沼愛語《唐代の外交政策における“謀略”とその背景》,《史窓》(71),33 - 50,2014 - 02。

岩尾一史《古代チベット帝国の外交と「三国会盟」の成立》,《東洋史研究》72(4),748 - 716,2014 - 03。

白須淨眞《前涼・張駿の行政區畫改編と涼州・建康郡の設置: 改編年次に係わる司馬光の見解と考古資料による新見解》,《敦煌寫本研究年報》(8),1 - 18,2014 - 03。

山根直生《藩鎮再考》,《七隈史学》(16),228 - 210,2014 - 03。

川本芳昭《前近代における所謂中華帝国の構造についての覚書: 北魏と元・遼、および漢との比較》,《史淵》(151),1 - 40,2014 - 03。

菅沼愛語《和蕃公主を通じての唐の外交戦略》,《総合女性史研究》(3),5 - 26,2014 - 03。

小島浩之《唐代後半期の官僚人事と八儁》,《明大アジア史論集》(18),302 - 318,2014 - 03。

田頭賢太朗《律令軍事制度における部隊編成について: 日唐の比較を中心に》,《明大アジア史論集》(18),447 - 468,2014 - 03。

葛継勇《祢軍の倭国出使と高宗の泰山封禅: 祢軍墓誌の「日本」に寄せて》,《日本歴史》(790),1 - 17,2014 - 03。

万晋《唐安史之乱后的河南尹》,《明大アジア史論集》(18),266 - 280,2014 - 03。

速水大《開元 22 年の唐と契丹》,《明大アジア史論集》(18),189 - 206,2014 - 03。

会田大輔《北周武帝親政期・宣帝期における側近官の人的構成》,《明大アジア史論集》(18),94-111,2014-03。

堀井裕之《北魏の東西分裂と山東貴族:「隋・李希仁妻崔芷繁墓誌」を手掛かりに》,《明大アジア史論集》(18),72-93,2014-03。

菊地大《孫呉政権と国史『呉書』の編纂》,《明大アジア史論集》(18),36-50,2014-3。

山崎覚士《蘇軾の政治課題とその対策から見た北宋杭州》,《唐宋変革研究通訊》(5),11-29,2014-03。

山崎覚士《宋代明州城の都市空間と楼店務地》(下),《歴史学部論集》(4),85-104,2014-03。

長部悦弘《北魏孝文帝代の尚書省と洛陽遷都(3)宗室元氏の尚書省官への任官状況に焦点を当てて》,《人間科学:琉球大学法文学部人間科学科紀要》(31),193-217,2014-03。

山下將司《唐の「元和中興」におけるテュルク軍團》,《東洋史研究》72(4),553-587,2014-03。

藤野月子《契丹における中原王朝との婚姻に基づいた外交政策に対する認識について》,《史淵》(151),1-26,2014-03。

松下憲一《北魏部族解散再考:元萇墓誌を手がかりに》,《史学雑誌》123(4),35-58,2014-04。

齊藤茂雄《唐後半期における陰山と天徳軍:敦煌発現「駅程記断簡」(羽〇三二)文書の検討を通じて》,《関西大学東西学術研究所紀要》(47),71-99,2014-04。

野口優《後漢辺境における軍事防衛体制の転換》,《古代文化》66(1),69-90,2014-06。

山田勝久《楼蘭王国の盛衰を探る》,《シルクロード研究》(8),13-33,2014-05。

室山留美子《五胡十六国北魏時期の上谷寇氏》,《東方宗教》(123),23-40,2014-05。

宇野隆夫《中央アジアのシルクロード都市ダブシア城:ハイテクでアジアの交流史を考える》,《歴史と地理》(674),23-29,2014-05。

窪添慶文《北魏後期における将軍号》,《東洋文庫和文紀要》96(1),31-59,2014-06。

渡邉義浩《東アジア世界から「親魏倭王」を見なおす》,《歴史読本》59(7),116-121,2014-07。

金子修一《卑弥呼以前の倭を探る：倭奴国王と倭国王帥升をめぐる国際環境》,《歴史読本》59(7),128 – 133,2014 – 07。

赤木崇敏《ソグド人と敦煌》,《アジア遊学》(175),119 – 139,2014 – 08。

大澤孝《西突厥におけるソグド人》,《アジア遊学》(175),234 – 260,2014 – 08。

福島恵《長安・洛陽のソグド人》,《アジア遊学》(175),140 – 160,2014 – 08。

山根直生《唐宋両朝の地理的様態と境界：州等差の分析から》,《史学研究》(285),25 – 53,2014 – 09。

榎本淳一《遣唐使の役割と変質》,《岩波講座日本歴史》第 3 巻,253 – 284,岩波書店,2014 – 09。

前島佳孝《北周徒何標墓誌銘とその世系の再検討》,《人文研紀要》(79),111 – 138,2014 – 09。

小野響《後趙における君主と軍事力：石虎即位以前を中心として》,《立命館史学》(35),1 – 30,2014 – 11。

渡邉義浩《『抱朴子』の歴史認識と王導の江東政策》,《東洋文化研究所紀要》166,1 – 27,2014 – 12。

山田勝久《楼蘭王国の歴史と文学：王国の興亡の要因を中心として》,《二松学舎大学論集》(57),61 – 84,2014。

金子修一《歴史からみる東アジアの国際秩序と中国：西嶋定生氏の所論に寄せて(特集中国とむかいあう)》,《ワセダアジアレビュー》(16),18 – 23,2014。

    2. 社會・經濟

稲田奈津子《日本古代の服喪と追善》,《日本史研究》(618),34 – 54,2014 – 02。

松澤博《西夏文取引契約文書集(1)普渡寺關係取引契約文書について》,《東洋史苑》(82),1 – 181,2014 – 02。

山本孝子《公私書札禮と社會秩序：書儀に見る〈おおやけ〉と〈わたくし〉》,《敦煌寫本研究年報》(8),167 – 180,2014 – 03。

高瀬奈津子《穆宗期・文宗期における財政三司の人事の変遷と財政運営》,《明大アジア史論集》(18),281 – 301,2014 – 03。

河内春人《西大寺出土イスラム陶器の流通》,《明大アジア史論集》(18),432 – 446,2014 – 03。

陳濤《唐宋時期製墨業重心南移補論》,《明大アジア史論集》(18),336 – 344,2014 – 03。

石野智大《武周村落制度史料の復原的研究: 永清県文化館蔵「金輪石幢」の
　　実見調査をもとに》,《明大アジア史論集》(18),155-188,2014-03。

丸山裕美子《平安中後期の医学と医療》,《日本史研究》(619),1-18,
　　2014-03。

葭森健介《中国の「貴族」》,《歴史と地理》(674),48-51,2014-05。

石野智大《隋代郷里制下の里長について:「祕丹墓誌」を中心に》,《東方学》
　　(128),73-90,2014-07。

笛木司、松岡尚則、牧野利明等《敦煌本に基づく『本草経集注』の権衡と方寸
　　匕の量についての検討: 傷寒論成立時代の度量衡》,《日本東洋医学雑
　　誌》65(1),38-45,2014-07。

石野智大《唐代前期村落制度構造の再検討》,《唐代史研究》(17),20-46,
　　2014-08。

森部豊《ソグド人の東方活動史研究序説》,《アジア遊学》(175),4-14,
　　2014-08。

松井太《ソグドからウイグルへ》,《アジア遊学》(175),261-275,2014-08。

荒川正晴《トゥルファンにおけるソグド人》,《アジア遊学》(175),101-
　　118,2014-08。

石見清裕,《『天聖令(てんせいれい)』と唐のソグド人》,《アジア遊学》
　　(175),87-100,2014-08。

山下将司《北朝末~唐初におけるソグド人軍府と軍団》,《アジア遊学》
　　(175),161-173,2014-08。

森部豊《八世紀半ば~十世紀の北中国政治史とソグド人》,《アジア遊学》
　　(175),174-197,2014-08。

佐々木聡《『禮緯含文嘉』精魅篇的辟邪思想与鬼神観》,《復旦学報》2014 年
　　第 5 期,10-18,2014-10。

大澤正昭《唐末から宋初の基層社会と在地有力者: 郷土防衛・復興とその
　　後》,《上智史学》(58),17-72,2013-11。

黒田彰《崑崙図像》,《京都語文》(21),5-36,2014-11。

岩本篤志《国立国会図書館蔵敦煌文献小考》,《立正大学人文科学研究所年
　　報》(52),19-35,2014。

　　3. 法律・制度

丸橋充拓《中国射礼の形成過程:「儀礼」郷射・大社射と「大唐開元礼」のあ
　　いだ》,《社会文化論集: 島根大学法文学部紀要社会文化学科編》(10),
　　45-64,2014-03。

林韻柔《唐代「巡禮」活動的建立與開展》,《明大アジア史論集》(18),246－265,2014－03。

岡野誠《唐玄宗期の県令誡励二碑と公文書書式について：山東臨沂「勅処分県令碑」と陝西乾県「令長新誡碑」》,《明大アジア史論集》(18),207－224,2014－03。

町田隆吉《「唐咸亨四年(673)西州左憧憙墓誌」をめぐって：左憧憙研究覚書》(2),《国際学研究》(4),59－71,2014－03。

大知聖子《北魏後記の爵制とその特質：孝文帝の爵制改革を中心に》,《東洋文化研究》(16),31－58,2014－03。

服部一隆《日唐令の比較と大宝令》,《唐代史研究》(17),94－115,2014－08。

速水大《唐代の身分と職務の関係：天聖厩牧令からみた監牧制における身分と職務と給付》,《唐代史研究》(17),47－70,2014－08。

王博《唐代の講武礼について》,《史滴》(36),79－95,2014－12。

松本保宣《唐末五代前半期の朝儀について：入閣・起居・常朝を中心に》,《立命館東洋史學》(37),1－43,2014。

　4. 語言・文學

浅見洋二《眼中に歴歴として豳風を見る：陸游の詩にうたわれた楽土としての農村》,《懐徳》(82),35－45,2014－01。

小松謙《明代戲曲刊本の挿絵について》,《アジア遊学》(171),115－134,2014－02。

内田誠一《世継寂窓と王維の「輞川図」》,《安田女子大学紀要》(42),267－272,2014－02。

王晶波《中国古代"死而復生"故事的類型與演變》,《敦煌寫本研究年報》(8),19－29,2014－03。

永田知之《陳寅恪論及敦煌文獻續記：遺墨「敦煌研究」と講義「敦煌小説選讀」》,《敦煌寫本研究年報》(8),83－104,2014－03。

藤井律之《五胡十六国覇史輯佚補遺》,《敦煌寫本研究年報》(8),105－143,2014－03。

岩尾一史《再論「吐蕃論董勃藏修伽藍功德記」：羽 689 の分析を中心に》,《敦煌寫本研究年報》(8),205－215,2014－03。

高井龍《S.1519V「寺院收藏文獻目録(擬)」に見る 10 世紀敦煌の講唱體文獻》,《敦煌寫本研究年報》(8),145－166,2014－03。

高橋継男《唐初における国号〈隋〉字の字形変化：〈煬帝墓誌〉の発見によせて》,《アジア文化研究所研究年報》(49),42－19,2014。

黒田彰《郭巨図攷：呉強華氏蔵北魏石床脚部の孝子伝図について》,《文学部論集》(98),1－27,2014－03。

中村友香《「楊宝」条から見る二十巻本『捜神記』の編輯》,《アジア社会文化研究》(15),121－138,2014－03。

葛継勇《陳後主「臨行詩」の日本伝来とその受容：大津皇子「臨終一絶」の遡源をめぐって》,《日本漢文学研究》(9),1－26,2014－03。

黒田彰子、大秦一浩《和歌童蒙抄輪読》(11),《文芸論叢》(82),33－59,2014－03。

大橋由治《中華書局刊行新舊『捜神記』收録説話の對照》(1),《大東文化大学漢学会誌》(53),185－197,2014－03。

王国堯《中唐儒學復興運動與晚唐五代儒學》,《明大アジア史論集》(18),319－335,2014－03。

下定雅弘《杜甫における独善：最晩年の「南征」をめぐって》,《中国文史論叢》(10),13－39,2014－03。

橘千早《敦煌曲子詞の四声と旋律の関連性について》,《人文学報》(493),1－21,2014－03。

福山泰男《徐淑詩小考『俄蔵敦煌文献』所収残巻をめぐって》,《山形大学人文学部研究年報》(11),27－42,2014－03。

梁音《敦煌孝子伝：最古の二十四孝》,《名古屋外国語大学現代国際学部紀要》(10),127－143,2014－03。

高田時雄《パスパ文字の刻文をも須彌山研墨について》,《関西大学東西学術研究所紀要》(47),101－112,2014－04。

荒川慎太郎《疑似漢字とその「書物」(特集書物古今東西)》,《書物学》(2),86－84,2014－05。

会田大輔《『類要』中の『通暦』佚文について》,《汲古》(63),6－12,2013－06。

渡邊義浩《『史記』仲尼弟子列傳と『孔子家語』》,《中国：社会と文化》(29),119－133,2014－07。

吉田豊《ソグド文字の縦書きは何時始まったか》,《アジア遊学》(175),15－29,2014－08。

黒田彰子、大秦一浩《和歌童蒙抄輪読》(12),《文芸論叢》(83),42－62,2014－10。

今場正美《韋應物の前半生における閑居について》,《学林》(59),16－44,2014－11。

福田俊昭《『朝野僉載』に見える酷暴説話（後編）》,《東洋研究》(193),65 -
　102,2014 - 11。

辰巳正明《敦煌からの風》,《上代文学》(113),1 - 16,2014 - 11。

黒田彰《崑崙と獅子：祇洹寺図経覚書》,《京都語文》21,129 - 153,2014 - 11。

浅見洋二《宋代文学研究の新たな出発：日本宋代文学学会第一回大会報
　告》,《東方》(405),10 - 15,2014 - 11。

大渕貴之《『白氏六帖』の特質》,《中国文学論集》(43),95 - 104,2014 - 12。

松原朗《杜甫の詩に見える「石」：詩的認識における「型」の解體》,《中国詩
　文論叢》(33),147 - 171,2014 - 12。

丸井憲《貞元期における韓愈と孟郊の贈答詩について：比興と賦體の角度
　から》,《中国詩文論叢》(33),173 - 187,2014 - 12。

丸井憲《韓愈の青年期における交遊とその贈答詩の特徴：李観に贈った詩
　二首を中心に》,《中唐文学会報》(21),17 - 33,2014。

吉田豊《敦煌秘笈中のマニ教中世ペルシア語文書について》,《杏雨》(17),
　324 - 317,2014。

魯国堯《探賾索隱,鈎深致遠：平山久雄教授〈“大”字 da 音史研究〉述論》,
　《中国言語文化学研究》(3),3 - 12,2014。

後藤秋正《杜詩「瘞夭」考：謝宇衡論文の檢討を中心として》,《中国文化》
　(72),1 - 13,2014。

横田むつみ《中国における恋愛詩の誕生：唐代の妓女・女道士（おんなどう
　し）の詩に見える「相思」の語を逐って》,《中唐文学会報》(21),1 -
　16,2014。

黒田彰子、大秦一浩《和歌童蒙抄輪読》(13),《愛知文教大学論叢》(17),
　148 - 106,2014。

下定雅弘（司会）、市川桃子、緑川英樹等《訳注書刊行者のたちばから訳注を
　語る、訳注が語る：出版と読書会のむかし・いま・あした》,《中唐文学
　会報》(21),114 - 127,2014。

　　5. 宗教・思想

熊澤美弓、加藤弓枝《備後護国神社所蔵白澤図添付文書について》,《豊田工
　業高等専門学校研究紀》(46),153 - 162,2014 - 01。

中西俊英《華厳宗》（特集これでわかる日本仏教 13 宗）,《大法輪》81(1),
　65 - 67,2014 - 01。

倉本尚德《龍門北朝隋唐造像銘に見る淨土信仰の變容》,《東アジア仏教学
　術論集：韓・中・日国際仏教学術大会論文集》(2),135 - 165,2014 - 02。

荒見泰史《二月八日の出家踰城と敦煌の法會、唱導》,《敦煌寫本研究年報》
　(8),31－45,2014－03。

荒見泰史《唐代仏教儀礼及其通俗化(上)》,《アジア社会文化研究》(15),
　21－46,2014－03。

宮井里佳《中国仏教における因縁物語集:『金蔵論』に引用される『雑宝蔵
　経』について》,《印度學佛教學研究》62(2),593－599,2014－03。

大西磨希子《聖語藏の『寶雨經』: 則天文字の一資料》,《敦煌寫本研究年報》
　(8),69－82,2014－03。

二階堂善弘《二眼の二郎神》,《東アジア文化交渉研究》(7),217－228,
　2014－03。

二階堂善弘《道教における武神の発展: 元帥神を中心に》,《アジア遊学》
　(173),118－126,2014－03。

徐銘《敦煌本「七七齋」資料再考: その齋會のあり方を兼ねて》,《敦煌寫本
　研究年報》(8),181－193,2014－03。

吕德廷《〈敦煌秘笈〉部分佛教與道教文書定名》,《敦煌寫本研究年報》(8),
　195－204,2014－03。

岸田悠里《敦煌で流行した『仏母経』: 疑経の文化的受容の一端》,《龍谷大
　学佛教学研究室年報》18,19－36,2014－03。

江川式部《唐代の沙門勅葬について》,《明大アジア史論集》(18),135－154,
　2014－03。

吉田豊《中国江南制作のマニ教絵画によるトルファン出土資料の再解釈》,
　《奥田聖應先生頌寿記念インド学仏教学論集》,佼成出版社,1056－1065,
　2014－03。

佐藤裕亮《南北朝隋唐時代、弘農華陰の仏教者たち: 弘農楊氏と仏教をめぐ
　る予備的考察》,《明大アジア史論集》(18),112－134,2014－03。

櫻井智美《モンゴル時代の済涜祭祀: 唐代以来の岳瀆祭祀の位置づけの中
　で》,《明大アジア史論集》(18),381－397,2014－03。

羅翠恂《唐宋代四川地域の千手千眼観音菩薩像》,《明大アジア史論集》
　(18),345－359,2014－03。

田中公明《観音の語源再考: 羅什以前の漢訳に現れる尊名を中心に》,《印
　度學佛教學研究》62(2),529－538,2014－03。

宮井里佳《中国仏教における因縁物語集:『金蔵論』に引用される『雑宝蔵
　経』について》,《印度學佛教學研究》62(2),593－599,2014－03。

池田将則《天津市藝術博物館舊藏敦煌文獻『成實論疏』(擬題,津藝024)と

杏雨書所藏敦煌文獻『誠實論義記』卷第四(羽 182)》,《杏雨》(17),316 –
97,2014 – 03。

藤井淳《儒仏道三教交渉研究の新展開：最澄・空海将来姚旹撰『三教不斉
論』を中心として(第 64 回学術大会パネル発表報告)》,《印度學佛教學研
究》62(2),789 – 788,2014 – 03。

渡邉義浩《三国志の軍神像(関羽)》,《アジア遊学》(173),99 – 109,
2014 – 03。

菊地章太《あやかしのひそむ森：妖怪学から環境問題へ》,《エコ・フィロソ
フィ研究 Vol.8 別冊》(8),6 – 12,2014 – 03。

池麗梅《身を遺す僧と名を亡くした僧の遭遇：僧崖と亡名》,《鶴見大学仏
教文化研究所紀要》(19),51 – 105,2014 – 03。

長谷川智治《敦煌莫高窟壁画にみるモティーフの関連性：第二八五・二四
九窟について》,《佛教大学総合研究所紀要》(21),101 – 119,2014 – 03。

李子捷《Lankavatara-sutra(『楞伽経』)の二種如来蔵説：敦煌写本 P.3751 と日
本唯識文献中の佚文を中心として》,《印度學佛教學研究》62(2),572 –
575,2014 – 03。

大島幸代《敦煌地域における騎獅文殊像の駆者像について：胡人駆者と于
闐王》,《明大アジア史論集》(18),360 – 380,2014 – 03。

熊谷貴史《敦煌莫高窟(早期窟)における荘厳の一解釈》,《佛教大学総合研
究所紀要》(21),83 – 99,2014 – 04。

二階堂善弘《関帝信仰と周倉》,《関西大学東西学術研究所紀要》(47),71 –
85,2014 – 04。

吉田豊《敦煌秘笈中のマニ教中世ペルシア語文書について》,《杏雨》(17),
324 – 317,2014 – 04。

小山満《ササーン朝ゾロアスター教の強化による大乗仏教の東漸》,《シル
クロード研究》(8),1 – 12,2014 – 05。

向井佑介《墓中の神坐：漢魏晋南北朝の墓室内祭祀》,《東洋史研究》73(1),
1 – 34,2014 – 06。

中田美絵《唐代中国におけるソグド人と仏教》,《アジア遊学》(175),46 –
60,2014 – 08。

西野浩二《祭祀におけるモモの一試論》,《郵政考古紀要》(60),58 – 70,
2014 – 08。

辛嶋静志《論〈甘珠爾〉的系統及其対蔵訳仏経文献学研究的重要性》,《中国
蔵学》2014 年第 3 期,31 – 37,2014 – 08。

ファム・レ・フイ《ベトナムにおける安南都護高駢の妖術：その幻像と真相について》，水口乾記（編）《古代東アジアの「祈り」》，299－330，森話社，2014－09。

本井牧子《志水文庫藏『六道變相八大地獄圖』：十王・十三佛信仰にもとづく預修齋・融通念佛の遺品》，《国華》120（2），36－47，2014－09。

菊地章太《無爲と無事の渇仰：中国道教が求めるしあわせのありよう（〈特集〉しあわせと宗教）》，《宗教研究》88（2），241－261，2014－09。

荻原裕敏《トカラ語 B の「『出家功徳経』写本」断片について》，《東京大学言語学論集》35，233－261，2014－09。

渡邉義浩《葛洪の文學論と「道」への指向》，《東方宗教》（124），1－17，2014－11。

西本照真《杏雨書屋所藏三階教写本『普親観盲頓除十悪法』の基礎的研究》，《印度學佛教學研究》63（1），1－10，2014－12。

菅野博史《杏雨書屋所蔵『釋肇序抄義』の研究》，《印度學佛教學研究》63（1），480－472，2014－12。

渡邉義浩《張華『博物志』の世界観》，《史滴》（36），37－51，2014－12。

渡邉義浩《『抱朴子』の歴史認識と王導の江東政策》，《東洋文化研究所紀要》（166），1－27，2014－12。

大橋由治《東洋の學藝『捜神記』の夢》，《東洋文化》（110・111），18－29，2014－12。

西村陽子、北本朝展《地図史料批判に基づくシルクロード都市遺跡・高昌故城の遺構同定》，《じんもんこん 2014 論文集》2014（3），43－50，2014－12。

西本照真《杏雨書屋所蔵三階教写本『普親観盲頓除十悪法』の基礎的研究》，《印度學佛教學研究》63（1），1－10，2014－12。

奈良康明《仏教における共生（第六回神儒仏合同講演会 神儒仏の可能性：共生をめぐって）》，《東方》（30），59－70，2014。

    6. 考古・美術

大西磨希子《経典と絵画：敦煌の淨土教美術》，《京都・宗教論叢》（8），36－38，2014－01。

王維坤《中国出土の古代楽器と音楽文化：隋唐墓から出土した伎楽俑と楽器を中心として》，《アジア遊学》（170），108－124，2014－01。

内田誠一《世継寂窓と王維の「輞川図」》，《安田女子大学紀要》（42），267－272，2014－02。

西林孝浩《初唐末期における大画面変相図の新展開：敦煌莫高窟第二一七窟壁画を中心に（下川茂教授・竹山博英教授退職記念論集）》,《立命館文學》(635),790－780,2014－02。

關尾史郎《本貫の記憶と記録：敦煌張氏の場合》,《關尾史郎編『環東アジア地域の歴史と「情報」』》,5－26,2014－03。

關尾史郎《トゥルファン出土墓誌の本貫記載について：「本貫の記憶と記録」拾遺》,《資料学研究》(11),1－15,2014－03。

檜山智美《クチャ地域の仏教壁画に見られる花綱モチーフについて》,《仏教芸術》(333),70－91,2014－03。

山本忠尚《獣の雌雄は判るか：隋唐鏡に見える異形の獣（2）》,《古事：天理大学考古学・民俗学研究室紀要》18,1－14,2014－03。

佐藤智水、市川良文等《隋代における造塔・造像銘文の調査・研究》,《佛教文化研究所紀要》(52),22－71,2014－03。

倉本尚徳《北朝石刻資料よりみた『高王観世音経』の成立事情》,《明大アジア史論集》(18),51－71,2014－03。

伊藤敏雄《長沙呉簡中の「叩頭死罪白」文書木牘小考：文書木牘と竹簡との編綴を中心に》,《歴史研究》(51),29－48,2014－03。

關尾史郎《集安所在、高句麗壁画墓の基礎的整理：『洞溝古墓群 1997 年調査測絵報告』に関するメモ》,《環日本海研究年報》(21),62－70,2014－03。

氣賀澤保規《東アジアにおける「日本」の始まり：近年発見の百済人「祢軍墓誌」の理解をめぐって》,《白山史学》(50),1－22,2014－05。

八木春生《敦煌莫高窟唐前期諸窟における西方淨土変相図の展開》,《仏教芸術》(335),9－36/5－6,2014－07。

松井太《敦煌諸石窟のウイグル語題記銘文に關する箚記（二）》,《弘前大学人文学部人文社会論叢・人文科学編》(32),27－44,2014－08。

拝根興,王博、小二田章（訳）《新たに公開された在唐新羅人金日晟の墓誌について》,《史滴》(36),124－133,2014－12。

大西磨希子《綴織当麻曼荼羅の九品来迎図に関する復原的考察》,《印度學佛教學研究》63(1),97－104,2014－12。

西村陽子,北本朝展《地図史料批判に基づくシルクロード都市遺跡・高昌故城の遺構同定》,《じんもんこん2014 論文集》2014(3),43－50,2014－12。

山本忠尚《神仙人物旋回鏡に関する覚え書き》,《郵政考古紀要》(61),31－44,2014－12。

荒川正晴《大英図書館所蔵コータン出土木簡の再検討：木簡内容とその性格をめぐって》，《待兼山論叢》(48)，1－23，2014。

江川式部《唐代の奉勅撰墓誌について》，《法史学研究会会報》(18)，44－69，2014。

向井佑介《北魏平城の瓦工房：大同西冊田遺址採集瓦の研究》，《洛北史学》(16)，23－49，2014。

　　7. 文書・譯註

關尾史郎《「前秦建元廿年(三八四)三月高昌郡高寧縣都郷安邑里戸籍」新釈》，《東方学》(127)，35－49，2014－01。

高瀬奈津子、江川式部《『封氏聞見記』訳注》(1)，《札幌大学総合研究》(5)，44－27(逆)，2014－03。

尾崎裕《『太平廣記』夢部譯注(十一)》，《學林》(58)，172－199，2014－03。

徳永洋介(代表)《『唐六典』巻六・尚書刑部訳註稿(下)》，《「宋元時代の刑事政策とその展開」班》，2014－03。

梶山智史(訳注)《屠本『十六国春秋』序文輯録訳注》(1)，《明大アジア史論集》(18)，398－419，2014－03。

小谷仲男、菅沼愛語(訳注)《南北朝正史の沮渠蒙遜伝、氏胡伝、宕昌伝訳注》，《京都女子大学大学院文学研究科研究紀要・史学編》(13)，113－157，2014－03。

太平広記研究会《『太平広記』訳注(24)巻三百「神」(10)》，《中国學研究論集》(32)，27－50，2014－04。

今場正美《譯注 中国古代の占夢(3)》，《立命館白川静記念東洋文字文化研究所紀要》(8)，61－87，2014－07。

永井政之、程正、五十嵐嗣郎等《『宋会要』道釈部訓注(9)(石井修道教授退任記念 吉津宜英教授追悼号)》，《駒沢大学仏教学部論集》(45)，53－89，2014－10。

小寺裕、武田時昌、張替俊夫等(訳注)《『九章算術』訳注稿(15)》，《大阪産業大学論集・人文・社会科学編》22，1－30，2014－10。

大澤正昭《『居家必用事類全集』所収『山居録』の研究：訳注稿(1)》，《上智史学》(59)，103－126，2014－11。

太平広記研究会《『太平広記』訳注(25)巻三百一「神」》(11)，《中国學研究論集》(33)，58－78，2014－12。

中純子、幸福香織《『太平広記』楽部訳注稿(1)》，《中国文化研究》(30)，113－131，2014。

8. 動向・調査

加藤九祚《ネフスキーとカラテパの発掘》,《文芸春秋》92(2),82－84,
　　2014－01。

白須淨眞《中国の内陸アジア研究の新動向と日本の課題:「黄文弼与中瑞西
　　北科学考査団国際学術研討会」の紹介》,《東洋史苑》(82),25－34,
　　2014－02。

荻原裕敏《中国における黄文弼研究の動向について: 国際学術研討会『黄文
　　弼与中瑞西北科学考査団』》,《東方》(396),9－13,2014－02。

玄幸子《関西大学図書館蔵抄本『新刊監本増注司牧療馬安驥集』について》,
　　《関西大学外国語学部紀要》(10),71－82,2014－03。

柴田幹夫《大谷光瑞と台湾: 高雄「逍遙園」を中心にして》,《宗教研究・別
　　冊》87,259－260,2014－03。

王素、葛継勇(訳)《中国簡牘整理研究的新進展》,《国立歴史民俗博物館研
　　究報告》(186),259－275,2014－03。

高田時雄《日本における大唐西域記》,《図書》(786),2－7,2014－08。

柴田幹夫《国際シンポジウム「広域アジアにおける大谷光瑞の活動」に寄せ
　　て》,《近代仏教》(21),145－151,2014－08。

妹尾達彦《国際会議"神聖的空間与空間的神聖: 中古中国宗教中空間因素的
　　構成与展開"(復旦大学 2013 年 8 月 16 日・17 日)に出席して》,《唐代史
　　研究》(17),183－190,2014－08。

岡田和一郎《北朝国制史の研究動向》,《中国史学》(24),121－138,
　　2014－10。

土屋昌明、ヴァンサン ゴーサール《第一回日佛中国宗教研究者會議につい
　　て》,《東方宗教》(124),82－92,2014－11。

齋藤龍一《国際學会動向 韓国国立中央博物館特別展「韓国の道教文化」及
　　び關連シンポジウム報告》,《東方宗教》(124),75－81,2014－11。

片山章雄《大谷光瑞の業績: 探検隊収集将来品をめぐって(二楽荘と大谷探
　　検隊: シルクロード研究の原点と隊員たちの思い)》,《聚美》(13),74－
　　78,2014。

9. 書評・介紹

新見まどか《馮金忠著『唐代河北藩鎮研究』》,《史泉》(119),17－23,
　　2014－01。

江川式部《廣瀬憲雄著『東アジアの国際秩序と古代日本』》,《史学雑誌》
　　123(1),90－99,2014－01。

榎本淳一《渡邊誠著『平安時代貿易管理制度史の研究』》,《史学雑誌》123(2),253-259,2014-02。

松原朗《金文京著『李白：漂泊の詩人 その夢と現実』》,《和漢比較文学》(52),72-87,2014-02。

山田伸吾《山田智・黒川みどり共編『内藤湖南とアジア認識：日本近代思想史からみる』》,《中国研究月報》68(3),27-32,2014-03。

山下将司《森部豊著『世界史リブレット人シリーズ018：安禄山「安史の乱」を起こしたソグド軍人』》,《内陸アジア史研究》(29),153-154,2014-03。

福島恵《森部豊著『安禄山：「安史の乱」を起こしたソグド人』》,《史學雜誌》123(3),464-465,2014-03。

石見清裕《藤野月子著『王昭君から文成公主へ：中国古代の国際結婚』》,《法制史研究》(63),243-248,2014-03。

江川式部《佐立治人著「ゆく人くる人：唐儀制令行路条の『去避来』について」》,小野達哉著「唐代後半の路偶礼と官人の秩序」》,《法制史研究》(63),260-264,2014-03。

岡野誠《辻正博「敦煌・トルファン出土唐代法制文献研究の現在」》,《法制史研究》(63),272,2014-03。

丸山裕美子《ロシア科学アカデミー東洋写本研究所蔵「索靖月儀帖」断簡についての基礎的考察》,《愛知県立大学文字文化財研究所年報》(6),106-91,2013-03。

古勝隆一《榎本淳一編『古代中国・日本における学術と支配』》,《史学雑誌》123(4),594-599,2014-04。

荒見泰史《敦煌学を志す初学者のための指南書：郝春文・山口正晃訳/高田時雄監訳 よみがえる古文書：敦煌遺書》,《東方》(399),31-35,2014-05。

田村俊郎《渡會顯編『十三佛の世界：追善供養の歴史・思想・文化』》,《東方宗教》(123),83-89,2014-05。

濱田耕策《古瀬奈津子編『広開土王碑拓本の新研究』》,《日本歴史》(792),107-109,2014-05。

遠藤慶太《榎本淳一編『古代中国・日本における学術と支配』》,《日本歴史》(793),110-112,2014-06。

藤井律之《岡部毅史氏による拙著『魏晋南朝の遷官制度』書評への疑義》,《古代文化》66(1),110-112,2014-06。

蓑輪顕量《嵯峨井建著『神仏習合の歴史と儀礼空間』》,《宗教研究》88(1),
149 - 154,2014 - 06。

遠藤隆俊《森公章著『成尋と参天台五臺山記の研究』》,《史学雑誌》123(6),
1172 - 1179,2014 - 06。

藤本誠《山口敦史著『日本霊異記と東アジアの仏教』》,《日本歴史》(794),
98 - 100,2014 - 07。

佐川英治《余欣主編『中古時代的礼儀、宗教与制度』》,《社会と文化》(29),
302 - 311,2014 - 07。

赤羽目匡由《古瀬奈津子編『広開土王碑拓本の新研究』》,《唐代史研究》
(17),155 - 161,2014 - 08。

赤羽目匡由《濱田耕策著『朝鮮古代史料研究』》,《唐代史研究》(17),146 -
154,2014 - 08。

会田大輔《前島佳孝著『西魏・北周政権史の研究』》,《唐代史研究》(17),
126 - 136,2014 - 08。

堀井裕之《高橋継男編『中国石刻関係図書目録(2008 - 2012 前半)稿』梶山
智史編『北朝隋代墓誌所在総合目録』》,《唐代史研究》(17),169 - 182,
2014 - 08。

闞正宗(稿),坂井田夕起子(訳)《柴田幹夫編大谷光瑞「国家の前途」を考え
る》,《近代仏教》(21),183 - 186,2014 - 08。

丸山裕美子《金子修一主編『大唐元陵儀注新釈』》,《唐代史研究》(17),137 -
145,2014 - 08。

下定雅弘《柳文研究に大きな突破口[竹田晃編 柳宗元古文注釈:説・伝・
騒・弔 新典社注釈叢書 23]》,《東方》(403),22 - 25,2014 - 09。

野世英水《近代アジアを駆け抜けた一人の巨大な日本人[柴田幹夫著 大谷
光瑞の研究:アジア広域における 諸活動]》,《東方》(404),22 - 27,
2014 - 10。

市来弘志《前島佳孝著『西魏・北周政権史の研究』》,《中国研究月報》
68(10),45 - 46,2014 - 10。

飯田祥子《渡邉義浩編『第四回日中学者中国古代史論壇論文集:中国新出資
料学の展開』》,《中国研究月報》68(10),47 - 48,2014 - 10。

遠藤星希《中国詩文研究會松原朗編『生誕千三百年記念 杜甫研究論集』》,
《中国文學報》85,140 - 157,2014 - 10。

戸川貴行《渡辺信一郎著『中国古代の楽制と国家—日本雅楽の源流』》,《史
学雑誌》123(11),2017 - 2023,2014 - 11。

倉本尚德《久野美樹著『唐代龍門石窟の研究：造形の思想的背景について』》,《史学雑誌》123(12),2186-2194,2014-12。

川邊雄大《柴田幹夫著『大谷光瑞の研究：アジア広域における諸活動』》,《News letter》(26),101-106,2014-12。

稲田奈津子《鈴木靖民、金子修一、石見清裕、浜田久美子編『訳註 日本古代の外交文書』》,《日本歴史》(799),96-98,2014-12。

玄幸子《敦煌写本を扱うための必読書[張涌泉著 敦煌写本文献学]》,《東方》(406),24-27,2014-12。

冨谷至著《『漢律から唐律へ：裁判規範と行爲規範』》,《法制史學會年報》(64),382-384,2014。

清水浩一郎《平田茂樹著『宋代政治構造研究』》,《集刊東洋学》(110),111-125,2014。

10. 學者・其他

高田時雄《李滂と白堅(三補)》,《敦煌寫本研究年報》(8),217-223,2014-03。

關尾史郎《哀悼鶴田一雄会長》,《東アジア：歴史と文化》(23),横1-2,2014-03。

北川俊昭《杜佑列伝考：その人物像をめぐって》,《明大アジア史論集》(18),225-245,2014-03。

《氣賀澤保規教授主要業績目録：(氣賀澤保規教授の履歴)》,《明大アジア史論集》(18),卷頭12-16,2014-03。

氣賀澤保規《隋唐時代への彷徨40年：私の歩んだ中国史》,《明大アジア史論集》(18),卷頭2-11,2014-03。

渡辺信一郎《小経営生産様式概念の系譜：日本中世史研究から中国古代史研究へ》,《唐宋変革研究通訊》(5),51-59,2014-03。

中村正人(代表),《『唐代を中心とする中国裁判制度の基礎的研究』(平成22~25年度科学研究費補助金・基盤研究C研究成果報告書)》:91-104,2014-03。

戶川芳郎、神塚淑子、木山英雄等《戶川芳郎先生を圍んで(特集座談會「學問の思い出」：創立六十五周年記念)》,《東方学》,1-39,2014-05。

柴田幹夫《大谷光瑞師と台湾高雄『逍遙園』》,《台湾協会報》(717),2014-06。

氣賀澤保規《私が東洋史を志したころ(この道を選んだ理由)》,《東方》(400),6-8,2014-06。

梅村坦《追悼 庄垣内正弘先生 庄垣内正弘さんを偲ぶ》,《東方学》128,207 -
　209,2014 - 07。

妹尾達彦《追悼・渡邊孝君》,《唐代史研究》(17),194 - 197,2014 - 08。

葭森健介《徳島県美馬町出身の東洋史研究者をめぐって：佐田豊八と曽我
　部静雄の郷里郡里》,《書論》(40),197 - 199,2014 - 08。

吉田豊《庄垣内正弘先生の文献言語学(追悼 庄垣内正弘先生)》,《言語研
　究》(146),137 - 140,2014 - 09。

二階堂善弘《台湾・香港の論文データベース(特集東洋学論文検索指南)》,
　《漢字文献情報処理研究》(15),65 - 69,2014 - 10。

小島浩之《中国・台湾の古典籍検索(2013〜2014 レビュー＆リソース紹
　介)》,《漢字文献情報処理研究》(15),126 - 135,2014 - 10。

冨谷至(代表)《『国際シンポジウム 東アジアにおける犯罪と道徳』(2013
　年度科学研究費補助金 基盤研究(A)課題番号：2324042)》,《京都大学人
　文科学研究所》,2014。

国立歴史民俗博物館、松尾恒一編《東アジアの宗教文化：越境と変容》,東
　京：岩田書院,2014 - 03。

康保成著、王暁葵訳《儀礼と信仰の東アジア舞楽「蘭陵王」》,25 - 34,同上。

尹光鳳《日韓中世における国家の仏教儀礼と芸能の相関》,43 - 60,同上。

王霄冰著、徐銘訳《中国における孔子祭儀礼の形成と中日韓での伝承の比
　較考察》,79 - 107,同上。

松尾恒一《死霊をめぐる神楽と鎮魂》,117 - 145,同上。

荒見泰史《九、十世紀中国における斎会の隆盛と十王信仰》,271 - 288,
　同上。

アレクサンダー・メイヤー著,荒見泰史、松尾恒一訳《中国の仏教修行にお
　ける経典と講釈の意義・特質の考察》,289 - 312,同上。

徐銘《唐・五代時期における敦煌の仏教と葬送儀礼》,313 - 327,同上。

林温編《図像学Ⅱ(イメージの成立と伝承〔淨土教・説話画〕)》,東京：竹林
　舎,2014 - 05。

田林啓《敦煌石窟における特異な説話図をめぐって》,29 - 51,同上。

大西磨希子《淨土教美術・九品来迎図考》,179 - 203,同上。

勝木言一郎《敦煌壁画の阿弥陀淨土変相に描かれた鳥類の図像》,204 -
　219,同上。

古川攝一《大英博物館所藏「不空羂索観音二神將像」再考》,404‒420,同上。

東方學研究論集刊行會編《東方學研究論集:高田時雄教授退職記念》,《東方學研究論集刊行會》,2014‒06。

【日英文分册】

木田章義《序文》,1‒2,同上。

《高田時雄教授の學問》,3‒24,同上。

赤尾榮慶《隋經『阿難見水光瑞經』の出現》,25‒33,同上。

荒見泰史《敦煌の佛教儀禮と講唱文學:P.2091『讚釋文』、『踰城日文』を中心として》,34‒45,同上。

池田巧《藏文注音西夏佛經 Or.12380‒1842(K.K.Ⅱ.0234.k)試釋》,46‒64,同上。

岩尾一史《敦煌の十萬頌般若經用紙の再利用》,65‒74,同上。

上野隆三《北宋期の呉庸という人物について:『水滸傳』の呉用との關連から》,75‒88,同上。

榮新江《「蘭亭序」および「尚想黃綺」帖の西域における流傳》,89‒104,同上。

木津祐子《琉球稿本『官音簡要揀選六條』について》,105‒118。

玄幸子《岩瀨文庫藏『俗語解』にみる江戸後期漢籍受容の實態:『字彙』『字彙補』『正字通』『訓蒙字會』を例として》,119‒130,同上。

坂内千里《『説文解字繫傳』「通論篇」引用書考》,131‒142,同上。

高橋智《種德堂本『春秋經傳集解』について》,143‒152,同上。

永田知之《『唐詩類選』雜考:類書と唐人選唐詩》,153‒163,同上。

中西裕樹《ショオ語の所有者表現:中国南部における地域特徴の殘存》,164‒180,同上。

西村陽子、北本朝展《高昌故城調査の統合による探檢隊調査遺構の同定:地圖史料批判に基づく都市遺跡・高昌の復原》,181‒196,同上。

濱田麻矢《青い服の少女:張恨水、張愛玲における女學生イメージ》,197‒209,同上。

エリカ・フォルテ《コータン地區ドモコ發見トプルクトン1号佛寺と瞿摩帝寺傳説》,210‒227,同上。

道坂昭廣《日・中における正倉院藏「王勃詩序」の"發見"について》,228‒240,同上。

宮紀子《江戸時代に出土した博多聖福寺の銀錠について》,241‒253,同上。

本井牧子《新出の『金藏論』敦煌寫本》,254－267,同上。

森賀一惠《「假」字音義辨析》,268－281,同上。

山本孝子《『婚禮新編』卷之一所收「書儀」初探》,282－293,同上。

吉田豐《中世イラン語と中古漢語:「沙に消えた中国語」をめぐって》,294－302,同上。

Huaiyu Chen,Notes on the medieval Buddhist stone sūtras from Qionglai,Sichuan,303－319,同上。

Jean-Pierre Drège,An introduction to materiality and text organization in early and medieval Chinese manuscripts,320－331,同上。

Leopold Eisenlohr & Victor Mair,Ashige and Wang Daiyu encountering Buddhism in the Yimani Muzhimoluo and Xizhen Zhengda,332－368,同上。

Imre Galambos,New incarnations of old texts,369－389,同上。

Ochiai Toshinori,Assigning a title to Dunhuang document pelliot 2196 on the basis of the version among ancient Japanese manuscripts,390－400,同上。

Irina Popova,Depictions of tributaries of the August Qing 皇清職貢圖 and Hyacinth Bichurin's first album,401－415,同上。

Stephen F・Teiser,The most common healing liturgy at Dunhuang,416－437,同上。

Wang Ding,Tablecloth and the Chinese Manichaean hymn Shou shidan ji 收食單偈,438－454,同上。

Abdurishid Yakup,On the old Uyghur translations of the Buddhāvataṃsaka sūtra,455－467,同上。

Peter Zieme,Fragments of a Chinese,468－482,同上。

【中文分册】

高田時雄教授之學問。

蔡榮婷《〈俄藏黑水城文獻〉"亡牛偈"考釋》,21－33,同上。

柴劍虹《談"別釋":讀〈吐魯番考古記〉劄記之一》,34－40,同上。

鄧文寬《中國古代的"曆日"和"日曆"》,41－48,同上。

方廣錩《国圖敦煌特藏〈大般若經〉的文物狀態概覽》,49－66,同上。

馮錦榮《十七、十八世紀歐洲科學儀器製造家與清宮典藏天文儀器》,67－80,同上。

馮培紅《法藏敦煌文獻 P.2207 Pièce1－4 考釋》,81－94,同上。

高啟安《吐魯番出土"餃子"名物考》,95－112,同上。

郝春文《一件新發現的敦煌寫本〈論語注〉跋》,113－119,同上。

黃耀堃《讀〈四聲等子序〉小記》,120－133,同上。

金瀅坤《中唐科舉改革與存廢之爭》,134－145,同上。

李孝聰《梵蒂岡人類學博物館藏長城圖探研》,146－155,同上。

劉屹《〈真文要解上經〉考論》,156－163,同上。

劉永明《晚唐五代敦煌道教的基本背景與道觀問題》,164－179,同上。

劉玉才《翁方綱與朝鮮金阮堂論學書札述議》,180－188,同上。

孟憲實《略論唐朝祥瑞制度》,189－204,同上。

沈寶春《論〈汗簡〉、〈古文四聲韻〉引李商隱〈字略〉書名異稱溯因》,205－219,同上。

史睿《唐代法書鑒藏家的譜系:從武平一到司空圖》,220－236,同上。

氏岡真士《鄭喬林本〈水滸〉的特徵》,237－246,同上。

孫寧、劉進寶《唐宋之際敦煌僧人榮譽攷論》,247－259,同上。

王国良《談敦煌所藏唐代古體小説整理研究之成果:以〈周秦行記〉爲例》,260－271,同上。

王三慶《敦煌文獻北圖藏本 7677(夜 98)〈咒食施一切面然餓鬼飲食水法〉研究》,272－282,同上。

吳聖雄《試論〈洪武正韻〉"覃"韻的性質》,283－302,同上。

余欣《〈相鶴經〉考》,303－315,同上。

張涌泉《敦煌變文整理之展望》,316－328,同上。

趙和平《武則天出家寺院考》,329－347,同上。

鄭阿財《吳其昱先生抄集〈酒城酬唱集〉手稿及其箋識》,348－359,同上。

鄭炳林、魏迎春《敦煌寫本 P.4873〈籯金〉殘卷考釋》,360－370,同上。

鍾翀《〈天津城廂形勢全圖〉考》,371－383,同上。

朱鳳玉《爭奇文學〈燕子賦〉與〈貓鼠相告〉之比較研究》,384－396,同上。

朱玉麒《從告於廟社到告成天下:清代西北邊疆平定的禮儀重建》,397－412,同上。

二、著　　書

渡辺滋《日本古代文書研究》,京都:思文閣出版,2014－01。

土屋聡《六朝寒門文人鮑照の研究》,東京:汲古書院,2014－01。

吉田亮太《春秋戦国政治外交史:国際関係論の視座より》,名古屋:三惠社,2014－02。

好並隆司《後漢魏晉史論攷:好並隆司遺稿集》,広島:溪水社,2014－02。

廣瀬憲雄《古代日本外交史:東部ユーラシアの視点から読み直す》,東京:

講談社,2014 - 02。

《西蔵仏教宗義研究》(第 10 巻),東京: 東洋文庫,2014 - 03。

角谷常子(編)《東アジア木簡学のために》,奈良: 奈良大学,2014 - 03。

武田佐知子(編)《交錯する知: 衣装・信仰・女性》,京都: 思文閣出版,2014 - 03。

關尾史郎編著《環東アジア地域の歴史と「情報」》,東京: 知泉書館,2014 - 03。

河添房江《唐物の文化史: 舶来品からみた日本》,東京: 岩波書店,2014 - 03。

小南一郎《唐代伝奇小説論: 悲しみと憧れと》,東京: 岩波書店,2014 - 03。

渡邊将智《後漢政治制度の研究》,東京: 早稲田大学出版部,2014 - 03。

山本孝子《敦煌吉凶書儀の言語に反映される社會環境》,京都大學博士論文,2014 - 03。

東京文化財研究所《敦煌壁画の保護に関する日中共同研究 2013》,東京: 国立文化財機構東京文化財研究所,2014。

東京文化財研究所《敦煌芸術の科学的復原研究: 壁画材料の劣化メカニズムの解明によるアプローチ》,東京: 国立文化財機構東京文化財研究所,2014。

大野裕司《戦国秦漢出土術数文献の基礎的研究》,札幌: 北海道大学出版会,2014 - 04。

落合淳思《漢字の成り立ち:『説文解字』から最先端の研究まで》,東京: 筑摩書房,2014 - 04。

今村与志雄(翻訳)《唐宋伝奇集(上)》,東京: 岩波書店,2014 - 04。

今村与志雄(翻訳)《唐宋伝奇集(下)》,東京: 岩波書店,2014 - 05。

柴田幹夫《大谷光瑞の研究: アジア広域における諸活動》,東京: 勉誠出版,2014 - 05。

L・ウォーナー著,劉学新(訳)、茂木雅博(監訳)《遙かなる敦煌への道》,東京: 同成社,2014 - 05。

東方学研究論集刊行会(編)《高田時雄教授退職記念・東方学研究論集(日英文分冊/中文分冊)》,京都: 臨川書店,2014 - 06。

中村裕一《大唐六典の唐令研究:「開元七年令」説の検討》,東京: 汲古書院,2014 - 06。

佐藤文子、原田正俊、堀裕(編)《仏教がつなぐアジア: 王權・信仰・美術》,東京: 勉誠出版,2014 - 06。

牧田諦亮著作集編集委員会編《『牧田諦亮著作集』第 1 巻（疑経研究）》,京都：臨川書店,2014‐07。

森部豊（編）《ソグド人と東ユーラシアの文化交渉》,東京：勉誠出版,2014‐08。

《『牧田諦亮著作集』第 6 巻（淨土教研究・徹定上人研究）》,京都：臨川書店,2014‐09。

白須淨眞（編）《大谷光瑞とスヴェン・ヘディン：内陸アジア探検と国際政治社会》,東京：勉誠出版,2014‐09。

池田温《唐史論攷：氏族制と均田制》,東京：汲古書院,2014‐10。

奈良文化財研究所（編）《地下の正倉院展 木簡を科学する》,奈良文化財研究所,2014‐10。

大渕貴之《唐代勅撰類書初探》,東京：研文出版,2014‐10。

《『牧田諦亮著作集』第 7 巻（宋代仏教から現代仏教）》,京都：臨川書店,2014‐11。

岡村敬二《京大東洋学者：小島祐馬の生涯》,京都：臨川書店,2014‐11。

田中良昭、程正《敦煌禅宗文献分類目録》,東京：大東出版社,2014‐12。

籾山明、佐藤信（編）《文献と遺物の境界Ⅱ：中国出土簡牘史料の生態的研究》,東京：東京外国語大学アジア・アフリカ言語文化研究所,2014‐12。

藤井康隆《中国江南六朝の考古学研究》,東京：六一書房,2014‐12。

《2013 年日本敦煌學相關論著目録》增補

山根清志《宋書孝義伝にみえる自売十夫と雇傭制》,《福井大学教育地域科学部紀要》(3),62‐72,2013‐01。

辰巳正明《大学院短期招聘研究員講演会紹介 王凱氏（中国・南開大学専任講師） 古代日本と大陸移民》,《国学院大学大学院紀要・文学研究科》45,103‐108,2013。

奈良康明《法話 ブッダとキリスト：慈悲と愛について》,《大法輪》80(2),22‐26,2013‐02。

倉本尚徳《林慮山と白鹿山：北朝時代の太行山脈一帯における僧の修行地の問題について》,《印度學佛教學研究》61(2),767‐771,2013‐03。

倉本尚徳、赤羽奈津子《中国山西省仏教遺跡および現代仏教の実態調査》,《2012 年度研究報告書》,303‐313,2013‐03。

ギャル・ケサン、倉本尚徳《〈3・ワーキングペーパー：研究論文〉チベット族居士の伝承と村落文化》,《2012 年度研究報告書》,269‐277,2013‐03。

荻原裕敏《多様な中央アジア仏教におけるトカラ仏教の位置づけ》,《2012 年度研究報告書》,471 - 493,2013 - 03。

鈴木宏節《森安孝夫編『ソグドからウイグルヘ-シルクロード東部の民族と文化の交流』》,《内陸アジア史研究》(28),160 - 161,2013 - 03。

西本照真《三階教写本『人集録明諸経中対根浅深発菩提心法』: 一巻の基礎的研究》,《印度學佛教學研究》61(2),1003 - 997,2013 - 03。

戴燕,佐藤禮子(譯)《六朝文學研究の趨勢および私の見解》,《六朝學術學會報》14,143 - 162,2013 - 03。

佐藤智水、市川良文、倉本尚德等《隋代における造塔・造像銘文の調査・研究》,《龍谷大学仏教文化研究所紀要》52,22 - 71,2013。

唐忠毛,倉本尚德(訳)《中国仏教における近代性の位相、特徴と問題》,《東アジア仏教研究》(11),87 - 106,2013 - 05。

中田裕子《森安孝夫編『ソグドからウイグルヘ: シルクロード東部の民族と文化の交流』》,《東洋史研究》72(1),155 - 166,2013 - 06。

荻原裕敏《阿含経典に関連する三点のトカラ語 B 断片について》,《東京大学言語学論集》34(eTULIP),2013 - 09。

荻原裕敏《トカラ語 B《Udānālaṅkāra》に於ける Avadāna 利用について(2)》,《東京大学言語学論集》34,97 - 109,2013 - 09。

大澤正昭、佐々木愛、松浦晶子等《浙江省北・中部歴史調査報告:『清明集』的世界の地理的環境と文化的背景〈杭州・金華・蘭渓篇〉(坂野良吉先生退職記念号)》,《上智史学》(58),145 - 175,2013 - 11。

岸田悠里《中国における涅槃変相図と『釈迦譜』: 山西省博物館所蔵涅槃変碑像を一例として》,《龍谷大学大学院文学研究科紀要》(35),17 - 32,2013 - 12。

トリノ ロビン《『禪本草』と袁中道の『禪門本草補』:『禪本草』の原形と清代における両者の混同(吉田公平博士記念号)》,《東洋学研究》(50),396 - 384,2013。

2015 年日本敦煌學研究論著目録

林生海（廣島大學）

一、論 文

1. 政治·地理

松井太《古ウイグル語行政命令文書に「みえない」ヤルリグ》,《人文社会論叢·人文科学篇》(33),55-81,2015-02。

小谷仲男《煌懸泉漢簡に記録された大月氏の使者》,《史窓》(72),122-100,2015-02。

会田大輔《北周司会考：六官制と覇府の関係をめぐって》,《東洋学報》96(4),31-57,2015-03。

葭森健介《「共同体論」と「儒教社会主義論」：谷川道雄と溝口雄三の「公」·「私」概念をめぐって》,《名古屋大学東洋史研究報告》(39),1-23,2015-03。

髙村武幸《中国古代文書行政における書信利用の濫觴》,《駿台史学》(154),31-50,2015-03。

川西裕也《高麗の国家体制と公文書》,《史苑》75(2),231-256,2015-03。

長部悦弘《北魏孝文帝代の尚書省と洛陽遷都(4)宗室元氏の尚書省官への任官状況に焦点を当てて》,《人間科学：琉球大学法文学部人間科学科紀要》(32),9-31,2015-03。

赤羽目匡由《渤海使の大宰府航路(朝鮮半島東岸航路)をめぐって(奥村哲教授·木村誠教授記念論文集)》,《人文学報》(505),1-33,2015-03。

柴田昇《楚漢戦争の展開過程とその帰結(上)》,《紀要》(44),15-30,2015-03。

片山章雄《鮮卑の祖先窟の伝達と突厥の祖先窟の伝承》,《専修大学社会知性開発研究センター古代東ユーラシア研究センター年報》(1),9-17,2015-03。

藤野月子《唐と突騎施との和蕃公主》,《七隈史学》(17),75-86,2015-03。

佐藤貴保《モンゴル帝国軍侵攻期における西夏王国の防衛態勢：1210年に書かれた行政文書の解読を通して》,《比較文化研究》(25),83-95,2015-03。

拝根興,王博(訳)《使者の往来と唐代東アジアの文化交流: 新発見の唐代墓誌碑刻資料を中心に》,《専修大学社会知性開発研究センター古代東ユーラシア研究センター年報》(1),51‐67,2015‐03。

丸橋充拓《唐代における戦争の記録と記憶: 露布・史書・紀功碑・軍楽》,《社会文化論集: 島根大学法文学部紀要社会文化学科編》(11),65‐81,2015‐03。

山崎覚士《大唐帝国が求めた日本の牛角: 中国から見た遣唐使(特集遣唐使像を問い直す)》,《歴史地理教育》(833),14‐19,2015‐04。

小野響《石虎即位以後における後趙の政変に関する一考察: 君主位に対する理解を中心に》,《東洋史苑》(84),29‐60,2015‐06。

河上麻由子《「職貢圖」とその世界観》,《東洋史研究》74(1),1‐38,2015‐06。

新見まどか《唐武宗期における劉稹の乱と藩鎮体制の変容》,《史學雜誌》124(6),1077‐1113,2015‐06。

会田大輔、齊藤茂雄《唐初における鮮卑系官人の諸相: 和泉市久保惣記念美術館所蔵墓誌を中心に》,《史泉》(122),21‐33,2015‐07。

鈴木宏節《唐の羈縻支配と九姓鉄勒の思結部》,《内陸アジア言語の研究》XXX,223‐255,2015‐07。

渡邊将智《後漢における側近官の再編》,《東方学》(130),19‐35,2015‐07。

王安泰《渤海国的開国爵与政治体系》,《唐代史研究》(18),92‐106,2015‐08。

佐川英治《中国古代の「漢民族」について教えてください》,《歴史と地理》(686),45‐47,2015‐08。

渡辺信一郎《天子無外: 常処と周遊(公開シンポジウム 移動する王権と都市空間: 前近代東アジアの権力と都市)》,《鷹陵史学》(41),45‐53,2015‐09。

村井恭子《河西と代北: 九世紀前半の唐北邊藩鎮と遊牧兵》,《東洋史研究》74(2),225‐260,2015‐09。

渡邉義浩《後漢の匈奴・烏桓政策と袁紹》,《早稲田大学総合人文科学研究センター研究誌》3,534‐524,2015‐10。

森安孝夫《東ウイグル帝国カリチョル王子墓誌の新研究》,《史艸》(56),1‐39,2015‐11。

菅沼愛語《約 10 回の唐・吐蕃会盟(706~821 年)の様相: 唐から見た吐蕃との外交交渉》,《日本西蔵学会々報》(61),43‐59,2015‐11。

金子修一《則天武后：女帝と祭祀(ジェンダーの中国史)》,《アジア遊学》
　(191),78－90,2015－11。

渡邉義浩《曹魏の異民族政策》,《史滴》(37),131－145,2015－12。

菅沼愛語《隋代の和蕃公主と北方・西方に対する隋の外交戦略》,《立命館
　東洋史學》(38),41－76,2015。

王賡武,中純子(訳)《東南アジアと国際関係》,《中国文化研究》(31),57－
　75,2015。

　　2. 社會・經濟

稲田奈津子《日本古代の火葬：文献史料から見た(特集天皇、王の葬儀)》,
　《歴史と民俗：神奈川大学日本常民文化研究所論集》(31),41－65,
　2015－02。

山崎覚士《宋代都市の下層民とその分布(清水稔先生退職記念号)》,《歴史
　学部論集》(5),65－82,2015－03。

三崎良章《魏晋・十六国時代における甘粛高台地域の民族状況》,《『教育と
　研究』(早稲田大学本庄高等学院研究紀要)》,43－52,2015－03。

渡辺信一郎《東風競わず：燕楽の唐宋変革》,《唐宋変革研究通訊》(6),41－
　57,2015－03。

大澤正昭《『山居録』の史料的活用について》,《唐宋変革研究通訊》(6),
　17－39,2015－03。

濱川栄《『塩鉄論』に見る反戦思想》,《常葉大学教育学部紀要》(35),19－
　44,2015－03。

須江隆《社会史史料としての『夷堅志』：その魅力と宋代社会史研究への新
　たな試み》,《アジア遊学》(181),75－90,2015－04。

原宗子《『左伝』所述「爰田」考：環境史の立場から》,《史學》84(1—4),287－
　305,2015－04。

鷲尾祐子《嘉禾四～六年(235～237)長沙の婚姻慣行：婚姻と年齢》,《東洋学
　報》97(1),1－24,2015－06。

赤木崇敏《唐宋代敦煌社会の水利と渠人》,《唐代史研究》(18),3－26,
　2015－08。

鵜島三壽、中村真《ウズベキスタンのドゥタール製作》,《研究論集》(102),
　131－151,2015－09。

渡辺信一郎《唐代両税法の構成：建中元年二月十一日起請条を中心に》,
　《洛北史学》(17),1－18,2015。

石野智大《小曽戸洋・天野洋介著『針灸の歴史：悠久の東洋医術』》,《法史

学研究会会報》(19),173 - 177,2015。

3. 法律・制度

岡野誠《唐代の平闕式についての一考察(上)敦煌写本「唐天宝職官表」の
検討を通して(木間正道教授古稀記念論文集)》,《法律論叢》87(4・5),
138 - 102,2015 - 02。

江川式部《唐代の奉勅撰墓誌について》,《法史学研究会会報》(18),44 - 69,
2015 - 03。

窪添慶文《北魏後期における品と階》,《東方学》(130),1 - 18,2015 - 07。

猪俣貴幸《皇后祔廟攷初探:別廟の系譜と唐睿宗の二后を中心に》,《立命
館東洋史学》(38),77 - 137,2015 - 08。

會田大輔《北周侍衞考:遊牧官制との關係をめぐって》,《東洋史研究》
74(2),179 - 224,2015 - 09。

石野智大《『通典』郷官条の唐代村落制度記事について:法制史料との関わ
りを中心に》,《法史学研究会会報》(19),44 - 67,2015。

4. 語言・文學

辰巳正明《万葉集と楽府系歌辞:相聞歌から相聞四時歌へ》,《国學院雜誌》
116(1),1 - 15,2015 - 01。

内田誠一《唐代詩人・王維の衣冠墓について》,《安田女子大学紀要》(43),
9 - 15,2015 - 02。

高田時雄《わたしの一冊:『玉篇』雜記》,《未名》(33),109 - 122,2015 - 03。

葛継勇《『兎園策府』の成立、性格及びその日本伝来》,《日本漢文学研究》
(10),17 - 40,2015 - 03。

渡邉義浩《阮籍の『莊子』理解と表現》,《東洋の思想と宗教》(32),24 - 42,
2015 - 03。

辰巳正明《曹丕と日本文学》,《日本文學論究》74,38 - 48,2015 - 03。

大橋由治《中華書局刊行新舊『搜神記』收録説話の對照(2)》,《大東文化大
学漢学会誌》(54),127 - 138,2015 - 03。

黒田彰子、大秦一浩《和歌童蒙抄輪読(14)》,《文芸論叢》(84),23 - 53,
2015 - 03。

關尾史郎《魏晋簡牘のすがた:長沙呉簡を例として》,《国立歴史民俗博物
館研究報告》(194),221 - 236,2015 - 03。

浅見洋二《劉克荘と故郷＝田園(江湖詩人の文学世界)》,《アジア遊学》
(180),104 - 113,2015 - 03。

加藤聰、下定雅弘《杜甫蜀中行跡調査報告:成都・閬州・綿州・梓州・射

洪》,《中国文史論叢》(11),71-104,2015-03。

伊藤美重子《敦煌写本「醜女緣起」について：P.3048の特質》,《お茶の水女子大学中国文学会報》(34),96-80,2015-04。

浅見洋二《詩人の夢,詩人の死：蘇軾と鄭俠の物語をめぐって(『夷堅志』が語る世界)》,《アジア遊学》(181),55-62,2015-04。

玄幸子《變文資料再整理：舜子變》,《関西大学東西学術研究所紀要》(48),69-88,2015-04。

葛継勇《白居易の子孫と『白氏文集』家蔵本の行方(特集先蹤と継承)》,《白居易研究年報》(15),50-77,2015。

万德敬,内田誠一(訳)《李白の河東裴氏との交遊について》,《安田女子大学紀要》44,21-29,2015-11。

道坂昭廣《日本に傳わる『王勃集』殘卷について：その書寫の形式と「華」字欠筆が意味すること》,《東方学》(130),68-84,2015-07。

荒川慎太郎《西夏語の3種の遠称指示代名詞の使い分けについて》,《言語研究》(148),103-121,2015-09。

荻原裕敏《ドイツ所蔵トカラ語B断片THT1859-1860について》,《東京大学言語学論集》36,103-129,2015-09。

黒田彰子、大秦一浩《和歌童蒙抄輪読(15)》,《文芸論叢》(85),39-65,2015-10。

黒田彰《新出の平仮名本三国伝記について》,《説話文学研究》(50),150-165,2015-10。

黒田彰《武梁祠帝舜図攷：歴山、外養をめぐって》,《京都語文》(22),122-163,2015-11。

今場正美《滁州時代の韋應物の境地》,《学林》(61),24-48,2015-11。

石見清裕《唐代墓誌の古典引用をめぐって》,《中国古典研究》(57),1-16,2015-12。

渡邉義浩《『搜神記』の執筆目的と五氣變化論》,《東洋文化研究所紀要》(168),1-31,2015-12。

辰巳正明《敦煌~長安~奈良：敦煌文学文献のブックロード》,《文学・語学》(214),108-115,2015-12。

大渕貴之《光明皇后筆「楽毅論」に見える重文符号》,《国立歴史民俗博物館研究報告》198,65-74,2015-12。

松原朗《杜甫とその時代》,《中国詩文論叢》34,41-71,2015-12。

丸井憲《貞元期における韓愈と張籍の贈答詩について》,《中国詩文論叢》

34,110－132,2015－12。

後藤秋正《杜甫「春望」の頷聯について》,《中国文化》(73),39－51,2015。

黒田彰子、大秦一浩《和歌童蒙抄輪読》(16),《愛知文教大学論叢》(18),156－119,2015。

荻原裕敏、慶昭蓉《大谷探検隊将来トカラ語資料をめぐって(2)》,《龍谷大学仏教文化研究所紀要》54,1－16,2015。

下定雅弘《日本における白居易の研究：二〇一二年》,《白居易研究年報》(15),341－368,2015。

　5. 宗教・思想

松浦典弘《唐代仏教社会史と石刻史料》,《龍谷史壇》(140),79－89,2015－01。

河上麻由子《東アジアにおける仏教交流》,《歴史と地理》(681),39－42,2015－02。

荒見泰史《唐代仏教儀礼及其通俗化(下)》,《アジア社会文化研究》(16),25－45,2015－03。

小野嶋祥雄《唐初期三一権実論争の起因に対する論争当事者の認識》,《印度學佛教學研究》63(2),752－756,2015－03。

江草宣友《円仁の求法・巡礼と新羅人》,《史叢》(92),43－52,2015－03。

宮崎順子《風水地理書『地理新書』『塋原総録』にみられる葬送儀礼について：后土神の信仰を中心に》,《関西大学中国文学会紀要》(36),71－94,2015－03。

倉本尚徳《善導の著作と龍門阿弥陀造像記：『観経疏』十四行偈石刻の新発見》,《印度學佛教學研究》63(2),786－791,2015－03。

洪鴻榮《敦煌写本 S.4221：金剛寺本『安般守意経』に関する注釈テキストの研究》,《印度學佛教學研究》63(3),1133－1140,2015－03。

伊藤真《会昌寺会賾と唐代初期の五台山信仰》,《印度學佛教學研究》63(3),1141－1147,2015－03。

SHi Juewei《宗教的祝祭に関する国家的認知：北魏時代の仏誕祭パレードと現代台湾における仏誕記念式典との比較考察》,《印度學佛教學研究》63(3),1148－1154,2015－03。

辛嶋静志《法蔵部『長阿含経・十上経』に見える説一切有部の"侵食"》,《国際シンポジウム報告書2014 東アジア仏教写本研究》,国際仏教大学院大学日本古写経研究所,157－172,2015－03。

二階堂善弘《東南アジアの玄天上帝廟》,《東アジア文化交渉研究》(8),163－169,2015－03。

南澤良彦《魏晋南北朝時代の将作大匠と儒教：中国中世の科学技術と官僚制》,《哲学年報》(74),17－50,2015－03。

南澤良彦《魯班研究序説：中国古代中世における技術思想の伝統(細川亮一教授退官記念特輯)》,《哲学年報》(72),29－48,2013－03。

平雅行《日本中世における在俗出家について》,《大阪大学大学院文学研究科紀要》(55),1－71,2015－03。

土屋昌明《玄宗による創業神話の反復と道教の新羅への伝播》,《専修大学社会知性開発研究センター古代東ユーラシア研究センター年報》(1),69－84,2015－03。

藤丸要、野呂靖、大谷由香、中西俊英等《鎌倉期の東大寺とその周辺》,《佛教文化研究所紀要》(53),58－75,2015－03。

蕭文真《唐・知恩『金剛般若経義記』の作者について》,《印度學佛教學研究》63(2),1058－1055,2015－03。

二階堂善弘《明代江南における伽藍神》,《関西大学東西学術研究所紀要》(48),59－68,2015－04。

奈良康明《総論法話 人生の不安から出発した仏教》,《大法輪》82(4),62－67,2015－04。

宮崎順子《大野裕司著『戰国秦漢出土術數文獻の基礎的研究』》,《東方宗教》(125),95－99,2015－05。

二階堂善弘《道教の〈道蔵〉(特集これでわかる 世界の宗教〈聖典〉入門)》,《大法輪》82(6),132－137,2015－06。

熊澤美弓《戸隠御師と白澤(怪異を媒介するもの)》,《アジア遊学》(187),159－163,2015－08。

稲葉穰《仏教西伝の痕跡を求めて》,《図書》(799),7－11,2015－09。

菊地章太、京極夏彦《対談 日本人が愛し続ける"妖怪"を語る》,《潮》(679),112－118,2015－09。

白須淨眞《シルクロードの来世観》,《アジア遊学》(192),4－17,2015－11。

荒見泰史《シルクロードの敦煌資料が語る中国の来世観》,《アジア遊学》(192),18－54,2015－11。

白須淨眞《シルクロード古墓壁画の大シンフォニー：四世紀後半期、トゥルファン地域の「来迎・昇天」壁画》,《アジア遊学》(192),55－88,2015－11。

門司尚之《シルクロードの古墓の副葬品に見える「天に昇るための糸」：五~六世紀のトゥルファン古墓の副葬品リストにみえる「攀天糸万万九

千丈」》,《アジア遊学》(192),89 – 103,2015 – 11。

白須淨眞《シルクロードの古墓から出土した不思議な木函：四世紀後半期、トゥルファン地域の「昇天アイテム」とその容れ物》,《アジア遊学》(192),104 – 128,2015 – 11。

高井龍《十世紀敦煌文献に見る死後世界と死後審判：その特徴と流布の背景について》,《アジア遊学》(192),169 – 190,2015 – 11。

許飛《シルクロード・河西の古墓から出土した木板が語るあの世での結婚：魏晋期、甘粛省高台県古墓出土の「冥婚鎮墓文」》,《アジア遊学》(192),129 – 149,2015 – 11。

大田黒綾奈《シルクロードの古墓から出土した偽物の「玉」：五~六世紀のトゥルファン古墓の副葬品リストに見える「玉豚」の現実》,《アジア遊学》(192),150 – 168,2015 – 11。

藤本誠《日本古代の在地社会の法会：『東大寺諷誦文稿』「卑下言」を中心として》,《仏教史学研究》58(1),27 – 47,2015 – 11。

小野嶋祥雄《唐初期の三一権実論争における玄奘三蔵系と真諦三蔵教学の対立(研究生報告論文要旨 二〇一三年度)》,《淨土真宗総合研究》(9),184 – 186,2015 – 11。

南澤良彦《唐代の将作大匠：中国中世官僚制における科学技術と術数》,《中国哲学論集》(41),26 – 46,2015 – 12。

岸田悠里《『小涅槃経』の成立背景：宗祐寺所蔵仏涅槃図を手がかりとして》,《印度學佛教學研究》64(1),178 – 181,2015 – 12。

渡邉義浩《干寶『捜神記』の孫吳観と蒋侯神信仰》,《中国文化》(73),14 – 26,2015。

神塚淑子《杏雨書屋所蔵敦煌道経小考》,《名古屋大學中国哲學論集》(14),43 – 68,2015。

奈良康明《釈尊「六年苦行」をめぐって：自我からの自由(開所五十周年記念)》,《禅研究所紀要》(44),222 – 199,2015。

奈良康明《仏教・禅と祈り》,《東方》(31),169 – 196,2015。

奈良康明《第七回 神儒仏合同講演会『生きがいを求めて：神儒仏の主張』報告》,《東方》(31),23 – 26,2015。

土屋昌明《黄泉国と道教の洞天思想》,《古事記年報》(58),1 – 20,2015。

6. 考古・美術

肥田路美《敦煌蔵経洞将来「絹本西域仏菩薩図像集」の初歩的考察：ニューデリー国立博物館所蔵断片のいくつかの図像を中心に》,《早稲田大学大

学院文学研究科紀要第 3 分冊》,31－51,2015－02。

濱田瑞美《敦煌における石窟の宗教的機能と図像表現：莫高窟第 323 窟を中心として》,《2014 年度研究報告書》,349－378,2015－03。

大西磨希子《奈良国立博物館所蔵刺繍釈迦如来説法図の主題：則天武后期の仏教美術》,《仏教史学研究》57(2),1－31,2015－03。

三宮千佳《中国五胡十六国時代の古式金銅仏における鏨(たがね)の技法について》,《奈良美術研究》(16),95－104,2015－03。

山本忠尚《剔地画像鏡と卍字鏡に関する覚え書き》,《古事：天理大学考古学・民俗学研究室紀要》19,32－44,2015－03。

森部豊《イランのおけるフレグ＝ウルス遺跡調査報告》,《関西大学東西学術研究所紀要》(48),365－387,2015－04。

川合安《南朝墓誌覚書》,《集刊東洋学》(113),106－121,2015－06。

李成市《歴史の風 日韓古代木簡から東アジア史に吹く風》,《史学雑誌》124(7),1269－1271,2015－07。

山本忠尚《四神・十二支鏡に関する覚え書き》,《郵政考古紀要》(63),16－26,2015－09。

山本忠尚《正倉院宝物を十倍楽しむ(8)》,《古代文化》67(2),310－318,2015－09。

高橋早紀子《東寺西院不動明王像の制作における宗叡の関与》,《日本宗教文化史研究》19(2),1－19,2015－11。

肥田路美《敦煌の瑞像図にみられる弥勒像について(大高保二郎教授古稀記念号)》,《美術史研究》53,125－146,2015。

濱田瑞美《中国四川夾江千仏岩の三仏龕について：持鉢如来像の尊格をめぐって》,《横浜美術大学教育・研究紀要・論文篇》(5),77－91,2015。

高橋早紀子《新図様の毘沙門天の受容と展開：地天・二鬼の属性をめぐって》,《鹿島美術財団年報》(33),168－178,2015。

　7. 文書・譯註

山本和義、蔡毅、中裕史、中純子、原田直枝、西岡淳《蘇軾詩注解(十六)》,《文学・語学編》(97),232－208,2015－01。

武田時昌、張替俊夫、大川俊隆等(訳)《『九章算術』訳注稿(16)》,《大阪産業大学論集・人文・社会科学編》23,67－99,2015－02。

大川俊隆、小寺裕、角谷常子等(訳)《『九章算術』訳注稿(17)》,《大阪産業大学論集・人文・社会科学編》23,101－130,2015－02。

中純子、幸福香織(訳)《『太平広記』楽部訳注稿(2)》,《中国文化研究》

(31),31－56,2015。

高瀬奈津子、江川式部《『封氏聞見記』訳注（2）》,《札幌大学総合研究》（6）,
　224－200,2015－03。

山本和義、蔡毅、中裕史、中純子、原田直枝、西岡淳《蘇軾詩注解（十七）》,
　《文学・語学編》（98）,198－171,2015－06。

大川俊隆、小寺裕、角谷常子等（訳）《『九章算術』訳注稿（18）》,《大阪産業大
　学論集・人文・社会科学編》24,55－84,2015－06。

角谷常子、大川俊隆、小寺裕等（訳）《『九章算術』訳注稿（19）》,《大阪産業大
　学論集・人文・社会科学編》24,85－105,2015－06。

永井政之、程正、角田隆真等《『宋会要』道釈部訓注（10）》,《駒澤大学佛教学
　部論集》（46）,53－110,2015－10。

角谷常子、大川俊隆、小寺裕等（訳）《『九章算術』訳注稿（20）》,《大阪産業大
　学論集・人文・社会科学編》25,1－20,2015－10。

馬場理惠子、大川俊隆、小寺裕等（訳）《『九章算術』訳注稿（21）》,《大阪産業
　大学論集・人文・社会科学編》25,21－35,2015－10。

大澤正昭《『居家必用事類全集』所収『山居録』の研究：訳注稿（2）》,《上智
　史学》（60）,31－43,2015－11。

　8. 動向・調査

柴田幹夫《日中間の民間交流の可能性を探る：国際シンポジウム「中日民間
　交流的昨天与明天」に参加して》,《東方》（407）,8－13,2015－01。

葛継勇《祢軍墓誌の発見と研究課題》,《日本歴史》（804）,75－84,巻頭2p,
　2015－05。

柴田幹夫《辛亥革命期における日本人の行動：本願寺教団・大谷光瑞の動
　向を中心にして》,《研究論集》（12）,245－256,2015－05。

氣賀澤保規《国外学会参加報告：「"隋煬帝与揚州"国際学術研討会」参加報
　告記》,《唐代史研究》（18）,218－226,2015－08。

森部豊《国外学会参加報告「第二届絲綢之路国際学術研討会 粟特人在中国：
　考古発現与出土文献的新印証」参加報告》,《唐代史研究》（18）,204－209,
　2015－08。

小口雅史、片山章雄《在欧吐魯番出土文字資料の断片接続から見えるもの：
　ヘルシンキ・マンネルヘイム断片コレクションを主たる素材として》,
　《唐代史研究》（18）,27－40,2015－08。

大澤正昭、佐々木愛、戸田裕司《第二次江西北部歴史調査報告：『清明集』的
　世界の地理的環境と文化的背景〈婺源県・浮梁県篇〉》,《上智史学》

（60），45－65，2015－11。

江川式部《南北朝隋唐礼制関連研究文献目録（中文篇 3）2010－2014 年》，《法史学研究会会報》（19），153－164，2015。

内田誠一《白居易履道里故居のいま》，《白居易研究年報》（16），396－407，2015。

9. 書評・介紹

平田昌司《行きて安西に到り、更に西に向かう：『東方学研究論集（East Asian Studies：Festschrift in Honor of the Retirement of Professor TAKATA Tokio）』のために［東方学研究論集刊行会編：高田時雄教授退職記念 東方学研究論集］》，《東方》（407），22－25，2015－01。

向井佑介《塩沢裕仁著『後漢魏晋南北朝都城境域研究』》，《史学雑誌》124(1)，67－75，2015－01。

榎本渉《檀上寛著『明代海禁＝朝貢システムと華夷秩序』》，《日本史研究》（629），49－57，2015－01。

河上麻由子《新川登亀男編『「仏教」文明の東方移動：百済弥勒寺西塔の舎利荘厳』》，《日本歴史》（801），100－102，2015－02。

石見清裕《中亜探検両巨人の交流と楼蘭「李柏文書」の発見［白須淨眞編 大谷光瑞とスヴェン・ヘディン：内陸アジア探検と国際政治社会］》，《東方》（409），28－32，2015－03。

鷺森浩幸《渡辺滋著『日本古代文書研究』》，《日本歴史》（802），93－95，2015－03。

園田俊介《前島佳孝著『西魏・北周政権史の研究』》，《中央大学アジア史研究》（39），73－84，2015－03。

伊藤一馬《森部豊編『ソグド人と東ユーラシアの文化交渉』》，《内陸アジア史研究》（30），96－97，2015－03。

内田昌功《新宮学編『近世東アジア比較都城史の諸相』》，《歴史》（124），86－94，2015－04。

下定雅弘《誰もが漢詩を楽しめる智恵の宝庫［松原朗著 漢詩の流儀：その真髄を味わう］》，《東方》（410），24－27，2015－04。

中村正人《岡野誠著「新たに紹介された吐魯番・敦煌本『唐律』『律疏』断片」、土肥義和編『敦煌・吐魯番出土漢文文書の新研究修訂版』》，《金沢法学》58(1)，143－148，2015－07。

山内晋次《河内春人著『東アジア交流史のなかの遣唐使』》，《日本歴史》（806），96－98，2015－07。

村井恭子《栗原益男著『唐宋変革期の国家と社会』》,《唐代史研究》(18),145－151,2015－08。

平田茂樹《小休隆道著『宋代中国の統治と文書』》,《歴史評論》(784),85－90,2015－08。

山口正晃《池田温著『唐史論攷: 氏族制と均田制』》,《唐代史研究》(18),152－161,2015－08。

山下将司《森安孝夫著『東西ウイグルと中央ユーラシア』》,《唐代史研究》(18),170－178,2015－08。

藤野月子《河内春人著『東アジア交流史のなかの遣唐使』》,《唐代史研究》(18),179－185,2015－08。

赤羽目匡由《濱田耕策編著『古代東アジアの知識人 崔致遠の人と作品』》,《唐代史研究》(18),199－201,2015－08。

川合安《渡辺信一郎著『中国古代の楽制と国家: 日本雅楽の源流』》,《唐代史研究》(18),137－144,2015－08。

稲田奈津子《白須淨眞編『大谷光瑞とスヴェン・ヘディン: 内陸アジア探検と国際政治社会』》,《東洋史苑》(85),29－42,2015－09。

河上麻由子《河内春人『東アジア交流史のなかの遣唐使』》,《歴史学研究》(935),46－49,2015－09。

岡田和一郎,前島佳孝著《『西魏・北周政権史の研究』》,《史學雑誌》124(9),1613－1621,2015－09。

服部一隆《宮原武夫著『古代東国の調庸と農民』》,《日本歴史》(810),90－92,2015－11。

榎本淳一《皆川雅樹著『日本古代王権と唐物交易』》,《歴史評論》(787),91－95,2015－11。

二階堂善弘《奈良行博著『現代中国の道教: 庶民に生きる信心文化』》,《東方宗教》(126),63－66,2015－11。

服部一隆《宮原武夫著『古代東国の調庸と農民』》,《日本歴史》(810),90－92,2015－11。

赤羽目匡由《橋本繁著『韓国古代木簡の研究』》,《年報朝鮮學》(18),19－29,2015－12。

　　10. 學者・其他

工藤元男、石見清裕《追悼 古賀登先生の逝去を悼む》,《東方学》(129),179－181,2015－01。

伊藤敏雄(編)《石刻資料と史料批判による魏晋南北朝史研究》,《平成22～

26 年度科学研究費補助金・基盤研究（A）成果報告書（課題番号
　　22242022），『国立歴史民俗博物館研究報告』》（第 195 集），2015 - 03。

山田伸吾《中国史の「普遍性」について：内藤湖南の歴史論を中心として
　　（特集国際学術討論会 日中民間交流の昨日と明日）》，《研究論集》12，
　　215 - 222，2015 - 05。

高田時雄（主編）《中国典籍日本古写本の研究》No.Ⅱ，2015 - 07。

石見清裕《訃報古賀登先生を偲んで》，《唐代史研究》（18），227 - 231，
　　2015 - 08。

葭森健介《内藤湖南の芸術観の形成について（内藤湖南の詩稿）》，《書論》
　　（41），33 - 44，2015 - 08。

關尾史郎《環東アジア地域のネットワークに関する総合的研究（人文学部
　　研究プロジェクト短信：環日本海地域研究）》，《人文科学研究》137，Y52 -
　　Y53，2015 - 11。

葭森健介《「共同体論」と「儒教社会主義論」谷川道雄と溝口雄三の「公」・
　　「私」概念をめぐって》，《名古屋大学東洋史研究報告》（39），1 - 23，2015。

二、著　　書

玄幸子、高田時雄（編）《内藤湖南：敦煌遺書調査記録》，大阪：関西大学出版
　　部，2015 - 01。

辰巳正明，王梵志詩集注釈《敦煌出土の仏教詩を読む》，東京：笠間書院，
　　2015 - 01。

清木場東《北宋の都市と町》，広島：中国書店，2015 - 01。

《『牧田諦亮著作集』第 2 巻（中国仏教史研究 I）》，京都：臨川書店，
　　2015 - 01。

川合安《南朝貴族制研究》，東京：汲古書院，2015 - 01。

山下克明《平安時代陰陽道史研究》，京都：思文閣，2015 - 01。

上野誠《天平グレート・ジャーニー：遣唐使・平群広成の数奇な冒険》，東
　　京：講談社，2015 - 01。

森安孝夫《東西ウイグルと中央ユーラシア》，名古屋：名古屋大学出版社，
　　2015 - 02。

土肥義和（編）《八世紀末期～十一世紀初期 燉煌氏族人名集成　氏族人名
　　篇》，東京：汲古書院，2015 - 02。

柿沼陽平《中国古代の貨幣：お金をめぐる人びとと暮らし》，東京：吉川弘
　　文館，2015 - 02。

ひろさちや《空海と密教》,東京: 祥伝社,2015 - 02。

新潟県立大学・権寧俊(編)《歴史・文化からみる東アジア共同体》,東京:
　創土社,2015 - 03。

小林仁《中国南北朝隋唐陶俑の研究》,京都: 思文閣,2015 - 03。

伊藤敏雄、窪添慶文、關尾史郎(編)《湖南出土簡牘とその社会》,東京: 汲古
　書院,2015 - 03。

大東文化大学東洋研究所(編)《藝文類聚(巻八十八)訓読付索引》,東京: 大
　東文化大学東洋研究所,2015 - 03。

新潟県立大学、権寧俊(編)《歴史・文化からみる東アジア共同体》,東京:
　創土社,2015 - 03。

京都大学人文科学研究所簡牘研究班(編)《漢簡語彙: 中国古代木簡辞典》,
　東京: 岩波書店,2015 - 03。

冨谷至(編)《漢簡語彙考証》,東京: 岩波書店,2015 - 03。

鷹取祐司《秦漢官文書の基礎的研究》,東京: 汲古書院,2015 - 03。

戸川貴行《東晋南朝における傳統の創造》,東京: 汲古書院,2015 - 03。

森安孝夫《ウイグル=マニ教史関係史料集成》,《近畿大学国際人文科学研
　究所紀要(平成 26 年度)》,2015 - 03。

川本芳昭《東アジア古代における諸民族と国家》,東京: 汲古書院,
　2015 - 03。

岩本篤志《唐代の医薬書と敦煌文献》,東京: 角川学芸出版,2015 - 03。

速水大《唐代勲官制度の研究》,東京: 汲古書院,2015 - 03。

横手裕《道教の歴史》,東京: 山川出版社,2015 - 03。

渡邉義浩《三国志の魅力: 英雄たちの「志」》,東京: 汲古書院,2015 - 04。

遊佐昇《唐代社会と道教》,東京: 東方書店,2015 - 04。

永田知之《唐代の文学理論:「復古」と「創新」》,京都: 京都大学学術出版
　会,2015 - 04。

西原一幸《字様の研究: 唐代楷書字体規範の成立と展開》,東京: 勉誠出版,
　2015 - 04。

渡邉義浩《「古典中国」における文學と儒教》,東京: 汲古書院,2015 - 04。

鷹取祐司《秦漢官文書の基礎的研究》,東京: 汲古書院,2015 - 04。

中林史朗《中国中世四川地方史論集》,東京: 勉誠出版,2015 - 05。

尹仙花《『和名類聚抄』引用書目の研究》,大阪: デザインエッグ社,
　2015 - 05。

山田勝久《唐代散文選》,東京: 笠間書院,2015 - 05。

吹野安《唐代詩選》,東京：笠間書院,2015－05。

《『牧田諦亮著作集』第 4 卷（五代宗教史研究・中国近世仏教史研究）》,東京：臨川書店,2015－05。

《『牧田諦亮著作集』第 3 卷（中国仏教史研究）》,2015－06。

宮崎市定《中国史（上）》,東京：岩波文庫,2015－05。

宮崎市定《中国史（下）》,東京：岩波文庫,2015－06。

大川裕子《中国古代の水利と地域開発》,東京：汲古書院,2015－06。

川勝守《三角縁神獣鏡と東アジア世界（続）》,東京：汲古書院,2015－06。

内藤湖南《中国近世史》,東京：岩波文庫,2015－07。

渡邊義浩（主編）《全訳後漢書冊 17》,東京：汲古書院,2015－08。

東アジア恠異学会編《『怪異を媒介するもの』（アジア遊学 187）》,東京：勉誠出版,2015－08。

稲田奈津子《日本古代の喪葬儀礼と律令制》,東京：吉川弘文館,2015－09。

東京国立博物館出版企画室（編）《漢・唐時代の陶俑》,東京：東京国立博物館,2015－09。

大澤正昭、中林広一（編）《春耕のとき：中国農業史研究からの出発》,東京：汲古書院,2015－09。

鶴間和幸《人間・始皇帝》,東京：岩波新書,2015－09。

氣賀澤保規（編）《隋唐仏教社会の基層構造の研究》,東京：明治大学東アジア石刻文物研究所,2015－09。

東京国立博物館（編）《特別展 始皇帝と兵馬俑》,東京：NHK 他,2015－10。

奈良文化財研究所（編）《地下の正倉院展 造酒司木簡の世界》,奈良：奈良文化財研究所,2015－10。

髙村武幸《秦漢簡牘史料研究》,東京：汲古書院,2015－10。

中村修也《天智朝と東アジア：唐の支配から律令国家へ》,東京：NHK 出版,2015－10。

小浜正子（編）《ジェンダーの中国史》,東京：勉誠出版,2015－11。

大澤正昭《南宋地方官の主張：『清明集』『袁氏世範』を読む》,東京：汲古書院,2015－11。

白須淨真（編）《シルクロードの来世観》,東京：勉誠出版,2015－11。

田中禎昭《日本古代の年齢集団と地域社会》,東京：吉川弘文館,2015－12。

2011—2016 年中古法律史研究論著目録

閻强樂(蘭州大學)

中古法律史研究一直是史學界、法學界關注的熱點,《唐律疏議》奠定了中國古代法律的體系,出土文獻如敦煌文書、西夏文書等爲中古法律史研究注入了生機與活力,湧現出大量的論著。趙九燕、楊一凡主編的《百年中國法律史學論文著作目録》①收録論著截止於 2010 年,本文收録 2011—2016 年法學界、史學界關於中古法律史的論著,分專著、論文兩大類,各類分别按時間先後爲序排列。

一、專　　著

(一) 2011 年

呂英亭《唐宋時期涉外法律研究:以外國人來華爲中心》,北京:光明日報出版社,2011 年。

鄭穎慧《宋代商業法制研究:基於法律思想視角》,北京:法律出版社,2011 年。

(二) 2012 年

李隆獻《復仇觀的省察與詮釋:先秦兩漢魏晉南北朝隋唐編》,臺北:臺灣大學出版中心,2012 年。

李俊芳《晉朝法制研究》,北京:人民出版社,2012 年。

趙曉耕主編《古今之平:唐律與當代刑法》,北京:社會科學文獻出版社,2012 年。

鄭顯文《出土文獻與唐代法律史研究》,北京:中國社會科學出版社,2012 年。

夏婷婷《唐代擬制判決中的法律發現:對唐代判詞的另一種解讀》,北京:中國社會科學出版社,2012 年。

柳立言《宋代的宗教、身分與司法》,北京:中華書局,2012 年。

郭東旭、高楠、王曉薇、張利《宋代民間法律生活研究》,北京:人民出版社 2012 年版。

(三) 2013 年

高明士《律令法與天下法》,上海:上海古籍出版社,2013 年。

---

① 趙九燕、楊一凡編《百年中國法律史學論文著作目録》,北京:社科文獻出版社,2014 年。

岳純之點校《唐律疏議》,上海:上海古籍出版社,2013 年。

錢大群《唐律與唐代法制考辨》,北京:社會科學文獻出版社,2013 年。

張本順《宋代家産爭訟及解紛》,北京:商務印書館,2013 年。

[韓]金鐸敏、河元洙主編《天聖令譯注》,首爾:慧眼出版社,2013 年。

(四) 2014 年

高明士《中國中古禮律綜論——法文化的定型》,臺北:元照出版社,2014 年。

樓勁:《魏晉南北朝隋唐立法與法律體系》(上下卷),北京:中國社會科學出版社,2014 年。

趙晶《〈天聖令〉與唐宋法制考論》,上海:上海古籍出版社,2014 年。

馮卓惠《唐代民事法律制度研究》,北京:商務印書館,2014 年。

[日]中村裕一《大唐六典的唐令研究:“開元七年令”説的檢討》,東京:汲古書院,2014 年。

曹小雲《唐律疏議辭彙研究》,合肥:安徽大學出版社,2014 年。

張海峰《唐代法律與佛教》,上海:上海人民出版社,2014 年。

李葉宏《唐朝絲綢之路與貿易管理法律制度研究》,北京:中國社會科學出版社,2014 年。

賈文龍《卑職與高峰:宋朝州級屬官司法職能研究》,北京:人民出版社,2014 年。

朱文慧《南宋社會民間糾紛及其解決途徑研究》,上海:上海古籍出版社,2014 年。

(五) 2015 年

侯文昌《敦煌吐蕃文契約文書研究》,北京:法律出版社,2015 年。

[日]川北靖之《日唐律令法の基礎與研究》,日本:國書刊行會,2015 年。

楊卉青《宋代契約法律制度研究》,北京:人民出版社,2015 年。

[日]高橋芳郎著,李冰逆譯《宋至清代身分法研究》,上海:上海古籍出版社,2015 年。

王揚《宋代女性法律地位研究》,北京:法律出版社,2015 年。

錢斌《宋慈洗冤》,北京:商務印書館,2015 年。

(宋)竇儀等詳訂《宋刑統校證》,岳純之校證,北京:北京大學出版社,2015 年。

張重艷、楊淑紅《中國藏黑水城所出元代律令與詞訟文書整理與研究》,北京:知識産權出版社,2015 年。

(六) 2016 年

[日]冨谷至《漢唐法制史研究》,東京:創文社,2016 年。

楊一凡、〔日〕寺田浩明主編《日本學者中國法制史論著選（魏晉隋唐卷）》，北京：中華書局，2016 年。

楊一凡、〔日〕寺田浩明主編《日本學者中國法制史論著選（宋遼金元卷）》，北京：中華書局，2016 年。

連宏、趙靜波《漢唐刑罰演變特點研究》，北京：光明日報出版社，2016 年。

李明曉《兩漢魏晉南北朝石刻法律文獻整理與研究》，北京：人民出版社，2016 年。

夏錦文、李玉生編《唐典研究——錢大群教授唐律與〈唐六典〉研究觀點與評論》，北京：北京大學出版社，2016 年。

王立民《唐律新探（第五版）》，北京：北京大學出版社，2016 年。

張春海《唐律、高麗律比較研究：以法典及其適用爲中心》，北京：法律出版社，2016 年。

王啓濤《敦煌西域法制文書語言研究》，北京：人民出版社，2016 年。

王曉龍、郭東旭等著《宋代法律文明研究》，北京：人民出版社，2016 年。

陳武強《宋代民族法制相關問題研究》，北京：中國社會科學出版社，2016 年。

李如鈞《學校、法律、地方社會——宋元的學產糾紛與爭訟》，北京：國立臺灣大學出版中心，2016 年。

于熠《西夏法制的多元文化屬性：地理和民族特性影響初探》，北京：中國政法大學出版社，2016 年。

姜歆《西夏司法制度》，南京：鳳凰出版社，2016 年。

二、論　文

（一）魏晉南北朝部分

1. 2011 年

何寧生《十六國的刑事法制》，《西域研究》2011 年第 1 期。

劉軍《論北魏宗室階層的法律特權》，《雲南社會科學》2011 年第 2 期。

黃正建《一條有關"武周律"的珍貴石刻資料》，《中國史研究》2011 年第 3 期。

呂志興《南朝法制的創新及其影響——兼論"南北朝諸律，北優於南"説不能成立》，《法學研究》2011 年第 4 期。

游自勇《中古前期的冥訟——從吐魯番新出文書談起》，載於徐世虹主編《中國古代法律文獻研究》（第四輯），北京：法律出版社，2011 年。

高明士《中國中古法制化的發展及其歷史意義——儒教初次較全面性的具體實踐》，載於榮新江主編《唐研究》（第十七卷），北京：北京大學出版社，2011 年。

2. 2012 年

吕志興《南朝律學的發展及其特點——兼論"中原律學,衰於南而盛於北"説不能成》,《政法論壇》2012 年第 1 期。

付開鏡《魏晉南北朝的犯罪代死與爭死現象芻議》,《北方論叢》2012 年第 4 期。

陶新華《北魏後期赦對官僚政治的影響》,《湖南大學學報》2012 年第 5 期。

3. 2013 年

梁健《魏晉謀反罪中的兄弟連坐——基於公孫淵案、鍾會案、楊駿案的考察》,《現代法學》2013 年第 2 期。

鄧長春《中古法制文明論——以"法理"爲中心的考察》,《現代法學》2013 年第 2 期。

樓勁《北魏天興"律令"的性質和形態》,《文史哲》2013 年第 2 期。

梁滿倉《從魏晉南北朝復仇現象看"禮"對"法"的影響》,《求是學刊》2013 年第 5 期。

張曉玲、何寧生《十六國的民事法制》,《西北大學學報》2013 年第 6 期。

姜黎黎《中古"借貸"概念場詞義的演變機制》,《求索》2013 年第 11 期。

霍存福《"用法恒得法外意":魏晉玄學所追求的司法、執法境界》,載於霍存福主編《法律文化論叢(第 1 輯)》,北京:法律出版社,2013 年。

馮婧《魏晉南北朝律博士考》,載徐世虹主編《中國古代法律文獻研究》(第七輯),北京:社科文獻出版社,2013 年。

4. 2014 年

陳鋭《〈晉書·刑法志〉中的法哲學》,《政法論叢》2014 年第 2 期。

關迪《和田博物館藏佉盧文判決書考釋》,《西域研究》2014 年第 4 期。

樓勁《"法律儒家化"與魏晉以來的"制定法運動"》,《南京師大學報》2014 年第 6 期。

魯家亮《甘肅臨澤田西晉〈田產爭訟爰書〉芻議》,載於武漢大學簡帛研究中心主辦《簡帛》(第 9 輯),上海:上海古籍出版社,2014 年。

5. 2015 年

陳翠玉、孫宗龍《魏晉南北朝時期法律形式的變遷》,《中華文化論壇》2015 年第 4 期。

龍大軒、梁健《曹魏〈新律〉篇目與篇次考》,《法學雜誌》2015 年第 4 期。

周東平《〈晉書·刑法志〉校注舉隅》,載於徐世虹主編《中國古代法律文獻研究》(第九輯),北京:社科文獻出版社,2015 年。

姚周霞《晉"故事"考》,載於陳煜主編《新路集——第五屆張晉藩法律史學基金會徵文大賽獲獎作品集》(第五集),北京:中國政法大學出版社,2015。

景風華《宗族與從屬:魏晉南北朝時期緣坐範圍的重構》,載於張仁善主編《南京大學法律評論(2015 年秋季卷)》,北京:法律出版社,2015。

曹毅搏《論魏晉玄學法律觀的思想淵源、內涵及價值取向》,《深圳大學學報》2015 年第 5 期。

趙晶《樓勁〈魏晉南北朝隋唐立法與法律體系:敕例、法典與唐法系源流〉》,載於榮新江主編《唐研究》(第二十一卷),北京:北京大學出版社,2015 年。

6. 2016 年

李俊強《魏晉令性質、地位及影響考論》,《法律科學》2016 年第 1 期。

梁滿倉《論魏晉南北朝"禮"與"法"的結合》,《求是學刊》2016 年第 6 期。

(二)隋唐部分

1. 2011 年

艾永明《唐代立法中的監督制約機制》,《法學》2011 年第 1 期。

于賡哲《〈天聖令〉復原唐〈醫疾令〉所見官民醫學之分野》,《歷史研究》2011 年第 1 期。

王立民《論唐律的補充條款》,《現代法學》2011 年第 1 期。

夏婷婷《論〈龍筋鳳髓判〉中對案件事實的推理方法》,《當代法學》2011 年第 1 期。

張春海《試論高麗與中國法制關係之演進——以"華化"與"土俗"之爭爲中心》,《復旦學報》2011 年第 1 期。

張春海《論隋唐時期的司法集議》,《南開學報》2011 年第 1 期。

陳璽《詣臺訴事慣例對唐御史臺司法權限的影響》,《湘潭大學學報》2011 年第 1 期。

馮學偉《敦煌吐魯番文書中的地方慣例》,《當代法學》2011 年第 2 期。

賈志剛《隋唐時期中外貿易糾紛及其解決》,《陝西師範大學學報》2011 年第 2 期。

柴英《〈唐律疏議〉主要罪名考》,《鄭州大學學報》2011 年第 3 期。

張春海《論唐代的效力與罰鎮刑》,《東北師大學報》2011 年第 3 期。

田振洪《唐代法律語境下的財産損害賠償》,《福建師範大學學報》2011 年第 3 期。

金眉《唐宋養子制度變動研究——以異姓男的收養爲考察對象》,《法制與社會發展》2011 年第 4 期。

劉曉林《唐律"劫殺"考》,《華東政法大學學報》2011 年第 4 期。

張春海《論唐代的安置刑》,《史學集刊》2011 年第 4 期。

王炤、魏文超《初唐盛世的法治成因》,《安徽史學》2011 年第 4 期。

張分田《"以法理天下"的君道理論與隋唐法制的政治特徵》,《江西社會科學》2011 年第 4 期。

王立民《唐律與〈貞觀政要〉的吏治——一個以吏治爲結合點的視角》,《政法論壇》2011 年第 5 期。

張姍姍、陳雷《唐宋時期買賣契約與借貸契約中的人保制度探析》,《當代法學》2011 年第 5 期。

劉玉堂《唐代"和離"制度的法律透視》,《江漢論壇》2011 年第 5 期。

賈旗、陳少峰《略論唐律中的"權變"思想》,《福建論壇》2011 年第 5 期。

徐慧娟《〈唐律疏議〉中的孝倫理思想》,《湖南社會科學》2011 年第 6 期。

趙晶《唐代律令用語的規範内涵——以"財没不追,地還本主"爲考察對象》,《政法論壇》2011 年第 6 期。

吳麗娛《以法統禮:〈大唐開元禮〉的序例通則——以〈開元禮·序例〉中的令式制敕爲中心》,載於徐世虹主編《中國古代法律文獻研究》(第四輯),北京:法律出版社,2011 年。

李淑媛《從律令視角論唐代婚姻中的女性附屬地位 ——以〈唐律疏議〉户婚、賊盜、鬥訟律爲中心》,載於徐世虹主編《中國古代法律文獻研究》(第四輯),北京:法律出版社,2011 年。

李守良《唐代私家律學著述考》,載於徐世虹主編《中國古代法律文獻研究》(第四輯),北京:法律出版社,2011 年。

桂齊遜《唐格再析》,載於徐世虹主編《中國古代法律文獻研究》(第四輯),北京:法律出版社,2011 年。

賴亮郡《戴建國〈唐宋變革時期的法律與社會〉》,載於榮新江主編《唐研究》(第十七卷),北京:北京大學出版社,2011 年。

　　2. 2012 年

錢大群《對〈律疏〉中數處律義之解讀——管窺法典化律條之間嚴密的律學聯繫》,《當代法學》2012 年第 1 期。

陳璽《唐代"漏泄禁中語"源流考》,《華東政法大學學報》2012 年第 1 期。

陳鋭《從系統論的觀點看〈唐律疏議〉》,《華東政法大學學報》2012 年第 1 期。

劉曉林《唐律"鬥殺"考》,《當代法學》2012 年第 2 期。

楊慧、侯振兵《從天聖〈廄牧令〉看唐代私馬的使用和管理》,《史學月刊》2012 年第 2 期。

章深《唐宋官當制度的發展與終結》,《河南大學學報》2012 年第 2 期。

陳璽《唐代拘捕制度考論》,《社會科學輯刊》2012 年第 2 期。

李志剛《唐代比部職掌的轉變及其原因試析》,《首都師範大學學報》2012 年第 2 期。

張海峰《唐律"十惡"一詞的佛教淵源》,《現代法學》2012 年第 3 期。

王立民《略論中國古代的法律倫理——以〈唐律疏議〉爲中心》,《法制與社會發展》2012 年第 3 期。

趙曉耕、盧楠《〈唐律疏議〉之不孝制度——"得意忘形"》,《廣東社會科學》2012 年第 4 期。

龔先砦《唐代官田置屯的實踐及法理探析》,《湖北社會科學》2012 年第 4 期。

崔永東《唐朝前期統治集團的司法思想——以〈貞觀政要〉與〈唐律疏義〉爲根據》,《政法論叢》2012 年第 4 期。

穆中傑《矜老恤幼：唐律認定刑事責任能力的基點》,《理論月刊》2012 年第 5 期。

劉曉林《唐律誤殺考》,《法學研究》2012 年第 5 期。

陳璽《唐代奴僕告主現象考論》,《法律科學》2012 年第 5 期。

柳正權《論唐律中的立法擬制及成因》,《法學評論》2012 年第 6 期。

孫向陽《唐律的共盜犯罪》,《中國刑事法雜誌》2012 年第 6 期。

王斐弘《敦煌析産遺囑文書探微——以族、宗族、家族、民族爲視角的解構》,《北方法學》2012 年第 6 期。

戴建國《唐宋專賣法的實施與律令制的變化》,《文史哲》2012 年第 6 期。

孫大明《唐朝司法鑒定制度與實踐考論》,《求索》2012 年第 6 期。

楊志剛《論〈唐律疏議〉對〈孝經〉的承嬗離合》,《鄭州大學學報》2012 年第 6 期。

魏殿金《折杖法與唐宋量刑制度的變化》,《齊魯學刊》2012 年第 6 期。

謝紅星《傳統中國情色賄賂的法律規制——以唐律爲中心》,《蘭州學刊》2012 年第 6 期。

陳璽《隋唐時期巫蠱犯罪之法律懲禁》,《求索》2012 年第 7 期。

李德嘉《王者不得制人之私——以唐代官法與民契的關係爲背景》,《法學》2012 年第 8 期。

岳純之《論唐五代法律中的十惡與五逆》,《史學月刊》2012 年第 10 期。

黃慶豐《論唐文書法律制度：以〈百道判〉爲文本考》,《求索》2012 年第 11 期。

黃樓《讀劉俊文〈唐律疏議箋解〉劄記十六則》,載於徐世虹主編《中國古代法律文獻研究》(第五輯),北京：社科文獻出版社,2012 年。

李俊强《〈唐律疏議箋解〉辨正》,載於徐世虹主編《中國古代法律文獻研究》

（第五輯），北京：社科文獻出版社，2012 年。

史睿《再論銓選中的功狀》，載於徐世虹主編《中國古代法律文獻研究》（第六輯），北京：社科文獻出版社，2012 年。

［日］山口正晃著，顧奇莎譯《羽53〈吳安君分家契〉——圍繞家産繼承的一個事例》，載於徐世虹主編《中國古代法律文獻研究》（第六輯），北京：社科文獻出版社，2012 年。

3. 2013 年

羅海山《唐宋敦煌契約"恩赦"條款考論》，《當代法學》2013 年第 1 期。

錢大群《唐律的使用及〈律疏〉體制内外"法例"的運作》，《北方法學》2013 年第 1 期。

劉玉堂《唐代對官吏婚姻特權的法律規範》，《中國文化研究》2013 年第 1 期。

朱潔琳《唐代判詞的法律特徵與文學特徵——以白居易"百道判"爲例》，《政法論壇》2013 年第 2 期。

岳純之《論〈唐律疏議〉的形成、結構和影響》，《政法論叢》2013 年第 2 期。

李芳《唐律"以奸論"考》，《甘肅政法學院學報》2013 年第 2 期。

杜文玉《唐五代州縣内部監察機制研究》，《江西社會科學》2013 年第 2 期。

樓勁《隋無〈格〉、〈式〉考——關於隋代立法和法律體系的若干問題》，《歷史研究》2013 年第 3 期。

張中秋《爲什麽説〈唐律疏議〉是一部優秀的法典》，《政法論壇》2013 年第 3 期。

張雨《新出唐胡演墓誌與初唐司法政務》，《中華文史論叢》2013 年第 3 期。

尹娟《〈唐御史臺精舍題名考〉補正一則》，《中華文史論叢》2013 年第 3 期。

李建忠《國際私法抑或人際衝突法——〈唐律疏議〉"化外人"條的法律性質辨析》，《武漢大學學報》2013 年第 3 期。

王建峰《唐代刑部尚書的出身階層與入仕途徑》，《文史哲》2013 年第 3 期。

于熠《論唐宋商事法律制度變遷及其歷史意義》，《求索》2013 年第 3 期。

霍志軍《唐代御史活動與判文文體的成熟》，《重慶郵電大學學報》2013 年第 3 期。

陳璽《唐代長流刑之演進與適用》，《華東政法大學學報》2013 年第 4 期。

趙曉芳《唐代西州爭訟文書與解紛機制研究》，《甘肅政法學院學報》2013 年第 4 期。

張先昌、曲家瑩《隋唐監察法律文化論——以監察官員的管理制度爲視角》，《法學》2013 年第 5 期。

馬鳳春《〈唐律疏議〉"例"字研究》，《政法論叢》2013 年第 5 期。

夏婷婷、霍存福《論唐代張鷟判案擇律的方法與技巧——以〈龍筋鳳髓判〉爲研究中心》,《求索》2013 年第 5 期。

趙晶《唐代〈道僧格〉再探——兼論〈天聖令‧獄官令〉"僧道科法"條》,《華東政法大學學報》2013 年第 6 期。

謝紅星《傳統中國政治化懲貪例析——以唐前期爲中心》,《北方法學》2013 年第 6 期。

張春海《論隋唐時期的發罪人爲兵之刑》,《史學月刊》2013 年第 6 期。

龔先砦《論唐代私田置屯的法律限制》,《新疆師範大學學報》2013 年第 6 期。

霍存福《唐代判詞中的實判——兼與擬判比較》,《現代法學》2013 年第 6 期。

談在祥《論〈唐律〉中的過失犯罪》,《河北法學》2013 年第 9 期。

黃正建《唐代司法參軍的若干問題——以墓誌資料爲主》,載於柳立言主編《第四屆國際漢學會議論文集:近世中國之變與不變》,臺北:中研院,2013 年。

錢大群《〈唐律疏義〉原創內容質疑舉隅》,載於徐世虹主編《中國古代法律文獻研究》(第七輯),北京:社科文獻出版社,2013 年。

高明士《唐永徽令東宮諸府職員殘卷名稱商榷》,載於徐世虹主編《中國古代法律文獻研究》(第七輯),北京:社科文獻出版社,2013 年。

〔日〕仁井田陞著,鄭奉日譯《以唐爲中心看東亞法律》,載於霍存福主編《法律文化論叢》(第 1 輯),北京:法律出版社,2013 年。

徐華《敦煌吐魯番所出法制文書疑難詞語新釋》,《四川師範大學學報》2013 年第 6 期。

孔潮麗《法律典籍整理研究常見問題探討——以〈《唐律疏議》箋解〉爲分析樣本》,載於謝進傑主編《中山大學法律評論》(第 10 卷第 2 輯),北京:法律出版社,2013 年。

4. 2014 年

吳業國《唐代江南城隍信仰及其民間司法職能研究》,《求索》2014 年第 1 期。

彭炳金《〈醫疾令〉所見唐代醫學教育及考試制度》,《天津師範大學學報》2014 年第 1 期。

魏殿金《唐宋"竊盜"的法定刑演變考證》,《思想戰綫》2014 年第 1 期。

馮紅《從法律術語看唐代刑法主觀罪過的發展》,《河北大學學報》2014 年第 2 期。

謝波《唐宋刑訊制度傳承演變考論》,《南昌大學學報》2014 年第 2 期。

樓勁《武德時期的立法與法律體系——説"武德新格"及所謂"又〈式〉十四卷"》,《中國史研究》2014 年第 2 期。

尹成波《理想與現實的衝突及整合——唐代"別籍異財法"研究》,《法學家》
　　2014 年第 2 期。

俞鋼《論唐代吳興良才沈既濟的科舉選官法改革主張》,《山西大學學報》2014
　　年第 3 期。

姜濤《〈唐律〉中的量刑制度及其歷史貢獻》,《法學家》2014 年第 3 期。

董長春《唐律法律解釋文本形式的意義》,《南京師大學報》2014 年第 3 期。

王立民《中國古代的律文解釋與近代的刑法法條解釋之比較——以〈唐律疏
　　議〉與〈中華民國新刑法判解彙編〉爲例》,《現代法學》2014 年第 3 期。

陳鋭《唐代判詞中的法意、邏輯與修辭——以〈文苑英華·刑獄門〉爲中心的
　　考察》,《現代法學》2013 年第 4 期。

蔣楠楠《社會變革下的宋代司法秩序——從司法活動中的"幹"説起》,《南京
　　大學學報》2014 年第 4 期。

張田田《〈唐律疏議〉"與同罪"條款分析》,《學術研究》2014 年第 4 期。

岳純之《論〈唐律釋文〉及其文獻價值》,《蘭州學刊》2014 年第 4 期。

王立民《中國唐律研究三十年》,《法學研究》2014 年第 5 期。

張田田《〈唐律疏議〉中的"及"字例析——傳統中國的立法技術一瞥》,《法學
　　家》2014 年第 5 期。

徐燕斌《唐宋粉壁考》,《華東政法大學學報》2014 年第 5 期。

杜文玉《論唐五代藩鎮使府内部的監察體制》,《文史哲》2014 年第 5 期。

謝紅星《唐代的請托及其法律治理困境》,《法學家》2014 年第 6 期。

龍大軒、秦濤《〈晉書·刑法志〉作者考——以唐代辛驥墓誌爲新證》,《河北
　　法學》2014 年第 6 期。

樓勁《唐太宗貞觀十一年立法研究——以〈貞觀式〉有無之懸疑爲中心》,《文
　　史哲》2014 年第 6 期。

王立民《〈唐律疏議〉的刑事附帶離婚制度研究》,《法學雜誌》2014 年第 7 期。

吳麗娛:《從唐代禮書的修訂方式看禮的型制變遷》,載於徐世虹主編《中國
　　古代法律文獻研究》(第八輯),北京:社科文獻出版社,2014 年。

陳俊强《唐前期流放官人的研究》,載於徐世虹主編《中國古代法律文獻研究》
　　(第八輯),北京:社科文獻出版社,2014 年。

[德] 卡爾·賓格爾著,金晶譯《唐法史源》,載於徐世虹主編《中國古代法律
　　文獻研究》(第八輯),北京:社科文獻出版社,2014 年。

黃正建《唐代司法參軍的知識背景考察》,載於榮新江主編《唐研究》(第二十
　　卷),北京:北京大學出版社,2014 年。

張田田《〈唐律疏議〉"及其即若"四字用意辨析——從"八字例"理論切入》,

載於霍存福主編《法律文化論叢》(第 2 輯),北京：法律出版社,2014 年。

〔日〕仁井田陞著,鄭奉日譯《唐代的封爵及食封制度》,載於霍存福主編《法律文化論叢》(第 2 輯),北京：法律出版社,2014 年。

　　5. 2015 年

霍斌《〈天聖令·捕亡令〉所見"出玖"考辨》,《中國史研究》2015 年第 2 期。

張雷《法律史學史視域下的陳寅恪隋唐刑律制度研究》,《史學月刊》2015 年第 2 期。

王江鵬《〈唐大詔令集〉勘誤一則》,《中國史研究》2015 年第 3 期。

陳璽《從"親眷申冤"到"刑及妻孥"：論唐代刑事訴訟中的女性》,《法學家》2015 年第 3 期。

錢大群《唐代法律體系正確理解的轉折點——辨〈新唐書〉"唐之刑書有四說"並覆有關觀點》,《北方法學》2015 年第 3 期。

李亞平《論唐絲織品的輸出與唐宋律令規定的變化及影響》,《西北師大學報》2015 年第 3 期。

侯文昌、多曉萍《唐代吐蕃土地買賣法律制度探蠡》,《中國藏學》2015 年第 3 期。

霍存福《從考詞、考事看唐代官員的考課標準》,《法制與社會發展》2015 年第 4 期。

劉曉林《〈唐律疏議〉中的"理"考辨》,《法律科學》2015 年第 4 期。

陳璽《唐代懲禁妖妄犯罪規則之現代省思》,《法學》2015 年第 4 期。

陳璽《唐代賜死制度之演進與適用》,《華東政法大學學報》2015 年第 4 期。

彭麗華《唐代丁匠的徵發與上役管理——以〈賦役令〉爲中心》,《史學月刊》2015 年第 4 期。

張朝陽《佛教與唐律"和離"制度》,《華中科技大學學報》2015 年第 4 期。

劉子凡《法藏敦煌 P.2754 文書爲西州都督府長史袁公瑜判集考》,《敦煌研究》2015 年第 5 期。

黃春燕《唐朝比附制度研究》,《法學論壇》2015 年第 5 期。

王建峰《唐代刑部尚書的法學素養》,《文史哲》2015 年第 5 期。

朱文慧《榜示·讀示·門示——〈名公書判清明集〉所見宋代司法中的信息公開》,《浙江學刊》2015 年第 5 期。

韓賓娜《平城京與律令制》,《東北師大學報》2015 年第 6 期。

陳靈海《通往唐永徽〈律疏〉之路——中古佛教律學與世俗律學互動論》,《學術月刊》2015 年第 9 期。

岳純之《關於〈唐律疏議〉的幾個問題》,《史學月刊》2015 年第 9 期。

［日］仁井田陞著,鄭奉日譯《唐宋法與高麗法》,載於霍存福主編《法律文化論叢》(第 3 輯),北京：法律出版社,2015 年。

何亦凡《論唐朝端午節的律令化》,載於榮新江主編《唐研究》(第二十一卷),北京：北京大學出版社,2015 年。

楊孟哲《唐代地方監察制度的核心——州府録事參軍研究》,載於陳煜主編《新路集——第五届張晉藩法律史學基金會徵文大賽獲獎作品集》(第五集),北京：中國政法大學出版社,2015 年。

張維《論唐代避諱之法律規制——以〈唐律疏議〉爲中心》,載於朱勇主編《中華法系》(第六卷),北京：法律出版社,2015 年。

鄭顯文《〈唐律疏議〉的律注研究》,載於王沛主編《出土文獻與法律史研究》(第四輯),上海：上海人民出版社,2015 年。

［日］榎本淳一《隋唐王朝朝貢體制的構造和展開》,周東平、陳進立譯,載於周東平、朱騰主編《法律史譯評》(2014 年卷),北京：中國政法大學出版社,2015 年。

［日］赤木崇敏《唐代官文書體系及其變遷——以牒、貼、狀爲中心》,周東平、王威馴譯,載於周東平、朱騰主編《法律史譯評》(2014 年卷),北京：中國政法大學出版社,2015 年。

傅智文《唐律"化外人"條對少數民族刑事政策的啓示》,載於楊正根、張澤濤主編《民族法學評論》(第 10 卷),北京：法律出版社,2015 年。

杜笑倩《唐朝回紇"化俗"政策研究——以德宗時期爲重點》,載於裏贊主編《法律史評論》(第 8 卷),北京：法律出版社,2015 年。

楊士宏《吐蕃法律的文化淵源》,載於周潤年、喜饒尼瑪、韓覺賢主編《藏族傳統法律研究論輯》,北京：中央民族大學出版社,2015 年。

大原良通《吐蕃的法律文書》,載於周潤年、喜饒尼瑪、韓覺賢主編《藏族傳統法律研究論輯》,北京：中央民族大學出版社,2015 年。

次仁潘多《試析吐蕃賠償命價標準法》,載於周潤年、喜饒尼瑪、韓覺賢主編《藏族傳統法律研究論輯》,北京：中央民族大學出版社,2015 年。

黎同柏《淺析吐蕃王朝法律的效力淵源》,載於周潤年、喜饒尼瑪、韓覺賢主編《藏族傳統法律研究論輯》,北京：中央民族大學出版社,2015 年。

　　6. 2016 年

霍存福《從考詞、考事看唐代考課程式與内容》,《法制與社會發展》2016 年第 1 期。

沈如《敦煌伯 3813 唐判與宋代花判》,《敦煌研究》2016 年第 1 期。

吳洪琳《國號與"國人"——石勒的政治取向與胡人地位的法制化》,《吉林大學社會科學學報》2016 年第 1 期。

姜濤《追尋定性與定量的結合——〈唐律〉立法技術的一個側面》,《安徽大學學報》2016 年第 1 期。

顧成瑞、劉欣《唐宋時期糧食年成奏報制度述論——從天聖〈賦役令〉宋 4 條不能復原爲唐令説起》,《中國農史》2016 年第 2 期。

李守良《唐代立法體制中的解律人管見》,《青海民族研究》2016 年第 2 期。

楊孟哲《唐代地方監察體系的核心：州府録事參軍研究》,《江西社會科學》2016 年第 2 期。

張生《"唐律五百條"：規範技術、法律體系與治平理念的融貫統一》,《中國社會科學院研究生院學報》2016 年第 2 期。

王立民《唐律涉外犯罪之研究》,《政治與法律》2016 年第 3 期。

顧淩雲《從敦煌吐魯番出土契約看唐代民間土地買賣禁令的實效》,《敦煌研究》2016 年第 3 期。

劉可維《敦煌本〈十王圖〉所見刑具刑罰考——以唐宋〈獄官令〉爲基礎史料》,《文史》2016 年第 3 期。

金瀅坤《唐五代明法科與律學教育》,《中州學刊》2016 年第 3 期。

王立民《中國傳統律學研究方法論綱——以唐律律文的研究方法爲例》,《法學》2016 年第 4 期。

趙晶《從"違令罪"看唐代律令關係》,《政法論壇》2016 年第 4 期。

王美華《唐宋時期分家律法演進趨勢論析》,《人文雜誌》2016 年第 4 期。

張春海《論高麗對唐司法制度的"變異"——以刑部爲中心的探討》,《南京大學學報》2016 年第 4 期。

杜文玉《試論唐代監察制度的特點及其歷史鑒戒》,《陝西師範大學學報》2016 年第 4 期。

劉曉林《唐律立法體例的實證分析——以"不用此律"的表述爲中心》,《政法論壇》2016 年第 5 期。

張劍光《唐五代的婚外兩性關係和社會認同——以宋人筆記爲核心的考察》,《上海大學學報》2016 年第 5 期。

金瀅坤《唐代書判拔萃科的設置、沿革及其影響》,《廈門大學學報》2016 年第 5 期。

陳煜《〈唐律疏議〉中的法律概念及其條款——兼與〈大清律例〉相比較》,《中國政法大學學報》2016 年第 5 期。

張中秋、朱仕金《從"文學"到"吏事"——唐宋判文演變的法律文化探析》,《法學》2016 年第 6 期。

牛來穎《唐律令時代公共工程建設的勞役與徵派——以〈天聖令〉爲中心》,《江西社會科學》2016 年第 9 期。

侯振兵《唐代驛丁制再探——以〈天聖令〉爲中心》,《歷史教學》2016 年第 12 期。

孫靜蕊《唐代士大夫階層法理與律令知識考訂》,《河北法學》2016 年第 12 期。

李勤通《令、格、式何以稱刑書——對〈新唐書〉"唐之刑書有四" 的解讀》,載於杜文玉主編《唐史論叢》(第 22 輯),西安:三秦出版社,2016 年。

金榮洲《唐朝與中古印度訴訟制度比較研究》,載於杜文玉主編《唐史論叢》第 22 輯,西安:三秦出版社,2016 年。

廖靖靖《〈天聖令〉所附唐令中的 "丁"》,載於杜文玉主編《唐史論叢》(第 22 輯),西安:三秦出版社,2016 年。

黃正建《唐玄宗時的律令修定——律令格式編年考證之四》,載於劉曉、雷聞主編《隋唐遼宋金元史論叢》(第六輯),上海:上海古籍出版社,2016 年。

牛來穎《大谷馬政文書與〈廄牧令〉研究——以進馬文書爲切入點》,載於劉曉、雷聞主編《隋唐遼宋金元史論叢》(第六輯),上海:上海古籍出版社,2016 年。

陳麗萍《中國國家圖書館藏敦煌契約文書匯録(二)》,載於劉曉、雷聞主編《隋唐遼宋金元史論叢》(第六輯),上海:上海古籍出版社,2016 年。

趙晶《中國國家圖書館藏兩件敦煌法典殘片考略》,載於劉曉、雷聞主編《隋唐遼宋金元史論叢》(第六輯),上海:上海古籍出版社,2016 年。

朱琳《唐律令制下粟特人的身份差異》,載於華東政法大學研究主編《鹿鳴集:華東政法大學優秀學位論文選》(2016 年卷),北京:法律出版社,2016 年。

楊曉宜《唐代的法律知識教育與取才——以 "律學" 和 "科舉" 爲觀察視角》,載於陳景良、鄭祝君主編《中西法律傳統》(第 11 卷),北京:中國政法大學出版社,2016 年。

李方《唐代水利法律與西域水利法律條文的運用》,載於高田時雄主編《敦煌寫本研究年報》(2016),京都:京都大學人文科學研究所,2016 年。

陳惠馨《〈唐律〉與 1751 年巴伐利亞刑法典——反思全球化觀點下法律交流與繼受模式》,載朱勇主編《中華法系》(第八卷),北京:法律出版社,2016 年。

[韓] 任大熙《唐律中損壞類型的規定研究》,載朱勇主編《中華法系》(第八卷),北京:法律出版社,2016 年。

朱仕金《唐宋判文演變的法律文化探析》,載朱勇主編《中華法系》(第八卷),

北京：法律出版社,2016 年。

王慶衛《唐黄君墓誌所見天授二年修定律令事發微》,載徐世虹主編《中國古代法律文獻研究》(第十輯),北京：社科文獻出版社,2016 年。

張中秋《唐宋社會變動與法的統一性問題思考》,載朱勇主編《中華法系》(第七卷),北京：法律出版社,2016 年。

高積順、許少華《唐代死刑復核制度研究 》,載朱勇主編《中華法系》(第七卷),北京：法律出版社,2016 年。

潘萍《試論唐宋時期奴婢的法律地位及其發展變化 》,載朱勇主編《中華法系》(第七卷),北京：法律出版社,2016 年。

張淑雯《"天人合一"論與唐宋宗祧繼承》,載朱勇主編《中華法系》(第七卷),北京：法律出版社,2016 年。

陳燁軒《新發現旅順博物館藏法制文書考釋：兼論唐律在西州訴訟和斷獄中的運用》,載榮新江主編《唐研究》(第二十二卷),北京：北京大學出版社,2016 年。

包曉悦《論唐五代"私狀"的成立與書信格式之演變》,載榮新江主編《唐研究》(第二十二卷),北京：北京大學出版社,2016 年。

趙晶《唐令復原所據史料檢證——以令式分辨爲綫索》,載柳立言主編《史料與法史學》,臺北：中研院歷史語言研究所,2016 年。

（三）五代、宋、遼、金、西夏

1. 2011 年

邵方《西夏法典對中華法系的傳承與創新——以〈天盛律令〉爲視角》,《政法論壇》2011 年第 1 期。

黎樺《地方秩序中央化：北宋川峽地區的法制演變及其教訓》,《法學評論》2011 年第 2 期。

陳鋭《宋代的法律方法論——以〈名公書判清明集〉爲中心的考察》,《現代法學》2011 年第 2 期。

吴志堅《〈至正條格〉的編纂特徵與元末政治——以〈至正條格·斷例·衛禁·肅嚴宮禁〉爲例》,《中國史研究》2011 年第 3 期。

趙晶《宋代明法科登科人員綜考》,《華東政法大學學報》2011 年第 3 期。

邵方《西夏廄牧法簡議》,《法學評論》2011 年第 4 期。

任燕《論宋代的版權保護》,《法學評論》2011 年第 4 期。

郭艷艷《試析宋代赦書中的蠲减政策》,《中國農史》2011 年第 4 期。

張本順《宋代婦女奩産所有權探析及其意義》,《法制與社會發展》2011 年第 5 期。

吴樹國《中國古代專賣研究理論的考察——以北宋政和茶法改革性質爲例》，《學術月刊》2011 年第 5 期。

董昊宇《〈天盛律令〉中的比附制度——以〈天盛律令〉"盜竊法"爲例》，《寧夏社會科學》2011 年第 5 期。

張文勇《論儒家"仁愛"思想對宋代司法的影響》，《學術論壇》2011 年第 5 期。

肖建新《立法‧變法：南宋陳傅良的法制理念》，《安徽師範大學學報》2011 年第 5 期。

宋國華《論西夏法典中的拘捕制度》，《寧夏社會科學》2011 年第 5 期。

王雲裳《宋代軍隊經營活動中所涉及的法律刑名與懲治手段》，《浙江社會科學》2011 年第 7 期。

樓菁晶《"女合得男之半"——從〈名公書判清明集〉看南宋的女分法》，《浙江社會科學》2011 年第 10 期。

［日］岡野誠《關於天聖令所依據唐令的年代》，載於徐世虹主編《中國古代法律文獻研究》（第四輯），北京：法律出版社，2011 年。

高明士《天聖令的發現及其歷史意義》，載於徐世虹主編《中國古代法律文獻研究》（第四輯），北京：法律出版社，2011 年。

牛來穎《〈天聖令〉中的"別敕"》，載於徐世虹主編《中國古代法律文獻研究》（第四輯），北京：法律出版社，2011 年。

　　2. 2012 年

李昌憲《北宋前期官品令復原研究》，《河南大學學報》2012 年第 1 期。

劉曉《〈大元通制〉到〈至正條格〉：論元代的法典編纂體系》，《文史哲》2012 年第 1 期。

李莎《試析元代的刑律優免政策》，《學術探索》2012 年第 1 期。

柳立言《妾侍對上通姦：剖析南宋繼承案〈建昌縣劉氏訴立嗣事〉》，《中國史研究》2012 年第 2 期。

張本順《變革與轉型：宋代"別籍異財"法的時代特色、成因及意義論析》，《法制與社會發展》2012 年第 2 期。

吕志興《宋令的變化與律令法體系的完備》，《當代法學》2012 年第 2 期。

程民生《宋代的詣闕上訴》，《文史哲》2012 年第 2 期。

王軼英《論北宋維護邊防安全的法律措施——以宋遼關係爲背景》，《雲南社會科學》2012 年第 2 期。

初曉旭《從〈名公書判清明集〉看南宋女兒的財産繼承權》，《學術交流》2012 年第 2 期。

孫繼民、郭兆斌《從黑水城出土文書看元代的肅政廉訪司刷案制度》，《寧夏社會科學》2012 年第 2 期。

［德］弗蘭克、岳海湧《宋朝軍法研究》,《西夏研究》2012 年第 2 期。

李全德《再談天一閣藏明鈔本〈天聖令·關市令〉之“副白”與“案記”》,《西域研究》2012 年第 3 期。

劉昕《宋代政府對訟師教唆誣告行爲的法律規制》,《湖南社會科學》2012 年第 3 期。

邵方《西夏的兵役制度論》,《中國政法大學學報》2012 年第 5 期。

劉篤才《宋代法意之殤》,《政法論叢》2012 年第 5 期。

辜夢子《詔獄緣何涉新法：北宋祖無擇案芻議》,《學術研究》2012 年第 5 期。

張玉海《西夏官吏“祿食”標準管窺——以〈天盛律令〉爲中心》,《寧夏社會科學》2012 年第 5 期。

金眉《宋代奩産的法律分析》,《政法論壇》2012 年第 6 期。

王曉龍、杜敬紅《宋代監司對宋代法律文明建設的貢獻》,《河北大學學報》2012 年第 6 期。

高玉玲《論宋代的民事息訟——以〈名公書判清明集〉爲考察中心》,《安徽師範大學學報》2012 年第 6 期。

蘇麗娜《元朝收繼婚的法律調整》,《江西社會科學》2012 年第 8 期。

樂時春《宋代證據證明的基本原則》,《學術論壇》2012 年第 11 期。

柳立言《〈名公書判清明集〉的無名書判——研究方法的探討》,載於徐世虹主編《中國古代法律文獻研究》（第五輯）,北京：社科文獻出版社,2012 年。

［日］川村康著,趙晶譯《宋令演變考》（上）,載於徐世虹主編《中國古代法律文獻研究》（第五輯）,北京：社科文獻出版社,2012 年。

趙晶《〈天聖令〉與唐宋法典研究》,載於徐世虹主編《中國古代法律文獻研究》（第五輯）,北京：社科文獻出版社,2012 年。

［日］川村康著,趙晶譯《宋令演變考》（下）,載於徐世虹主編《中國古代法律文獻研究》（第六輯）,北京：社科文獻出版社,2012 年。

趙晶《唐宋令篇目研究》,載於徐世虹主編《中國古代法律文獻研究》（第六輯）,北京：社科文獻出版社,2012 年。

中國社會科學院歷史研究所《天聖令》讀書班《〈天聖令·賦役令〉譯注稿》,載於徐世虹主編《中國古代法律文獻研究》（第六輯）,北京：社科文獻出版社,2012 年。

胡淑慧《略論金朝習慣法的形成及沿革》,載於范玉吉主編《法律與文學研究》（第 1 輯）,上海：三聯書店,2012 年。

　　3. 2013 年

張正印《宋代"鞫讞分司"辨析》,《當代法學》2013 年第 1 期。

戴建國《熙豐詔獄與北宋政治》,《上海師範大學學報》2013 年第 1 期。

張本順《南宋親屬間財産訴訟的調解模式初探》,《天府新論》2013 年第 1 期。

許光縣《西夏耕地保護法律初探》,《寧夏社會科學》2013 年第 1 期。

楊淑紅《元代的保人擔保——以黑水城所出民間借貸契約文書爲中心》,《寧夏社會科學》2013 年第 1 期。

謝波《論五代後唐刑事法制之變化——兼駁五代"無法"、"刑重"説》,《甘肅政法學院學報》2013 年第 2 期。

韓偉《民間法視野下黑水城出土西夏文賣地契研究——兼與漢文賣地契的比較》,《寧夏社會科學》2013 年第 2 期。

邵方《儒家思想對西夏法制的影響》,《比較法研究》2013 年第 2 期。

鄭英明《文天祥判詞所體現的法律思想初探》,《西北師大學報》2013 年第 2 期。

龍江、陳松《從批判、理想到現實、理性——論儒家教化觀的宋代之變及其對法律思想的影響》,《社會科學家》2013 年第 2 期。

蘇潔《宋代家法族規與基層社會治理》,《現代法學》2013 年第 3 期。

喬惠全《儒生與法吏的考試抉擇——宋代試刑法考論》,《中國政法大學學報》2013 年第 3 期。

張可輝《官法私契與西夏地權流轉研究》,《中國農史》2013 年第 3 期。

游彪《宋代有關僧尼的法條初探》,《河南大學學報》2013 年第 3 期。

董春林《紹興冤獄與南宋初年的政治變奏》,《西南大學學報》2013 年第 3 期。

孫健《宋代行政法中的"例"、"法"關係——以封贈制度爲例》,《雲南社會科學》2013 年第 3 期。

倪彬《"敵國"互市之"厲禁"——兩宋榷場相關法律、法規淺析》,《寧夏社會科學》2013 年第 3 期。

陸敏珍《刑場畫圖:十一、十二世紀中國的人體解剖事件》,《歷史研究》2013 年第 4 期。

李俊豐《論宋代官員的鬼神信仰對其司法實踐的影響——以殺人祭鬼案件爲中心》,《法制與社會發展》2013 年第 4 期。

張本順《宋代獄訟胥吏之弊及其成因探析》,《四川師範大學學報》2013 年第 4 期。

劉雙怡《西夏與宋盜法比較研究——以〈天盛改舊新定律令〉和〈慶元條法事類〉爲例》,《首都師範大學學報》2013 年第 5 期。

邵方《略論西夏法典對契約的規制》,《法學評論》2013 年第 6 期。

陳曉珊《北宋保甲法制定與實施過程中的區域差異》,《史學月刊》2013 年第 6 期。

李建東《宋朝鞫讞分司制度及其現代啓示》,《學術探索》2013 年第 7 期。

戴羽、母雅妮《〈天盛律令〉中的反坐制度探析》,《學術探索》2013 年第 9 期。

彭炳金《論元代對〈唐律〉奸罪立法的繼承與發展》,《河北法學》2013 年第 9 期。

賈燦燦《兩宋刑部尚書人員結構考述——以判刑部、刑部尚書爲中心》,《江西社會科學》2013 年第 9 期。

盧瑋《文官政治對宋代法制成熟期形成之影響評析》,《湖北社會科學》2013 年第 10 期。

初曉旭、王壹《從〈名公書判清明集〉看南宋贅婿的財産繼承權》,《學術交流》2013 年第 10 期。

齊廉允《宋朝社會救濟法律探析》,《蘭州學刊》2013 年第 10 期。

戴羽《〈天盛律令〉的告賞立法探析》,《社會科學家》2013 年第 11 期。

戴羽《〈天盛律令〉中的連坐制度探析》,《學術探索》2013 年第 11 期。

岳純之《論〈宋刑統〉的形成、結構和影響》,《蘭州學刊》2013 年第 11 期。

趙勝男、王華《〈名公書判清明集〉立嗣案件中的糾紛解決文化特質之探析》,《東南大學學報》2013 年第 S1 期。

陳景良《理論與實踐:宋代法官是如何審理田宅訴訟的——2010 年 11 月在中南財經政法大學"學術前沿"上的演講》,載於霍存福主編《法律文化論叢》(第 1 輯),北京:法律出版社,2013 年。

張雨《從〈天聖令〉食實封條看中古食封制度向俸給形式的轉變》,載於徐世虹主編《中國古代法律文獻研究》(第七輯),北京:社科文獻出版社,2013 年。

中國社會科學院歷史研究所《天聖令》讀書班《〈天聖令·倉庫令〉譯注稿》,載於徐世虹主編《中國古代法律文獻研究》(第七輯),北京:社科文獻出版社,2013 年。

馬泓波《〈宋會要 刑法〉類、門、條、卷探析》,載於徐世虹主編《中國古代法律文獻研究》(第七輯),北京:社科文獻出版社,2013 年。

[英] 馬若斐著,陳煜譯《南宋時期的司法推理》,載於徐世虹主編《中國古代法律文獻研究》(第七輯),北京:社科文獻出版社,2013 年。

梁松濤、張昊塋《黑水城出土 ИHB. No.4794 號西夏文法典新譯及考釋》,載於徐世虹主編《中國古代法律文獻研究》(第七輯),北京:社科文獻出版社,2013 年。

屈超立《南宋理學家黃幹的法律觀與司法活動述論》,載於四川大學歷史文學院編《吴天墀教授百年誕辰紀念文集(1913—2013)》,成都:四川人民出版社,2013 年。

　　4. 2014 年

陳景良《唐宋州縣治理的本土經驗:從宋代司法職業化的趨向説起》,《法制與社會發展》2014 年第 1 期。

劉昕《宋代訟師對宋代州縣審判的衝擊探析》,《湖南社會科學》2014 年第 1 期。

苗潤博《再論宋太宗即位大赦詔——詔令文書流傳變異的文獻學考察》,《中國史研究》2014 年第 2 期。

岳純之《論〈刑統賦疏〉及其法學價值》,《政法論叢》2014 年第 2 期。

戴建國《南宋基層社會的法律人——以私名貼書、訟師爲中心的考察》,《史學月刊》2014 年第 2 期。

趙宏、王曉龍《宋代立法中的文明趨向》,《河北大學學報》2014 年第 2 期。

李清章、閆孟祥《宋代行政法對唐制的傳承與變革》,《河北學刊》2014 年第 2 期。

高玉玲、肖建新《論宋代對官吏私權的法律限制》,《理論月刊》2014 年第 2 期。

趙璐璐《從〈捕亡令〉看唐宋治安管理方式的轉變》,《史學月刊》2014 年第 3 期。

茚巍《宋慈卒年小考》,《中國司法鑒定》2014 年第 4 期。

張本順《論宋代親屬財産爭訟的司法藝術風格與精神》,《四川師範大學學報》2014 年第 4 期。

戴羽《西夏附加刑考探》,《蘭州學刊》2014 年第 4 期。

汪慶紅《宋代州府司法的理性化悖論》,《北方論叢》2014 年第 4 期。

汪慶紅《結構與功能的背離:宋代州府司法中的長屬分職與長官專權》,《北方法學》2014 年第 5 期。

王艷《宋代告賞立法探析》,《中州學刊》2014 年第 5 期。

杜路、馬治國《宋代民間好訟之風的成因研究》,《人文雜誌》2014 年第 5 期。

張本順《反思傳統調解研究中的韋伯倫理"類型學"範式——以宋代親屬間財産訴訟調解爲中心》,《甘肅政法學院學報》2014 年第 6 期。

邵方《西夏的民族習慣法》,《中國政法大學學報》2014 年第 6 期。

朱文慧《現實與觀念:南宋社會"民風好訟"現象再認識》,《中山大學學報》2014 年第 6 期。

薛磊《元代州判官兼捕盜考述——從兩方"州判官兼捕盜印"説起》,《西北師大學報》2014 年第 6 期。

鄭鵬《元代大赦與政治關係論析》,《史學月刊》2014 年第 12 期。

王志民、李玉君《論元代收繼婚與中原婚制的衝突與融合》,載於霍存福主編
　《法律文化論叢》(第 2 輯),北京:法律出版社,2014 年。

柳立言《吏理中的法理:宋代開國時的法制原則》,載於徐世虹主編《中國古
　代法律文獻研究》(第八輯),北京:社科文獻出版社,2014 年。

黃正建《〈天聖令〉中宋令及〈養老令〉對唐令修改的比較》,載於徐世虹主編
　《中國古代法律文獻研究》(第八輯),北京:社科文獻出版社,2014 年。

中國社會科學院歷史研究所《天聖令》讀書班《〈天聖令·廄牧令〉譯注稿》,
　載於徐世虹主編《中國古代法律文獻研究》(第八輯),北京:社科文獻出版
　社,2014 年。

張帆《〈元典章〉本校舉例》,載於徐世虹主編《中國古代法律文獻研究》(第八
　輯),北京:社科文獻出版社,2014 年。

　　5. 2015 年

盧燕娟《從熙寧變法看中國歷史中的理性法制訴求》,《中國政法大學學報》
　2015 年第 1 期。

陳景良、吳歡《宋代司法公正的制度性保障及其近世化趨向》,《河南大學學
　報》2015 年第 1 期。

周思成《元代刑法中的所謂"敲"刑與"有斬無絞"之說辨正》,《求索》2015 年
　第 2 期。

王曉龍、吳妙嬋《宋代立法與司法技術的創新和進步》,《河北大學學報》2015
　年第 2 期。

姜歆《論西夏的起訴制度》,《寧夏社會科學》2015 年第 2 期。

譚黛麗、于光建《從〈天盛律令〉看西夏的出工抵債問題——基於唐、宋、西夏
　律法的比較》,《寧夏社會科學》2015 年第 3 期。

駱詳譯《從〈天盛律令〉看西夏水利法與中原法的制度淵源關係——兼論西夏
　計田出役的制度淵源》,《中國農史》2015 年第 5 期。

夏濤《論宋代女性經濟犯罪問題》,《河北大學學報》2015 年第 5 期。

張本順、陳景良《宋代親屬財產訴訟中的"利益衡平"藝術及其當代借鑒》,
　《蘭州學刊》2015 年第 6 期。

岳純之《通行本〈宋刑統〉校勘拾零》,《蘭州學刊》2015 年第 6 期。

高玉玲《宋代契約的"情願"法及解讀——以買賣契約爲中心的考察》,《蘭州
　學刊》2015 年第 6 期。

徐公喜、吳京紅《中:宋明理學法治核心價值》,《學術界》2015 年第 8 期。

李雲龍《宋代行政例芻議——以事例爲中心的考察》,《求索》2015 年第 9 期。

趙璐璐《裏正職掌與唐宋間差科征發程式的變化——兼論〈天聖令·賦役令〉宋令第 9 條的復原》,《史學月刊》2015 年第 10 期。

[日] 大原良通著,范一楠譯《吐蕃的法律文書——以法國國立圖書館所藏 P.T.1073 文書爲中心》,載於徐世虹主編《中國古代法律文獻研究》(第九輯),北京: 社科文獻出版社,2015 年。

中國社會科學院歷史研究所《天聖令》讀書班《〈天聖令·關市令〉譯注稿》,載於徐世虹主編《中國古代法律文獻研究》(第九輯),北京: 社科文獻出版社,2015 年。

中國社會科學院歷史研究所《天聖令》讀書班《〈天聖令·捕亡令〉譯注稿》,載於徐世虹主編《中國古代法律文獻研究》(第九輯),北京: 社科文獻出版社,2015 年。

[日] 青木敦著,趙晶譯《地方法的積聚及其法典化——以五代-宋的特別法爲中心》,載於徐世虹主編《中國古代法律文獻研究》(第九輯),北京: 社科文獻出版社,2015 年。

[日] 大澤正昭著,吳承翰譯《南宋判語所見的地方權勢地方權勢者、豪民》,載於徐世虹主編《中國古代法律文獻研究》(第九輯),北京: 社科文獻出版社,2015 年。

王忠燦《宋代法律與風俗的衝突及其化解: 以"士庶喪葬法"爲中心》,載於陳明主編《原道》(第 25 輯),北京: 東方出版社,2015 年。

喬惠全《世變與衛道: 宋代"造祆書祆言"罪的演變與士大夫的司法應對》,載於陳明主編《原道(第 25 輯)》,北京: 東方出版社,2015 年。

賈文龍《宋朝鞫讞分司制度的歷史浮沉》,載於姜錫東主編《宋史研究論叢》(第十六輯),石家莊: 河北大學出版社,2015 年。

馮立君《金鐸敏、河元洙主編〈天聖令譯注〉》,載於榮新江主編《唐研究》(第二十一卷),北京: 北京大學出版社,2015 年。

6. 2016 年

張晉藩《宋人詩文中的法觀念》,《政法論壇》2016 年第 1 期。

屈超立《宋代地方政府權力制衡機制研究》,《政法論叢》2016 年第 1 期。

胡興東《宋朝法律形式及其變遷問題研究》,《北方法學》2016 年第 1 期。

王嶠《〈遺山文集〉與金朝黨獄研究》,《史學集刊》2016 年第 1 期。

肖建新《岳飛冤獄與監察制度的異化》,《中州學刊》2016 年第 1 期。

胡興東《宋代判例問題考辨》,《雲南師範大學學報》2016 年第 1 期。

胡興東《宋朝對士大夫官僚法律知識改善措施、失敗及其影響研究》,《思想戰綫》2016 年第 2 期。

許生根《英藏〈天盛律令〉殘卷西夏制船條款考》,《寧夏社會科學》2016 年第 2 期。

李玉君、何博《從金朝法制倫理化構建看儒家文化的向心力》,《江漢論壇》 2016 年第 3 期。

駱詳譯、李天石《從〈天盛律令〉看西夏轉運司與地方財政制度——兼與宋代 地方財政制度比較》,《中國經濟史研究》2016 年第 3 期。

王曉龍《論宋代的立法與司法文明——以民事領域爲中心》,《社會科學戰綫》 2016 年第 4 期。

李玉君、崔健《金代法制變革與民族文化認同》,《學習與探索》2016 年第 5 期。

梁松濤、李靈均《西夏晚期庫局分磨勘、遷轉及恩蔭禁約制度》,《寧夏社會科 學》2016 年第 5 期。

龔延明《宋代刑部建制述論——制度史的靜態研究》,《河北大學學報》2016 年第 5 期。

霍存福《宋代"鞫讞分司":"聽""斷"合一與分立的體制機制考察》,《社會科 學輯刊》2016 年第 6 期。

柳立言《第十八層地獄的聲音:宗教與宋代法律史研究法》,載於陳景良、鄭祝 君主編《中西法律傳統》(第 11 卷),北京:中國政法大學出版社,2016 年。

田振洪、祝熹《大宋提刑官宋慈卒年新説》,載姜錫東主編《宋史研究論叢》 (第 18 輯),石家庄:河北大學出版社,2016 年。

中國社會科學院歷史研究所《天聖令》讀書班《〈天聖令·醫疾令〉譯注稿》, 載徐世虹主編《中國古代法律文獻研究》(第十輯),北京:社科文獻出版 社,2016 年。

中國社會科學院歷史研究所《天聖令》讀書班《〈天聖令·假寧令〉譯注稿》, 載徐世虹主編《中國古代法律文獻研究》(第十輯),北京:社科文獻出版 社,2016 年。

中國政法大學石刻法律文獻研讀班《南宋〈給複學田公牒〉和〈給複學田省 劄〉碑文整理》,載徐世虹主編《中國古代法律文獻研究》(第十輯),北京: 社科文獻出版社,2016 年。

李雪梅《公文中的動態司法:南宋〈給複學田公牒〉和〈給複學田省劄〉碑文考 釋》,載徐世虹主編《中國古代法律文獻研究》(第十輯),北京:社科文獻出 版社,2016 年。

馬子政《宋代女性財産繼承權初探》,載吳玉章、高旭晨主編《中國法律史研究》（2016 年卷），北京：社會科學文獻出版社，2016 年。

柳立言《"天理"在南宋審判中的作用》，載《清華法律評論》編委會《清華法律評論》（第九卷第一輯），北京：清華大學出版社，2016 年。

柳立言《從立法的角度重新考察宋代曾否禁巫》，載柳立言主編《史料與法史學》，臺北：中研院歷史語言研究所，2016 年。

《敦煌學國際聯絡委員會通訊》稿約

　　一、本刊由"敦煌學國際聯絡委員會""中國敦煌吐魯番學會"和"首都師範大學古文獻研究中心"共同主辦,策劃:高田時雄、柴劍虹;主編:郝春文。本刊的内容以國際敦煌學學術信息爲主,刊發的文章的文種包括中文(規範繁體字)、日文和英文,每年出版一期。截稿日期爲當年3月底。

　　二、本刊的主要欄目有:每年的各國敦煌學研究綜述、歷年敦煌學研究的專題綜述、新書訊、各國召開敦煌學學術會議的有關信息、書評或新書出版信息、項目動態及熱點問題爭鳴、對國際敦煌學發展的建議、重要的學術論文提要等,歡迎就以上内容投稿。來稿請寄:北京西三環北路83號:首都師範大學歷史學院郝春文,郵政編碼:100089,電子郵箱:haochunw@cnu.edu.cn。

　　三、來稿請附作者姓名、性别、工作單位和職稱、詳細位址和郵政編碼以及電子郵箱,歡迎通過電子郵件用電子文本投稿。

圖書在版編目(CIP)數據

2017 敦煌學國際聯絡委員會通訊／郝春文主編. —
上海：上海古籍出版社, 2017.7
ISBN 978 - 7 - 5325 - 8499 - 4

Ⅰ.①2…　Ⅱ.①郝…　Ⅲ.①敦煌學—叢刊　Ⅳ.
①K870.6 - 55

中國版本圖書館 CIP 數據核字(2017)第 140941 號

2017 敦煌學國際聯絡委員會通訊

郝春文　主編

上海世紀出版股份有限公司
上 海 古 籍 出 版 社　出版

（上海瑞金二路 272 號　郵政編碼 200020）

（1）網址：www.guji.com.cn

（2）E-mail：gujil@ guji.com.cn

（3）易文網網址：www.ewen.co

上海世紀出版股份有限公司發行中心發行經銷

惠敦印務有限公司印刷

開本 787×1092　1/16　印張 18.25　插頁 4　字數 320,000
2017 年 7 月第 1 版　2017 年 7 月第 1 次印刷
ISBN 978 - 7 - 5325 - 8499 - 4

K·2340　定價: 88.00 元

如有質量問題,請與承印公司聯繫